金诚同达30周年——创始合伙人寄语

乘风奋楫，笃志超越！

——

1992年邓小平南方谈话开启了“春天的故事”，那年我们创办律所。30年，须臾之间，我们也将成为律所发展史中的过客。然而，留下的“金诚同达”（JT&N）律所名称、制度、文化，将伴随律所“做久、做强、做大、做出品牌”，直到永远……

——

我一直坚信，人有双手，可取亦可予。从孤独前行到浩浩荡荡，从筚路蓝缕到广大海内，30载朝乾夕惕，半甲子参赞化育，成就了今天的金诚同达。我们在这里奋斗、奉献，也在这里收获、成长。愿以我们这30年的梯山航海，化作一代代金诚同达人英特迈往的灯火航标。最后我想对金诚同达说：浮世三千，吾爱有三，日月与卿，日为朝，月为暮，卿为朝朝暮暮……

——刘红宇

祝贺文集出版！感谢改革开放，给了法律人凭心做事、实现自我并且服务社会的机会。30年，很开心与各位金诚同达人相伴同行。祝福金诚同达！

——

祝贺金诚同达30年！百尺竿头更进一步！

——

11位创始合伙人30年不离不弃的坚守，铸就了金诚同达今日的辉煌，也成就了律师业界一段传奇佳话。感恩30年风雨同舟的同仁，感恩改革开放的伟大时代，感恩 30 年一路同行、共同成长的“衣食父母”！祝愿金诚同达明天会更好！

——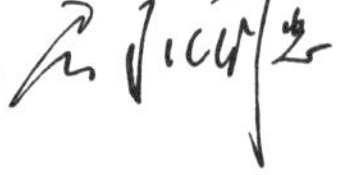

30 年前，11 位创始合伙人中的大部分人是大学老师；在邓小平南方谈话精神的鼓舞下，大家认为法律的更大价值在于实施，中国未来不缺大学教授，缺的是优秀律师，从而投身于律师行业。30 年来，身为法律人，我们一只手擎着客户的信任委托，为维护客户权益和增进客户利益殚精竭虑，另一只手托着宪法法律，为法治中国建设不遗余力。未来日子里，希望金诚同达人仍然保持谦逊谨慎、不骄不躁的优良传统，尊崇“进取、合作、诚信、包容、创新”的核心价值观，永远有担当，永远去争先，永远都靠谱！

——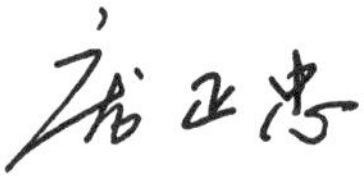

30 年前，我们顺应时代召唤，放弃“铁饭碗”投身律师行业，以钻木取火之心寻安身立命之处。30 年弹指一挥间，得益于众同仁拾柴添薪，得益于志同道合，当年的星星之火已呈燎原之势。希冀 30 年后，金诚同达能成为更多法律人愿意“以身相许”，共同砥砺前行的一座永不熄灭的灯塔。

——

30 年恍如瞬间，但它是我们最好的青春创业的 30 年。有赖于不离不弃的 11 位创始合伙人和诸位同仁戮力工作，金诚同达持续发展壮大；看到年轻同仁的专业著述、重大案例不断涌现，倍感欣慰。祝愿金诚同达行稳致远！

——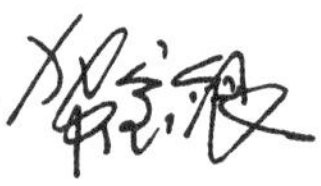

三十年过往，如歌，未忘……

卅年后启程，既往，奋扬！

——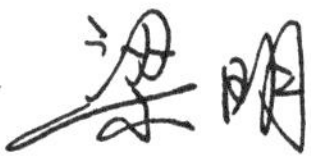

JT&N is not only 30 years old, we are also 30 years stronger, better!

We will be even better and stronger in the next 30 years!

——

JT&N 金诚同达

金诚同达30周年文集

科创板技术秘密审查与技术秘密刑事保护 2023

——实务要点精解与典型案例分析

李德成 白露◎著

SSE STAR MARKET'S
JUDICIAL REVIEW OF KNOW-HOW
AND
CRIMINAL PROTECTION OF KNOW-HOW 2023

法律出版社 LAW PRESS · CHINA | 北京

图书在版编目(CIP)数据

科创板技术秘密审查与技术秘密刑事保护. 2023：实务要点精解与典型案例分析 / 李德成，白露著. -- 北京：法律出版社，2024
ISBN 978-7-5197-8650-2

Ⅰ. ①科… Ⅱ. ①李…②白… Ⅲ. ①科学技术–保密法–刑法–研究–中国 Ⅳ. ①D922.174

中国国家版本馆CIP数据核字(2023)第243633号

科创板技术秘密审查与技术秘密刑事保护2023
——实务要点精解与典型案例分析
KECHUANGBAN JISHU MIMI SHENCHA YU JISHU MIMI XINGSHI BAOHU 2023
—SHIWU YAODIAN JINGJIE YU DIANXING ANLI FENXI

李德成 白 露 著

策划编辑 周 洁 林 蕊
责任编辑 周 洁 林 蕊
装帧设计 汪奇峰

出版发行 法律出版社
编辑统筹 司法实务出版分社
责任校对 王晓萍
责任印制 胡晓雅
经　　销 新华书店

开本 710毫米×1000毫米 1/16
印张 24 **字数** 310千
版本 2024年3月第1版
印次 2024年3月第1次印刷
印刷 三河市龙大印装有限公司

地址：北京市丰台区莲花池西里7号(100073)
网址：www.lawpress.com.cn
投稿邮箱：info@lawpress.com.cn
举报盗版邮箱：jbwq@lawpress.com.cn

销售电话：010-83938349
客服电话：010-83938350
咨询电话：010-63939796

书号：ISBN 978-7-5197-8650-2
定价：88.00元

凡购买本社图书，如有印装错误，我社负责退换。电话：010-83938349

作者简介

李德成，金诚同达律师事务所高级合伙人，北京大学知识产权学院兼职教授，最高人民检察院民事行政诉讼监督案件专家委员，曾任中华全国律师协会第七、八、九届知识产权专业委员会执委、副主任（兼任秘书长）。商业（技术）秘密诉讼与刑事保护领域顶级的法律专家，主持起草了《公安部知识产权刑事保护程序指引（建议稿）》，参与了一系列与商业秘密有关的立法、修法活动。主办（代理）的商业秘密经典案例有：蓝思公司刑事控告离职员工和立讯公司侵犯商业秘密案；沈鼓集团诉斯特公司商业秘密侵权案；同方威视诉君和信达案；江苏圣奥控告山西翔宇案；东方实业应诉中国蓝星案；华锐风电应诉美国超导案；中微半导体公司诉美国Lam公司案；安捷伦控告上海仪盟案等有重大影响的案件。

1992-2022
JT&N 30th ANNIVERSARY

作者简介

白露，金诚同达律师事务所高级合伙人，在高新技术领域核心技术的知识产权保护、公司上市与并购重组中核心技术法律核查等方面有非常丰富的实践经验。拥有多年互联网上市公司、私募基金管理公司法务管理工作经验和证券公司资本市场法律服务经验，并对资本市场与核心技术交叉领域的法律服务有深入的研究。负责处理的商业秘密诉讼案件，拟上市公司核心技术知识产权真实性、合法性审查，私募基金与并购重组知识产权专项服务等项目均取得了良好的效果。主办（代理）的商业秘密经典案例有：花儿绽放诉盘石盘兴商业秘密侵权案；沈鼓集团诉斯特公司商业秘密侵权案；某拟上市公司总工程师侵犯商业秘密罪案；某上市公司指控离职员工及竞争对手侵犯商业秘密罪案等有重大影响的案件。

1992-2022
JT&N 30th ANNIVERSARY

制度为舟，文化扬帆

——30周年文集代序

2022年，金诚同达成立30周年！

金诚同达过往30年的发展可分三个阶段来概括：第一个10年谋生存，第二个10年求发展，第三个10年上台阶。这三个阶段也是中国社会经济发展脉络的真实写照。1992年，邓小平南方谈话，迎着改革大潮，金诚同达正式创立。进入21世纪，中国加入世界贸易组织，成功举办奥运会，社会经济进入高速发展期，包括金诚同达在内的诸多中国律所也进入快速发展轨道，在和世界的接触与碰撞中，不断突破自我。进入第三个10年，我国继续强化国内法治与涉外法治建设，中国律师行业亦加速变革以适应社会变化带来的机遇和挑战。在这10年间，金诚同达脚步坚实，锐意进取，不仅迈入千人大所行列，也不断夯实律所制度与文化建设，取得越来越多的成绩。

在这30年里，未曾改变的是，金诚同达一直在坚持不懈地修炼内功，其中最关键的有两件事情——一是建设完善我们的制度，二是总结弘扬我们的文化。

金诚同达的制度体系有“四梁八柱”，涵盖了合伙人会议以及管理机构批准通过的100多项规章制度。我们在制度建设和完善的过程中，始终把制度执行放在一个非常重要的位置，也就是一切以制度为准绳，没有人和事可以超越制度。

制度是硬件，文化是软件，两者相辅相成，主要调整和丰富三方面的关系：一是合伙人之间的关系；二是合伙人和律师、职能人员的关系；三是律所和社会的关系。

金诚同达最值得骄傲的事情之一，就是建所 30 周年了，11 名创始合伙人都还在所里，没有一人离开。据我了解，这在有 30 年历史的综合性中国律所中，可能是唯一的一例。“人和”是合伙文化的基础，深深根植在我们的基因里。“人和”的文化也是靠制度保障的，我们有一套合理的退休制度，其中 3 名创始合伙人已经在事务所正式退休了。

我们在 2019 年做管理体制改革时，制度上明确了合伙人参与事务所管理和决策的权力主要通过合伙人会议行使，在律所日常运营中，合伙人也是律所的全职员工，要服从律所的管理，所以合伙人个体与员工个体之间不是老板和雇员的关系，合伙人、律师和职能人员，都是律所的平等一员。基于这个理念，我们倡导并特别注重建设律所平等的工作氛围，并有计划地促进员工之间的互动交流。比如，我们打造一个品牌活动——“文化周”，新冠肺炎疫情暴发前已经举办了两届。在“文化周”期间，我们会密集组织全国同仁进行专业探讨，也会举办多场文体和公益活动，得到了很多员工以及家属的热烈欢迎。我们的培训活动也是全方位、多层次的，针对初、中、高不同年级的律师，有“金石计划”“金鹰计划”“金牌律师计划”，此外还有专门针对合伙人和职能部门的培训。金诚同达研究院在近 5 年时间里，举办了 200 多场培训，还有很多线上课程。更重要的是，我们的培训会从拓展活动开始，然后再进行专业领域的互动交流，大家都非常喜欢。

作为一家在社会颇有影响力的品牌律所，我们也很注重加强律所和社会的互动交流，这也是我们文化建设的重要组成部分。比如，我们和上海辅读学校进行结对共建后，律所宣传画用了很多辅读学校孩子们的画。我们还把他们的画在律所相关活动中进行义卖，使孩子们能够感受到自己作品的价值。今年我们还和中国非物质文化遗产保护协会、敦煌研究院签署了公益法律服务合作协议，作为我们 30 周年庆祝活动的重要组成部分，所以今年律所的宣传画、节日海报等均以非遗文化作品作为背景进行创作。金诚同达参与的其他公益活动还有许多，我们希望金诚同达发展到30周年之际，除了在律所内部继续完善制度、弘扬文化之外，还能够更多地与社会形成互动，更多地展现一家30年律师事务所的社会责任和担当。

物有甘苦，尝之者识；道有夷险，履之者知。当前全球化与逆全球化激烈交锋、国际局势变幻莫测，中国正面临百年未有之大变局。“坚持统筹推进国内法治和涉外法治”是习近平法治思想“十一个坚持”的重要组成部分。中国在向世界展示深化改革开放、积极参与全球多边经贸治理、构建更高水平的制度型开放体系的信心和决心，中国律师行业也正加速改革以适应变化带来的机遇和挑战，沿着专业化、品牌化、规模化、国际化的方向快速推进。

历史长河中，30年转瞬即逝，生命岁月的30年也是骐骥过隙，但对于一家全国领先的综合性律所而言，三十而立，风华正茂，在磨砺中闪耀，在奋斗中升华。

金诚同达将继续遵循“进取、合作、诚信、包容、创新”的核心价值观，加快业务布局、加大人才引进，为持续高质量发展积聚能量，力求“做久、做强、做大、做出品牌”。

金诚同达也将继续坚持“行稳致远”的发展理念，以制度为舟，文化扬帆，乘风奋楫，笃志超越！

金诚同达律师事务所主任 

二〇二二年八月十五日

金诚同达30周年文集序言

一元复始，万象更新，凡是过往，皆为序章。

守望三十载，诗文会今朝

玉筵鸿鹄至，仙音凤凰调

乘风蹈墨海，奋楫动文潮

长歌九万里，月引和青霄

2022年，金诚同达成立30周年。历史长河的30年转瞬即逝，生命岁月的30年也是骐骥过隙。金诚同达，三十而立，经历了中国合伙制律师事务所求生存、谋发展、上台阶的整个历程，从蹒跚学步到意气风发，凝聚着一代人的奋斗与担当。在过去的30年里，金诚同达铸就了自己的文化和底蕴；在未来，文化和底蕴将滋养和成就金诚同达。

金诚同达律师素来重视专业研究和业务探讨，不少律师出版过专著、案例集、文集。为了三十周年所庆，所内专门征集了一批近期完成的新作，统一出版，作为律所知识管理的重头戏——金诚同达30周年文集。

金诚同达在业内有一个故事：创所初期的11位创始合伙人，自1992年至今没有一位离开，其中除了3位已经从所内退休，其他8位还在业务一线。这样一代一代的言传身教，潜移默化地吸引、影响金诚同达人。“进取、合作、诚信、包容、创新”的核心价值观，在金诚同达的文化和制度的相互支持与促进中，得到坚守、传承。

“争做法律服务行业的领航者。”这是金诚同达人的使命。在“守信金诚，励志同达”理念的坚持下，金诚同达必定会在法律服务市场上不断突破创新、稳健向前。

30周年，是金诚同达的全新开始。

金诚同达三十周年筹备委员会
2022年7月6日

法律法规简称

全称	本书简称
《中华人民共和国民法典》	《民法典》
《中华人民共和国刑法》	《刑法》
《中华人民共和国反不正当竞争法》	《反不正当竞争法》
《中华人民共和国民事诉讼法》	《民事诉讼法》
《中华人民共和国专利法》	《专利法》
《最高人民法院关于审理不正当竞争民事案件应用法律若干问题的解释》	《不正当竞争民事案件司法解释》
《最高人民法院、最高人民检察院关于办理侵犯知识产权刑事案件具体应用法律若干问题的解释（三）》	《侵犯知识产权法律解释（三）》
《最高人民法院关于审理侵犯商业秘密民事案件适用法律若干问题的规定》	《商业秘密民事司法解释》
《最高人民法院关于适用〈中华人民共和国民事诉讼法〉的解释》	《民事诉讼法司法解释》

目　录

·上篇　科创板技术秘密审查·

上篇

科创板技术秘密审查

赴科创板上市必然要面对上市审核机构对核心技术（人员）的各种问询。本书上篇选取将公司部分核心技术以商业秘密为主要保护形式的拟上市企业，从技术秘密合规管理、技术秘密刑事民事风险防范、技术秘密（潜在）纠纷处理与企业独立持续经营能力关系的视角，探讨科创板首次公开募股（IPO）企业涉核心技术秘密的信息披露、问询与答复等问题。

上篇选择了光纤激光器、工业无人机、中航大型固定翼长航时无人机、禁毒无人机、智能无人船艇、军用机器人、汽车零部件、半导体企业、电源管理芯片、软件企业、仿制药企、原研药企和制药企业等具有代表性的发行人申报问询答复资料进行专题分析；就技术秘密问题关注的要点集中在隐瞒关联方被举报、转板、代工、专用设备供应商、二次申报、核心管线引进、兼职离职、医药领域定制研发生产（CDMO）业务、非员工发明人以及第三方软件授权等方面，与实务的结合非常深入。在具体工作中对标发行人，实操性很强。

第一章　光纤激光器企业隐瞒关联方被举报涉核心技术的问询要点

第一节　发行人基本情况和其关联方的相关情况

一、发行人系光纤激光器行业

上海证券交易所（以下简称上交所）于2019年4月2日受理深圳市创鑫激光股份有限公司（以下简称深圳创鑫、创鑫有限、发行人）的上市申请。发行上市审核机构分别于2019年4月12日、5月14日、6月5日和6月28日提出四轮问询，发行人于2019年5月1日、5月23日、6月18日和7月1日做了回复，2019年11月14日发行人通过上市审核委员会（以下简称上市委）会议，12月27日提交注册，2020年10月23日因发行人主动要求撤回注册申请文件终止注册。发行人专业从事光纤激光器的研发、生产和销售，主要包括脉冲光纤激光器、连续光纤激光器和直接半导体激光器等系列产品，并实现了泵源、合束器、光纤光栅、隔离器、激光输出头、剥模器、声光调制器和模式匹配器等光学器件自主生产。发行人产品可广泛应用于打标、雕刻、切割、钻孔、熔覆、焊接、表面处理、快速成型和增材制造等加工工艺。发行人及其全资子公司已获授权的专利共239项，软件著作权23项，其中发明专利82项，实用新型82项，外观设计68项，境外专利7项。上述专利技术与软件著作权全部被应用于发行人的核心技术中，覆盖发行人所有系列产品和核心光学器件，是发行人科技创新能力的重要体现。在整机技术方面，发行人掌握的核心技术包括脉冲光纤激光器的脉宽控制技术、声光调Q技术、MAA技术、回返光隔离技术、打标应用技术，连续光纤激光器的泵浦耦合技术、激光震荡技术、整机散热技术、包层光控制技术、加工应用技术、准直输出技术、激光器控制技术、半导体激光器的驱动控制技术、合成抗回返光技术以及智能激光器和激光清洗机的综合集成技术。在核心光学器件技术方面，发行人掌握了泵源技术、能量合束器技术、泵浦合束器技术、光纤光栅技术、激光输出头技术、隔离器技术、声光调制器技术和模式匹配器技术等。发行人与核心技术人员签订了《劳动合同》及《员工保密、竞业限制及知识产权合同》。上述合同履行正常，协议签署双方均不存在违约情形。除上述协议外，发行人核心技术人员未与本公司签订其他协议。

二、发行人实际控制人的关联方

（一）深圳爱可为激光技术有限公司的基本情况

深圳爱可为激光技术有限公司（以下简称深圳爱可为）是发行人实际控制人蒋某通过第三人控制的关联方。2019 年 7 月 18 日，发行人及中介机构代表到访审核中心时否认深圳爱可为是蒋某通过第三人控制的公司，蒋某等人在中介机构访谈时否认通过代持方式隐藏与深圳爱可为之间的关联关系。

（二）发行人及保荐机构关于审核中心意见落实函的回复

在 2019 年 11 月 5 日更新的《发行人及保荐机构关于审核中心意见落实函的回复》中，发行上市机构提问：（1）请发行人说明公司、实际控制人和高级管理人员等对举报信核查回复内容前后不一致的原因；（2）请各中介机构说明举报信核查结论前后不一致的原因。

发行人及各中介机构回复情况如下：

各中介机构首次就后续举报信核查回复，对“蒋某与深圳爱可为的控制关系”这一内容存在前后认定不一致的情况，即首次举报信回复未认定蒋某与深圳爱可为存在控制关系，后续举报信核查回复认定存在控制关系说明原因。

（1）发行人及其实际控制人、高级管理人员在首次回复过程中未确认这一控制关系的原因为：第一，公司、实际控制人和高级管理人员担心深圳爱可为从事的业务与发行人脉冲光纤激光器客户存在利益冲突，进而影响发行人脉冲光纤激光器产品的销售；第二，深圳爱可为经营规模较小，与发行人交易金额较低；第三，本次申报前，深圳爱可为已停止运营并启动了注销程序。出于上述三点原因，公司、实际控制人和高级管理人员在首次回复举报信核查过程中未确认这一控制关系。

（2）第一，保荐机构在收到上证科审（核查）［2019］29号《关于深圳市创鑫激光股份有限公司首次公开发行股票并在科创板上市申请的举报信核查函》（以下简称《举报信核查函》）后，通过访谈得知，发行人实际控制人未向保荐机构及其他中介机构告知其与深圳爱可为存在实际控制关系；保荐机构调阅了深圳爱可为设立至今的全部工商档案，经核查发现该公司历史及现有股东与发行人、发行人实际控制人、董监高及其他关联自然人并无重合，亦非发行人员工或重要客户、供应商的股东；由于发行人实际控制人与深圳爱可为相关人士的资金往来均为现金或以第三方名义提供，且该等第三方均未在发行人处任职，故保荐机构当时对调取的实际控制人报告期内各个银行账户流水明细进行复核排查时，无法发现其与深圳爱可为相关人士的资金往来，所以在实际控制人向保荐机构及其他中介机构披露其与深圳爱可为之间的实际控制关系前，囿于核查途径和手段，保荐机构无法从当时掌握的资料中主动发现实际控制人与深圳爱可为之间控制关系的直接线索。第二，因发行人与《举报信核查函》中的访谈对象之一存在劳动争议，各中介机构对发行人与其之间的劳动仲裁相关材料进行了重点核查。中介机构在首次举报信核查提交后才进一步获取到上述有关深圳爱可为“成立大会”的录音文字及音频材料，发现录音中蒋某等人所述及的情况与首次访谈中所描述的部分内容并不相符。

因此，在首次提交的举报信核查回复中，各中介机构未能得出“深圳爱可为系蒋某通过第三人控制的公司”这一结论。

（三）发行人及保荐机构关于上市委会议意见落实函的回复

在2019年12月19日更新的《发行人及保荐机构关于上市委会议意见落实函的回复》中，发行上市审核机构提问，请发行人补充披露：（1）2019年7月18日发行人及中介机构代表来访审核中心时，否认深圳爱可为是蒋某通过第三人控制的公司，蒋某等人在中介机构访谈时否认通过代持方式隐藏与深圳爱可为之间的关联关系，是否为造成未能识别出关联方深圳爱可为的真实原因；（2）2019 年发行人增加 70 余名研发人员是否与深圳爱可为相关。

发行人回复情况如下：

（1）发行人针对未能识别上述关联关系的真实原因，补充披露如下：一是深圳爱可为与创鑫有限的客户存在利益冲突。深圳爱可为是发行人业务的下游延伸，将与发行人的客户不可避免地产生竞争，这一行为将导致发行人竞争对手的诟病及客户的担心，进而会影响创鑫有限现有产品的销售。二是深圳爱可为经营规模较小，2016～2018 年营业收入分别为 40.19 万元、4.96 万元和 18.17 万元，2019 年无营业收入。三是在本次申报前，深圳爱可为已终止运营并启动了注销程序。

各中介机构在首次举报信核查回复中未认定深圳爱可为系蒋某通过第三人控制的公司并进而在来访审核中心时做出不一致表述的真实原因为：在实际控制人向中介机构披露其与深圳爱可为之间的实际控制关系前，囿于核查途径和手段，中介机构无法从当时掌握的资料中主动发现实际控制人与深圳爱可为之间存在控制关系的证据和线索。

（2）发行人已在招股说明书中补充披露如下：在 2019 年 1 月 1 日～8 月 22 日深圳爱可为注销前，发行人新增研发人员招聘过程、具体工作内容等均与深圳爱可为无关。

（四）创鑫有限关于关联方披露问题的公开说明

2020 年 4 月 17 日，发行人在《深圳市创鑫激光股份有限公司关于关联方披露问题的公开说明》中，对上述问题进行了说明。

第二节　技术秘密涉同一控制下游产业关联方的实务要点

一、核心技术秘密涉职务发明的首轮问询问题与答复

（1）请发行人说明：核心技术人员的主要成果是否涉及职务发明，是否存在侵害发行人或第三方合法权益的情形，发行人的知识产权是否存在纠纷

或潜在纠纷，发行人新研发的产品是否依赖于核心技术人员之前的技术积累。

（2）请发行人披露专利的来源，是原始取得还是受让取得。

发行人回复情况如下：

（1）第一，核心技术人员的主要成果为职务发明，不存在侵害发行人合法权益的情形。核心技术人员在发行人任职期间，因履行职务或者主要是利用发行人的物质技术条件、业务信息等产生的发明创造、作品、计算机软件、技术秘密、商标设计及各种外包装设计或其他商业秘密信息，有关的知识产权均属于发行人所有。

第二，核心技术人员杨某权、黎某坚自学校毕业后即加入创鑫有限，包括杨某权主导研发的新产品4000W单模块连续光纤激光器和25 000W多模块连续光纤激光器等主要成果，不涉及在其他单位的职务发明或依赖于其在其他单位的技术累积的情形，不存在侵害第三方合法权益的情形。核心技术人员李某于2013年加入创鑫有限，此前的工作单位于2011年3月已成为发行人的控股子公司，李某的主要成果不存在侵害第三方合法权益的情形。李某作为一名工作经验丰富的技术人员，其技术成果固然在一定程度上得益于其在相关领域积累的工作经验，但更多的是依赖于其自主研发能力；且李某入职创鑫有限或创鑫有限附属公司时，其主要成果不存在违反之前任职单位的竞业限制规定，不存在侵害第三方合法权益的情形。

（2）发行人已在招股说明书修改披露如下："截至本招股说明书签署之日，公司及公司全资子公司已获授权的专利共241项，其中发明专利84项，实用新型82项，外观设计68项，境外专利7项。公司专利的取得方式均为原始取得。"

二、核心技术秘密涉技术来源的二轮问询问题与答复

请发行人说明：核心技术中5项集成创新的具体内容、技术来源，权属是否清晰，是否存在技术纠纷，是否对发行人核心技术造成影响，是否对发行人核心竞争力造成影响，是否对发行人持续研发造成影响。

发行人回复情况如下：

发行人核心技术包括光学器件技术、激光器技术和激光应用技术，光学

器件技术和激光器技术与实物研发和生产有关，而激光应用技术则与激光应用的方法、方式和方向有关。发行人为了区分光学器件技术、激光器技术和激光应用技术，将光学器件技术和激光器技术来源定义为“原始创新”，将激光应用技术定义为“集成创新”。发行人所述 5 项核心技术具体内容以表格形式呈现，表格列示了核心技术领域、应用产品对应主要专利、具体内容和竞争优势。

发行人所披露的“集成创新”核心技术实际均由公司自主研发取得，具有自主知识产权，不存在通过集成第三方核心技术形成新的核心技术等类似情况，因此权属清晰，不存在技术纠纷，不会对公司核心技术、核心竞争力以及持续研发造成影响。为了避免歧义，发行人已在招股说明书中针对核心技术来源，将“原始创新”和“集成创新”修改为“自主研发”。

三、涉技术秘密问询的分析与值得关注的问题

发行人已经终止注册，但在其上市过程中遇到的一系列问题值得关注。发行人实际控制人蒋某通过第三人控制的关联方深圳爱可为，是发行人业务的下游延伸，其部分业务可能与发行人近似。

当出现以上类似情况时，公司要注意核查以下问题：

（1）关联方是否有与公司共用技术人员的情况，公司与技术人员签署了哪些协议以及采取了哪些其他措施进而对核心技术进行保护；

（2）关联方是否使用了公司的相关技术，其中是否涉及核心技术；

（3）公司是否有以技术秘密形式保护的核心技术，对其核心技术是否设置了针对关联方的保密措施以保证技术秘密的保密性。

第二章　工业无人机企业涉核心技术侵权的问询要点

第一节　发行人基本情况与核心技术秘密的问询要点

一、发行人系工业无人机行业

上交所于2020年4月20日受理成都纵横自动化技术股份有限公司（以下简称成都纵横或发行人）的上市申请。发行上市审核机构分别于2020年5月11日、7月6日和8月7日提出了三轮问询。发行人于2022年9月17日通过上市委会议，11月25日提交注册，2023年1月13日注册生效。

发行人专注于工业无人机相关产品的研发、生产、销售及服务，致力于为客户提供智能化、标准化和工具化的工业无人机系统，是国内规模领先、最具市场竞争力的工业无人机企业之一。发行人以垂直起降固定翼无人机系统为核心产品，目前拥有大鹏CW－007、CW－10、CW－15、CW－20、CW－25、CW－30和CW－100七大系列垂直起降固定翼无人机系统。最大起飞重量涵盖6.8千克至105千克，航时覆盖1小时至8小时。产品广泛应用于测绘与地理信息、巡检、安防监控和应急等领域。报告期内主要客户包括国家基础地理信息中心、各省市测绘院、华测导航、南方测绘、国家电网、南方电网、中国地震局和中国飞行试验研究院等知名企事业单位及科研院所。截至2020年3月31日，发行人拥有已授权专利82项（包括发明专利11项、实用新型专利57项和外观设计专利14项），已登记软件著作权26项。成都纵横核心技术有飞控与导航技术、地面指控与任务规划技术、目标跟踪与侦查监视技术、创新布局飞行器设计技术、无人机生产制造技术和一体化设计及集成技术，以技术秘密、专利和软件著作权的形式保护。发行人在与核心技术人员劳动合同中约定了保密义务，并签订了竞业限制协议，约定核心技术人员离职后一段时间内不得从事与公司相同、近似或有竞争性的工作。

二、核心技术秘密涉知识产权诉讼的首轮问询与答复

（一）关于成都纵横先进控制技术有限公司

招股说明书披露，在发行人成立前，公司实际控制人任某曾担任成都纵横先进控制技术有限公司（以下简称成都纵横先进）总经理，王某担任成都纵横先进研发经理，陈某担任成都纵横先进研发部工程师。根据公开资料，成都纵横先进已注销，原股东分别设立多个纵横系企业，部分涉及无人机方面的业务。

请发行人：（1）结合成都纵横先进的历史沿革，主营业务开展情况，发行人部分董事、高级管理人员及核心技术人员源于成都纵横先进等情形，说明发行人业务和技术的具体形成过程，是否主要源于成都纵横先进；（2）说明除上述人员外，发行人其他员工是否存在来自成都纵横先进的情形；（3）说明成都纵横先进的注销原因、注销时间，相关股东关于“纵横”商号的归属或使用约定，多个纵横系企业使用“纵横”商号是否会与发行人产生企业名称上的混淆或给发行人带来其他不利影响；（4）说明上述纵横系企业的主营业务，是否与发行人存在业务、人员、客户和供应商等方面的重合，纵横系企业及相关人员是否与发行人存在技术、专利方面的纠纷或潜在纠纷等。

发行人回复情况如下：

（1）成都纵横先进设立于2006年12月4日，张某琪（董事长）、任某（总经理）、韩某为公司董事，杨某为监事；2008年6月18日，成都纵横先进召开股东会并作出决议，同意杨某将其持有的成都纵横先进10%的股权转让给任某；同意股东任某、王某各实缴出资4万元。2010年2月22日，成都纵横先进召开股东会并作出决议，因公司经营困难，经各股东协商同意，于

当日解散公司，成立清算组，对公司的资产进行清算。2013 年 12 月 19 日，成都纵横先进召开股东会并作出决议，因公司税务已注销，经股东同意于 2013 年 12 月到工商部门注销公司，并一致同意清算报告。根据《内资企业登记基本情况表》，成都纵横先进的注销原因为决议解散，注销日期为 2013 年 12 月 25 日。根据对成都纵横先进部分原股东的访谈，成都纵横先进自设立以来，主要从事高精度仿真转台等控制系统的开发、销售，以及无人机飞控导航技术与产品的研发。发行人说明了董事、监事、高级管理人员及核心技术人员曾任职于成都纵横先进及其关联方的情况，以表格形式列示了相关人员的姓名、目前在发行人的任职情况以及曾任职于成都纵横先进及其关联方的情况。发行人的业务和技术源于自主开拓及研发，不存在源于成都纵横先进的情形；相关技术是基于发行人的相关技术人员在发行人工作期间执行发行人的工作任务并利用发行人的物质技术条件研发形成的；在发行人研发技术逐步积累及稳定的背景下，发行人负责市场拓展的工作人员不断挖掘市场需求，使得公司技术和产品与市场结合，并最终转化为发行人的营业收入。

（2）根据成都纵横先进清算组作出的《关于公司清算给予员工的补充决定》、发行人员工花名册，访谈公司人事管理的负责人员并经抽查公司部分员工的简历发现，除表格中列示的人员外，发行人报告期内的其他员工不存在曾任职于成都纵横先进的情形。

（3）根据成都纵横先进的工商档案资料并经在国家企业信用信息公示系统（http：//www. gsxt. gov. cn）、天眼查（https：//www. tianyancha. com）查询以及对成都纵横先进部分原股东的访谈，成都纵横先进在存续期间，其主要业务为接受控股股东及其下属公司的委托，开发高精度仿真转台等控制系统，但因控股股东及其下属公司的经营在 2009 年发生了较大变化，导致成都纵横先进未来业务发展和经营情况存在较大不确定性；同时，成都纵横先进在无人机飞控导航技术与产品方面的研发投入规模较小，并未取得实质性进展。因此，成都纵横先进于 2010 年 2 月 22 日召开股东会并作出决议同意当日解散公司，成立清算组并对公司的资产进行清算；于 2013 年 12 月 25 日注销完成。在成都纵横先进注销前的清算报告中，未载明“纵横”商号归属，相关股东亦未就“纵横”商号的归属或使用另行约定。发行人现在使用的简称在行业内具有较高辨识度，且与纵横系企业的主营业务和产品存在明显区别。因此，多个纵横系企业使用“纵横”商号不会与发行人产生企业名称上的混淆，亦不会给发行人带来其他不利影响。

（4）发行人自成立以来与纵横系企业的业务、人员不存在重合，在客户开拓、供应商比选过程中，未曾发生与上述纵横系企业存在竞争或合作的情形，且发行人与上述纵横系企业不存在业务往来，纵横系企业及其董事、监事和高级管理人员与发行人不存在技术、专利方面的纠纷或潜在纠纷。

（二）关于员工人数变动

招股说明书披露，发行人报告期内的每年度员工人数分别为 189 人、270 人和 394 人。请发行人说明报告期员工人数变动较大的原因，与业务发展情况是否匹配。

发行人回复情况如下：

2018 年年末较 2017 年年末，公司员工人数增加 81 人，其中新增管理、研发、生产、销售人员的数量分别为 2 人、17 人、39 人和 23 人；2019 年年末较 2018 年年末，公司员工人数增加 142 人，其中新增管理、研发、生产、销售人员的数量分别为 23 人、22 人、38 人和 59 人，发行人具体说明了员工人数变动的原因。

（三）关于核心技术

招股说明书披露：（1）发行人的核心技术包括飞控与航电技术、飞行器平台设计及制造技术、一体化设计及集成技术等。工业无人机的技术和研发壁垒主要体现在发动机集成、飞行控制研发和任务载荷深度集成上。（2）发行人通过自研或集成外购的航拍摄相机、激光雷达、miniSAR、专业航摄仪、高光谱成像仪等任务载荷核心部件，生产无人机飞行器平台搭载的任务载荷。（3）无人机系统、飞控与地面指控系统、无人机服务相关销售收入是发行人核心技术的集中体现，报告期内发行人应用核心技术的产品或服务收入占营业收入的比例分别为 93.74%、91.26% 和 90.73%。（4）发行人整体技术水平处于国内领先水平，部分产品和技术达到国际先进水平，是国内规模领先、最具市场竞争力的工业无人机企业之一。四川工信科技技术评估有限责任公司对发行人大鹏无人机系统 CW－007、CW－10、CW－20 及 CW－30 分别出具《科学技术成果评价报告》，认定属于“国内领先、国际先进”。

请发行人披露：（1）结合无人机系统、飞控与地面指挥系统的生产流程，补充披露发行人在各个生产环节所发挥的具体作用，核心技术的具体体现，与专利等知识产权的具体对应关系，发行人的核心技术是否主要体现在集成方面；（2）上述技术和研发壁垒的技术难点、衡量标准，并结合行业技术水平、发行人技术水平与同行业可比公司的比较情况等，分析发行人核心技术的先进性表征。

发行人回复情况如下：

（1）第一，发行人基于外协加工的 PCB 板，实施后续焊装、校准、高低温检测、组装等程序，进行飞控及地面站硬件系统生产。发行人将自主研发的软件灌装至硬件设备中，集成无人机飞控硬件系统，无人机地面站硬件系统、配套软件，完成飞控与地面指控系统的最终生产。发行人无人机系统通过论证、方案、试制、定型、转产五个阶段进行飞行平台研发。发行人按照生产计划，进行无人机零部件生产、组装、总装、载荷集成及调试，经总检、外场测试合格后入库。

第二，发行人飞控与地面指控系统的核心技术主要体现为运行在飞控系统硬件里的嵌入式软件和控制算法、异常处理流程和机制，以及运行在地面指挥控制系统里面的应用软件系统、控制算法与飞行任务处理流程和机制，相关软件、算法和机制主要应用了飞控与导航技术、地面指控与任务规划技术、目标跟踪与侦查监视技术。发行人无人机系统的核心技术主要体现在飞行器平台设计、飞行器平台制造以及一体化设计及集成三方面。

第三，发行人说明了其核心技术与专利等知识产权的具体对应关系，使用表格列示了核心技术名称、知识产权类型和知识产权情况。

第四，发行人的核心技术并非主要体现在集成方面。发行人积极探索并推动以垂直起降固定翼无人机为主的工业无人机应用，通过多年技术研发积累及产业化应用，形成了“飞控与导航技术”、“地面指控与任务规划技术”、“目标跟踪与侦查监视技术”、“创新布局飞行器设计技术”、“无人机生产制造技术”和“一体化设计及集成技术”等核心技术。其中，集成方面的核心技术为“一体化设计及集成技术”，其余核心技术分布在产品研发、制造及应用方面。

（2）发行人补充披露了技术和研发壁垒的技术难点、衡量标准；发行人说明了核心先进性表征，使用表格列示了核心技术名称、先进性表征和行业比较情况；发行人补充披露了发行人与同行业可比公司在经营情况，市场地位，技术实力，衡量核心竞争力的关键业务数据、指标等方面的比较情况。

（四）关于研发成果

招股说明书披露：（1）发行人自主研制的飞控与地面指控系统应用于国家多个重大航空项目的飞行试验验证平台，包括多用途轻型水陆两栖飞机海鸥 300 缩比验证机自由飞失速/尾旋试验、军用大型运输机 Y－20 缩比验证机自由飞试验、下一代民用客机缩比验证机“灵雀 B”全流程试飞、民用客机 C919 缩比验证机自由飞失速试验等；（2）发行人存在合作研发项目、共有专利，存在学术论文发表情况中部分论文发表年份过早的情况。

请发行人说明：（1）上述重大航空项目的具体情况，发行人在其中所起的作用；（2）合作研发项目、共有专利对成果归属、使用的约定，在核心技术、产品中的运用情况，以及是否对发行人产品的市场竞争造成不利影响。

发行人回复情况如下：

（1）发行人说明了其参与重大航空项目的具体情况及所起的具体作用，使用表格列示了项目名称、项目简介、项目牵头单位和发行人作用。

（2）第一，发行人说明了合作研发项目的基本情况，以表格形式列示了合作方、研发项目、发行人及其子公司承担的角色及主要权利义务、研发目的和研发进展；发行人拥有 1 项共有专利“无人机飞行防撞方法”，发行人说明了该专利的专利类型、专利号、专利申请日、授权公告日、专利权人和发明人。

第二，发行人说明了合作研发项目及共有专利对成果归属、使用的约定，根据成都纵横大鹏无人机科技有限公司与韩国公司 Dosan Mobility Innovation（斗山摩拜）创新签订的《氢燃料电池 VTOL 无人机合作开发备忘录之补充约定》，双方对项目成果的归属补充约定如下：本项目研发过程中共同发明或创造形成的知识产权为共同所有，单独形成的知识产权归发明创造方单独享有；发行人与武汉智能鸟无人机有限公司未就共有专利的归属和使用进行约定，但发行人作为共有人，有权单独实施或以普通许可方式许可他人实施该专利。

第三，发行人说明了合作项目、共有专利在核心技术、产品中的运用情况。

第四，合作研发项目不会对发行人产品的市场竞争造成不利影响；共有专利不属于与发行人生产经营密切相关的专利技术，亦不属于发行人核心技术，发行人在生产经营中并未自行实施或许可他人实施该共有专利，发行人与武汉智能鸟无人机有限公司之间不存在诉讼、仲裁或其他纠纷情况，该项共有专利不会对发行人产品的市场竞争造成不利影响。

（五）关于知识产权诉讼事项

请发行人及中介机构就知识产权诉讼事项进行补充披露和相关核查。

发行人回复情况如下：

2020 年 6 月 17 日，发行人收到山东省济南市中级人民法院（2020）鲁 01 民初 2216 号和（2020）鲁 01 民初 2219 号开庭传票，要求成都纵横于 2020 年 7 月 28 日在济南市中级人民法院第十审判庭就“侵害发明专利权纠纷”进行开庭审理。其中涉及的专利包括：“无人机、无人机起飞控制方案及装置”（专利号为 CN201610802810. 8）；“无人机、无人机降落控制装置及方法”。2020 年 6 月 18 日，发行人收到山东省济南市中级人民法院（2020）鲁 01 民初 2217 号、（2020）鲁 01 民初 2218 号和（2020）鲁 01 民初 2220 号开庭传票，要求成都纵横于 2020 年 7 月 28 日在济南市中级人民法院第十审判庭就“侵害发明专利权纠纷”进行开庭审理。其中涉及的专利包括：“一种无人机获取图像的系统及方法”；“一种无人机获取图像的系统”（专利号：201521135230. 5）；“飞行器的飞行控制方法、装置及系统”（专利号：

201610575475.2)。上述案件中，原告为河北雄安远度科技有限公司（以下简称雄安远度)，被告为大鹏无人机及成都纵横、山东省防汛抗旱物资储备中心。其中，山东省防汛抗旱物资储备中心系发行人客户，于 2019 年 7 月通过招标方式向发行人购买了 CW - 10D 无人机系统产品 1 套。原告起诉大鹏无人机及成都纵横未经许可，制造、销售、许诺销售侵害原告涉案专利权产品的行为，山东省防汛抗旱物资储备中心于 2019 年 7 月通过招标形式购买、使用涉案侵权产品。原告请求法院判大鹏无人机及成都纵横立即停止制造、销售、许诺销售侵害原告涉案发明专利权的产品，并立即销毁库存被诉侵权产品及专用模具，山东省防汛抗旱物资储备中心停止使用侵害原告前述专利权的产品。上述案件涉及原告主张发行人赔偿金额合计为 2000 万元。收到诉讼材料后，发行人已委托代理律师及其他相关专业机构，对涉诉产品和原告涉诉专利进行分析，收集涉诉产品不存在侵犯原告专利权的证据，根据诉讼程序规定准备应诉，并向国家知识产权局专利复审委员会针对原告涉诉专利提起无效宣告请求。

2020 年 6 月 29 日，成都纵横与山东省防汛抗旱物资储备中心向济南市中级人民法院提交了《驳回原告起诉与管辖权异议申请书》，就上述专利侵权案件的管辖权提出异议。2020 年 7 月 2 日，济南市中级人民法院作出民事裁定书，驳回了成都纵横与山东省防汛抗旱物资储备中心对案件管辖权提出的异议，后最高人民法院驳回了关于（2020）鲁 01 民初 2216 号案成都纵横及山东省防汛抗旱物资储备中心对管辖权异议的上诉。

在发行人收到的相关诉讼文件中，原告所附侵权分析比对表未对专利权利要求特征和产品进行一一比对分析，所得出的侵权结论依据不足。发行人经过技术比对及分析，认为发行人无人机系统产品所应用的无人机控制、图像获取等相关技术在技术主体、设计逻辑和具体技术方案等方面与原告主张的专利均存在实质性差异。本次诉讼涉及的相关产品占发行人营业收入比例较小，对发行人利润贡献较低，对发行人产品销售及盈利能力的影响较小。

第二节　核心技术秘密涉知识产权诉讼的实务要点

一、核心技术秘密涉知识产权诉讼的问询与答复

（一）第二轮问询与答复

关于专利侵权诉讼：根据问询回复，发行人于2020年6月17日、18日收到相关诉讼资料，雄安远度起诉发行人产品侵犯其5项专利，请求法院判令大鹏无人机及成都纵横立即停止制造、销售、许诺销售侵害原告涉案发明专利权的产品，并立即销毁库存被诉侵权产品及专用模具，支付涉案专利临时保护期使用费及维权合理开支合计2000万元。发行人认为本次诉讼涉案产品为公司CW－10D无人机系统产品。

请发行人披露：（1）上述案件的最新进展情况；（2）发行人涉诉技术的研发过程，包括研发时间、参与人员、技术保护措施等，是否为原始创新或集成了行业通用技术或其他竞争对手的技术进行的二次创新，请结合发行人CW－10D无人机系统产品及其他可能涉及涉诉专利技术产品的技术方案与涉诉专利的权利要求进行一一比对分析，说明是否存在侵犯雄安远度或第三方知识产权的情形，发行人认为本次诉讼涉案产品为公司CW－10D无人机系统产品的依据；（3）发行人在报告期内生产、销售的产品涉及使用上述涉诉专利的具体情况，包括可能使用到上述涉诉专利的产品名称、客户名称、收入及毛利金额、占比，相关产品目前的库存情况及专用模具情况；（4）上述诉讼案件中的原告是否已采取相关诉讼保全措施及对发行人的影响，发行人目前是否仍在使用上述涉诉专利，是否会持续扩大“因侵权所获得的利益”，从而导致赔偿金额增加；（5）结合原告的诉讼请求及发行人实际情况，测算本次诉讼纠纷可能给发行人带来的赔偿金额，进一步论述不利诉讼后果对发行人核心技术、在研技术、产品销售、存货、经营成果、业绩以及财务状况可能造成的不利影响等。

发行人回复情况如下：

（1）2020 年 7 月 16 日、17 日，成都纵横、山东省防汛抗旱物资储备中心分别向最高人民法院提交了管辖权异议上诉状。2020 年 9 月 22 日，发行人收到最高人民法院作出的民事裁定书，驳回了（2020）鲁 01 民初 2216 号案成都纵横及山东省防汛抗旱物资储备中心对管辖权异议的上诉，维持原裁定。

（2）发行人说明了涉诉专利技术概况、公司相关领域技术概况、对不构成侵权情形的分析、专业机构对比分析意见、发行人认为本次诉讼涉案产品为公司 CW－10D 无人机系统产品的依据以及发行人其他无人机产品不存在侵犯涉诉专利的情形。

（3）发行人在报告期内生产、销售的产品未涉及使用本次案件涉诉专利。根据本次诉讼相关材料，发行人说明了涉诉产品 CW－10D 具体情况，用表格列示了项目、收入、毛利和收入占比。截至 2020 年 6 月 30 日，发行人 CW－10D 产品无库存商品余额。此外，公司同一型号系列无人机平台的生产使用同种通用模具；吊舱设备均系通过采购外壳集成组装生产，无专用模具。

（4）第一，济南市中级人民法院未对发行人采取任何保全措施，案件也均未审结，发行人目前的正常生产经营活动未因上述案件而受到影响。第二，经过分析比对，发行人认为现有产品所使用的相关技术并未侵犯涉诉专利的专利权，故无须对相关产品进行调整或停止生产。本次涉诉产品 CW－10D 处于正常销售状态。第三，即使发行人败诉，按照各期综合营业利润率测算可能认定的报告期内发行人侵权获利金额为 182.07 万元，金额相对较小。考虑到 CW－10D 产品销售规模较小，发行人继续销售 CW－10D 产品不会大幅增加潜在赔偿金额。

（5）即使败诉，本次诉讼给发行人带来的潜在赔偿额不超过 500 万元，不会对发行人的生产经营产生重大不利影响。发行人以表格列示了不利诉讼后果对发行人核心技术、在研技术、产品销售、存货、经营成果、业绩以及财务状况可能造成的不利影响。

（二）第三轮问询与答复

1. 关于科创属性

根据申报材料，发行人拥有形成主营业务收入的发明专利 11 项，适用《科创属性评价指引（试行）》关于科创属性评价标准一的规定；部分核心技术无授权发明专利对应支撑，如激光雷达相关的集成领域。

请发行人说明：（1）结合发明专利的主要内容、技术特征等，说明发行人各项发明专利在产品中的具体运用情况及形成主营业务收入的具体体现，是否符合《科创属性评价指引（试行）》关于“应用于公司主营业务的发明专利 5 项以上”的规定；（2）结合发行人各项发明专利申请前行业已有的技术、专利及发行人发明专利的稳定性等情况，分析发行人发明专利是否满足新颖性、创造性要求，发行人是否存在专利申请前即在产品中使用、公开相关专利技术细节等情形，发行人各项发明专利包括但不限于“一种复合翼垂直起降无人机”专利是否被第三方提出无效宣告申请或者面临被宣告无效的风险、是否存在侵犯第三方知识产权的情形，如相关专利被宣告无效或者侵犯第三方知识产权是否构成对发行人持续经营的重大不利影响；（3）发行人各项核心技术采取的技术保护措施与发明专利的对应情况，无对应发明专利的核心技术如何体现技术先进性、维持市场竞争力，发行人是否主要依靠核心技术开展生产经营。

发行人回复情况如下：

（1）截至 2020 年 8 月 31 日，发行人及控股子公司拥有已取得专利证书的授权发明专利 18 项，其中已形成主营业务收入的发明专利 14 项。发行人以表格形式列示了发明专利名称、专利号、申请日、主要内容、技术特征和在产品中的运用情况及形成主营业务收入的具体体现。截至 2020 年 8 月 31 日，发行人另有 4 项发明专利已收到国家知识产权局发出的《授予发明专利通知书》，并已按照要求办理登记及缴费手续，相关专利证书正在办理中。发行人以表格形式列示了专利名称、专利类型、专利号、专利申请日、专利权人和取得方式。上述 4 项专利也陆续在发行人产品中运用，或将会产生主营业务收入。

由于发行人拥有的已授权发明专利总体具有较高稳定性，根据已获取的无效理由，相关专利被整体宣告无效的风险较低，即使前述专利无效宣告请求得到国家知识产权局的支持，相关专利被整体宣告无效，发行人仍可满足“应用于公司主营业务的发明专利 5 项以上”这一要求。发行人符合《科创属性评价指引（试行）》关于“应用于公司主营业务的发明专利 5 项以上”的规定。

（2）第一，截至 2020 年 8 月 31 日，发行人已取得专利证书的授权发明专利共 18 项（其中 12 项授权发明专利于 2020 年 7 月 31 日前取得专利证书；其余 6 项于 2020 年 8 月取得专利证书，为新近取得专利证书的发明专利），该等专利系经过国家知识产权局的实质审查后得以授权。发明专利申请经专利主管部门的实质审查，在满足相对于现有技术具有突出的实质性特点和显著的进步，符合《专利法》关于新颖性、创造性的规定等前提下方可获得授权，因此，已授权发明专利通常具有较好的专利稳定性。在此基础上，发行人委托中汽知识产权投资运营中心（北京）有限公司（由国家知识产权局批复建设的首个国家级产业知识产权运营平台）对截至 2020 年 7 月 31 日已取得专利证书的 12 项发明专利进行了稳定性复核，发行人以表格形式列示了专利名称、专利号、申请前行业已有的技术、专利情况、技术创新点和稳定性评价。发行人发明专利满足新颖性、创造性要求，专利具有稳定性。

第二，发行人说明了截至 2020 年 8 月 31 日已取得专利证书的 18 项授权发明专利是否在申请前即在产品中使用、公开相关专利技术细节等具体情况，以表格形式列示了发明专利名称、专利申请日、是否在专利申请日前即在产品中使用以及是否公开相关专利技术细节。上述已取得专利证书的授权发明专利中，“相机曝光位置信息的获取装置、方法及无人机”“曝光时刻获取方法、脉冲信号获取装置、无人机和引闪器”“一种垂直起降的固定翼长航时飞行器”3 项发明专利存在在专利申请日前即在产品中使用的情形，但在申请日前使用时发行人采用了技术秘密方式进行保护，所涉及的技术方法包括软件代码、控制策略及算法等，不会仅仅因申请前在产品中使用而处于公众可以得知的状态就丧失新颖性。

第三，发行人收到国家知识产权局寄发的针对发行人 CN201610563232. 7“一种复合翼无人机应急操作方法”和“相机曝光位置信息的获取装置、方法及无人机”、CN201710419844.3“一种抗饱和多旋翼飞行器控制方法”3项专利的《无效宣告请求受理通知书》，请求人雄安远度认为上述专利不符合专利法相关规定，请求对专利权作出无效宣告。此外，发行人可能将于近期收到针对公司CN201710567854.1“曝光时刻获取方法、脉冲信号获取装置、无人机和引闪器”、CN201610017284.4“一种复合翼垂直起降无人机”两项专利提出的无效宣告请求受理通知书。截至问询函回复签署日，国家知识产权局未就雄安远度提起的相关发明专利的无效宣告请求作出任何裁定。发行人将积极进行无效应对，提出针对该无效请求的意见陈述，并积极参与后续无效口审等相关程序，最大限度维持已获授权专利的有效状态。上述专利无效宣告请求不会对发行人持续生产经营构成重大不利影响，主要基于以下原因：①上述无效宣告请求涉及的专利均为发明专利，发行人发明专利申请经专利主管部门的实质审查，具有较高稳定性；②根据已获取的无效理由，相关专利被整体宣告无效的风险较低；③发行人核心技术采取专利、著作权、技术秘密等多种保护措施，即使部分发明专利被宣告无效也不会导致发行人核心技术的丧失或被模仿；④发行人拥有较高的技术壁垒和综合优势，相关发明专利仅是发行人自主研发能力竞争优势的组成部分，专利无效事项不会导致发行人核心竞争力的丧失；⑤专利无效请求不影响专利权人对相关技术的继续实施。在无效宣告请求的审查过程中，发行人对该等发明专利的使用不存在任何限制，即便相关发明专利被宣告无效，但该审查结果使得该等发明专利相关申请记载事项成为公知事实，发行人依然掌握并可以使用相关技术，发行人亦不会因专利被宣告无效而丧失对该等技术的占有及使用的权利。如果发行人上述发明专利被宣告无效，则发行人被宣告无效的专利或其权利要求中公开的技术点存在被竞争对手模仿的风险。

（3）第一，发行人拥有的核心技术均源于长期的技术积累和自主创新，在自主研发的早期，发行人主要产品是飞控与地面指控系统，其核心技术方法在于控制算法，主要以代码形式集成于相关软件系统且进行反编译保护，竞争对手难以抄袭或模仿，因此发行人早期多采用技术秘密的形式对核心技术进行保护，并建立了相关保密管理制度，防止技术秘密被泄露或被模仿。发行人推出垂直起降固定翼无人机后，随着经营规模扩大、产品持续丰富，发行人对于知识产权的布局越发清晰，发行人采用申请专利、获取软件著作权、技术秘密等多种措施对研发成果进行保护，发行人对部分核心技术通过申请专利方式加以保护，针对经论证不适合公开以及不适合申请专利的技术要点，将其纳入公司技术秘密保护范围，对于研发过程中形成的相关软件系统，发行人申请了软件著作权予以保护。为了更好地保护公司的核心技术，发行人制定了《知识产权管理办法》，设立了知识产权工作组，指派专人负责知识产权的管理，并建立档案。发行人在与核心技术人员劳动合同中约定了保密义务，并签订了竞业限制协议，规定核心技术人员离职后一段时间内不得从事与公司相同、近似或有竞争性的工作。针对研发部门的数据保护要求，发行人安装了数据防泄漏系统，在系统授权区域内，各项数据按设置规则正常流转，若未经授权许可跨部门或向外部传输文件，那么脱离系统的文件则无法正常打开或阅读。发行人的各个生产环节独立，各生产环节难以获取其他环节的生产工艺，涉及使用的原材料均采用物料代码，避免商业机密的泄露。为进一步提升技术研发能力和知识产权产出质量，发行人正积极开展以下工作：①密切跟踪技术发展趋势，鼓励研发团队开展前瞻技术研发，时刻保持公司技术的先进性和时效性；②除现有的技术保护措施外，加强核心技术专利的申请力度，切实保护公司的相关技术成果；③强化知识产权规划及对行业竞争者核心技术知识产权的分析，加强知识产权风险防范。

第二，截至2020年8月31日，发行人拥有已取得专利证书的授权发明专利18项，另有4项发明专利已收到国家知识产权局发出的《授予发明专利通知书》，相关专利证书正在办理中。此外，发行人已被受理的正在审核中的发明专利有75项。发行人采用申请专利、获取软件著作权、技术秘密等多种措施对研发成果进行保护。发行人说明了各项核心技术采取的保护措施与授权发明专利的对应情况，以表格形式列示了核心技术名称、采取的保护措施、对应的发明专利情况以及对应的其他知识产权情况。

第三，除“地面指控与任务规划技术”与“无人机生产制造技术”尚未取得授权发明专利以外，发行人其余核心技术均已取得相关发明专利。发明专利是发行人核心技术体系的构成部分之一，对于暂无对应授权发明专利的核心技术，发行人已通过实用新型专利、软件著作权或技术秘密等其他措施对核心技术予以保护，同时正在申请多项涉及相关核心技术的发明专利。因此，暂无对应授权发明专利的核心技术的先进性能够得到体现并维持市场竞争力。

第四，发行人的营业收入主要源于依托核心技术的产品或服务，发行人核心技术产品或服务收入的主要内容和计算方法适当，发行人研发投入主要围绕核心技术及其相关产品或服务开展。

2. 关于专利诉讼

根据问询回复：（1）根据发行人的技术比对，涉案专利中图像获取、飞行控制等3项专利在发行人D系列产品中运用，另外两项关于起飞、降落的专利并不仅局限于D系列产品；（2）原告请求判令发行人立即停止制造、销售、许诺销售侵害原告涉案发明专利权的产品，并立即销毁库存被诉侵权产品及专用模具，原告未明确侵权产品指向CW－10D，但发行人依据被告山东省防汛抗旱物资储备中心仅购买并使用了发行人CW－10D无人机系统产品，认为本次诉讼涉案产品为公司CW－10D无人机系统产品，并以CW－10D系列和D系列产品作为涉诉产品进行了影响测算。

请发行人：（1）结合原告请求发行人停止侵害涉案发明专利权、未限定发行人的侵权产品等诉讼请求，说明将涉诉产品限定为CW－10D系列，仅进行CW－10D系列和D系列产品的影响测算理由是否充分；（2）说明D系列产品与发行人其他系列产品间的技术差异，起飞、降落、图像获取、飞行控制等技术方案是否仅在D系列产品中运用，自查发行人其他系列产品中是否存在侵犯涉诉专利的情形，并对上述案件的不利诉讼后果及对发行人核心技术、财务状况及未来发展的影响进行充分测算。

发行人回复情况如下：

（1）发行人分别说明了将涉诉产品限定为CW－10D系列的原因及依据和发行人补充测算D系列产品影响的原因。

（2）第一，经自查，发行人其他系列产品亦不存在侵犯涉诉专利的情形。此外，上海硅知识产权交易中心有限公司对发行人CW系列无人机产品进行技术比对分析，并出具了《知识产权鉴定意见书》（沪硅所［2020］鉴字第029～033号），认为发行人CW系列无人机产品所使用的相关技术方案没有包含涉案专利相关的权利要求所限定的相同或等同的全部技术特征。因此，发行人 CW 系列无人机产品均不存在侵犯雄安远度涉诉专利的情形。

第二，发行人已就上述案件的不利诉讼后果对发行人核心技术、财务状况及未来发展的影响进行了充分测算及分析，上述案件的不利诉讼后果不会对发行人核心技术、财务状况及未来发展构成重大影响。

（三）审核中心意见落实函的回复

关于知识产权鉴定资质问题，请发行人：（1）进一步说明并披露国家对知识产权鉴定有无资质等要求，上海硅知识产权交易中心有限公司的基本情况、业务范围，是否具备相关鉴定资质（包括司法鉴定资质），在发行人所处领域的专利鉴定方面是否具备业务专长；（2）结合无人机构造，说明相关零部件的自主生产与外部采购情况，发行人核心技术在生产过程中的具体应用。

发行人回复情况如下：

（1）根据《全国人民代表大会常务委员会关于司法鉴定管理问题的决定》的规定，“司法鉴定是指在诉讼活动中鉴定人运用科学技术或者专门知识对诉讼涉及的专门性问题进行鉴别和判断并提供鉴定意见的活动”。根据《司法鉴定机构登记管理办法》第 3 条的规定，司法鉴定机构应当具备本办法规定的条件，经省级司法行政机关核准登记，取得《司法鉴定许可证》，方可从事面向社会服务的司法鉴定活动。发行人说明了上海硅知识产权交易中心有限公司的工商登记基本情况、司法鉴定资质情况以及专业能力。

（2）发行人无人机系统由无人机飞行器平台（飞行器分系统）、飞控与导航分系统、地面指控分系统、任务载荷分系统等部分构成，发行人以表格列示了相关零部件的自主生产与外部采购情况，以及核心技术在生产过程中的具体应用情况。

（四）发行注册环节反馈意见落实函的回复

关于发行人的专利诉讼和专利无效宣告情况：（1）发行人于 2020 年 6 月 17 日、18 日分别收到济南中级人民法院案号（2020）鲁 01 民初 2216 ~ 2218 号、2219 ~ 2220 号诉讼案件的诉讼资料，本次诉讼涉及的原告专利 5 项，涉及飞行器控制领域、航空电子信息技术领域特别是任务载荷技术领域；

(2) 截至收到材料时，发行人收到国家知识产权局寄发的针对发行人 5 项专利的《无效宣告请求受理通知书》，请求人雄安远度认为其不符合专利法相关规定，请求对专利权作出无效宣告。未来不排除雄安远度或其他第三方进一步对发行人专利提出无效宣告请求。

请发行人：(1) 补充说明、披露发行人专利诉讼、专利无效宣告案件的最新进展情况。(2) 说明仅通过共同诉讼的规定和法理，认定本次诉讼涉案产品仅为发行人 CW－10D 无人机系统产品的依据是否充分，认定发行人全系列产品未侵犯原告专利技术的依据是否充分。假如发行人本次败诉，是否会导致对发行人其他产品的诉讼，对发行人是否存在重大不利影响。(3) 说明如果发行人全系列产品侵犯了原告涉诉专利，是否对发行人造成重大不利影响，是否构成本次发行上市的障碍。(4) 说明并披露形成发行人主营业务收入的核心专利、技术等是否存在侵权的情形。(5) 披露雄安远度申请宣告无效的专利对发行人的重要性，相关专利被宣告无效的可能性，如被宣告无效，对发行人持续经营的影响情况并作重大事项提示。

发行人回复情况如下：

(1) 根据发行人提供的诉讼材料、发行人说明，截至本落实函回复出具之日，发行人涉及的专利诉讼事项的相关情况如表 2.1 所示：

表 2.1 发行人涉及的专利诉讼事项相关情况

序号	案件编号	本次回复前进展	目前阶段	最新进展
1	(2020) 鲁 01 民初 2216 号侵害发明专利权纠纷	2020 年 7 月 2 日，济南市中级人民法院作出 (2020) 鲁 01 民初 2216 号民事裁定书，驳回了发行人及山东省防汛抗旱物资储备中心于 2020 年 6 月 29 日对本案管辖权提出的异议。2020 年 9 月 7 日，最高人民法院出具 (2020) 最高人民法院知民辖终 348 号民事裁定书，驳回了发行人及山东省防汛抗旱物资储备中心于 2020 年 7 月 16 日的上诉，维持原裁定	等待济南市中级人民法院进行实体审理	暂无最新进展

续表

序号	案件编号	本次回复前进展	目前阶段	最新进展
2	(2020) 鲁01民初2217号侵害发明专利权纠纷	2020年7月2日，济南市中级人民法院作出（2020）鲁01民初2217号民事裁定书，驳回了发行人及山东省防汛抗旱物资储备中心于2020年6月29日对本案管辖权提出的异议。2020年7月16日，发行人向最高人民法院提交了管辖权异议上诉状	管辖权异议阶段	暂无最新进展
3	(2020) 鲁01民初2218号侵害实用新型专利权纠纷	2020年7月2日，济南市中级人民法院作出（2020）鲁01民初2218号民事裁定书，驳回了发行人及山东省防汛抗旱物资储备中心对本案管辖权提出的异议。2020年7月16日，发行人向最高人民法院提交了管辖权异议上诉状	管辖权异议阶段	暂无最新进展
4	(2020) 鲁01民初2219号发明专利临时保护期使用费纠纷	2020年7月2日，济南市中级人民法院作出（2020）鲁01民初2219号民事裁定书，驳回了发行人与山东省防汛抗旱物资储备中心对案件管辖权提出的异议。2020年7月16日，发行人向最高人民法院提交了管辖权异议上诉状	管辖权异议阶段	暂无最新进展
5	(2020) 鲁01民初2220号发明专利临时保护期使用费纠纷	2020年7月2日，济南市中级人民法院作出（2020）鲁01民初2220号民事裁定书，驳回了发行人及山东省防汛抗旱物资储备中心对本案管辖权提出的异议。2020年7月16日，发行人向最高人民法院提交了管辖权异议上诉状	管辖权异议阶段	暂无最新进展

截至本招股说明书签署日，发行人涉及的专利无效宣告案件的相关情况如表2.2所示：

表 2.2　发行人涉及的专利无效宣告案件相关情况

序号	专利情况	前次披露进展	目前阶段	最新进展
1	CN201610563232.7“一种复合翼无人机应急操作方法”	2020 年 8 月 24 日，发行人收到《无效宣告请求受理通知书》	无效宣告审查阶段	已于 2020 年 12 月 16 日进行口审，等待口审决定作出
2	“相机曝光位置信息的获取装置、方法及无人机	2020 年 8 月 24 日，发行人收到《无效宣告请求受理通知书》	无效宣告审查阶段	已于 2020 年 12 月 16 日进行口审，等待口审决定作出
3	CN201710419844.3“一种抗饱和多旋翼飞行器控制方法”	2020 年 9 月 7 日，发行人收到《无效宣告请求受理通知书》	—	雄安远度已撤回对该专利提出的无效宣告请求
4	CN201610017284.4“一种复合翼垂直起降无人机”	2020 年 9 月 28 日，发行人收到《无效宣告请求受理通知书》	无效宣告审查阶段	已于 2020 年 12 月 2 日进行口审，等待口审决定作出
5	CN201710567854.1“曝光时刻获取方法、脉冲信号获取装置、无人机和引闪器”	2020 年 10 月 12 日，发行人收到《无效宣告请求受理通知书》	无效宣告审查阶段	已于 2020 年 12 月 2 日进行口审，等待口审决定作出

（2）中介机构通过核查发行人产品、应用场景和技术路线、技术特征与原告专利的差异及专业机构的鉴定意见，认为发行人全系列产品未侵犯原告专利技术具有充分的依据。发行人从其全系列产品未侵犯原告涉诉专利、本次涉诉专利不涉及标准必要专利、公司拥有主要核心技术的知识产权以及发生其他产品诉讼的风险不会对发行人的财务状况造成重大不利影响几个方面进行说明，即使原告主张发行人全系列产品侵权，也不会对发行人造成重大不利影响，不会构成本次发行上市的障碍。发行人认定本次诉讼涉案产品为公司 CW－10D 无人机系统产品，系基于法规和对诉讼材料的分析，并结合媒体对原告方的采访信息综合判断得出的结论，依据合理充分。

（3）发行人 CW－10D 产品技术方案与涉诉专利存在显著差异，不构成专利侵权，发行人败诉风险较低；即使诉讼出现不利后果，未来停止销售 D

系列产品亦不会对公司业务造成重大影响。此外，发行人仍将持续研发，推动技术迭代，不断丰富产品系列，降低不利后果带来的不利影响。

（4）保荐机构核查了发行人核心技术来源、技术保护措施、专业机构鉴定意见以及发行人历史诉讼资料，认为形成发行人主营业务收入的核心专利、技术不存在侵权的情形。

（5）如果发行人上述发明专利被宣告无效，则发行人被宣告无效的专利或其权利要求中公开的技术点存在被竞争对手模仿的风险，将影响公司对该等技术的排他性使用，将会对公司技术保护产生一定的不利影响，公司将面临市场竞争加剧的风险。

二、涉核心技术秘密值得关注的问题

（一）关于专利侵权诉讼和专利无效请求

根据公开资料：（1）发行人于 2020 年 6 月 17 日、18 日分别收到济南市中级人民法院案号（2020）鲁 01 民初 2216 ~ 2218 号、2219 ~ 2220 号诉讼案件的诉讼资料，诉讼涉及的原告专利 5 项；（2）发行人收到国家知识产权局寄发的针对发行人 CN201610563232. 7 “一种复合翼无人机应急操作方法”、CN201710562899. X “相机曝光位置信息的获取装置、方法及无人机”、CN201710419844. 3 “一种抗饱和多旋翼飞行器控制方法”、CN201610017284. 4 “一种复合翼垂直起降无人机”、CN201710567854. 1 “曝光时刻获取方法、脉冲信号获取装置、无人机和引闪器” 5 项专利的《无效宣告请求受理通知书》，请求人雄安远度认为上述专利不符合专利法相关规定，请求对专利权作出无效宣告。

对此，针对该类企业可能遇到的类似问题提出以下建议：

（1）公司应该对可能涉及核心技术的专利从研发早期开始做专利侵权风险分析（Freedom to Operate，FTO）并贯穿全程，以降低专利侵权风险以及为可能发生的专利侵权诉讼做准备；

（2）从知识产权布局的角度来讲，公司可以在将部分技术壁垒较高的产品推向市场后，将不宜被竞争对手获知的核心技术作为技术秘密保护；

（3）从满足科创属性要求出发，公司有必要对核心专利做专利稳定性分析，以防止出现上市过程中专利被宣告无效而达不到科创板专利最少数量要求的情况。

（二）关于共有专利

根据首轮问询回复函，发行人与武汉智能鸟无人机有限公司未就共有专利的归属和使用进行约定。

对此，对类似企业提出以下建议：在可谈判的前提下，公司应该对共有专利等共有知识产权进行清晰具体的权利归属和使用约定，以避免不必要的权属纠纷。

（三）关于核心技术

根据招股说明书，发行人拥有的核心技术均源于长期的技术积累和自主创新，出于保护技术秘密的考虑，发行人核心技术并未全部申请发明专利。发行人仅对部分核心技术通过申请专利等方式加以保护，经论证不适于申请专利的核心技术，发行人将其纳入公司技术秘密保护范围。发行人披露了对知识产权的保护措施，但没有披露针对技术秘密的保护措施以及执行情况。

根据首轮问询回复函，发行人说明了其核心技术与专利等知识产权的具体对应关系，以表格列示了核心技术名称、知识产权类型和知识产权情况，发行人列举了以发明专利、实用新型专利和软件著作权形式保护的核心技术，但未披露以技术秘密保护的核心技术。

对此，对类似企业提出以下建议：

（1）公司应该对以技术秘密保护的核心技术规范化管理并区别于其他知识产权分类管理，在研发过程中有意识地进行梳理和留痕；

（2）公司应该建立系统的技术秘密保护制度和措施，并针对软件、硬件以及其他类别的技术进行分类化、具体化管理；

（3）公司应该对技术秘密的管理制度等执行情况进行留痕和文本化，为日后可能发生的纠纷做准备。

（四）关于司法鉴定机构资质问题

值得注意的是，发行人律师在审核中心意见落实函阶段回复关于上海硅知识产权交易中心有限公司是否具有司法鉴定资格的问题时，引用的为已失效的《司法鉴定机构登记管理办法》。该规定已于 2005 年重新公布，重新公布后的新规已删除了发行人律师引述的条文。

《全国人民代表大会常务委员会关于司法鉴定管理问题的决定（2015 修正）》第 2 条规定，司法行政管理部门对法医类、物证类、声像资料和根据诉讼需要由司法部商最高人民法院、最高人民检察院确定的鉴定事项进行登记管理。2015 年，经司法部商最高人民法院、最高人民检察院同意，将环境损害司法鉴定纳入司法行政部门统一登记管理范围。至此，只有法医类、物证类、声像资料和环境损害四类鉴定（以下简称四类鉴定）由司法行政部门统一登记管理，其他鉴定事项不属于司法行政部门统一登记管理范围。有些地方的司法行政部门突破法律授权，对四类鉴定以外的鉴定事项进行登记造成鉴定管理混乱，对此，立法、司法和行政机关正在依法纠正，对错误登记的事项坚决注销登记。

对此问题，笔者在《技术秘密鉴定和评估的费用承担与资质问题》中做了详细分析。①

① 参见李德成、白露：《科创板技术秘密审查与技术秘密刑事保护》，法律出版社 2022 年版，第 180 ~ 183 页。

第三章　大型固定翼长航时无人机涉核心技术秘密的问询要点

第一节　发行人基本情况与核心技术秘密的问询情况

一、发行人专注大型固定翼长航时无人机系统

上交所于2021年9月23日受理中航（成都）无人机系统股份有限公司（以下简称中航无人机、发行人）的上市申请。发行上市审核机构分别于2021年10月21日和2022年1月7日提出了两轮问询，发行人于2022年2月25日通过上市委会议，3月4日提交注册，5月17日注册生效。

发行人是专注大型固定翼长航时无人机系统成体系、多场景、全寿命的整体解决方案提供商，主要从事无人机系统的设计研发、生产制造、销售和服务。发行人是国内大型固定翼长航时无人机系统的领军企业，其无人机系统产品包括翼龙－1、翼龙－1D、翼龙－2等翼龙系列无人机系统，具备长航时、全自主多种控制模式、多种复合侦察手段、多种载荷武器集成、精确侦察与打击能力和全面灵活的支持保障能力。翼龙－1是国内第一型实现军贸出口的中空长航时察打一体大型无人机，翼龙－1D是国内第一型全复材多用途大型无人机，翼龙－2是国内第一型实现军贸出口的涡桨动力大型无人机，具备全天时、全天候、全疆域遂行任务能力。发行人拥有已授权专利39项、计算机软件著作权3项和境内注册商标8项，其中发明专利24项（含国防专利11项）、实用新型13项、外观设计2项。发行人部分核心技术及核心技术中的部分环节未申请专利，采用非专利技术的形式保护。发行人已掌握大型固定翼长航时无人机的平台设计技术、系统设计综合技术、智能自主与智能

指控技术、制造集成综合技术、测试技术和体系化保障技术等领域的 18 项关键核心技术，覆盖了公司设计研发、生产制造和服务等主营业务环节。发行人的客户有航空工业集团下属单位、湖北航天飞行器研究所、北京航天飞腾装备技术有限责任公司等，发行人军贸无人机系统主要通过航空工业集团下属经国家授权的军贸公司中航技进行销售。发行人针对保密工作制定了相关保密制度，明确了核心技术信息的管理流程并与核心技术人员签订了保密协议、竞业禁止协议。

二、核心技术秘密首轮问询问题与答复

（一）关于独立性

根据招股说明书披露，报告期内，2021 年发行人以 396.82 万元向航空工业成都飞机设计研究所（以下简称航空工业成都所或成都所）采购设备，以 21 535.13 万元向成都所购买专利等无形资产。截至 2020 年 6 月 30 日，发行人从事翼龙系列无人机相关业务所必需的核心技术人员已进入公司任职。

请发行人说明：（1）向关联方成都所购买设备前，发行人是否已具备主要的生产设备，所采购设备的主要作用，评估价值相对较低的原因等；（2）与翼龙无人机相关的研发人员是否完全转入发行人，能否独立从事研发业务。

发行人回复情况如下：（1）第一，向关联方购买设备前，发行人已具备主要的生产设备，2021 年 1 月 31 日，发行人与关联方航空工业成都所签署《关于机器设备的转让协议》，向航空工业成都所购买了部分生产设备。发行人以表格形式说明了发行人使用的主要生产设备及权属情况，表格列示了生产环节、设备权属、主要生产设备构成、主要生产设备原值和占比。在向关联方购买设备前，发行人生产经营中实际使用的自有生产设备和租赁生产设备金额分别为 1304.13 万元、396.82 万元，占生产设备金额的比例分别为 76.67%、23.33%。发行人本次向关联方购买的设备全部为表中公司通过租赁方式所使用的设备。通过本次设备购买行为，发行人进一步提升了自身生产经营的独立性。购买前后，发行人所使用的生产设备一致，可满足发行人日常生产经营需要。第二，发行人向航空工业成都所采购的设备主要用于无

人机总装、试验及试飞等工作环节，以表格形式列示了生产环节、所采购的设备、对应评估值和主要作用。第三，发行人向关联方航空工业成都所采购生产设备的评估结果系根据专业评估机构出具并经国有资产监督管理委员会备案的评估报告确定的，其评估价值具备合理性。

（2）第一，与从事翼龙无人机相关业务所必需的核心研发人员已完全转入发行人。截至2021年6月30日，发行人共有40名员工系从航空工业成都所直接转入，其中从事与研发工作相关的人员共有31名，本次转入人员完整覆盖无人机系统总体设计、平台系统设计、任务系统设计、指控系统设计等核心专业，均已与公司签订劳动合同并在公司研发中心各专业担任专业带头人、核心层研发人员等重要研发角色，有效支撑了发行人的独立研发能力。针对上述转入人员，航空工业成都所已出具《关于中航（成都）无人机系统股份有限公司人员、知识产权、机器设备等相关事项的确认函》，确认上述40人均已与本单位解除聘用合同，且不再具有事业单位编制人员身份，与本单位不存在任何现实或潜在的争议或纠纷，其与中航无人机签署劳动合同并从事相关工作不存在违反本单位相关制度及竞业禁止等相关限制的情形，亦未对本单位造成损害。本单位人员不存在同时在中航无人机任职的情况，中航无人机人员也不存在同时在本单位任职的情况。2021年12月，航空工业成都所出具《中国航空工业集团公司成都飞机设计研究所关于翼龙无人机相关研发人员的确认函》，确认截至2021年6月30日，航空工业成都所与从事翼龙无人机相关业务所必需的核心研发人员已全部转入中航无人机，航空工业成都所现有研发人员主要从事先进航空航天飞行器设计研发等相关工作，未从事与翼龙无人机相关的技术研发工作。

第二，按研发层级划分，无人机系统研制分为无人机系统级、分系统级及设备级等，发行人主要开展无人机系统级及分系统级等核心研发环节研发工作，并聚焦于应用场景研究、产品定义、系统综合和集成试制等核心技术领域。目前发行人已成立了研发中心、组建了独立的研发团队并构建了高效的研发体系，能够独立从事研发工作。发行人已独立开展多项研发项目并形成研发成果，通过自主研发形成了无人机系统防除冰技术、任务载荷快速集成技术、目标跟踪与侦察监视技术等核心技术，并依托核心技术申请了相关发明专利。发行人已独立申请专利 24 项（其中发明专利 18 项），且 14 项发明专利申请已进入实质审查阶段，发行人已构建无人机系统自主研发体系，在研发组织形式方面，发行人制定了《科研项目管理制度》《技术开发管理办法》等制度，对研发项目进行体系化系统管理，发行人后续将不再委托航空工业成都所开展自身研发领域范围内的技术研发服务。

（二）关于核心技术

招股说明书披露，报告期内，发行人机器设备的账面价值分别为 764.48 万元、694.89 万元、767.92 万元和 1081.52 万元，金额较低。目前发行人已经在大型固定翼长航时无人机平台设计技术、大型固定翼长航时无人机系统设计综合技术、无人机智能自主与智能指控技术、无人机制造集成综合技术、无人机测试技术、无人机体系化保障技术等方面积累并掌握了 18 项核心技术，其中 10 项核心技术为受让取得。

请发行人说明：（1）主要生产设备的构成、具体作用，并结合固定资产中机器设备占比较小等情况，进一步说明发行人生产环节是否仅从事总装和试验试飞，发行人核心技术的具体体现及在生产环节的应用情况；（2）发行人是否已经掌握受让的核心技术，使用相关技术是否存在障碍，自主研发的核心技术何时取得，相应的研发支出情况；（3）发行人研发人员的主要构成，是否能够满足研发需要，是否具备研发新型号、新产品的能力，仍需依赖关联方支持的环节。

发行人回复情况如下：（1）首先，截至 2021 年 9 月 30 日，发行人主要机器设备及其具体作用以表格形式说明，表格列示了所使用生产环节、机器设备名称、主要用途简介、机器设备原值、累计折旧和账面价值。其次，发行人作为无人机系统总体单位，将研发生产资源聚焦无人机系统产业链核心价值环节，主要开展无人机系统设计研发工作、总装集成和试验试飞等工作。发行人目前在设计研发环节中主要应用固定资产为计算机、相关服务器等设备。在设计研发过程中，发行人主要开展项目论证、方案设计、初步设计、详细设计及试制工作。在研发方案设计、初步设计及详细设计阶段，发行人主要使用计算机开展无人机系统级及无人机分系统级指标设计、技术方案、接口设计、软件开发等设计研发工作并完成设计数模出图。在无人机系统试制阶段，发行人利用 PDM 系统相关服务器对产品数据进行有效管理。在生产环节中，发行人主要从事总装集成、试验试飞等工作，不从事机体、配件成品等原材料的生产，主要机器设备为激光跟踪仪、发动机地面检测维护设备等，用于装配精度检测、联调联试、操作监控分析等。发行人目前设计研发及生产过程中所需大型机器设备数量较少，导致发行人机器设备占比较小，发行人现有生产设备已覆盖公司设计研发、总装集成及试验试飞全流程，可满足其日常生产经营需要。最后，发行人以表格形式说明了核心技术的具体体现，表格列示了核心技术类别、核心技术应用环节、具体核心技术名称以及核心技术的具体体现（见表 3.1）。

表 3.1 核心技术的具体体现

序号	核心技术类别	核心技术应用环节	具体核心技术名称	核心技术的具体体现
1	大型固定翼长航时无人机平台设计技术	无人机系统级设计环节	大型固定翼长航时无人机总体设计技术、大型固定翼长航时无人机结构设计技术、大型固定翼长航时无人机轻质高效全复材结构设计与应用技术、大型固定翼长航时无人机防除冰技术	发行人综合应用大型固定翼长航时无人机平台设计技术，实现了其无人机系统产品长航时、大展弦比低雷诺数高升阻比、高强度、大任务载荷挂载和拓展能力、长寿命服役、防除冰等性能特点，保障了产品的高可靠性及复杂环境下的强适应能力
2	大型固定翼长航时无人机系统设计综合技术	分系统级设计环节	大型固定翼长航时无人机飞机管理系统综合设计技术、大型固定翼长航时无人机任务系统综合设计技术、任务载荷快速集成技术、“机—站—链”系统综合设计及试验技术	发行人通过应用大型固定翼长航时无人机系统设计综合技术，实现了其产品多冗余和高容错飞行管理、高效任务系统拓展重构、任务载荷快速验证及快速集成、“机—站—链”快速综合集成测试等特征，提升了各分系统高效设计、集成与测试能力

续表

序号	核心技术类别	核心技术应用环节	具体核心技术名称	核心技术的具体体现
3	无人机智能自主与智能指控技术	无人机系统级及分系统级设计环节	无人机智能飞控及导航技术、智能目标识别与跟踪技术、无人机故障诊断技术、先进无人机三级指控体系技术	发行人应用无人机智能自主与智能指控技术，建立具备全自主多种控制模式的无人机智能飞控与导航软件，运用人工智能强化目标识别与跟踪能力，建立系统高效的无人机排故策略，并创新研发三级指挥控制网络，使其无人机产品具备高智能自主性与智能指控能力
4	无人机制造集成综合技术	总装集成及测试环节	基于MBD的数字化工艺设计技术、无人机智能化生产管控技术	通过应用无人机制造集成综合技术，发行人实现了对航空产业复杂零部件的数字化管理、对复杂物料的精确配套、对无人机系统复杂制造集成流程的高效管控，提高了无人机系统总装集成效率
5	无人机测试技术	测试及试飞环节	无人机生产全机智能测试技术、无人机试飞测试技术	发行人应用无人机测试技术，实现了对无人机研制全过程的测试覆盖、试飞与设计、集成一体化，有效缩短了无人机系统研制与试飞周期，确保了无人机系统产品质量稳定可靠
6	无人机体系化保障技术	售后保障及分系统设计环节	无人机远程保障技术、长寿命低成本保障技术	发行人应用无人机体系化保障技术，在售后保障方面，具备了快速技术支持、培训、故障排除能力；在产品层面，进行应用设备老化定性研究及结构件数据定量推算，解决了无人机系统成品延寿的大量技术难题

发行人在总装集成及试验试飞等生产环节中，主要应用的核心技术为无人机制造集成综合技术及无人机测试技术两大类技术，以表格形式列示该等技术应用情况（见表3.2）。

表3.2　技术应用情况

核心技术类别	具体核心技术名称	生产环节应用阶段	应用场景
无人机制造集成综合技术	基于MBD的数字化工艺设计技术	总装集成、地面测试及大系统联试	工艺人员承接基于MBD的设计模型，完成结构化工艺文件编制及生产制造人员利用终端设备查阅文件，完成总装集成等工作并最终交检等
	无人机智能化生产管控技术	通过整合信息实现指导生产制造现场科学进行生产安排及物料预警，动态管理无人机生产架次	通过生产管控系统完成对CAPP、MES、ERP等系统整合，对无人机系统生产现场的数据信息进行收集处理，指导生产制造现场更加科学地生产安排和预警；针对无人机上万零件复杂协调装配情况，解决了无人机系统装配协调的难度，提高了总装和配套零件的及时性，解决了信息孤岛的问题
无人机测试技术	无人机生产全机智能测试技术	地面测试及大系统联试	通过智能测试完成各子系统或成品的试验及大系统的综合试验
	无人机试飞测试技术	地面测试、出厂试飞	在进入试验和试飞阶段，通过在无人机全机布置各类传感器，采集和记录无人机在试验试飞过程中的相关测试数据

（2）发行人目前已经在大型固定翼长航时无人机平台设计技术、大型固定翼长航时无人机系统设计综合技术、无人机智能自主与智能指控技术、无人机制造集成综合技术、无人机测试技术、无人机体系化保障技术等方面积累并掌握了18项核心技术，其中，受让取得核心技术共计10项，发行人自主研发核心技术共计8项。发行人具有应用和发展受让核心技术的人才基础，

并且已构建无人机系统自主研发体系并形成独立研发成果，发行人已具备应用核心技术及创新能力，已掌握受让的核心技术，使用相关技术不存在障碍。发行人以表格形式说明了 8 项自主研发核心技术的情况，表格列示了技术名称、对应的研发项目名称、对应研发项目的支出情况和取得时间。

(3) 中航无人机共有研发人员 76 人，占员工总数的比重达 19.49%。研发人员中拥有博士学位者 2 人、硕士学位者 54 人。发行人有研究员 8 人、正高级工程师 2 人、高级工程师 23 人。发行人已组建覆盖无人机系统研制关键环节的研发队伍，公司研发人员拥有多年航空产业研发经验，因此发行人研发人员能够满足研发需要，具备研发新型号、新产品的能力。发行人已不再委托航空工业成都所开展应用场景研究、产品定义、系统综合和集成试制等核心技术领域的技术研发服务，公司目前不存在依赖关联方开展委托研发的情况，研发过程中不存在仍需依赖关联方支持的环节。

(三) 关于翼龙系列无人机系统

招股说明书披露发行人主要产品为翼龙系列无人机系统，由无人机平台、地面站、任务载荷及综合保障系统组成，同时为客户提供无人机技术服务。发行人在 2018 年之前主要开展无人机系统的生产工作，2019 年建立独立的研发、采购及销售体系。

请发行人披露：翼龙无人机系统的具体构成、配套方式以及各部分实现的功能。

发行人回复情况如下：发行人翼龙系列无人机系统主要由无人机平台、地面站、任务载荷及综合保障系统构成。

第一，无人机平台由机体、飞机管理系统、动力系统、机械电气系统、机载数据链系统等组成，是无人机实现空中飞行最基本的组成部分。无人机平台各系统主要功能如表 3.3 所示。

表 3.3　无人机平台各系统主要功能

分系统名称	主要功能
机体	机体主要分为机身、机翼、起落架系统等，是维持飞机的气动外形的主要结构

续表

分系统名称	主要功能
飞行管理系统	主要执行飞行控制功能、系统余度管理功能、组合导航功能、自主决策管理功能、自主飞行功能、指令飞行功能、遥控飞行功能、关联系统控制与管理功能、辅助功能、自检测功能等
动力系统	为无人机提供推力，保证发动机和螺旋桨在无人机上的使用、维护、参数监控及故障处置，驱动发电机
机械电气系统	涵盖液压、燃油、供电等子系统，接收飞控计算机、机电状态信号等指令，进行电气控制分系统及信号转换等
机载数据链系统	具有视距、卫星中继加密传输无人机遥控、遥测数据能力等

第二，地面控制站包括指挥控制站、视距链路地面站、卫通链路地面站。地面站作为无人机的操控中心，在无人机执行任务的各阶段保障飞行安全和任务成功执行；作为无人机系统的数据交互中心，实现无人机系统融入指挥信息系统，支持与上级指挥所进行信息交互，实现侦察情报数据分发。

第三，任务载荷系统指无人机携带的完成指定任务的设备或装置，按用途可分为侦察监视、情报通信、电子对抗、武器弹药及其他民用装备等。翼龙系列无人机系统任务载荷一般包括光电吊舱、合成孔径雷达、CCD 航测相机、武器及其他专用任务载荷等。

第四，综合保障系统由保障设备、工具、备件、技术资料等组成，对无人机系统起支持保障作用。

发行人按照“小核心、大协作、专业化、开放型”建立科研生产体系。发行人研发工作聚焦无人机系统级、分系统级设计和综合保障系统；无人机生产服务环节聚焦总装集成、试验试飞及售后保障。无人机系统中的机体、发动机、飞管计算机、任务计算机等上百项成品均为发行人向配套供应商定制采购，公司不从事机体、配件成品的生产。

三、核心技术秘密二轮问询问题与答复

（一）关于独立性

根据首轮问询回复及申报文件：（1）翼龙无人机相关技术、专利均转至

发行人处，相关核心技术人员也已经进入发行人处任职。截至2021年6月30日，发行人共有40名员工从航空工业成都所直接转入。(2)发行人拥有已授权的普通专利共27项，国防专利共11项。上述普通专利发明人共计125人，其中有12人目前在发行人处工作，其他大部分研发人员在航空工业成都所工作及领薪。(3)2021年1月发行人向航空工业成都所购买了部分生产设备、专利等资产，之前相关专利由航空工业成都所授权发行人使用。

请发行人进一步说明：(1)发行人人员从实际控制人航空工业集团及其控制企业转入的情况，是否还在原单位兼职及后续安排；航空工业集团及其控制企业的相关人员是否有在发行人兼职的情况，若有，其从事的主要工作、所起的作用及后续安排；(2)发行人业务开展的相关技术是否还存在需要实际控制人及关联方授权的情形，核心技术涉及的知识产权是否都转入到公司；(3)在相关专利发明人只有少数在发行人任职的情况下，发行人是否具有独立的研发团队、是否具有支撑其业务发展的研发能力，在其研发上是否对航空工业成都所等关联方存在依赖。

发行人回复情况如下：(1)第一，截至2021年12月31日，发行人员工共405人，其中，102人原任职于实际控制人航空工业集团及其控制企业，且绝大部分人员在2021年6月前完成转入。发行人于2019年建立了独立的研发、采购及销售体系，并作为总体单位对外销售翼龙无人机系统、签署新的合同订单并相应开展原材料采购活动。2018年12月至2021年6月，在建立独立的研发、采购及销售体系并根据生产经营需要不断调整的过程中，发行人对外招聘高级管理人员，研发中心、市场发展部、采购供应部等部门人员，其中包括原任职于航空工业成都飞机工业集团有限公司、航空工业成都所以及航空工业集团下属其他单位的人员共计84人。2021年7月至12月，发行人根据生产经营需要主要通过社会招聘、校园招聘等方式进行人员扩充，其间共招聘人员62人，其中原任职于航空工业成飞、航空工业集团下属其他单位的人员共计5人，占比仅为8.06%。上述人员均已与发行人签订了《劳动合同》，建立了劳动关系。根据上述人员出具的确认函，截至本回复出具之日，上述人员均已与航空工业集团及其控制企业即原工作单位解除劳动关系，劳动关系的解除不存在任何形式的争议与纠纷，其目前服务于发行人，不存在在原单位兼职的情形及安排。第二，蒋某、程某、周某、李某和姚某辉系由航空工业集团及其控制企业作为股东委派至发行人处兼任董事、监事职务，主要从事相关法律法规及发行人《公司章程》中规定的董事会、监事会职权相关工作，并将在其职权范围内继续履行其董事、监事的相关职权及义务。

（2）发行人在业务开展过程中不存在获授权使用实际控制人及关联方知识产权及相关技术的情形。发行人无人机业务开展涉及大型固定翼长航时无人机平台设计技术、大型固定翼长航时无人机系统设计综合技术、无人机智能自主与智能指控技术、无人机制造集成综合技术、无人机测试技术、无人机体系化保障技术 6 大类核心技术，发行人已掌握上述 6 大类别下的 18 项核心技术。

2021 年 1 月，发行人与航空工业成都所签署《技术转让协议》，由发行人受让航空工业成都所持有的翼龙无人机相关知识产权，相关知识产权已完成权属变更及资产交割。同时，航空工业成都所已出具《关于出售知识产权和生产设备的承诺函》《关于中航（成都）无人机系统股份有限公司人员、知识产权、机器设备等相关事项的确认函》，确认翼龙 – 1、翼龙 – 2 和翼龙 – 1 通用平台 3 个项目下的所有知识产权均已全部转让给中航无人机。

（3）截至 2021 年 12 月 31 日，发行人研发人员共 82 人，发行人已获授权的非国防专利共 31 项，其中航空工业成都所转让的专利共 28 项，自主申请的专利共 3 项。虽然相关专利发明人只有少数在发行人任职，但发行人已具有独立的研发团队，具有支撑公司业务发展的研发能力，且发行人在研发上对航空工业成都所等关联方不存在依赖。翼龙无人机相关技术涉及大量非专利技术，专利仅是技术保护的一种体现；发行人以航空工业成都所转入的翼龙业务相关研发人员为核心，已经组建了独立的研发团队；发行人研发人员具有丰富的航空产品研发经验，有效支撑了研发能力；发行人已构建完善的研发体系，具备新产品、新型号和新技术的研发能力并初步形成相关研发成果。

（二）关于研发

根据首轮问询回复，无人机系统研制分为无人机系统级、分系统级及设备级等，其中设备级研制主要依赖各设备级配套供应商。2021 年 1 ~ 9 月，研发人员数量大幅上升。2021 年新设立的研发项目主要包括翼龙 - 1E 无人机系统、翼龙 - 2 发展 Ⅰ 型无人机系统、翼龙 - 2 无人子机（构型 1 和构型 2），其中翼龙 - 1E 拟开展试飞。发行人委托研发费占研发费用比重已由 2020 年的 60.46% 下降至 2021 年 1 ~ 9 月的 21.81%，主要涉及翼龙 - 2 无人机系统自筹科研包 1 项目以及翼龙 Ⅰ - D 知识产权对应的价值费用化，而在翼龙 - 2 无人机系统自筹科研包 1 项目和翼龙 - 2 人工影响天气型无人机系统研制项目的研发投入中，委托研发费用占比较高。在模拟合并报表中，2021 年 1 ~ 9 月委外研发费用大幅降低。

请发行人说明：（1）供应商研制的主要内容，其对无人机系统的重要性，对其是否存在重大依赖，与供应商合作的稳定性；（2）新增研发人员的来源，将其确定为研发人员的依据，其主要从事的研发项目；（3）翼龙 - 1E、翼龙 - 2 发展 Ⅰ 型与发行人现有无人机的主要区别、实现的功能、需突破的技术难点、未来的研究安排及主要节点，在研发投入相对较小的情况下，翼龙 - 1E 已研制成功并拟开展试飞的合理性；（4）翼龙 - 2 无人机系统自筹科研包 1 项目、翼龙 - 2 人工影响天气型无人机系统研制项目涉及的核心技术，取得的研发成果，发行人后续自主研发的具体安排；（5）在研项目中，分年度说明委外和自研的主要内容、金额及占比，与核心技术的关系，2021 年 1 ~ 9 月委外研发费用占比仍然较高的原因，翼龙 Ⅰ - D 知识产权对应的价值费用化的合理性；（6）2021 年 1 ~ 9 月，模拟合并报表中委外研发费用大幅下降的原因。

发行人回复情况如下：（1）供应商定制化研制的配套成品系无人机分系统的基础组成部分，并由分系统集成构成无人机系统整体，设备级供应商的定制化研制工作是无人机系统研制的重要组成部分，但不属于发行人从事的无人机系统研制核心环节。鉴于供应商所从事的成品研制依据的技术要求系由发行人提出，发行人可完全把握成品核心技术要求，并根据供应商产品质量、采购价格和合作情况等因素进行供应商选择。因此，供应商的定制化研制工作并不导致发行人对其的重大依赖。发行人已建立了完善的供应链管理体系，并对机体、航姿和大气计算机等单位价值量较高的重要配套成品实行双供应商或多供应商配套采购措施，发行人不存在对单一供应商定制化研制工作重大依赖的情形。发行人主要供应商大部分为翼龙无人机产品长期配套单位，部分主要供应商已与发行人签署战略合作协议，发行人与主要供应商的合作关系稳定。

（2）2021 年 9 月末发行人的研发人员共 76 人，较 2020 年年末增加 38 人，其中：新增研发人员 47 人、原有研发人员中 2 人离职、7 人因研发工时不足 50% 未被认定为研发人员。新增研发人员主要来自航空工业成都所、航空工业成飞、社会招聘、校园招聘等，均在研发中心任职且从事研发活动的工时占比超过 50%，分别主要参与了翼龙 -1E 无人机系统研制项目、翼龙 -2 发展Ⅰ型无人机系统研制项目、翼龙 -2 无人子机（构型 2）研制项目等研发项目。发行人以表格形式列示了新增研发人员的来源、确定依据和主要从事的研发项目的具体情况。

（3）翼龙 -1E、翼龙 -2 发展Ⅰ型无人机相较于翼龙 -2 无人机系统，拟通过换装新型动力系统、增加高性能计算机等措施，提升飞机平台飞行性能、供电能力、拒止环境导航能力和任务载荷能力等；发行人在翼龙 -2 发展Ⅰ型无人机系统研制过程中需重点突破新型动力系统集成、自主导航及环境态势感知等技术难点，以提升该型无人机的飞行性能、供电能力、拒止环境下的导航及生存能力、自主作战能力等；发行人说明了翼龙 -1E、翼龙 -2 发展Ⅰ型无人机系统未来的研究安排及主要节点；发行人翼龙 -1E 无人机系统研制项目研发投入较小，主要系发行人 2021 年 1 ~ 9 月尚未开展无人机试制工作，原材料消耗较少。2021 年第 4 季度，发行人翼龙 -1E 无人机系统研制项目研发投入大幅增加，主要系公司完成第一架科研机设计工作后，开展科研机总装集成及试验工作导致原材料领用增加。发行人项目研发投入与翼龙 -1E 无人机系统研制整体进度匹配，具备合理性。

（4）发行人翼龙 -2 无人机系统自筹科研包 1 项目、翼龙 -2 人工影响天气型无人机系统研制项目均存在委托研发情形，截至 2021 年 6 月 30 日，发行人翼龙 -2 无人机系统自筹科研包 1 项目中委托航空工业成都所的研发工作已结束，该等委托研发形成的知识产权归发行人所有；截至 2020 年 12 月 31 日，发行人翼龙 -2 人工影响天气型无人机系统研制项目委托其他单位研发工作已结束，该等委托研发形成的知识产权归发行人所有。发行人以表格形式列示了上述两个研发项目的研发内容、形成或应用的核心技术、取得的研发成果和公司后续自主研发安排。

（5）报告期内，发行人研发项目共计有22项，其中通过自研和委外协同开展的项目包括翼龙－2无人机系统自筹科研包1项目、翼龙－2人工影响天气型无人机系统研制项目、倾转旋翼垂直起降无人机项目、翼龙－2无人子机（构型2）研制项目、翼龙Ⅰ－D项目，其余都是发行人通过自研方式开展的。发行人以表格形式列示了上述项目在报告期各期的自研和委外研发的主要内容、研发费用金额、占比及与核心技术的关系。

在2021年1～9月公司涉及委外研发费用的研发项目中，翼龙－2无人机系统自筹科研包1项目委外研发部分系2020年委托航空工业成都所开展的研发活动，截至2021年6月末委外研发工作已经结束，发行人也不再委托航空工业成都所开展自身研发领域范围内的技术研发服务；翼龙Ⅰ－D项目委外研发费用是对购买的知识产权费用化处理，不涉及开展委外研发活动；翼龙－2无人子机（构型2）研制项目委外研发部分系委托其他单位开展非公司核心技术领域的研发工作。发行人具备独立研发能力，技术研发不存在重大外部依赖。

发行人与航空工业成都所于2021年1月20日签署《技术转让协议》，其中约定以199万元购买翼龙Ⅰ－D知识产权。报告期内，发行人未取得翼龙－1D无人机系统的业务订单，未来市场前景也具有不确定性，发行人购买翼龙Ⅰ－D知识产权后，在其基础上开展了翼龙－1E的相关研发工作，因此翼龙Ⅰ－D知识产权不具有确认为无形资产的条件，故将其费用化计入当期损益。

（6）报告期内，模拟合并报表涉及委外研发的项目主要为以航空工业成都所作为研发主体的翼龙－1出口型通用平台项目、翼龙－2无人机系统研制项目等型号研制项目，以及发行人作为研发主体的翼龙－2人工影响天气型无人机系统研制项目等，委外研发内容主要以软件开发及测试、性能试验等非核心技术的研发活动为主。截至2021年9月末，发行人研制的翼龙－1E无人机系统、翼龙－2发展Ⅰ型无人机系统等新型号尚处于详细设计阶段，2021年1～9月委外开展的软件开发及测试、性能试验等非核心技术研发活动尚未完成验收，因此2021年1～9月委外研发费用较2020年下降。

第二节　涉非专利技术的实务要点

一、发行人受让关联方成都所知识产权涉核心技术秘密

根据公开资料，2021 年 1 月，发行人与航空工业成都所签署《技术转让协议》，由发行人受让航空工业成都所持有的翼龙相关知识产权。发行人掌握了 18 项核心技术，其中 10 项核心技术为受让取得。发行人拥有已授权的非国防专利共 31 项，其中航空工业成都所转让的专利共 28 项，自主申请的专利共 3 项。翼龙无人机相关技术涉及大量非专利技术。

对此，应该关注以下问题：

（1）发行人披露了其受让成都所知识产权的情况，除专利外是否包括技术秘密；

（2）如受让知识产权里包含技术秘密，双方在交接时是否对技术秘密载体做了完整交割，转让方和受让方在整个过程中对载体是否均做了适当的保密措施；

（3）发行人多数专利和核心技术系受让取得，发行人在受让取得的核心技术的基础上是否做了实质性突破和改进，受让专利与技术与发行人核心技术具有先进性之间是否存在矛盾。

二、非专利技术涉核心技术秘密

根据发行人的招股说明书，发行人基于保护技术秘密及军工产品技术特殊性的考量，发行人部分核心技术及核心技术中的部分环节未申请专利，而是采用非专利技术的形式施以保护。发行人建立了技术保护体系并施行有效保护措施，已建立了涵盖翼龙系列无人机设计、试验记录、技术状态管理、生产图样、分析报告、各类工艺文件等在内的数千项技术文件台账，对其翼龙系列无人机系统设计研发、生产制造、服务保障等全寿命周期的非专利技术进行归档管理，进而形成其核心技术。发行人严格按照保密制度对非专利

技术等进行分级管理和负责人管理，对其生产经营过程中涉及的技术秘密的评审定密、变更解除、日常管理等进行了详细规定并严格执行；对掌握公司商业秘密人员采取签署保密协议、审查审批、保密教育等方式树立其保密意识，明确其负有的保密义务及违反保密义务的法律责任。

在这段描述中发行人使用了“非专利技术”、“技术秘密”和“商业秘密”等词汇，并披露了相应的保护措施，对此，应该注意以下问题：

（1）发行人的“非专利技术”是否全部作为技术秘密进行保护，发行人的技术秘密以软件、硬件或其他何种形式体现的，对其是否采取了合理的保密措施；

（2）由于发行人的主要产品涉军，非专利技术中是否有部分为国家秘密，其是否有体系化的流程和制度对国家秘密和商业秘密做分类保密管理；

（3）发行人对非专利技术的保密流程和制度的执行情况等。

三、核心技术人员涉核心技术秘密

根据公开资料，截至2021年6月30日，发行人共有40名员工从航空工业成都所直接转入，其中从事研发工作相关的人员共有31名，本次转入人员完整覆盖无人机系统总体设计、平台系统设计、任务系统设计、指控系统设计等核心专业，均已与发行人签订劳动合同并在发行人研发中心各专业担任专业带头人、核心层研发人员等重要研发角色，有效支撑了发行人的独立研发能力。

对此，应该注意以下问题：

（1）发行人是否对从相同行业成都所转入的技术人员进行充分的入职核查，包括对其竞业限制协议以及保密协议的核查，对技术人员在原单位的研发工作内容与在发行人处的研发工作内容进行对比，排查发行人是否存在技术秘密侵权风险；

（2）发行人对核心技术人员后续的研发工作安排及计划；

（3）在具体研发过程中，发行人为防止技术秘密的泄露，对核心技术人员采取了哪些具体措施，与核心技术人员签署了哪些协议，其具体内容如何约定等。

第四章　无人机禁毒公司转板涉核心技术秘密的问询要点

第一节　转板 IPO 概况和公司基本情况

观典防务技术股份有限公司（以下简称观典防务、转板公司或公司）为首家从北京证券交易所（以下简称北交所）转板到上交所科创板上市的企业。公开资料显示，2021 年 8 月 11 日观典防务董事会审议通过了科创板转板上市的议案，10 月 20 日公司向上交所申报科创板上市，11 月 10 日上交所受理了公司的上市申请。上交所发行上市审核机构于 2021 年 12 月 3 日和 2022 年 1 月 13 日分别提出了两轮问询，公司于 2022 年 1 月 12 日和 18 日进行了回复。公司于 2022 年 1 月 27 日通过了上市委会议，3 月 31 日收到上交所同意转板上市的决定。2022 年 4 月 18 日公司向北交所提交了终止上市的申请，4 月 25 日北交所同意了公司的申请，4 月 26 日至 5 月 12 日，公司完成了跨市场转登记准备工作，5 月 25 日公司正式登录科创板，转板历时 217 天。

观典防务是国家级专精特新“小巨人”高新技术企业，是国内领先的无人机禁毒服务供应商，也是国内最早从事无人机禁毒产品研发与服务产业化的企业。公司的主营业务为无人机飞行服务与数据处理和无人机系统及智能防务装备的研发、生产与销售。截至《转板上市报告书》发布之日，公司拥有 74 项专利，包括 14 项发明专利、60 项实用新型专利。公司经过长期自主研发，构建了一系列的核心技术，能够覆盖公司的主营业务。公司的主营业务之一“无人机飞行服务”使用核心技术 6 项，对应的发明专利 1 项，软件著作权 52 项；主营业务之二“无人机产品”目前使用的核心技术共计 12 项，对应的发明专利8项，实用新型专利45项，软件著作权52项。公司将报告期内的1项合作研发项目通过表格的形式列举了相关信息，包括合作研发方名称、研发内容和范围及双方承担工作的情况等，双方约定的保密措施为：（1）保密内容：技术方案、协议、代码、图纸等；（2）涉密范围：相关参与人员；（3）保密期限：本项目结束后3年内。

公司与核心技术人员均签署了《保密协议》《竞业禁止协议》，就核心技术人员任职期间及离职以后保守公司商业秘密和竞业限制的有关事项进行了约定。

第二节　数据库涉核心技术秘密的实务要点

一、核心技术秘密涉数据库的首轮问询问题与答复

（一）关于核心技术

请转板公司说明：核心技术在各项产品生产制造和服务提供的各个环节发挥的具体作用，与专利等知识产权的具体对应关系，核心技术是否主要体现在集成方面。

转板公司回复情况如下：（1）公司的主要核心技术为数据处理技术和无人机产品技术，即无人机禁毒航测技术、无人机总体设计技术和飞行控制技术。其中无人机禁毒航测技术细分为无人机禁毒综合技术、数据预处理、数据识别、数据定位、情报研判和数据库技术等6项核心技术；无人机总体设计技术细分为整机设计、布局结构设计、安全结构设计、起降结构设计、任务结构设计和连接结构设计等6项核心技术；飞行控制技术细分为总体控制、姿态控制、航线控制、航程控制、动力控制、任务控制等6项核心技术。发行人通过表格的形式列举了无人机产品和无人机服务两个方面的核心技术以及核心技术在生产环节的具体体现和对应的专利、软件著作权名称等。

（2）在无人机禁毒航测技术方面，公司以无人机为数据输入端口，以数

据处理为核心，基于无人机航测影像实现针对毒品原植物的侦测核心技术。公司通过10余年的禁毒实战，建立了自有数据库，可识别数十种罂粟种植形式，准确度达95%以上。综上，公司无人机禁毒航测技术并非主要体现在集成方面。

（3）在无人机产品技术方面，公司形成了无人机总体设计技术和飞行控制技术两项核心技术。由于无人机系统涉及空气动力学、飞行力学、结构强度、材料与制造、航空发动机、飞行管理与控制、导航与制导等多种学科和专业，需要把不同学科、不同专业的技术创造性地综合到一起，使无人机满足应用场景的要求，故无人机整机的研制生产需要解决三方面问题，即总体方案设计、技术协调和验证改进。在总体方案设计方面，公司需从无人机系统使用任务要求、重量要求、环境适应性要求、飞行性能要求、使用性要求等技术要求出发，进行无人机种类及机型选择，确定基本构型和气动布局，确定总体参数、几何尺寸，估算飞行性能，设计地面站系统等，完成无人机系统初步概念方案设计，确定系统总体方案。在技术协调方面，公司需根据总体方案设计分系统，并进行技术协调，完成气动、控制等详细设计，实现飞行性能要求，达到姿态控制，航线、航程控制，动力控制，任务控制等目标。在验证改进方面，公司需大量投入人力物力进行无人机试制、飞行验证和改进工作，提出关键技术试验要求，组织长时间实战试飞验证。综上，公司在无人机设计及应用方面掌握核心技术，在细分领域建立了独有优势，并非简单的集成。

（二）关于数据库

请转板公司说明：转板公司数据库的来源及相关数据使用的合规性，在数据工作成果归属于国家各级禁毒部门的前提下，如何保持禁毒领域行业壁垒的经营优势。

转板公司回复情况如下：（1）飞行数据库、毒品原植物数据库及无人机禁毒信息数据库，是公司通过对飞行控制数据、原始影像数据处理、加工、储存，并辅以实地核查、情报研判数据累积形成的，是公司付出大量投入并承担相应技术风险的技术成果和劳动所得，公司使用不受限制。根据公司与禁毒部门签订的《无人机航测服务合同》约定，除非法种植罂粟地块的坐标点数据、对应的影像资料及航测服务报告属国家机密，由公司提交给禁毒部门外，其他文件不作为数据工作成果，无须提交。经与禁毒主管部门访谈，禁毒主管部门确认：转板公司提供的成果报告包含毒情分析和毒品原植物具体坐标，该报告内容不包含公司通过飞行采集的原始影像和经其处理后的数据，禁毒主管部门对于上述影像和数据没有使用限制的要求，公司保密项目执行顺利、未发生过泄密事件或风险，不存在违反数据保密要求的情况。

（2）公司与客户签订的《无人机航测服务合同》本质属技术服务合同，根据《民法典》第885条规定："技术咨询合同、技术服务合同履行过程中，受托人利用委托人提供的技术资料和工作条件完成的新的技术成果，属于受托人。当事人另有约定的，按照其约定。"根据公司签署的《无人机航测服务合同》约定，公司在实际业务开展过程中，接受客户委托，执行飞行任务，并向客户提交工作成果，客户为公司执行飞行任务提供必要的、与履行合同有关的基本条件。公司对在执行飞行任务中取得的原始影像数据进行处理、加工，并投入大量的时间成本和资金成本重新组织、编排、存储形成飞行数据库、毒品原植物数据库及无人机禁毒信息数据库。因此，依《民法典》第885条之规定，数据库作为新的技术成果归属于公司。公司已取得武器装备科研生产单位二级保密资格证书，并制定了配套的《确定、变更和解除国家秘密管理规定》《保密教育和培训管理制度》《涉密人员管理制度》《涉密载体保密管理规定》等一系列保密制度文件。报告期内，上述保密制度有效执行，公司未发生过因泄密而被主管机关处以行政处罚的情形。综上，公司数据库的来源及数据使用行为符合国家相关法律法规的规定，公司使用相关数据进行商业行为不违反与客户的约定。

（三）关于研发项目与专利技术

请转板公司说明：合作研发项目的开始时间、经费投入、开展原因及必要性，其与转板公司现有技术的关系和差异以及与转板公司未来业务发展方向的关系。

转板公司回复情况如下：（1）公司通过表格的形式说明了与北京航空航

天大学合作研发项目的研发背景、开始时间、研发周期、经费投入、开展原因和必要性及应用领域的情况。

（2）公司现有技术主要集中在低速无人机系统设计开发方面，暂无高速无人机产品设计开发经验，此时以“某型巡飞弹”平台生产为切入点，借助北京航空航天大学科研能力，“亚声速无人机阻力源及减阻措施研究”项目立项，为公司现有无人机技术进行补充。合作研发项目与转板公司现有技术的差异情况如表 4.1 所示：

表 4.1　低速无人机系统设计与高速无人机系统设计对比

项目	低速无人机系统设计	高速无人机系统设计
应用领域	主要为民用，如航测、巡检、消防、植保	主要为军用，如靶机、靶弹、察打一体、通信
动力系统	主要为活塞式螺旋桨发动机及电机	常用涡喷式发动机
平台承载能力	主要为民用轻型载荷，如相机、小型光电球	主要为军用重型载荷，如武器系统、干扰机
飞控精度	多在无障碍空域飞行，无过多干扰，对飞控精度要求低	飞行环境复杂，常在干扰区域飞行，对飞控精度和抗干扰能力要求高
气动设计要求	满足基本的飞行性能即可，多用平直翼、大展弦比，机身截面形状可为圆形、椭圆形、方形等	多用后掠翼、三角翼等，小展弦比，机身多为规则的流线型，有特殊的 RCS 设计要求

公司与北京航空航天大学通力合作，双方优势互补，进行“亚声速无人机阻力源及减阻措施研究”项目合作研发，与公司未来在军品业务上的发展规划相符，有助于公司拓展研究领域范围，布局军工领域业务。

二、涉技术秘密值得关注的问题

（一）公司未披露以技术秘密形式对核心技术进行保护的原因

转板上市报告书显示，公司列举了无人机禁毒航测技术、无人机总体设计技术、飞行控制技术 3 项核心技术，3 项核心技术分别对应的知识产权成果是：第1项技术有1项专利和数十项软件著作权，第2项技术有1项发明专利和30余项实用新型专利，第3项技术有数十项著作权。公司未披露技术秘密等知识产权，应说明原因，如存在技术秘密，应补充披露公司对技术秘密的保护措施。

（二）公司对数据库的具体保密措施

第一轮回复意见显示，公司凭借自主研发的无人机，依托十余年来积累创建的拥有自主知识产权的自有数据库和专业处理技术，形成了飞行数据库、毒品原植物数据库和无人机禁毒信息数据库，公司在为各级禁毒部门服务的过程中形成的数据工作成果归属于国家各级禁毒部门，公司不留存于飞行数据库。此外，公司还制定了一系列保密制度配套文件。

由披露信息可知，公司接触的数据库一部分为国家秘密，一部分为归属于公司的商业秘密。因此，针对公司数据库有必要做进一步问询如下：公司是否有体系化的流程和制度对运营过程中接触的数据（库）的流转进行管理，以有效识别国家秘密和商业秘密并做分类保密管理，以及前述流程和制度的执行情况。

（三）销售的无人机禁毒产品要对数据库采取特殊的保护措施

公开披露资料显示，“在无人机禁毒航测技术方面，公司以无人机为数据输入端口，以数据处理为核心，基于无人机航测影像实现针对毒品原植物的侦测核心技术”，通过十余年的禁毒实战“建立了自有数据库，可识别数十种罂粟种植形式，准确度达95%以上”。首先，要确定“自有数据库”是否内置在公司的无人机禁毒产品上，如果是，需要采取何种特殊的技术保护措施；其次，如果“自有数据库”不在产品端内置，而是存储在云端或者服务器时，其保护措施是否有效、往来传输通讯协议是否安全；最后，公司作为国内领先的无人机禁毒服务供应商，向用户提供或销售无人机禁毒产品时，是否采取了针对“自有数据库”的保护措施等。

第五章　智能无人船艇企业涉核心技术秘密的问询要点

第一节　发行人基本情况与核心技术秘密的问询情况

一、发行人系无人船艇行业

上交所于2021年12月29日受理珠海云洲智能科技股份有限公司（以下简称珠海云洲智能、发行人）的上市申请。发行上市审核机构于2022年2月10日提出问询，发行人于2022年7月19日终止注册。

珠海云洲智能是中国无人船艇行业开创者，是国内领先的无人船艇及相关服务供应商。发行人致力于为细分行业用户提供“无人船艇+”的水上智能化解决方案，代替人执行危险、繁复、低效的水上作业工作。成立至今，发行人专注于无人船艇的研发、生产、销售及相关服务，从零开始坚持自主创新，填补了多项行业技术和应用领域空白。经过10余年的技术攻关，发行人研发和定型了近30款无人船艇产品，产品及服务已在城市水域应用、海洋工程、公共安全、国防工业等领域广泛使用。截至2021年6月30日，发行人共有已授权专利257项及软件著作权27项，其中专利包含31项发明专利、142项实用新型专利和84项外观专利。发行人已掌握无人船艇系统总体集成设计技术、智能自主控制技术、集群控制技术、控制硬件设计技术、通信增强技术和自主布放回收技术六大类核心技术。发行人的主要客户有南方海洋实验室、中海油安全技术服务有限公司湛江分公司、国家海洋局南海调查技术中心、城南建投、珠海市应急管理局、南方海洋实验室、珠海市公安局、华东师范大学、青岛海洋地质研究所、广州南方卫星导航仪器有限公司、广州南方海洋科技有限公司、江南海洋大学和交通运输部天津水运工程科学研究所等。发行人针对技术秘密的保护制定了严格的保密措施，对技术研发流程进行了明确的规定，严格控制技术资料，与研发人员通过保密协议约定了保密条款，与部分核心研发相关人员签署了竞业禁止协议。

二、合作研发涉核心技术秘密的首轮问询问题与答复

（一）关于行业发展与发行人市场地位情况

招股说明书披露，发行人在无人船艇领域具有多年的研发及产业化经验积累，基于内河级、海工级和海防级三级无人船艇平台的多型产品均形成产业化。内河级无人船艇技术门槛相对较低，出现了部分竞品。在国防工业产品方面，报告期内发行人已完成多个型号的预研项目并有部分进入型号研制阶段，但该类产品未来能否定型并实现批量销售尚具有一定的不确定性。

请发行人进一步说明：（1）进入型号研制阶段预研项目的最新进展情况；（2）分析在未来市场竞争加剧的情况下，发行人核心竞争力及竞争优劣势。

发行人回复情况如下：（1）发行人说明了进入型号研制阶段预研项目的最新进展情况；预研项目中，发行人数个项目进入定型列装阶段，入选了全军无人装备采购目录，可供相关需求单位直接采购供列装部队使用；型号研制项目中，公司数个项目进入到型号研制阶段，目前正在按照军方计划参与型号研制的相关工作。

（2）发行人说明了在未来市场竞争加剧的情况下，其核心竞争力及竞争优劣势。第一，说明了发行人核心竞争力及竞争优势：发行人深度参与行业布局，在应用领域拓展、行业标准制定、生产体系建设方面具备先发优势；研发能力强大，研发成果丰富，构建了通用、可靠的底层技术架构；产品及服务全面、可靠、稳定；资质及配套设施齐全；关键核心团队对产业及技术理解深刻。第二，说明了发行人的竞争劣势：发行人特定产品或应用场景可能面临挑战以及吸引并留存高端人才的成本增加。

（二）关于核心技术

招股说明书披露，发行人已掌握无人船艇系统总体集成设计技术、智能

自主控制技术、集群控制技术、控制硬件设计技术、通信增强技术和自主布放回收技术六大类核心技术，其中对架构和算法等专有技术进行了技术秘密保护。在产品生产方面，发行人自主完成工艺设计、部件生产、产品总装、性能测试和质量检验等生产环节。发行人生产所需要的原材料主要包括电子电气类、船载仪器设备类、船体类、五金塑胶类和其他辅料类。截至2021年6月30日，发行人及下属子公司机器设备净值为362.38万元。发行人就技术迭代、新产品开发风险进行了提示。

请发行人说明：（1）结合国际国内行业发展、同行业公司情况，分析无人船艇涉及的主要技术类别及划分，发行人核心技术与行业通用技术、同行业公司技术的区别与联系，技术迭代风险的具体体现；（2）对架构和算法等专有技术采取技术秘密保护的原因，其在核心技术、业务产品中所起的作用；（3）结合生产环节、原材料及机器设备情况，分析核心技术在产品生产中的运用，核心技术实现的功能与原材料的关系；（4）发行人业务产品的发展与核心技术的关系；（5）与同行业公司相比，发行人核心技术先进性的体现等。

发行人回复情况如下：（1）首先，无人船艇作为无人系统的一个分支类别，与无人机、无人潜水器以及无人车等其他无人系统有相类似的通用技术。根据美国国防部发布的5个版本国际无人系统权威著作《无人系统综合路线图》（Unmanned Systems Integrated Roadmap）及国内水面无人船艇权威著作《国之重器出版工程海上无人装备体系概览》，发行人以表格形式说明了无人系统涉及的技术分类及划分的主要情况，表格列示了国际无人系统关键技术、国内水面无人艇关键技术以及涉及发行人的无人船艇关键技术。其次，发行人以表格形式说明了核心技术与行业通用技术及同行业公司技术的对应关系，表格列示了发行人核心技术名称、行业通用技术、与行业通用技术的区别与联系以及与同行业公司技术的区别与联系。最后，发行人从人工智能技术方面、大数据技术方面、通信技术方面以及物联网技术方面说明了技术迭代风险的具体体现。

（2）首先，发行人说明了对架构和算法等专有技术采取技术秘密保护的原因；技术秘密具有秘密性，采用技术秘密形式进行保护的技术无须公开。

而专利保护首先要求公开相关技术，只有在相关技术公开后才可能被授予专利权证书，并以此获得法律保护。因此，为了确保技术的秘密性，发行人倾向于选择技术秘密的形式对部分架构和算法进行保护而非通过申请专利对技术进行保护。其次，发行人说明了架构和算法等专有技术在核心技术、业务产品中所起的作用；无人船艇应用场景、任务能力需求、运行平台等形式多样，发行人通过优化、统一的系统架构构建无人艇控制系统各模块、层次间高效、协调的工作机制，并在平台适配、数据持久化、安全通信、运行调度、交互控制、系统测试等方面提供可靠稳定的基础能力。算法是无人船艇自主航行与任务能力的核心依托，负责保证无人船艇对周围环境态势的理解、自主避障决策、自主运动规划与控制、平台故障诊断与容错保护、自主任务执行、集群协作等能力。架构与算法需要高端技术人才花费大量的时间进行设计、开发与测试，发行人投入巨大，是发行人核心技术的主要来源，是产品竞争力的重要保证。架构与算法相辅相成，共同支撑起了无人船艇的多样化应用能力，实现了无人船艇控制软件在不同平台的普遍适用，为发行人无人船艇的多样化应用奠定了基础，目前已在发行人各产品线实现体系化应用。

（3）发行人无人船艇的主要生产环节包括需求分析、总体设计、分系统详细设计及开发、部件生产、分系统生产、总装生产等；发行人的核心技术应用贯穿于项目设计及开发、生产及总装的全过程。发行人说明了其核心技术在无人船艇6个分系统即感知系统、控制系统、平台系统、通信系统、任务系统和交互系统中的运用及核心技术实现的功能与原材料的关系。发行人从硬件基础架构、软件基础架构、感知与目标识别能力、自主控制能力、集群控制能力以及通信能力几个角度说明了核心技术在基础架构及软件算法等方面的体现。发行人核心技术运用在无人船艇系统的每个核心组成部分中。发行人的核心技术不对具体型号原材料存在依赖，原材料具有较强的可替代性。

（4）发行人经过十余年积累，形成了通用核心技术和平台专用核心技术两大类，并根据产品发展的需要进行不断发展和创新。通用核心技术包括智能自主控制技术、集群控制技术、控制硬件设计技术（合称“USV控制系统”）、“无人船艇系统总体集成设计技术”中的“信息处理架构”和“智能船艇软件基础架构”及“通信增强技术”；平台专用核心技术包括“无人船艇系统总体集成设计技术”中的“无人船艇平台设计技术”和“面向任务的载荷与平台一体化设计方法”以及“自主布放回收技术”。发行人通过通用核心技术的迭代，在各级别产品上（尤其是海工级和海防级产品上）实现应用，从而迭代推出业务产品。发行人将业务产品与无人船艇平台专用核心技术的关系以表格形式列示，表格列示了公司业务产品、平台船型动力设计技术、任务载荷与平台一体化设计技术以及自主布放回收技术。

（5）自成立以来，发行人始终专注于无人船艇行业，现已掌握了无人船艇系统总体集成设计技术、智能自主控制技术、集群控制技术、控制硬件设计技术、通信增强技术、自主布放回收技术六大类核心技术，为城市水域应用、海洋工程、公共安全、国防工业等应用领域带来变革性的作业模式，并首创水面智能救生系统等行业应用。

第一，发行人坚持自主研发，攻克行业普遍性难题并形成核心技术；发行人主要从智能自主控制技术与集群控制技术、无人船艇平台设计技术与自主布放回收技术以及控制硬件设计技术与通信增强技术三个方面进行说明；

第二，发行人在技术积累层面具有较为明显的优势；发行人与同行业公司相比，在无人船艇相关的发明专利数量、发表论文情况、参与制定标准等方面具有较为显著的优势；发行人在高性能无人船艇研发、集群组网协同、自主避障技术、平台技术等方向上多项关键核心技术被中国环境科学学会、中国海洋学会等专业组织鉴定为国际领先或先进水平；发行人在无人船艇竞赛中取得优异的成绩等。

（三）关于研发项目

招股说明书披露，发行人的研发项目可分为基础研发项目、定制开发项目和研发技术服务项目。此外，发行人牵头科技型中小企业技术创新基金项目 2 项、国家火炬项目 1 项。发行人参与国家重点研发计划 4 项。发行人主要有 9 项合作研发项目，合作单位包括湖南大学、华南理工大学等。

请发行人说明：（1）基础研发项目、定制开发项目和研发技术服务项目的具体情况，研发人员和技术服务人员参与情况，研发的主要工作、成果、与核心技术的关系以及成果转化情况；（2）国家科研项目的基本情况，项目承担方、参与方，发行人在重大科研项目申报、研发中的主要工作及作用，项目取得的主要成果及应用；（3）合作研发项目中与合作方合作的背景，各自所起的作用，研发成果与发行人业务产品、核心技术的关系，合作方是否可将研发成果许可给第三方使用，对已形成的技术成果未采取专利保护的原因；（4）合作方与发行人客户重合情况，通过研发拓展的客户、收入及占比等。

发行人回复情况如下：（1）发行人以表格列示了报告期内其前五大基础研发项目和前五大定制开发项目的主要工作、成果、与核心技术的关系和成果转化情况。报告期内，发行人前五大研发技术服务项目均为国防工业产品研发项目，均已通过相关单位验收，主要系针对未来国防装备需求和技术发展方向，组织发行人研发团队进行预先研究，包括综合论证、方案设计、样机研制等技术攻关环节，已形成技术基础。

（2）截至2021年12月31日，发行人牵头或参与7项国家科研项目，发行人以表格形式列示了项目名称，承担方，参与方，立项文件，结项文件，公司在项目申报、研发中的主要工作及作用，公司在项目中取得的主要成果以及项目成果的应用。

（3）截至2021年12月31日，发行人将11项合作研发项目的合作背景、各自所起作用、研发成果、公司在项目中取得的主要研发成果与其业务产品和核心技术的关系、合作方是否可将研发成果许可给第三方使用以及是否存在已形成技术成果但未采取专利保护的情况以表格形式列示，表格列示了项目名称、合作背景、各自作用、公司在项目中取得的主要研发成果、研发成果与公司核心技术的关系、合作方是否可将研发成果许可给第三方使用以及是否存在已形成技术成果但未采取专利保护的情况。合作项目中不存在已形成技术成果但未采取专利保护的情况，除在智能快速机动海洋立体观测系统项目中，合作方作为部分研发成果的共有权人，有权以普通许可方式许可第三方使用外，其他项目合作方均不可将研发成果许可给第三方使用。

（4）报告期内，与发行人客户重合的合作方包括武汉理工大学、南方海洋实验室、国家海洋局南海调查技术中心、中山大学、中国船级社、江苏海洋大学（原淮海工学院）、香港科技大学、广东省新一代通信与网络创新研究院、南方科技大学、大连海事大学，该等合作方与发行人建立业务购销关系的情况如表5.1所示：

表5.1　客户是否属于通过研发拓展的客户情况

客户名称	是否属于通过研发拓展的客户
国家海洋局南海调查技术中心、中山大学、南方科技大学、大连海事大学	不属于。在与发行人开展合作研发项目前，该类客户已与发行人发生购销业务
武汉理工大学、南方海洋实验室、中国船级社、江苏海洋大学（原淮海工学院）、香港科技大学	不属于。该类客户向发行人采购的产品/服务与研发合作项目无关；且该类客户与发行人接洽并发生购销往来并非通过合作研发，而是通过学术会议/展会/对外宣讲/招投标等方式
广东省新一代通信与网络创新研究院	属于。该客户通过与发行人的研发合作项目，对发行人的研发能力、产品情况形成了解，进而后续基于自身需要向发行人进行采购

综上，除广东省新一代通信与网络创新研究院外，其他客户均不属于通过研发拓展的客户。

第二节　合作研发涉技术秘密问询的实务要点

一、关于核心技术

根据公开信息，发行人已掌握无人船艇系统总体集成设计技术、智能自主控制技术、集群控制技术、控制硬件设计技术、通信增强技术和自主布放回收技术六大类核心技术，其中对架构和算法等专有技术进行了技术秘密保护。

对此，笔者认为以下问题值得关注并做好充分的准备：

（1）发行人除了架构和算法等专有技术之外，是否有其他以技术秘密形式保护的核心技术，对其分别采取了何种针对性的保护措施；

（2）对架构和算法等以技术秘密形式保护的核心技术，是否做过必要的检索以准确地判断是否尚未被公开且不容易获得；

（3）架构和算法类专有技术信息，是否可以通过发行人提供的市场流通产品直接或者通过反向工程获得，如果可以获得，发行人对此采取了何种特殊的保密措施等。

二、关于合作研发

根据公开信息，发行人合作项目中不存在已形成技术成果但未采取专利保护的情况，除在智能快速机动海洋立体观测系统项目中，合作方作为部分研发成果的共有权人，有权以普通许可方式许可第三方使用外，其他项目合作方均不可将研发成果许可给第三方使用。

对此，笔者认为以下问题值得探讨：

（1）发行人的合作研发项目中，是否有以技术秘密形式保护的技术成果；

（2）如果有（1）中的情况，双方是否采取了必要的保密措施并切实执行，以有效防范技术秘密的泄露风险；

（3）合作研发成果为技术秘密的，在许可第三方时是否有相应的保密条款，所约定的保密期限是否能够满足公司保密制度的基本要求等。

第六章　军用机器人企业非员工专利发明人涉技术秘密的问询要点

第一节　发行人主营业务为光电侦察设备和军用机器人的研发、生产和销售

上交所于2021年12月31日受理北京晶品特装科技股份有限公司（以下简称北京晶品特装、晶品特装、发行人或公司）的上市申请。发行上市审核机构分别于2022年1月22日和5月7日提出了两轮问询，公司于2022年6月13日通过上市委会议，7月11日提交注册，9月20日注册生效。

北京晶品特装的主营业务为光电侦察设备和军用机器人的研发、生产和销售，主要产品包括多个型号系列的无人机光电吊舱、手持光电侦察设备、夜视多功能眼镜、手持穿墙雷达、排爆机器人、多用途机器人、便携式侦察机器人等。公司系军工领域特种装备研发与制造的国家级高新技术企业，成立以来深耕军工信息化、智能化、无人化技术领域，通过自主研发具备了复杂系统总体研制能力，以总体单位身份研发的多款型号产品成功列装一线部队，逐步形成了“智能感知”和“机器人”两大业务板块。公司已获得89项国家授权专利，其中发明专利28项、实用新型专利44项、外观设计专利17项、计算机软件著作权73项。公司已经掌握相关领域的多传感器融合探测、微小型高精度光电云台、超宽带雷达探测、高效动力驱动、高适应性底盘、多自由度自适应机械臂、高效人机协同及操控共7项重要核心技术及关联子技术，核心技术涉及发明专利15项、实用新型专利22项及外观设计专利12项，全部为自主研发取得，目前已形成具体产品并实现量产。公司仅对部分核心技术通过申请专利等方式加以保护，经论证不适于申请专利的核心

技术，公司将其纳入公司技术秘密保护范围。公司与高级管理人员、核心技术人员均签订了《劳动合同》和《竞业限制协议》。

第二节　核心技术秘密涉披露豁免的实务要点

一、核心技术秘密首轮问询问题与答复

（一）专利发明人部分为非公司员工

根据招股说明书，公司现有发明专利 28 项，其中，形成主营业务收入的发明专利 15 项。公司 2009 年设立时即存在股权代持情形，2016 年解除，实际控制人陈某于 2016 年开始接手并主导公司战略发展及科研方向，2019 年公司进入快速成长阶段。董事、监事、高级管理人员陈某、王某兵、王某、刘某、王某文等人均有某研究所科研工作经历，陈某 2014 年离职时为该研究所所长助理，该研究所目前亦为发行人的主要竞争对手。

请发行人说明：（1）陈某等人在某研究所从事的研究工作与发行人实际从事业务的联系，是否存在违反原任职单位关于竞业禁止、保密协议约定的情形；（2）发明专利的发明人是否为公司员工，是否外购发明专利申请权；（3）发行人核心技术是否为自主研发，来源是否合法合规，是否存在侵犯第三方知识产权或技术秘密的情形或风险，是否存在纠纷或潜在纠纷。

发行人回复情况如下：（1）首先，陈某、王某兵、王某、刘某、王某文在某研究所从事的研究工作与某研究所单兵领域和轻武器领域的相关度较高，具体领域与传统弹药、智能弹药、弹药控制与导引、无人控制等领域相关。相关人员加入晶品特装后发挥了其对军品型号需求的拆解能力，其对军用装备的需求趋势、具体军事运用场景、高适应性、高可靠性等要素的理解较为深入，同时由于军品相关技术的迭代较快，晶品特装在转向军品相关业务后，自主研发了现有核心技术，技术研发和产品实现与陈某、王某兵、王某、刘某、王某文在某研究所从事的研究工作的关联度较低。其次，根据陈某等人

出具的确认函，前述人员与原任职单位未签订过竞业禁止协议，且签订的劳动合同中亦无竞业禁止条款，其离职后亦未收到过竞业禁止补偿金，不存在竞业禁止义务。陈某等人离职时分别与该研究所签署了《保密承诺书》，承诺书主要内容为该等人员应保守国家秘密，并根据不同的岗位承诺脱密期为2年或3年。根据陈某、王某兵、王某、刘某、王某文出具的确认函，陈某、王某兵、王某、刘某、王某文在该研究所任职期间存在职务发明，其离职后不存在未经合法授权利用该研究所或任何第三方技术、知识产权完成发行人及子公司工作任务的情形，发行人及子公司的知识产权不存在源于其在该研究所职务发明的情形。2020年7月15日，该研究所出具证明，证明前述人员在该研究所任职期间及从该研究所离职后规定的脱密期内，均能遵守国家保密法等法律法规及该研究所关于保密、脱密期管理的相关规定，未违反竞业禁止约定。研究所与前述人员、发行人及其子公司不存在关于知识产权争议等相关的纠纷或潜在纠纷。

（2）公司现有28项发明专利中24项为自主研发、原始取得，其余4项专利系北京华信智航科技有限公司（发行人全资子公司，以下简称华信智航）受让北京航空航天大学的专利。发行人24项自主研发、原始取得的发明专利中涉及非员工发明人参与的专利共4项。发行人以表格列示了4项专利的发明名称、专利号、权属来源、发明人、非员工发明人参与设计时的任职单位及职务和非员工为发明人的原因，见表6.1。

表6.1 发明专利情况

序号	发明名称	专利号	权属来源	发明人	非员工发明人参与设计时的任职单位及职务	非员工为发明人的原因
1	调平机构及包括该调平机构的机载光电平台	ZL201910473111.7	自主研发	陈某、马某焱	非员工发明人：马某焱 马某焱为某部某研究所高级工程师	马某焱提出了三光光轴调平机构的思路

续表

序号	发明名称	专利号	权属来源	发明人	非员工发明人参与设计时的任职单位及职务	非员工为发明人的原因
2	机械臂掉电角度保存装置及机械臂	ZL202011342296.7	自主研发	陈某、方某、吴某、施某明	非员工发明人：方某 方某为某部试验保障大队高级工程师	方某提供了专利申请的技术需求及技术实现的部分功能思路
3	一种机器人平台轻量化驱动装置	ZL201911400507.5	自主研发	吴某、高某、陶某、邹某、施某明	非员工发明人：陶某、高某、邹某 陶某为北京航空航天大学机械工程及自动化学院副研究员，高某为其博士研究生，邹某为武汉科技大学研究生	非员工发明人与发行人参与同一项目，项目实施过程中，陶某、高某、邹某对发行人员工的专利研究成果提出了优化建议
4	履带行走机构及具有其的履带车辆	CN202011129168.4	自主研发	陈某、要某峰、吴某、陈某炬	非员工发明人：要某峰 要某峰为某部某中心工程师	要某峰提供了专利申请所需的技术需求及技术实现的部分功能思路

根据非员工发明人马某焱、方某、陶某、高某、邹某、要某峰出具的《关于知识产权的说明》，上述人员参与上述专利发明、设计的工作非其所在单位交付的本职工作或本职工作之外的任务，未利用所在单位的物质条件，研发费用及物资均由晶品特装投入；不存在晶品特装向其购买或其向晶品特装赠与专利权、专利申请权的情形；上述非员工发明人对上述专利的申请权、专利权等权益归属于晶品特装不存在任何异议、争议、纠纷或潜在纠纷。

发行人以表格形式列示了受让取得的发明专利，表格列示了发明名称、专利号、出让方以及出让价格等。2017 年 1 月 11 日，华信智航与北京航空航天大学签订《技术转让（专利权）合同》，约定北京航空航天大学将上述 4 项专利以 15 万元价格转让给华信智航。2017 年 2 月 24 日，华信智航向北京航空航天大学支付完毕专利权转让价款；2017 年 3 月 17 日，上述 4 项专利的专利权人变更为华信智航。发行人不存在其他受让发明专利申请权或发明专利权的情况。

（3）首先，发行人核心技术来源合法，不存在侵犯第三方知识产权或技术秘密的情形或风险，知识产权不存在尚未解决的纠纷和潜在纠纷。发行人各项核心技术皆源于自主研发，根据部分参与研发人员出具的说明，其在参与上述核心技术的研发过程中未利用原单位的职务发明或技术成果或技术秘密，未利用其原单位的物质条件。发行人的核心技术主要系员工在发行人工作任职期间的职务发明。根据参与专利设计的部分非员工发明人出具的说明，其参与上述专利发明、设计的工作非其所在单位交付的本职工作或本职工作之外的任务，未利用所在单位的物质条件，研发费用及物资均由晶品特装投入，不存在晶品特装向其购买或其向晶品特装赠与专利权、专利申请权的情形。上述非员工发明人对上述专利的申请权、专利权等权益归属于晶品特装不存在任何异议、争议、纠纷或潜在纠纷。

其次，知识产权不存在尚未解决的纠纷或潜在纠纷。2017 年，长源动力（北京）科技有限公司（以下简称长源公司）向北京知识产权法院提起诉讼，称晶品特装一款排爆机器人侵害其专利号为“201310095386.4”、名称为“一种机械臂”的发明专利权。请求判令：（1）晶品特装停止制造、许诺销售、销售等侵犯其专利权的行为；（2）赔偿长源公司经济损失 150 万元及因制止侵权行为而支付的合理开支 10 万元；（3）由晶品特装承担诉讼费用。

2019 年 4 月 3 日，国家知识产权局针对晶品特装就长源公司拥有的专利号为“201310095386.4”、名称为“一种机械臂”的发明专利无效宣告请求，出具《无效宣告请求审查决定书》（第 39612 号），因权利要求不具备创造性，根据《专利法》第 46 条第 1 款的规定，宣告该专利全部无效。长源公司不服国家知识产权局作出的第 39612 号无效宣告请求审查决定，在法定期限内提起行政诉讼，请求撤销前述无效宣告决定。2021 年 1 月 21 日，北京知识产权法院作出（2019）京 73 行初 7970 号行政判决书，判决驳回长源公司的诉讼请求。截至问询函回复签署之日，长源公司未提起上诉。长源公司诉发行人侵权的专利不具备创造性，专利权被宣告无效，发行人未侵犯其知识产权或技术秘密。

（二）核查信息披露豁免存在的技术秘密泄密或国家秘密泄密风险

请保荐机构、发行人律师、申报会计师核查说明发行人信息披露豁免是否符合相关规定、是否影响投资者决策判断、是否存在发行人技术泄密或国家秘密泄露的风险。

上述人员回复情况如下：对于首次公开发行及本次审核问询函回复申请文件中涉及国家秘密和相关技术秘密的财务信息，发行人根据《军工企业对外融资特殊财务信息披露管理暂行办法》的规定使用代称、打包或汇总表述等方式进行了合理披露，对于采用上述手段仍不能确保国家秘密安全的情况，发行人按照规定向国家国防科技工业局申请了豁免披露。2021 年 8 月，发行人取得了《国防科工局关于北京晶品特装科技股份有限公司上市特殊财务信息豁免披露有关事项的批复》。

发行人保密委员会按照“谁披露，谁负责”的原则，进行了充分的保密审查。发行人已提交《关于首次公开发行股票并在科创板上市信息豁免披露的申请》；保荐机构已出具《关于发行人首次公开发行股票并在科创板上市信息豁免披露的专项核查意见》，发行人相关信息披露文件符合有关信息披露法律法规的要求，不存在泄露国家秘密的风险，不会对投资者的决策判断构成重大障碍；发行人律师已出具《关于发行人信息披露豁免申请的专项核查报告》，发行人符合保密方面法律法规的相关规定，符合科创板信息披露规则的基本要求，不会对投资者的决策判断构成重大障碍；申报会计师已出具《关于发行人豁免披露信息情况的说明的专项核查报告》，发行人相关信息披露文件符合信息披露、保密方面法律法规的相关规定，不会对投资者的决策判断构成重大障碍。

二、涉核心技术先进性的二轮问询问题与答复

根据问询回复，发行人主要从事产品的研发设计、总装和测试，核心基础器件由外部采购。公司产品直接材料主要包括光电组件、定制件、电子器件等。发行人表示，依托相关核心技术，公司相应产品显著领先于国际先进产品、显著领先国内竞争对手及国外先进产品等。

请发行人说明：发行人核心技术的先进性体现与外部采购的核心基础器件及其性能有无相关性，区分主要核心技术及其应用产品，进一步说明发行人对产品性能提升的实际贡献或具体作用，公司相应产品显著领先于国际先进产品、显著领先国内竞争对手及国外先进产品等表述的具体依据和理由。

发行人回复情况如下：发行人外购核心基础器件主要包括通用上游器件及定制化加工件两类。通用上游器件主要包括探测器、红外及可见光机芯/相机、电子罗盘、北斗模块、屏幕、电机、测距机、通信链路模块等，一般由专业厂商研发生产，属于成熟通用的基础货架产品，因此发行人可以较易采购到符合技术要求的产品；定制化加工件主要包括图像跟踪板、电机驱动模块、主控模组、主控板和机加件等，由公司研发设计后交由专业厂商进行定制化加工。第一，通用上游器件与产品性能具有相关性，是实现产品性能的必要条件但不是决定其整体性能的充分条件；第二，定制化加工件性能和整机性能主要由发行人核心技术及设计能力决定；第三，发行人以列表说明了其主要核心技术对各产品性能提升的具体作用情况，表格列示了典型产品、相关核心技术、主要研发环节及所涉及核心外购基础器件和发行人对产品性能的提升贡献。

发行人依托核心技术形成了多项典型产品，与国外/国际上装备量较大、较为成熟的军品相比，部分产品的部分指标显著高于国外竞争对手；与国内竞争对手相比，一方面产品的部分指标在招标评测中大幅高于军方用户的指标要求，另一方面公司产品在招标比测中在性能得分上也明显领先于竞争对手。发行人以表格列示了典型产品、与国外/国际产品对比具有优势的依据和理由以及与国内产品对比具有优势的依据和理由。

三、专利发明人部分为非公司员工的风险控制与核查

披露信息显示，发行人仅对部分核心技术通过申请专利等方式加以保护，将经论证不适于申请专利的核心技术纳入公司技术秘密保护范围。发行人 24 项自主研发、原始取得的发明专利中涉及非员工发明人参与的专利共 4 项，非员工发明人包括某部某研究所高级工程师、某部试验保障大队高级工程师、北京航空航天大学副研究员、某部某中心工程师等。非员工发明人马某焱、方某、陶某、高某、邹某和要某峰出具了《关于知识产权的说明》，说明了上述 4 项专利不属于职务发明且专利申请权和专利权归属于发行人。

对此，笔者认为以下问题值得注意：

（1）核查非员工发明人是否与其任职单位签有保密协议以及参加发行人的研发工作是否违反其与任职单位的保密协议等；

（2）非员工发明人参与发行人的研发工作是否与其本职工作相关；

（3）非员工发明人在参与研发过程中是否接触到了公司的技术秘密，公司是否采取了保密措施以降低非员工发明人造成技术秘密泄露的风险；

（4）发行人是否具备对核心专利以及技术秘密的独立研发能力；

（5）是否与非员工发明人就专利的奖励与报酬达成处理方案，以有效避免因此纠纷引发不必要的发明权属争议等。

第七章　汽车零部件企业涉技术秘密的问询要点

第一节　发行人系汽车零部件供应行业

上交所于2021年6月29日受理敏实集团有限公司（以下简称敏实集团、发行人）的上市申请。发行上市审核机构于2021年7月27日提出问询，发行人于9月9日做出回复，2022年7月18日发行人终止注册。

敏实集团是全球知名汽车零部件供应商，基于高性能铝材、高弹性TPV、改性塑料等新材料以及表面处理技术，形成了各类外饰件和车身结构件产品体系，并发展出铝动力电池盒、智能前脸等电动化、智能化新型产品线。发行人通过在新材料领域的技术突破和研发创新，实现了传统汽车外饰件及结构件的技术升级、性能提升以及功能拓展。敏实集团立足中国、布局全球，在中国、美国、墨西哥、泰国、德国和塞尔维亚等多个国家设有生产基地。截至2020年12月31日，发行人获得与业务相关的主要有效专利授权1399件，其中境内发明专利257件，境外发明专利5件。发行人客户覆盖了市场主要整车企业，与全球年销量100万辆以上乘用车品牌达成长期合作关系，包括宝马、奔驰、大众、奥迪、丰田、本田、日产、福特、通用、吉利和长安等，同时进入了特斯拉、蔚来、理想、小鹏等新能源汽车领域。发行人核心技术包括吸能结构铝型材、电镀技术、阳极氧化技术、涂装技术、高分子材料、高亮黑免涂装材料开发、CSP技术（Curved Surface Printing）、PLP技术（PVD－Laser－Painting）、LTC技术（Light－tight Coating）、集成热管理结构的电池盒、双层底板框架拼接技术、高密封性能铆接固定结构、集成可拆卸水冷板总成的电池箱下托盘、48V电池盒内腔U型贴膜技术、端板集成冷却水道结构的48V电池盒、水冷板集成结合活装横梁框架结构箱体、集成水冷和侧边吸能功能的CTP模组结构、可变式的运动机构、密封覆盖结构、高强度滚压、电动驱动结构可靠性、高速调节，以及上下轨消间隙结构和关键参数、高强度钢滚压工艺、反射+导光板方案在发光格栅上的应用、镭雕+视觉引导在发光格栅上的应用、移印工艺在发光格栅上的应用、加热雷达罩/盖板结构设计方案、激光雷达罩结构设计、零段差滚压门框结构方案、水辅行李架设计方法及注塑成型技术和激光焊接技术等。上述技术中除了激光焊接技术为自主研发加技术合作以外，其他核心技术均为自主研发，发行人核心技术均以专利和实用新型的形式保护。截至2020年12月31日，发行人已与董事、高级管理人员、核心技术人员签署了聘用协议/劳动合同、保密协议、竞业禁止协议。

第二节　涉技术先进性和研发能力的实务要点

一、核心技术秘密首轮问询问题与答复

（一）关于技术先进性

招股说明书披露，发行人自1999年起开始生产乘用车金属饰条等汽车外饰件，后逐渐将产品品类拓展至塑件、电镀件、格栅、铝件等。报告期内，发行人金属饰条、塑件、铝件收入占比分别约为36%、30%和24%。发行人围绕车用新材料及表面处理技术潜心研发，主要服务于国家新能源汽车发展的长期战略，进入了特斯拉、蔚来、理想和小鹏等新能源汽车品牌。

请发行人说明：(1) 发行人从事金属饰条、塑件、铝件等产品制造所依靠的核心技术及其先进性，该等技术20年来所发生的改进或革新，发行人主要产品与市场竞品的性能差异；(2) 发行人生产新能源汽车配套产品所依靠的核心技术相比燃油车产品是否具有先进性，如有，请说明其具体表征。

发行人回复情况如下：

(1) 报告期内，发行人将从事金属饰条、塑件、铝件、铝电池盒件等产

品制造所依靠的核心技术及其先进性具体情况以表格形式列示，表格列示了材料分类、技术类别、技术名称、核心技术先进性的具体体现以及应用产品类别。发行人以表格形式说明了主要核心技术 20 年来所发生的改进或革新具体情况，表格列示了材料分类、技术类别、技术名称以及 20 年来所发生的改进和革新。

发行人专注于车规级新材料的研发和制造，形成了汽车外饰件、车身结构件等新材料制品，具体包括金属饰条、塑件、铝件和铝电池盒件等。汽车外饰件、车身结构件所使用的材料的性能是影响其终端产品性能的关键因素，主要产品与市场竞品的差异集中体现于材料本身的性能差异。在汽车外饰件方面，发行人基于自主研发的高性能装饰铝材、高弹性 TPV、弹性 PVC 及改性塑料技术，实现了制品在压溃性能、耐腐蚀性、耐候性、耐碱性、压缩永久变形率等方面具有竞争优势，达到国际或国内先进水平。在车身结构件方面，发行人基于自主研发的高性能结构铝材，是国内唯一在突破 250MPa 屈服强度的基础上，还能满足静态压溃和动态冲击性能的结构铝材，发行人高性能结构铝材之终端制品在动态冲击性能、静态压溃性能等性能方面亦处于国际先进水平。发行人依据新材料形成的汽车零部件产品，其产品性能差异主要体现在铝件和铝电池盒件、金属饰条以及发行人基于改性塑料研发的主要产品上。

（2）对于汽车一般外饰件、车身结构件类产品，发行人面向新能源汽车和燃油汽车的配套产品无明显技术差异；对于铝电池盒件，发行人只面向新能源汽车配套，燃油车无此产品配套。

（二）关于研发能力

报告期内发行人累计研发投入为 201 032.28 万元，占累计营业收入的 5.15%，研发费用率略高于国内同行业公司平均水平。报告期末，发行人研发人员有 1956 人，占员工人数的 10.98%。依据中国汽车工业协会的数据，2018 ~2020 年发行人车身饰条和行李架的市场占有率位列国内第一、全球第一，散热器格栅位列国内第一、全球第三，铝电池盒 2020 年位列国内第二。发行人在 Automotive News 发布的 2020 年全球汽车零部件供应商百强榜中位列第 86 名。

请发行人说明：（1）发行人研发费用率与国际同行业公司对比所处水平；（2）发行人研发人员是否从事生产、销售等工作，研发人员划分依据，研发人员占比是否准确，在国内外同行业公司中所处水平。

发行人回复情况如下：（1）发行人以表格形式列示了报告期内研发费用率略高于国际同行业公司平均水平且呈持续上升趋势的情况，表格列示了国际同行业公司名称、行业地位以及 2018 年、2019 年和 2020 年的研发费用率。

（2）发行人设立了专门的研发组织体系负责研发活动，截至 2020 年 12 月 31 日，发行人研发人员数量为 1956 名，研发人员占比计算准确。与国内外同行业可比公司相比，发行人的研发人员占比低于部分国内同行，高于国际同行，略高于总平均值。研发人员低于部分国内同行的主要原因为发行人与国内同行相比规模大，员工基数较大，承担生产制造职能的员工数量较多。发行人的研发人员均专职从事研发活动，认定标准符合研发人员的职能定义，划分依据准确，不存在研发人员同时从事生产、销售等工作的情形，研发人员占比计算准确；发行人推行高效率的研发组织，研发人员占比略高于国内外同行业平均水平，研发人员人均薪酬高于国内同行业可比公司，该等情形与发行人经营情况相符，具有合理性。

二、涉技术秘密问询的分析与值得关注的问题

发行人设立了专门的研发组织体系负责研发活动，截至 2020 年 12 月 31 日，发行人研发人员数量为 1956 名。发行人关于核心技术人员认定的规则与其研发组织体系的一致问题值得关注，是否做过必要的审查并出具结论意见同样值得关注。

截至 2020 年 12 月 31 日，发行人获得与业务相关的主要有效专利授权 1399 件，其中境内发明专利 257 件，境外发明专利 5 件。发行人没有披露以技术秘密形式保护的核心技术。此类情况，应问询在公司的核心技术中，是否有以技术秘密作为保护形式的知识产权。如果有，说明没有披露的原因，如果没有，说明公司是否做过相应的尽职调查，与同行业是否发生过与技术秘密有关的纠纷，以判断与客观事实是否相符等。

第八章　半导体企业承接产品代工涉核心技术的问询要点

第一节　公司 IPO 进展情况与公司基本情况

上交所于 2021 年 9 月 27 日受理安徽安芯电子科技股份有限公司（以下简称安徽安芯电子、发行人）上市申请。发行上市审核机构于 2021 年 10 月 25 日提出首轮问询，发行人于 2022 年 3 月 31 日回复了首轮问询；发行上市审核机构于 2022 年 4 月 13 日提出第二轮问询，发行人于 2022 年 6 月 22 日回复第二轮问询，发行上市审核机构分别于 2022 年 6 月 28 日、7 月 11 日提出审核中心意见和上市委会议意见落实函，7 月 2 日、15 日发行人回复。2023 年 3 月 31 日科创板上市进度因财报更新中止，6 月 21 日恢复审核，7 月 11 日发行人通过上市委会议。

笔者曾就发行人科创板上市核心技术来源、专利权属纠纷事项撰文《核心技术专利涉继受取得的问询要点》①，本章重点讨论承接产品代工业务涉核心技术的法律问题。

发行人的主营业务为功率半导体芯片、功率器件和半导体关键材料膜状扩散源的设计制造与销售，覆盖芯片设计、晶圆制造、封装测试等半导体产业链各核心环节。产品广泛应用于消费类电子、汽车电子、工业机电、安防和网络通讯等领域。发行人核心技术包括光阻法 GPP 芯片设计制造技术和 LPCVD 沉积控制技术等。发行人核心技术人员汪某恩曾在天津长威科技有限

---

① 参见李德成、白露：《科创板技术秘密审查与技术秘密刑事保护》，法律出版社 2022 年版，第 114 ~ 126 页。

公司（以下简称天津长威）、上海海湾电子科技有限公司（以下简称上海海湾）和扬州杰利半导体有限公司（以下简称杰利半导体）任职，拥有20年以上半导体行业经验，主导建立了多条国内光阻法GPP芯片生产线，是国内高可靠性光阻法GPP芯片领域研发设计与规模化制造的开拓者，具体情况如下：（1）根据天津长威出具的情况说明，1999年8月至2003年4月，汪某恩团队成功将刀刮法GPP芯片工艺提升改进成光阻法GPP芯片工艺，达到行业先进水平。（2）2003年5月至2009年4月，汪某恩任上海海湾工程技术部经理。根据对上海海湾原总经理的访谈，汪某恩带领团队完成了上海海湾光阻法GPP工艺芯片生产线的设立，实现了上海海湾光阻法GPP芯片从无到有的突破。（3）2009年5月至2013年6月汪某恩历任杰利半导体副总经理、总经理。根据汪某恩在原任职单位的任职情况，汪某恩在入职杰利半导体之前已熟练掌握半导体晶圆清洗、扩散、光刻、蚀刻、镀镍等多种半导体芯片制造技术，其主导研发的光阻法GPP芯片工艺处于行业领先地位，并陆续应用于其任职的天津长威、上海海湾及杰利半导体。（4）2013年7月汪某恩入职安徽安芯电子。

2018年，海湾电子（山东）有限公司（以下简称海湾电子，与上海海湾为同一实际控制，存在关联关系）因业务结构调整，拟从外部采购或代工部分芯片及器件，因发行人芯片工艺与其相同，均为光阻法GPP工艺，生产能力及产品品质符合其需求，遂与发行人开展合作。因海湾电子存在多种业务需求，发行人与其以产品销售和受托加工两种模式开展合作。2018年、2019年合作初期，海湾电子业务处在调整期，发行人与海湾电子交易以受托加工为主；2020年、2021年，随着发行人技术水平、交付能力以及产品品质等得到认可，合作模式逐步转变为以产品销售为主。受托加工模式下海湾电子提供主材硅片（包括部分半成品）或晶粒以及少量辅材，由发行人加工成芯片或器件。2018年下半年因外延片市场供给紧张，海湾电子拟调整芯片业务，外延片有一定库存，发行人临时采购少量外延片硅片用于生产FRED芯片。后因海湾电子部分芯片及器件产线停产，部分设备及模具需处置，发行人结合自身生产需求购置了部分可用设备及模具（含周转材料），采购价格考虑标的物的物理状态、已使用年限等因素，按同类标的物市场价的一定折价确定。

经查，2019 年 5 月 30 日，安徽安芯电子和海湾电子共同成立了安徽海湾电子有限公司，其中安徽安芯电子占股比例为 80.5%，海湾电子占股比例为 19.5%。另据发行人提供的员工情况，安徽安芯电子员工中来自上海海湾及海湾电子的员工数量为 15 人。根据上述人员分别出具的情况说明，上述人员对上海海湾、海湾电子不存在竞业禁止或保密义务，上述人员与上海海湾、海湾电子不存在知识产权、商业秘密或其他方面的纠纷或潜在纠纷；根据海湾电子出具的情况说明并与上海海湾原总经理进行访谈，上述人员对上海海湾、海湾电子不存在竞业禁止或保密义务，上述人员及安徽安芯电子与上海海湾、海湾电子不存在知识产权、商业秘密或其他方面的纠纷或潜在纠纷。

第二节　产品代工涉核心技术的实务要点

一、产品代工涉核心技术第一轮问询问题与答复

（一）产品代工合同知识产权归属约定以及实际执行情况

2018～2021 年，发行人与海湾电子主要存在产品销售和受托加工两类业务，相关知识产权归属的约定以及实际执行情况见表 8.1：

表 8.1　相关知识产权归属情况

业务类型	功率半导体芯片产品销售	功率半导体芯片受托加工	功率器件产品销售	功率器件受托加工
合同主体	海湾电子（甲方）与安徽安芯电子（乙方）	海湾电子（甲方）与安徽安芯电子（乙方）	海湾电子（甲方）与安徽安美半导体有限公司（以下简称安美半导体）（乙方）	海湾电子（甲方）与安美半导体（乙方）

续表

业务类型	功率半导体芯片产品销售	功率半导体芯片受托加工	功率器件产品销售	功率器件受托加工
知识产权归属	无约定	无约定	知识产权 所有甲方提供给乙方的信息、数据、图纸、设计、商标、样品、材料、工具、计划、文件或规范（统称 IP）均归甲方所有。 IP 中任何著作权、专利权、商标权以及所有其他的知识产权均归属于甲方。 乙方不能将任何 IP 泄露或透露给任何第三方，除非事先经过甲方的书面授权。 所有的 IP 都仅能被用于相应的甲方订单或协议的履行，而不能用于其他的用途，甲方特此授权乙方在本协议有效期内使用 IP。 协议到期，所有的 IP 授权均立即失效，并被返还给甲方。 未经甲方事先书面授权，乙方不能在任何促销活动、广告或其他市场行为中展示或公布甲方的身份、名称、标识等 ……	知识产权 所有甲方提供给乙方的信息、数据、图纸、设计、商标、样品、材料、工具、计划、文件或规范（统称 IP）均归甲方所有。 IP 中任何著作权、专利权、商标权以及所有其他的知识产权均归属于甲方。 乙方不能将任何 IP 泄露或透露给任何第三方，除非事先经过甲方的书面授权。 所有的 IP 都仅能被用于相应的甲方订单或协议的履行，不得用于其他用途，甲方特此授权乙方在本协议有效期内使用 IP。 协议到期，所有的 IP 授权均立即失效，并被返还给甲方。 未经甲方事先书面授权，乙方不得在任何促销活动、广告或其他市场行为中展示或公布甲方的身份、名称、标识、商标等 ……

续表

业务类型	功率半导体芯片产品销售	功率半导体芯片受托加工	功率器件产品销售	功率器件受托加工
知识产权条款实际执行情况	1. 关于知识产权保密及纠纷情况：根据前述知识产权条款的约定，发行人对海湾电子提供相关 IP 负有保密等义务，在历次交易中，发行人未曾违反协议相关规定。根据海湾电子出具的说明，海湾电子与安徽安芯电子及安美半导体不存在知识产权方面的相关纠纷及潜在纠纷。 2. 关于客户是否提供设计图纸：①在与发行人的芯片交易中，海湾电子仅就产品型号、尺寸、电参数等提出具体需求，并未提供设计图纸或版图，发行人均是根据其需求自主设计并生产；②在与发行人的功率器件交易中，对于部分已经其客户认证设计的产品，为保持产品一致性，避免再次验证，海湾电子除提出产品型号等具体参数要求外，还会提供产品的详细结构图，安美半导体按其要求进行生产；对于其他器件产品，海湾电子一般提供产品型号、尺寸、电参数等具体要求，由安美半导体根据其需求设计生产；③综上，存在部分产品由发行人根据海湾电子提供的设计图纸生产，系因客户需要，并非发行人不具有相关产品的设计能力，发行人具有独立自主设计能力；④2018～2021 年，仅部分器件受托加工业务存在发行人根据海湾电子提供图纸生产的情形，相关业务收入金额分别为 0 元、4.36 万元、404.68 万元和 548.13 万元			

（二）发行人因受托加工向海湾电子采购硅片的生产领用、交付和验收情况

1. 购销形式代工业务收入基本情况

2019 年 1 月，发行人（乙方）与海湾电子（甲方）就 GPP 芯片产品加工业务签订了《委托加工协议》，约定甲乙双方可根据实际情况，采用如下两种方式交易：（1）海湾电子提供主要原材料，根据不同产品型号协商确定加工费，发行人按海湾电子的要求生产加工并将成品交付给海湾电子；（2）发行人向海湾电子采购指定的主要原材料，根据不同产品型号协商确定加工费，发行人按海湾电子的要求生产加工并按原材料采购价格和加工费确定成品价格向海湾电子售回。

第一类交易方式为一般代工业务，由海湾电子提供硅片，发行人在加工完产品并交付验收后，海湾电子向发行人支付加工费，发行人仅将加工费确

认为销售收入，将相关加工成本结转为销售成本；第二类交易方式为购销形式代工业务，发行人在采购硅片、销售芯片时视同一般购销业务进行会计处理，在资产负债表日，销售收入及销售成本以抵减相应硅片成本后的净额列报①。

发行人对照委托加工相关因素，对购销形式代工业务的实质分析如下：（1）发行人与海湾电子签署了《委托加工协议》，明确约定了海湾电子提供硅片，发行人加工完成后向其销售的委托加工形式，购销形式代工业务系双方真实意思表示；（2）发行人加工完成后的成品价格根据原材料采购价格和加工费确定，发行人实质上并不承担原材料的价格波动风险；（3）发行人仅获取加工费收益，不具备最终产品的完整定价权；（4）根据合同约定，发行人向海湾电子采购主材的信用期为 90 天，发行人向海湾电子销售加工产品的信用期为 60 天；而发行人芯片生产周期一般为 30 天左右，因此在合同安排上发行人不承担产品销售全部信用风险，仅承担加工费信用风险；（5）发行人对原材料加工程序较为复杂，物料在形态、功能等方面变化较大。

综上分析，购销形式代工业务满足委托加工多项要件，发行人依据谨慎和实质重于形式原则将该类交易按净额法列报销售收入，相关会计处理合理。

2. 因受托加工采购硅片的生产领用、交付和验收情况

2019 年及 2020 年，发行人因受托加工向海湾电子采购硅片 1677. 74 万元、49. 51 万元，累计采购 62. 42 万片。

（三）海湾电子向发行人采购商品的下一步加工工序、用途和最终产品，发行人销售数量与其最终产品的出货量的匹配性

1. 向发行人采购商品的下一步加工工序、用途和最终产品

海湾电子向发行人采购商品的下一步加工工序、用途和最终产品情况见表 8. 2：

---

① （1）净额法对应硅片成本 = 各类硅片耗用数量 × 各类硅片单位领用均价；（2）各类硅片耗用数量确定方法如下：发行人首先通过各型号产品对应的具体批号，识别出对应消耗硅片型号，然后按如下公式计算出硅片耗用数量即：各类硅片耗用数量 = 相关产品销售数量 ÷ 双方约定的生产良率；（3）各类硅片单位领用均价确定方法如下：发行人对从海湾电子采购的硅片材料赋予专门的物料号进行收发存核算，领用均价为各型号硅片平均出库价格。

表 8.2　海湾电子采购商品相关情况

向发行人采购产品	下一步加工工序	最终产品及用途
芯片（镀金片形态）	切割成晶粒，然后通过功率器件封装测试工序，加工成器件成品	最终产品为各型号功率二极管、整流桥等功率器件，主要用于照明、电源、智能充电、工业等领域
芯片（晶粒形态）	通过功率器件封装测试工序，加工成器件成品	
器件（成品）	不加工，直接对外销售	
器件（半成品）	通过引线镀锡、TMTT、包装等工序，加工成器件成品	

2. 发行人销售数量与其最终产品的出货量是否匹配

2018～2021 年，发行人向海湾电子销售的收入金额分别为 202.72 万元、1550.46 万元、2174.22 万元和 2181.24 万元。根据诚创科技年度报告，海湾电子 2020 年年末总资产约 1.70 亿元，净资产约 1.04 亿元，营业收入约 1.48 亿元，2018 年、2019 年营业收入均高于 2020 年营业收入。海湾电子未披露相关产品出货量信息。海湾电子营业收入规模远高于向发行人采购的金额，发行人各期销售数量与其最终产品的出货量相匹配。

二、产品代工涉核心技术第二轮问询问题与答复

（一）发行人光阻法 GPP 工艺属于行业通用技术还是专有技术，是否已成为行业主流成熟技术

1. 发行人光阻法 GPP 工艺属于专有技术

发行人光阻法 GPP 工艺系在行业通用技术理论的基础上，根据市场需求研发形成自己专有的芯片设计、工艺设计、工艺控制和品质控制等系统专有技术，截至答复时已形成了光阻法 GPP 芯片设计制造技术、LPCVD 沉积控制技术、低功耗（LOW－VF）芯片制造技术、高结温（Tj≥175℃）芯片制造技术等高可靠性芯片设计制造技术、整车用点火器高压芯片设计制造技术、IGBT 模块旁路并联续流 FRED 芯片设计制造技术、低压低漏流 TVS 芯片设计制造技术、高可靠性大功率 TVS 芯片设计制造技术以及车规级高可靠性 TVS

芯片设计制造技术，具有系统性、全面性和特色性。

2. 多数内资企业以刀刮法为主，光阻法 GPP 工艺大规模的应用处于发展中

根据中国半导体行业协会半导体分立器件分会统计数据，截至 2021 年年末，中国（包括境内外资）功率二极管 GPP 芯片总产能约 898.5 万片/月，其中光阻法产能为 295 万片/月，占比 32.83%，内资企业光阻法产能 216 万片/月，占比 24.04%，占比较小；刀刮法产能为 583.50 万片/月，占比 64.94%，内资企业刀刮法产能为 522 万片/月，占比 58.10%。国内涉及 GPP 工艺企业家数达 50 余家，采用光阻法 GPP 工艺境内内资企业仅 12 家。其中，仅扬州扬杰电子科技股份有限公司（以下简称扬杰科技）和发行人光阻法产能超过 50 万片/月，发行人产能规模仅次于扬杰科技，二者光阻法产能占境内内资相应产能比例为 61.57%；其余境内内资厂商光阻法产能均不超过 20 万片/月，平均产能 8.3 万片/月。对外资及内资少数企业而言，光阻法 GPP 工艺为主流成熟技术，而对于多数内资企业而言，GPP 工艺还主要以刀刮法为主，光阻法 GPP 工艺大规模应用及产能占比较少，尚处于发展之中。

（二）光阻法 GPP 工艺是否已面临技术迭代风险

1. 光阻法 GPP 工艺为台面工艺的最新一代技术

GPP 工艺分为刀刮法、电泳法和光阻法，刀刮法于 2000 年、电泳法于 2004 年已在内资企业中成熟应用、实现批量生产；光阻法一直以来为外资及台资企业所掌握，直到 2009 年才在内资企业中大规模批量生产，发行人系 2013 年开始应用光阻法并不断发展。在三类 GPP 工艺制程中，光阻法最晚在内资企业开启应用，其工艺设计和工艺控制综合难度系数高，产品品质性能及可靠性最佳，技术更为先进，为台面工艺的最新一代技术。光阻法 GPP 工艺是继 OJ、刀刮法 GPP 工艺、电泳法 GPP 工艺等几代传统工艺之后新一代工艺技术，可提升各类功率二极管 GPP 芯片的耐高温、耐高压、高稳定性和高可靠性等性能、品质，满足车规级、工业级和消费级的高端应用领域品质需求。

2. 台面工艺和平面工艺各有优势、合理共存，不存在迭代关系

平面工艺多适用于MOSFET、IGBT等晶体管芯片，肖特基二极管芯片以及部分功率二极管芯片制造；台面工艺适用于FRD/FRED、TVS、STD、Zener等绝大部分二极管GPP芯片制造。鉴于功率半导体，尤其是功率二极管器件应用领域广泛，细分产品规格型号数量繁多，行业内各家芯片制造公司均是结合自身优势，采用各自特色的具体工艺技术路径，不同产品适用不同的最佳工艺路线，两种工艺技术合理共存。

自20世纪60年代平面工艺技术出现以来，从未对功率二极管台面工艺进行替代，两工艺不存在更新迭代关系。在中低压功率二极管制造方面，平面工艺仅应用于部分中低压产品生产，应用范围较窄；多数中低压产品采用光阻法GPP工艺，光阻法GPP工艺产品可与平面工艺产品具有同等性能，而制作过程较为简单，更加具有成本优势和竞争力。在高压功率二极管制造方面，平面工艺生产高耐压产品不可避免需要采用分压环，甚至要采用多道分压环设计，如果要获得同等有效通流面积，平面工艺芯片尺寸要比光阻法GPP工艺芯片尺寸更大，且平面工艺制作过程复杂，成本较高，不具有竞争力，高压产品行业很少采用平面工艺。在FRD/FRED芯片制造方面，平面工艺多适用于反向耐压1200V以下的续流管产品生产，用作整流二极管、高频二极管、阻尼二极管和1200V以上高压续流管等领域时，多采用台面工艺。在TVS芯片制造方面，平面工艺多适用于低压小功率产品生产，主要在耳机、智能手环手表、手机等可穿戴类或便携类、消费类电子产品中起到抗静电保护作用；其他细分领域，多采用台面GPP工艺。在STD芯片制造方面，业内基本采用台面GPP工艺。

通过发行人列举的表格并经过对比可知，境内外主要厂商平面工艺与台面工艺共存，在平面工艺FRD/FRED系列产品中，除吉林华微电子股份有限公司外，其他厂商电压小于1200V，台面工艺同系列产品电压范围明显大于平面工艺；而TVS系列和STD系列产品均未查询到相应平面工艺。

综上，目前光阻法GPP工艺为台面工艺的最新一代技术，与平面工艺各有优势，二者不存在迭代关系。光阻法GPP工艺短期内不存在技术迭代风险，但功率半导体行业属于技术密集型产业，随着技术和终端应用的发展，长期来看存在技术革新风险。

三、产品代工涉核心技术建议关注的法律问题

（一）关于发行人承接产品代工涉核心技术权属纠纷和侵权纠纷的法律风险

发行人披露，因发行人与海湾电子的芯片工艺相同，故海湾电子委托发行人进行芯片代工，代工方式有一般委托代工和购销形式代工两种方式。双方合同中约定所有海湾电子提供给发行人及其子公司的信息、数据、图纸、设计、商标、样品、材料、工具、计划、文件或规范（统称 IP）均归海湾电子所有。

在一般委托代工合作中，委托人会将代工需要使用的技术信息、产品型号和规格等要求发给承接方，承接方按照要求生产产品后交付给委托方，且合同一般要求承接方对委托方的技术信息履行保密义务，并不得用于代工以外的其他用途。在承接方自身也有相同或相似的技术秘密，且未来将有可能使用该技术秘密生产与代工产品相同或相似的产品时，如何证明该技术秘密为承接方自主研发，不是使用委托方的技术秘密，是一个必须面对的问题。

而这一问题如不在合作之前就做好相应的技术秘密范围确定和证据固定工作，若在上市阶段遭遇委托方投诉或民事诉讼甚至刑事控告，承接方必处于极为不利的状态，在此紧急的情况下根本不可能做出积极而有效的应对措施，处理方案因受制于多方面的制约也很难起到应有的作用，成本巨大但效果不好。

（二）发行人采购代工委托方电子设备是否影响核心技术先进性评价

根据发行人披露，因海湾电子部分芯片及器件产线停产，部分设备及模具需处置，发行人结合自身生产需求购置了部分可用设备及模具。此外，审查员已关注问询采购设备的必要性，是先进设备还是即将淘汰的设备，采购设备是否为承接更多业务而考虑的。

在此特别提请关注，当发行人向代工委托方采购核心技术设备时，采购计划能否匹配核心技术先进性问题应当提前做好准备。

（三）核心技术人员系代工方研发人员涉核心技术秘密侵权纠纷问题

根据发行人披露，发行人核心技术人员汪某恩在入职发行人前已在包括委托加工方的关联公司等多家公司任职，发行人目前的核心技术光阻法 GPP 芯片设计制造技术此前已陆续应用于其任职的天津长威、上海海湾及杰利半导体。在汪某恩入职发行人后，因委托加工方与发行人拥有同样的工艺，故开展了委托加工合作。发行人并未披露该委托加工合作中使用的技术秘密是委托方提供的，还是发行人自主研发的，但委托加工合同中约定了所有海湾电子提供的知识产权均归委托方所有。

为此应重点关注：

（1）委托加工方在本次委托加工合作中是否提供了加工产品所需要的技术秘密；

（2）如确已提供，发行人披露的核心技术与委托方提供的技术秘密的关系是什么，是否存在潜在的权属纠纷或侵权纠纷；

（3）如没有提供，发行人加工使用的技术秘密是否有合法来源，是否会侵犯第三方的技术秘密等。

第九章　半导体专用设备供应商涉核心技术秘密的问询要点

第一节　发行人基本情况与核心技术秘密的问询情况

一、发行人系半导体专用设备供应商行业

上交所于2022年4月27日受理南京晶升装备股份有限公司（以下简称南京晶升装备、晶升有限、发行人）的上市申请。发行上市审核机构分别于2022年5月23日、7月8日和9月3日提出了三轮问询。发行人于9月29日通过上市委会议，11月11日提交注册，2023年3月21日注册生效。

发行人是一家半导体专用设备供应商，主要从事晶体生长设备的研发、生产和销售。自成立以来，发行人基于高温高真空晶体生长设备的技术同源性，结合“晶体生长设备—工艺技术—晶体材料”产业链上下游技术协同优化的能力，致力于新产品、新技术及新工艺的研究与开发，并聚焦于半导体领域，向半导体材料厂商及其他材料客户提供半导体级单晶硅炉、碳化硅单晶炉和蓝宝石单晶炉等定制化的晶体生长设备。发行人的核心技术有晶体生长设备建模与仿真技术、热场的设计与模拟技术、晶体生长设备设计技术、基于视觉图像的控制技术、晶体自动化生长控制系统及数据采集分析技术、半导体晶体生长工艺开发技术、低速超高精度传动机构设计技术以及气路系统优化设计技术，以上核心技术均为自主研发，以专利、软件著作权和技术秘密的形式保护。发行人的客户有上海新昇（沪硅产业子公司）、金瑞泓、神工股份、三安光电、东尼电子和合晶科技等。发行人拥有授权专利73项，其中发明专利25项。发行人与核心技术人员签订了《劳动合同》《保密协

议》《竞业禁止协议》，对其任职期间和离职后的保密、竞业和侵权事项进行了严格约定。

二、核心技术秘密涉无偿赠与的非专利出资的首轮问询与答复

（一）关于核心技术及其先进性

1. 招股书披露：（1）发行人核心技术包括晶体生长设备建模与仿真技术等8项技术。（2）设计环节为晶体生长设备核心技术价值、技术难点的关键核心环节。发行人基于客户的产品差异化需求形成设计方案，并针对产品子系统进行定制化研发设计，对不同子系统进行部装生产。（3）报告期内，发行人采购的原材料主要包括机械加工件、机械标准件、热场件、系统部件等，其中机械加工件、热场件、系统部件及气路部件等零部件由发行人进行设计开发，由第三方供应商依据发行人提供的图纸要求自行采购原材料，完成定制加工后向发行人供应。（4）发行人机器设备账面价值1309.55万元。

请发行人说明：（1）公司核心技术在设计、采购、生产环节分别的具体体现；设计环节公司主要从事的工作，对应的生产工具；（2）对外采购原材料及部件在主要产品中所起的作用，核心部件及核心原材料情况，设备性能的实现是否主要依赖于外购零部件；（3）核心技术在外购定制件中的具体体现；公司机器设备的具体内容及生产环节，与核心技术的关系；（4）公司核心技术与行业普遍技术的关系。

发行人回复情况如下：

（1）第一，发行人核心技术主要体现及运用于晶体生长设备设计环节。根据设计环节形成的技术方案及图纸（产品基本布局、结构型式、功能），确定定制化原材料采购规格、工艺参数（采购环节），以及产品生产、组装、调试方法及流程（生产环节）。

第二，设计环节为晶体生长设备核心技术价值、技术难点的关键核心环节。为满足目标晶体产品的生长工艺及质量指标，需通过晶体生长技术路线和总体方案的确定、晶体生长工艺的开发（第一层级设计），以及严苛的子系统的设计（第二层级设计），达到复杂生长环境下晶体的自动化生长，实

现晶体生长速率、尺寸、质量、工艺及控制参数的最优匹配。发行人说明了公司产品设计环节、主要工作内容及流程、主要生产工具、设计目标及成果的核心技术体现情况。

第三，发行人不从事基础零部件的生产加工，原材料及部件均通过定制化采购取得，主要依据设计环节输出的图纸、材料 BOM 清单及技术规范执行，定制材料部件结构规格、主要技术参数设计体现了发行人核心技术，由技术路线及方案设计、生长工艺及开发设计确定设计目标，在子系统设计环节确定。发行人生产环节主要依据产品设计标准及安装调试规范，进行热场、真空腔室、抽空系统等子系统部装，分步完成部装及整机总装，进行调试、检验等工作，生产环节标准及流程依据产品设计执行。

（2）第一，发行人采购的原材料主要包括机械加工件、机械标准件、热场件、系统部件、电气控制件、仪器仪表及气路部件等。按照定制采购方式，发行人对外采购的原材料主要分类为按图加工类、强定制类、半定制类及通用类，发行人以表格列示了定制采购方式、定义以及主要涉及材料及部件的具体情况。根据实现产品整体功能的关键程度，发行人核心部件及原材料为机械加工件、热场件及系统部件，核心部件及原材料均由发行人进行设计开发，主要为按图加工类及强定制类部件。发行人以表格列示了核心部件及原材料、主要部件及原材料、定制采购类别以及功能和作用。其他部件及原材料主要包括机械标准件、电气控制件和仪器仪表及气路标准件。机械标准件主要包括比例阀、泵、插板阀、轴承、密封件等，为设备传动及真空结构的辅助机械结构件；电气控制件主要包括工业计算机、电缆等，工业计算机为实现设备计算控制的计算机硬件，电缆为实现各系统供电及信号传输的电气部件；仪器仪表及气路标准件主要包括真空计、红外测温仪、质量流量计等，主要为设备运行监测测量的辅助通用部件。

第二，发行人设备性能实现主要依赖于产品研发设计及核心技术应用。发行人上游原材料及部件供应商自行采购通用原材料，依据发行人设计方案、图纸、技术要求，从事定制化零部件生产加工环节，发行人通过定制化采购实现产品所需特定技术功能，定制材料部件设计方案、主要技术参数及核心技术均由发行人设计掌握，主要零部件（按图加工类、强定制类）仅可应用于发行人产品，发行人产品技术不依赖特定供应商及外购零部件。

（3）第一，发行人外购定制件依据设计环节输出的图纸、材料 BOM 清单及技术规范执行，定制材料部件结构规格、主要技术参数设计体现了发行人核心技术。发行人通过向供应商提供设计形成的定制件技术图纸，以及技术规格、工艺参数、结构功能方案等资料，对供应商加工制造过程进行评估、审核，对外购定制件进行检测、检验，实现了原材料定制化采购供应。为有效实施技术保护，防止技术秘密泄露，通常来讲，产品核心原材料各部件通常由不同供应商定制完成，发行人采购后自行装配为整体部件或机构。发行人以表格形式列示了核心部件及原材料、主要部件及材料、定制采购类别、定制化采购供应方式、核心技术运用及体现以及设计图例。

第二，发行人机器设备主要包含生产类机器设备及研发类机器设备。生产类机器设备主要用于完成产品装配、调试、检验等生产环节工作，主要包括配电设备、调试检测设备及装配运输设备；研发类机器设备主要是为完成产品研发设计所需的产品及工艺试验设备、检测、测量、测试工具。发行人核心技术主要体现在研发设计环节，产品设计为生产及采购环节的标准及依据，生产类设备与核心技术不存在直接关系，研发类设备主要用于产品设计验证，为核心技术运用于研发设计环节的验证工具。截至 2021 年年末，发行人机器设备原值为 1685.63 万元，账面价值 1309.55 万元，主要由研发类产品及工艺试验设备构成，发行人说明了主要生产类、研发类机器设备（原值大于或等于 5 万元）情况，以表格列示了期间、机器设备类别、具体类别、主要设备内容以及原值。

（4）发行人核心技术是在行业普遍技术（通用技术）的基础上，通过研发积累、提升改进及迭代形成的共性基础技术和产品专有应用技术，技术需满足特定晶体生长方式原理、设计结构、工艺参数控制、晶体性能指标需求。相较于行业普遍技术，发行人核心技术具有专有特点，具备创造性及先进性特征，存在较高的技术壁垒，为体现与行业普遍技术的对比情况，发行人以表格列示了核心技术类别、行业普遍技术（通用技术）特点以及发行人技术的专有性、创造性及先进性。

2. 招股书披露，发行人基于高温高真空晶体生长设备的技术同源性，自主研发了碳化硅单晶炉产品，开拓了第三代半导体产品领域。碳化硅晶体生长方法包括物理气相传输法、液相外延法、顶部籽晶溶液生长法等。

请发行人说明：（1）发行人蓝宝石单晶炉、半导体级单晶硅炉、碳化硅单晶炉技术的研发过程、关键节点，三者之间的技术关联性；（2）不同尺寸半导体级单晶硅炉、碳化硅单晶炉的技术发展具体情况；（3）结合股东非专利技术出资、LP 新能源和晶能半导体发挥的作用、研发人员及研发费用等，分析发行人核心技术的来源；（4）目前半导体级单晶硅炉、碳化硅单晶炉的主要技术路线及主流技术路线情况，据此分析发行人技术路线的先进性及迭代风险。

发行人回复情况如下：（1）首先，发行人以表格形式列示了蓝宝石单晶炉、半导体级单晶硅炉、碳化硅单晶炉技术的研发时间、研发阶段/关键节点以及研发过程/成果；其次，发行人以三类产品运用晶体生长设备设计技术、热场的设计与模拟技术、低速超高精度传动机构设计技术为例，以表格形式列示了核心技术、产品类别、共性基础技术（共通价值及关联性）以及产品专有应用技术（研发设计侧重点及差异性）。

（2）发行人说明了不同尺寸半导体级单晶硅炉、碳化硅单晶炉的技术发展具体情况，以表格列示了上述产品的尺寸、主要设备及应用领域和技术发展情况。

（3）首先，发行人说明了公司现有核心技术主要来源于研发技术团队及研发投入的情况，其现有核心技术的形成主要依赖于研发技术团队对晶体生长设备共性基础技术、产品专有应用技术的持续研发、优化、改进及迭代。自成立以来，发行人持续开展研发投入，研发技术团队结合不同发展阶段的产业化应用方向，持续开展新产品开发、产品更新换代、产品优化等产品专有应用技术研发，最终形成公司现有的产品核心技术。报告期内，发行人持续开展研发技术投入，2019 年度、2020 年度及 2021 年度，公司研发费用金额分别为 1118.01 万元、1115.79 万元和 1972.41 万元，占营业收入比例分别为 48.71%、8.69% 和 10.12%，累计研发投入占最近 3 年累计营业收入的 12.15%。发行人研发团队为研发活动实施主体，报告期内主要投向 8 英寸高效半导体级单晶硅炉、12 英寸重掺材料用单晶硅炉、32 英寸节能高效型热场、4～6 英寸导电型碳化硅单晶炉、6 英寸半绝缘型碳化硅单晶炉、其他化合物单晶硅炉及相关晶体生长工艺的研发、改进项目，持续的研发投入为公司现有核心技术的研发、优化、改进及迭代提供了基础。

其次，2012 年 5 月及 12 月，实际控制人李某分别以“先进的多晶炉及 LED 蓝宝石炉设计”“新型的大尺寸蓝宝石单晶炉长晶加热系统”技术评估作价，对晶升有限增资；2017 年 11 月，核心技术人员潘某跃（××××YUE PAN）控制的海格科技以“大尺寸（≥300mm）半导体单晶炉设计”技术评估作价，对晶能半导体增资。非专利技术出资主要提供了相关产品总体结构、子系统布局设计结构及相关规格参数的设计方案，具有创新性特点，为后续产品的研发定型提供了技术基础及方案依据，同时对发行人核心技术的形成及改进做出了贡献。发行人具体说明了“先进的多晶炉及 LED 蓝宝石炉设计”、“新型的大尺寸蓝宝石单晶炉长晶加热系统”以及“大尺寸（≥300mm）半导体单晶炉设计”对核心技术的贡献。

最后，发行人说明了 LP 新能源对公司主要核心技术的改进、迭代做出的贡献以及晶能半导体是半导体级单晶硅炉产品专有应用技术的研发主体的具体情况。

（4）发行人半导体级单晶硅炉、碳化硅单晶炉均采用行业主流的晶体生长技术路线。在此基础上，为进一步控制晶体生长的缺陷率及提升良率，发行人持续开展技术改进迭代，具有技术路线的先进性，技术路线迭代风险相对较小。

3. 招股书披露，发行人在晶体生长设备设计、晶体生长工艺及控制等技术上具有优势。（1）2018 年，发行人向上海新昇提供的 12 英寸半导体级单晶硅炉经上海新昇的验收通过，同步实现了 12 英寸半导体级单晶硅炉的国产化，成功填补了国产空白；（2）发行人核心技术具有产业链上下游技术协同特点。发行人核心技术人员张某、秦某谡都曾有在下游公司任职的经历。

请发行人说明：（1）行业内对半导体级单晶硅炉、碳化硅单晶炉技术先进性的衡量指标；发行人与国内外竞争对手产品的比较情况；（2）发行人在产品研发过程中与上海新昇等下游客户的合作关系，各自的职责、分工、技术归属情况；（3）核心技术在提升设备性能、晶体生长周期、纯度、良率等方面发挥的作用。

发行人回复情况如下：（1）衡量半导体级单晶硅炉和碳化硅单晶炉技术的先进性，通常包括设备端和工艺端的相关指标。与同行业竞争对手相比，发行人设备端指标参数已达到主流先进水平，产品领先优势主要体现在工艺端的晶体生长控制指标参数等方面，部分参数已达到国外竞争对手的参数水平。

（2）发行人主要采取自主研发模式，报告期内，不存在与下游客户合作研发的情形，各方职责和分工明确，研发成果均归属于公司所有，发行人说明了公司与客户业务往来的职责、分工和技术归属情况。

（3）由于晶体生长为动态过程，多参数的细微变化对晶体的品质具有重大影响，故对晶体生长设备的控制系统、热场及机械精密传动的设计、晶体生长工艺等方面提出了极高的要求，发行人基于在晶体生长设备行业多年积累的专业技术及工艺，在晶体生长设备设计、晶体生长工艺及控制等方面形成核心技术，以控制晶体的缺陷率，保证晶体品质及提高生产效率。发行人以表格形式列示了核心技术及其原理。

4. 发行人在研项目中包括高性能存储用抛光片单晶生长系统技术研发、12 英寸重掺单晶炉设备技术研发等。

请发行人说明：（1）目前行业内半导体级单晶硅炉、碳化硅单晶炉的最新技术发展情况及发展趋势；（2）公司在研项目与现有产品的技术关系、下游应用的区别，技术储备情况；（3）结合前述情况分析发行人是否具有持续的研发能力，是否存在技术迭代风险。

发行人回复情况如下：（1）随着半导体产业链下游应用领域不断丰富，芯片制造技术持续发展，客户对半导体材料及设备的要求更加苛刻。晶体生长设备作为半导体产业链上游支撑产业的基础和起点，各厂商主要基于成本和工艺技术两大方面对晶体生长设备持续完善，以满足下游应用领域的要求，发行人以表格形式列示了半导体级单晶硅炉和碳化硅单晶炉在尺寸方面、稳定性及一致性方面、自动化程度方面、晶锭厚度方面、良率与缺陷控制水平方面、晶体生长方法方面以及长晶工艺与控制检测系统的集成优化的具体情况。

（2）发行人在研项目基于高温高真空晶体生长设备技术同源性，通过运用公司的核心技术，对现有产品进行拓展、完善及升级，持续扩展下游应用领域范围及规模，发行人以表格形式列示了项目名称、研究内容、项目应用、与现有产品的技术关系以及与下游应用的区别。

（3）第一，发行人说明了其具有持续的研发能力。从发行人半导体级晶体生长设备及技术储备符合行业发展趋势，公司研发能力及技术优势获得客户认可以及公司研发团队不断壮大、持续加大研发投入几个角度进行说明；第二，发行人说明了其技术迭代风险较低，从发行人半导体级晶体生长设备符合行业发展趋势和国内市场及客户需求持续增加，促进公司技术进一步发展的角度进行说明。发行人在半导体级晶体生长设备领域已经形成了核心技术，且产品获得了国内主流半导体材料厂商的认可，产品具有竞争力和先进性。同时，发行人根据行业发展情况及业务拓展方向，不断进行技术储备，技术迭代风险较低。

5. 招股书披露，发行人形成主营业务收入的已授权发明专利共 25 项。发行人 2020 年蓝宝石单晶炉收入为 146.30 万元，2021 年未产生收入。根据保荐工作报告，扣除蓝宝石单晶炉相关的发明专利后，发行人目前已取得半导体级晶体生长设备相关的发明专利 8 项。

请发行人披露：扣除蓝宝石单晶炉相关的发明专利后，剩余的发明专利数量。

请发行人说明：（1）公司主营产品与发明专利的对应情况；蓝宝石单晶炉对应发明专利属于形成主营业务收入发明专利的依据及充分性；（2）蓝宝石单晶炉对应技术与半导体级晶体生长设备、碳化硅生产设备的关系；（3）半导体级晶体生长设备相关发明专利较少的原因，与同行业公司的比较情况；（4）碳化硅生产设备相关专利情况。

发行人回复情况如下：（1）公司已获授权国内发明专利 25 项，公司说明了与主营产品的对应情况，以表格形式列示了主营产品、已授权发明专利名称以及专利号。发行人说明了蓝宝石单晶炉对应发明专利属于形成主营业务收入发明专利的依据及充分性，扣除蓝宝石单晶炉相关的发明专利后，发行人半导体级晶体生长设备已获授权国内发明专利为 9 项。

（2）发行人说明了蓝宝石单晶炉对应技术与半导体级晶体生长设备、碳化硅生产设备的关系。

（3）发行人说明了半导体级晶体生长设备相关发明专利较少的原因，与同行业公司的比较情况，发行人在国内已获授权半导体级单晶硅炉发明专利 8 项，相关发明专利较少，主要由于：①晶体生长设备研发设计需运用大量专有技术方案及技术诀窍，相关技术主要在发行人核心技术中予以体现，出于技术保密因素，未进行大量发明专利申请；②国内半导体专用设备行业仍处于发展初期阶段，2017 年 4 月，发行人首次就半导体级单晶硅炉相关技术进行发明专利申请，因发明专利审核周期通常耗时较长，导致目前已获授权发明专利的数量相对较少。发行人半导体级晶体生长设备的国内主要可比公司为晶盛机电、连城数控。晶盛机电产品因覆盖晶体生长、加工、外延等制造环节，应用领域范围较广，未单独披露半导体级晶体生长设备相关发明专利，发明专利总数量多于发行人。连城数控获授权的发明专利为 12 项，未单独披露半导体级晶体生长设备相关发明专利，发明专利总数量少于发行人。总体来看，发行人发明专利数量处于同行业公司合理区间范围内，符合自身情况。

（4）发行人说明了碳化硅生产设备相关专利情况，发行人 2018 年开始投入碳化硅单晶炉产品技术研发工作，2019 年实现首台产品验收，碳化硅单晶炉业务发展时间相对较短。因技术保密、产业化发展时间及申请授权时间等因素，发行人已获授权碳化硅单晶炉相关专利为 4 项，含发明专利 1 项及实用新型专利 3 项，数量相对较少。发行人以表格形式列示了专利名称、专利权人、专利类别、专利号、申请日、有效期限以及取得方式。发行人基于自身技术权利保护及业务发展需要，正在陆续申请碳化硅单晶炉相关专利，发行人说明了正在申请的碳化硅单晶炉相关专利的情况，以表格形式列示了专利名称、申请人、专利类别、申请号、申请受理日以及申请进度。

（二）关于无偿赠与的非专利出资

申报材料显示：（1）2012 年 5 月、10 月李某分别以“先进的多晶炉及 LED 蓝宝石炉设计”“新型的大尺寸蓝宝石单晶炉长晶加热系统”非专利技术对发行人出资，评估作价分别为750万元、285万元。李某用于出资的非专利技术来源于其父亲李某林的无偿赠与，李某林原任职于中国工程物理研究院，2002年退休。李某林于2010年年初形成技术方案设计理念，2011年完成方案设计及图纸、技术资料的起草。（2）2018年1月，海格科技以“大尺寸（≥300mm）半导体单晶炉设计”技术评估作价500万元对晶能半导体增资，2019年5月发行人以股权重组方式收购晶能半导体，2022年4月海格科技向发行人缴纳出资，履行了非专利技术现金置换程序。（3）报告期末，无形资产中非专利技术账面原值为1535万元，计提减值准备361.63万元，账面价值300万元。上述情况主要系2018年年底，发行人发展战略已聚焦于半导体设备领域，同时蓝宝石下游市场供需变化，发行人将“先进的多晶炉及LED蓝宝石炉设计”“新型的大尺寸蓝宝石单晶炉长晶加热系统”非专利技术剩余账面价值全额计提资产减值准备所致。发行人无形资产预计使用寿命为10年。

请发行人说明：（1）结合李某林退休前从事的具体工作等，分析退休后其研发出蓝宝石相关技术的可行性；其退休后去向，是否在相关单位从事研究工作，相关非专利技术与李某林在原单位所做工作的关系，是否属于职务发明创造或职务作品，是否存在纠纷或潜在纠纷；（2）相关非专利技术在业务产品中的使用情况，与发行人现有业务、核心技术、知识产权的关系；（3）2012年增资时，李某非专利技术出资采用收益法评估的具体测算过程及主要依据，实际产生收益与评估的差异及原因。

发行人回复情况如下：（1）第一，李某林1965年7月毕业于哈尔滨工业大学精密机械制造工艺专业。1965年8月~2002年9月任职于中国工程物理研究院第四研究所结构力学部，历任工程师、高级工程师、研究员和总工程师。自2002年10月从中国工程物理研究院退休后，李某林对国内蓝宝石长晶设备行业进行了初步了解。李某林持续关注国际及国内专用机械设备行业技术及应用发展趋势情况。2008年以来，因看好国内蓝宝石长晶炉未来市场潜力，李某林通过查阅总结及归纳国内外关于多晶炉、蓝宝石炉等晶体生长设备公开披露的技术资料及行业信息，与行业相关专家进行咨询交流，并运用自身对于机械设计及流体力学领域的专业研究知识及经验自行从事研究，逐渐形成了“先进的多晶炉及LED蓝宝石炉设计”非专利技术，主要提供了

“改良泡生法”蓝宝石炉设计方案，包括设备极限真空方案、对称式抽空设计、密封与高温环境下冷却系统的设计方案、低速运动的传动机构设计方案等，在隔热保温系统节能性设计、高精度籽晶称重系统的设计、高精度加热电源技术研发、热场温度梯度控制、高真空可靠性设计等方面均具有创新性，在控制精度、运行稳定性、可靠性等方面实现了技术突破，可降低蓝宝石晶体生产成本。

第二，自 2002 年 10 月退休后，李某林未在相关单位从事研究工作。“先进的多晶炉及 LED 蓝宝石炉设计”非专利技术系李某林基于自身机械设计及流体力学领域的专业研究背景，通过总结及归纳国际、国内关于多晶炉、蓝宝石炉的先进设计理念及技术方案，于 2010 年年初形成技术方案设计理念，2010～2011 年完成方案设计及图纸、技术资料的起草所形成的。“先进的多晶炉及 LED 蓝宝石炉设计”项非专利技术主要为蓝宝石炉设计方案、图纸、技术资料，与李某林任职期间从事具体工作及研究领域存在差异，不属于李某林在原单位的研究成果，与原单位工作不存在关系。李某林与其原工作单位不存在纠纷或潜在纠纷。

（2）2012 年 5 月及 12 月，李某分别以“先进的多晶炉及 LED 蓝宝石炉设计”“新型的大尺寸蓝宝石单晶炉长晶加热系统”技术评估作价对晶升有限增资；2017 年 11 月，核心技术人员潘某跃控制的海格科技以“大尺寸（≥300mm）半导体单晶炉设计”技术评估作价，对晶能半导体增资。上述非专利技术在公司业务产品中的使用情况，与公司现有业务、核心技术、知识产权的关系发行人已经在（一）关于核心技术及其先进性中回复。

（3）第一，发行人对“先进的多晶炉及 LED 蓝宝石炉设计”非专利技术和“新型的大尺寸蓝宝石单晶炉长晶加热系统”非专利技术做出的评估情况进行了说明；第二，本次对李某持有的“先进的多晶炉及 LED 蓝宝石炉设计”及“新型的大尺寸蓝宝石单晶炉长晶加热系统”非专利技术采用收益途径的收入分成法进行评估；第三，本次评估涉及的非专利技术均应用于发行人蓝宝石单晶炉产品，评估选用现金流量折现法中的自由现金流量折现模型，非专利技术的权益价值主要受预测蓝宝石单晶炉收入影响。发行人说明了评估基准日后，南京晶升装备实际销售蓝宝石单晶炉的收入与评估报告采用的预测数据的对比情况，即实际产生收益与评估的差异的情况。非专利技术采用的评估预测收入具有合理性，评估结果公允，实际产生收益与评估的差异具有合理原因。

（三）关于离职不满一年的核心技术人员

根据申报文件，发行人核心技术人员潘某跃、DAVID KENNETH LEES 分别于 2013 年 5 月、6 月加入发行人，在此之前都曾在美国 SPX 公司（SPXC. N）凯克斯（KAYEX）单晶炉事业部工作，潘某跃曾担任其研发部负责人。2017 年 11 月，潘某跃控制的海格科技以“大尺寸（≥300mm）半导体单晶炉设计”技术对晶能半导体增资，该项非专利技术主要形成于 2011 年以后。最近一年潘某跃、DAVID KENNETH LEES 的薪酬远高于其他核心技术人员。

请发行人说明：（1）潘某跃、DAVID KENNETH LEES 与原工作单位签署保密、竞业禁止等相关协议情况，是否与原就职单位存在纠纷或潜在争议；（2）潘某跃非专利技术的形成过程，与原工作的关系，是否存在侵权或侵犯原工作单位技术秘密的情况，相关非专利技术在发行人业务发展中的作用；（3）DAVID KENNETH LEES 在发行人核心技术、业务发展中的作用，与发行人签署的相关保密、竞业禁止等协议的主要内容。

发行人回复情况如下：（1）潘某跃和 DAVID KENNETH LEES 分别于 2013 年 5 月和 6 月入职发行人子公司 LP 新能源。入职前，两人主要前任职单位、相关保密协议、竞业禁止协议的签署情况如表 9.1 所示：

表 9.1　保密协议、竞业禁止协议签署情况

姓名	单位	期间	是否签署保密协议	是否签署竞业禁止协议
潘某跃	凯克斯（KAYEX）	2007 年 5 月 ~ 2011 年 2 月	是	否
	美国伍斯特理工学院	2011 年 3 月 ~ 2013 年 4 月	—	—
DAVID KENNETH LEES	凯克斯（KAYEX）	1993 年 2 月 ~ 2013 年 5 月	是	否

潘某跃和 DAVID KENNETH LEES 两人均不存在违反与原工作单位关于保密或竞业禁止约定的情形，亦不存在纠纷或潜在争议。

（2）第一，2007 年 5 月 ~2011 年 2 月，潘某跃就职于凯克斯（KAYEX）单晶炉事业部，任研发部负责人，主要从事单晶炉热场设计与模拟、新一代硅铸锭炉的研发等研究项目。2011 年 3 月，潘某跃任职于美国伍斯特理工学院，从事铝合金半固态加工相关项目的研究工作，工作内容主要系铝合金成型技术与新型铝合金材料的开发。潘某跃在晶体生长技术和设备的开发、热场设计和晶体生长过程的模拟、新材料的开发与应用、金属铸造/金属半固态成形等领域形成了多年学术研究及工作经验。“大尺寸（≥300mm）半导体单晶炉设计”非专利技术逐渐形成于 2011 年 2 月潘某跃离开凯克斯（KAYEX）之后，该项非专利技术的主要技术内容为大尺寸（≥300mm/12 英寸）半导体单晶炉系统及结构设计模型、核心部件结构设计及晶体生长技术方案，可通过自主研究开发方式实现。发行人说明了潘某跃针对该项非专利技术承担的具体技术研发工作。

第二，“大尺寸（≥300mm）半导体单晶炉设计”非专利技术的主要技术内容与凯克斯（KAYEX）的产品技术路径存在较为显著差异，不存在侵权或侵犯凯克斯（KAYEX）技术秘密的情况。潘某跃在美国伍斯特理工学院任职期间，主要系协助其导师从事铝合金半固态加工相关项目的研究工作，工作内容主要系铝合金成型技术与新型铝合金材料的开发，与用于晶体生长设备的“大尺寸（≥300mm）半导体单晶炉设计”非专利技术存在较显著的差异。根据潘某跃的书面确认，其自主研发“大尺寸（≥300mm）半导体单晶炉设计”非专利技术，并不属于执行原工作单位［凯克斯（KAYEX）及美国伍斯特理工学院］的工作任务，也未利用原工作单位的资金、设备、原材料、不对外公开的技术资料等物质技术条件，不涉及在原工作单位职务成果的情况，也不涉及原工作单位的技术秘密，不存在侵权或侵犯原工作单位技术秘密的情况，亦不存在任何纠纷或争议。凯克斯（KAYEX）已于 2013 年永久性关闭解散，与员工签署的用工相关协议均终止失效。非专利技术在发行人业务发展中的作用发行人已经在“（一）关于核心技术及其先进性”中回复。

（四）关于发行人重组收购的企业晶能半导体

根据申报文件：（1）2019 年 5 月及 2020 年 3 月，发行人以 2018 年 11 月

30日为基准日，以股权重组方式，按照注册资本1∶1的比例，分别完成对晶能半导体85%、15%股权的收购；（2）分两次实施重组主要因截至重组交易时点（2018年12月），晶能半导体正在实施的南京创新型企业家项目尚未结项，项目实施文件对项目牵头人持有实施项目主体（晶能半导体）的股权比例有一定要求。

请发行人说明：（1）自2015年设立之后，晶能半导体技术和业务的主要发展过程；（2）2018年收购时，晶能半导体的主要资产、人员、产品、核心技术及核心技术人员、在研项目、主要产品、在手订单，结合前述情况分析发行人收购晶能半导体的原因及合理性。

发行人回复情况如下：（1）2015年3月晶能半导体设立，发行人说明了晶能半导体的技术和业务主要发展过程，以表格形式列示了时间段、主要技术研发阶段、技术主要发展过程以及业务主要发展过程。设立初期，晶能半导体以非专利技术为框架，结合已有晶体生长设备设计、晶体生长工艺及控制等技术领域的核心技术及研发经验，与上海新昇开展业务合作，完成了12英寸半导体级单晶硅炉的研发技术定型。此后，结合产品装配、调试运行、客户工艺实验过程中形成的客户技术反馈，晶能半导体对设备设计结构、控制方案、热场设计等方面进行持续研发改进，优化了控制系统、CCD图像识别、热场系统等关键技术，相继实现了12英寸半导体级单晶硅炉、8英寸高效半导体级单晶硅炉、32英寸节能高效型热场等产品的量产销售，完成了12英寸重掺材料用单晶硅炉的研发定型，成功进入了上海新昇、金瑞泓、神工股份等知名国内下游半导体硅片厂商的供应链体系。

（2）李某、吴某生、张某潞及潘某跃（海格科技）作为晶能半导体股东（非在职员工，分别任职于晶升有限及其子公司LP新能源），主要负责制定并执行晶能半导体经营管理决策，对晶能半导体生产经营活动进行总体管理。晶能半导体核心技术及研发活动以非专利技术提供的总体技术路线、结构设计、主要技术指标和参数为基础，形成了晶体生长设备设计技术、热场的设计与模拟技术、低速超高精度传动机构设计技术、气路系统优化设计技术等主要半导体级单晶硅炉专有核心技术。相关技术已申请授权“一种可调节半导体单晶硅熔液对流的热场及单晶炉”“一种适用于半导体级单晶硅长晶炉的加热器及组装方法”2 项发明专利。本次收购前，晶能半导体共有 5 名研发人员，按照非专利技术提供的技术路线、方案及指标参数，具体负责产品的应用技术研发及产业化实现，完成产品系统、结构设计、制造标准及相关规范的制定，实现产品定型。潘某跃作为晶能半导体股东海格科技的实际控制人，以及非专利技术出资前的技术开发者及权属所有人，主要负责统筹晶能半导体研发工作方向，落实非专利技术在晶能半导体的转化指导工作。为规范晶升有限子公司 LP 新能源任职人员向晶能半导体提供相应技术服务的情形，保证晶能半导体经营的独立性，双方通过签署《技术合作协议》，对相关技术服务事项进行约定，技术服务采购金额主要结合相关技术服务人员薪酬、工时及服务过程中发生的其他成本费用确定，定价公允。

本次收购前，晶能半导体共有 5 项在研项目，主要涉及半导体级单晶硅炉整机、大尺寸热场、生长工艺、热场材料、装料量制程的持续改进研发，具体如表 9.2 所示：

表 9.2　相关研发项目

序号	项目名称	研发内容
1	12 英寸单晶硅炉整机的研发	半导体级单晶硅炉整机改进研发。主要包括超导磁场、先进的热场设计、全自动控制、内部加料系统以及水冷却系统的改进研发，提升晶体生长质量，降低成本
2	32 英寸热场设计开发的研发	大尺寸热场研发。主要针对热场尺寸增加导致的温度梯度差异等问题，开展大尺寸热场结构仿真、模拟、设计、材料选择、研发测试等工作，以实现特定尺寸热场的晶体生长界面形状效果
3	铁金属含量控制的研发	生长工艺改进研发。主要通过对人机料法环控制，对铁金属含量控制实施研发，实现炉体内铁金属的消除和控制，提供更加洁净化长晶环境
4	热解碳石墨应用的研发	热场材料改进研发。主要运用气相沉积用技术，在石墨件（如导流筒）等关键部件外侧制备热解碳石墨涂层，使其具有更良好的物理性能，改善导流筒部件及炉内拉晶关键部位石墨件的使用寿命，减少石墨件杂质的排放

续表

序号	项目名称	研发内容
5	400公斤装料量制程的研发	装料量制程改进研发。主要运用模拟仿真软件，建立三维模型并不断优化结构，采用应用仿真分析等设计技术，设计能够适应400公斤装料量制程工艺，并甄选最优方案

2015年年初，发行人实际控制人李某决定布局实施半导体级单晶硅炉产品的产业化发展，由于当时该产品市场前景尚不完全明朗，实现产业化资金投入规模较大，投资风险较高，晶升有限部分财务投资人对产品产业化发展计划存在不确定意见。因此，发行人实际控制人李某独立组织技术管理团队及财务投资人，通过设立晶能半导体发展此项业务。本次收购前，基于晶能半导体12英寸半导体级单晶硅炉已研发完成并实现销售，并与上海新昇、金瑞泓、神工股份等国内下游主要硅片制造客户建立了业务合作关系，未来产业化发展及成长性相对明确。经晶升有限及晶能半导体全体股东协商并决议通过，决定实施本次收购。与此同时，本次收购实现了实际控制人控制下相关业务的重组整合，以进一步推动发行人在半导体级单晶硅炉产业领域的持续发展，解决同业竞争的潜在影响，具有商业合理性。

三、核心技术秘密二轮问询与答复

（一）关于在研项目及发行人与下游客户的关系

根据首轮问询回复：（1）设计环节为晶体生长设备的关键核心环节，包括晶体生长技术路线和总体方案的确定、晶体生长工艺的开发，以及子系统的设计；（2）客户一般基于自身的业务发展情况及定制化需求，对发行人产品提出要求，并在发行人向其提供技术设计方案后，对该方案进行评审及确认；（3）核心技术对产品性能提升体现在控制晶体的缺陷率，提升晶体的纯度和良率及提高生产效率；（4）发行人半导体级单晶硅炉以12英寸产品为主，已完整覆盖主流12英寸、8英寸轻掺、重掺硅片制备，主要应用于28nm以上处理器芯片、CIS芯片，以及90nm以上指纹识别、电源管理、信号管理、液晶驱动芯片等领域；（5）发行人在研项目，如高性能存储用抛光片单晶生长系统技术研发，可应用于处理器芯片、DRAM 及 NAND Flash 存储芯片、3D - NAND 等高端存储器用抛光片；（6）2019 ~ 2021 年，上海新昇通过招标共采购 22 台半导体级单晶硅炉，20 台采购自 S - TECH Co. , Ltd. , 2 台采购自发行人。

请发行人进一步说明：（1）发行人产品设计与客户晶体生长工艺/技术路线的关系，在产品研发、设计及生产过程中，发行人与下游客户的合作分工情况，是否使用客户技术；（2）发行人在研项目与原有技术和产品的关系，下游应用前景。

发行人回复情况如下：（1）第一，公司晶体生长设备设计环节包含第一层级设计（技术路线及方案设计、生长工艺及开发设计）及第二层级设计（子系统设计）：①技术路线及方案设计主要根据客户提出的晶体品质与晶体生产的相关技术指标，建立技术指标、生长工艺与晶体生长设备设计、功能实现的对应关系；②生长工艺及开发设计主要根据客户提出的晶体品质与晶体生产的相关技术指标，进行工艺开发及设备性能验证；③子系统设计依据第一层级设计确定的设备布局、结构形式、功能及工艺参数执行，确定各子系统的结构布局、技术规格及技术规范。

第二，在产品研发设计过程中，客户承担的主要职责为提出自身定制化需求（晶体技术指标、产品类型及工艺路线、设备配置及技术规格参数），发行人依据自身研发技术积累及产品核心技术能力，自主完成可实现客户需求的设备技术方案，客户对发行人技术方案进行评审、论证及确认。发行人及客户的职责及分工情况具体如表 9.3 所示：

表 9.3　客户与发行人职责分工情况

研发设计过程	客户职责分工	发行人职责分工
1. 晶体技术指标、产品类型及工艺路线确认	客户提出晶体技术指标要求、产品类型及工艺路线，晶体技术指标主要包括量化的硅单晶微缺陷水平、金属含量及氧含量指标	发行人整合现有研发技术能力，对客户需求进行评审及论证，运用相关核心技术，通过建模仿真、耦合计算、试验平台测试等手段，提出实现客户指标要求的技术设计方案。本阶段技术方案主要涉及第一层级设计（技术路线及方案设计、生长工艺及开发设计）

续表

研发设计过程	客户职责分工	发行人职责分工
2. 技术设计方案评审及确认	客户对公司提出的技术设计方案实施评审及确认	根据客户反馈意见，优化改进技术设计方案
3. 设备配置需求确认	客户提出设备主要技术规格参数要求，主要包括机械结构、功能及精度要求、电气控制要求、自动化及逻辑控制要求等	发行人对客户提出的技术规格参数要求进行分类论证讨论，消除偏离项目。根据第一层级设计框架及现有产品技术规格参数设计方案，完成第二层级子系统方案设计，提出设备配置及技术规格参数设计方案
4. 设备配置方案评审及确认	客户对公司提出的设备配置方案实施评审及确认	根据客户反馈意见，优化改进设备配置方案，确定方案后按计划生产相关设备

第三，发行人根据产品设计方案定制化采购原材料并实施生产，客户不参与发行人产品采购生产过程。在产品研发、设计及生产过程中，客户承担的主要职责为提出自身定制化需求，以及评审、论证、确认发行人技术方案。晶体生长设备研发、设计过程中运用的主要核心技术均由发行人掌握，研发、设计、生产活动均由发行人自主独立完成，不使用客户技术。发行人与客户各自具备相应产业领域的核心技术能力，核心技术区别具体如下：发行人核心技术聚焦于晶体生长设备领域，包括：晶体生长设备建模与仿真技术、热场的设计与模拟技术、晶体生长设备设计技术、基于视觉图像的控制技术、晶体自动化生长控制系统及数据采集分析技术、半导体晶体生长工艺开发技术、低速超高精度传动机构设计技术、气路系统优化设计技术；客户核心技术聚焦于半导体材料生产制造领域，包括：单晶生长技术、滚圆与切割技术、研磨技术、化学腐蚀技术、抛光技术、清洗技术、外延技术、SOI 技术、量测技术。

在单晶生长及晶体生长工艺技术领域，发行人的核心技术能力集中于“设备端”，工艺技术研发目标为向客户提供与设备设计方案相匹配的工艺方案，满足设备性能验证需要；客户的核心技术能力集中于“生长端”，在发行人提供的设备匹配工艺方案的基础上，结合自身技术、下游不同应用需要开展研发活动，对发行人提供的工艺方案实施调整及迭代开发升级，批量化实现单晶生长，满足具体应用领域的硅片制备需要。“设备端”研发设计活动目标主要为匹配“生长端”生长工艺及下游应用的技术能力需要。发行人及客户的核心技术能力分别侧重于不同领域，发行人具备“设备端”的完整技术开发能力，不存在使用客户技术的情形。

（2）发行人在研项目主要为对原有产品及技术进行拓展、完善及升级，持续扩展下游应用领域范围及规模，按照主要产品类别（半导体级单晶硅炉、碳化硅单晶炉、其他晶体生长设备），发行人以表格形式列示了在研项目涉及产品类别、在研项目目标、原有产品技术以及在研项目产品技术。发行人说明了在研项目与原有技术和产品的关系，下游应用前景具体情况，以表格形式列示了在研项目涉及产品类别、在研项目名称、在研项目与原有技术的关系改进内容、原有产品及应用领域、在研项目产品及应用领域和在研项目下游应用前景。

（二）关于发行人重组收购的企业晶能半导体

根据首轮问询回复：（1）晶能半导体成立于 2015 年 3 月，同月，晶能半导体与上海新昇签订销售合同（1 号机）。2017 年 3 月，晶能半导体与上海新昇签署批量合同（2 号机和 3 号机），2 号机于 2018 年 7 月完成验收，1 号机于 2019 年最终定型，2021 年 11 月实现验收；（2）2019 ~ 2021 年晶能半导体实际的营业收入分别为 83.64 万元、6445.54 万元和 5714.09 万元；发行人主营业务收入中半导体级单晶硅炉收入分别为 0 元、6045.00 万元、4913.67 万元；（3）晶能半导体 2015 年起对 12 英寸半导体级单晶硅炉产品进行研发，2018 年起对 8 英寸高效半导体级单晶硅炉产品进行研发。

请发行人提供相关合同和书面确认文件，并说明：（1）晶能半导体成立不久即与上海新昇签订销售合同的背景及合理性；晶能半导体成立前，相关方的研发、客户开拓、产品验证等工作的具体开展情况；（2）晶能半导体成立前，发行人是否已开展半导体单晶炉的研发、客户开拓工作；前述相关方在发行人的任职情况，是否存在利用发行人资源、技术等为晶能半导体服务的情况；（3）先进行12英寸半导体级单晶硅炉产品研发，后进行8英寸高效半导体级单晶硅炉产品研发的原因及合理性。

发行人回复情况如下：（1）第一，自2014年起，发行人管理技术团队（李某、潘某跃、吴某生和张某潞）即代表发行人，与上海新昇就业务合作开展初步接触、技术方案论证、实地考察及交流等业务活动。上海新昇为实现12英寸半导体级硅片自主可控的国家战略，且具有成为开发12英寸半导体级晶体生长设备国产供应商的实际需要，考虑到在发行人管理技术团队中，潘某跃在该领域具备研发技术背景及成熟技术方案，团队具有高温晶体生长设备产业化应用经验，因此选定其为合作对象。2014年下半年，发行人管理技术团队与上海新昇达成业务合作一致性意向后，经与股东协商，发行人财务投资人综合考虑该业务投资规模及投资风险，对产品产业化发展计划具有不确定意见，当时未同意以发行人为主体开展该业务，同意发行人管理技术团队另行投资其他主体开展该业务。基于对该业务发展前景及实现产业化的可行性判断，为尽快达成合同签署等商务合作事宜，推进产品产业化发展，发行人管理技术团队即与明春科技共同约定设立晶能半导体，作为实现12英寸半导体级晶体生长设备产业化、与上海新昇开展合作的业务主体。因上述业务背景，晶能半导体成立不久即与上海新昇签订销售合同，具有合理性。

第二，晶能半导体成立后，与上海新昇签订销售合同。基于合同签署前，晶能半导体未开展实质性研发生产活动，产品技术标准主要根据上海新昇的技术要求以及发行人管理技术团队前期提出的技术方案确定，为顺利推进12英寸半导体级单晶硅炉业务合作，首台产品合同对产品未达到技术标准约定了较为严格的款项返还条款，以保障上海新昇利益，符合合同签署时的商业背景，具有合理性。

第三，发行人及其子公司与上海新昇业务合作基于真实合理的商业背景，发行人及其子公司、董监高及主要人员与上海新昇及主要人员不存在关联关系及利益安排。

（2）自晶升有限设立（2012年2月）至晶能半导体成立（2015年3月）前，至晶能半导体重组（2018年年末）期间：晶升有限主要从事蓝宝石单晶炉产品的研发、生产、客户开拓及销售活动，以及碳化硅单晶炉产品的研发活动。晶升有限子公司LP新能源主要向母公司晶升有限提供蓝宝石单晶炉热场设计和模拟技术开发服务、长晶炉共性基础技术开发和优化服务。晶能半导体成立后，根据《技术合作协议》，LP新能源以公允价格向晶能半导体提供半导体级单晶硅炉研发技术服务。发行人以表格形式说明了晶升有限、晶能半导体、LP新能源的主营业务、技术来源、研发活动开展情况、主要研发项目、主要客户、经营活动及人员交叉情况。

晶能半导体成立前，发行人及相关方不存在其他已开展半导体单晶炉研发、客户开拓工作的情况。晶能半导体成立前，以及晶能半导体成立后至2018年年末重组期间，李某任晶升有限董事长、总经理；吴某生任晶升有限总经理助理、质量部经理；张某潞任晶升有限副总经理、市场部经理；潘某跃任晶升有限子公司LP新能源技术总监。发行人以表格形式列示了2015年3月12日晶能半导体成立前以及晶能半导体成立后至2018年年末重组前李某、吴某生、张某潞以及潘某跃开展半导体级单晶硅炉产品业务以及从事晶能半导体有关的工作情况。

晶能半导体成立前，自2014年起，发行人管理技术团队与上海新昇开展业务合作相关交流、技术方案设计及可行性论证等活动。除此之外，相关方不存在利用发行人资源、技术等开展半导体级单晶硅炉产品业务的情形。晶能半导体成立后至2018年年末重组前，发行人管理技术团队利用自身时间精力和技术经验，负责或参与了与晶能半导体的相关经营、管理、研发等工作。晶能半导体向发行人子公司LP新能源采购研发技术服务，签署了《技术合作协议》；向发行人采购产品生产组装服务，签署了《委托制造及试验框架协议》，上述协议定价公允。除上述情形外，相关方不存在利用发行人资源、技术等为晶能半导体服务的情况。

（3）发行人先进行12英寸半导体级单晶硅炉产品研发，后进行8英寸半导体级单晶硅炉产品研发，主要基于半导体级单晶硅炉业务开展背景及下游应用需求，且从技术研发角度，各尺寸产品研发不存在必然的时间顺序逻辑，具有合理性。

四、核心技术秘密涉技术先进性的三轮问询与答复

根据二轮问询回复，在碳化硅单晶炉方面，发行人从产品下游量产应用与竞争对手比较情况，分析其产品先进性。但是，在半绝缘型碳化硅单晶炉方面，发行人客户 6 英寸衬底产品主要处于验证阶段，尚未实现量产。在导电型碳化硅单晶炉方面，发行人客户在碳化硅 MOSFET 应用领域还在验证阶段，也未实现量产。国外主流厂商已实现 8 英寸碳化硅衬底的量产应用。

请发行人说明：公司碳化硅单晶炉技术先进性的体现，半绝缘型碳化硅单晶炉相关技术储备及研发进展，公司下游客户相关产品处于验证阶段、尚未量产的原因，其与公司设备技术的关系。

发行人回复情况如下：第一，发行人碳化硅单晶炉技术的先进性主要体现在下游客户量产应用阶段、应用领域及器件类别、设备技术指标参数等方面，产品技术能力国内领先。发行人碳化硅单晶炉在下游导电型衬底、碳化硅功率器件领域量产应用进度及规模国内领先，同时也实现了国内领先半绝缘衬底厂商产品验证；发行人碳化硅单晶炉生长晶体制备高品质衬底材料可实现高端应用领域的 MOSFET 碳化硅器件制造；发行人碳化硅单晶炉设备技术指标参数具有先进性。

第二，发行人碳化硅单晶炉已于 2020 年实现研发定型及产品下游验证，产品主要技术指标与同行业公司产品无显著差异，发行人具备半绝缘型碳化硅单晶炉相关技术储备及量产应用技术能力。发行人在研项目技术指标可达到更先进水平，可同时满足导电和半绝缘碳化硅单晶生长的需求。

第三，发行人下游客户碳化硅衬底、器件的验证、量产进度受下游技术及应用发展趋势、客户从事碳化硅业务时间及进展、设备及工艺技术能力、晶体品质、良率及成本等因素综合影响。

第二节　无偿赠与非专利出资涉核心技术秘密的实务要点

一、无偿赠与非专利技术出资的，应核查该技术研发真实性，有效控制风险

根据首轮问询函，2012 年 5 月、10 月李某分别以“先进的多晶炉及 LED 蓝宝石炉设计”“新型的大尺寸蓝宝石单晶炉长晶加热系统”非专利技术对发行人出资，评估作价分别为 750 万元、285 万元。李某用于出资的非专利技术源于其父亲李某林的无偿赠与，李某林原任职于中国工程物理研究院，2002 年退休。李某林于 2010 年年初形成技术方案设计理念，2011 年完成方案设计及图纸、技术资料的起草。

对此，由于李某林退休 8 年后才形成设计理念，与本职工作是否有关已无关联性，除非发现有明显与客观不符的情况，审查其真实性确无必要，但是其 2011 年完成方案设计及图纸、技术资料的事实应当核查，在确定核心技术真实性合法性的同时，有效控制与技术秘密有关的风险。

二、离职不满 1 年核心技术人员非专利技术出资的风险控制

根据首轮问询函，发行人核心技术人员潘某跃、DAVID KENNETH LEES 分别于 2013 年 5 月、6 月加入发行人，2007 年 5 月～2011 年 2 月，潘某跃就职于凯克斯（KAYEX）单晶炉事业部，任研发部负责人，主要从事单晶炉热场设计与模拟、新一代硅铸锭炉的研发等研究项目。2017 年 11 月，潘某跃控制的海格科技以“大尺寸（≥300mm）半导体单晶炉设计”技术对晶能半导体增资。潘某跃参与的“大尺寸（≥300mm）半导体单晶炉设计”非专利技术逐渐形成于 2011 年 2 月。

“大尺寸（≥300mm）半导体单晶炉设计”非专利技术系潘某跃在前任职单位离职 1 年内形成，虽然发行人说明了“根据 QINGYUE PAN（潘某跃）

的书面确认，该非专利技术不属于职务发明且不存在侵权风险”，但是，笔者认为应该核查并确认，除职务发明以外是否有约定离职后1年内所完成的非专利技术也归原单位所有的特别约定。

三、关于发行人重组收购的企业晶能半导体

根据发行人的问询资料，2019年5月、2020年3月，发行人以2018年11月30日为基准日，以股权重组方式，按照注册资本1∶1的比例，分别完成对晶能半导体85%、15%股权的收购。2015年3月晶能半导体设立，主要经营半导体级单晶硅炉业务，自发行人设立（2012年2月）至晶能半导体成立（2015年3月）前、至晶能半导体重组（2018年年末）期间：发行人主要从事蓝宝石单晶炉产品的研发、生产、客户开拓及销售活动，以及碳化硅单晶炉产品的研发活动。潘某跃作为晶能半导体股东海格科技的实际控制人，以及非专利技术出资前的技术开发者及权属所有人，主要负责统筹晶能半导体研发工作方向，落实非专利技术在晶能半导体的转化指导工作。

对此，应该注意以下问题：

（1）原属于晶能半导体的涉及半导体级单晶硅炉的核心技术是什么，参与前述核心技术研发的技术人员有哪些，是否存在离职的情况，若有请具体说明；

（2）原属于晶能半导体的涉及半导体级单晶硅炉的核心技术以技术秘密进行保护的，是否采取必要的保护措施确保技术秘密在有效管理控制之下，以防因为员工离职带走载体导致公司无法正常使用的情况；

（3）重组后晶能半导体的技术秘密等知识产权是否并入发行人的管理体系内统一管理，晶能半导体涉核心技术秘密的载体是否统一管理，接触过载体的技术人员是否全部并入发行人，发行人是否有技术秘密泄露的风险等。

第十章　电源管理芯片企业终止注册涉核心技术秘密的问询要点

第一节　发行人基本情况与核心技术秘密的问询情况

一、发行人专注于电源管理芯片领域的数模混合芯片设计

上交所于 2022 年 4 月 15 日受理珠海智融科技股份有限公司（以下简称珠海智融、发行人）的上市申请。发行上市审核机构分别于 2022 年 5 月 6 日和 7 月 14 日提出了两轮问询，发行人于 9 月 7 日向上交所撤回申请上市文件后终止注册。

珠海智融是一家专注于电源管理芯片领域的数模混合芯片设计企业，主营业务为电源管理芯片的研发、设计和销售。电源管理芯片种类繁多，公司利用自主研发的高集成度数模混合 SoC 设计技术等核心技术，以单颗数模混合 SoC 芯片替代传统需要多颗不同类别电源管理芯片搭配才能实现的功能，先后推出锂电池快充放管理芯片、多口输出动态功率调节芯片和快充协议芯片等主要产品，形成了较为完整的供电端设备多协议快充解决方案。发行人已获得发明专利 27 项，实用新型专利 23 项，集成电路布图设计 18 项，其中最近 3 年申请并取得的发明专利 21 项，实用新型专利 10 项，集成电路布图设计 8 项。发行人的核心技术包括高集成度数模混合 SoC 设计技术，跨平台多协议快充集成技术，高低压快充兼容技术，多口功率动态调节技术，高效率、低自耗电源管理技术以及均匀化电池电量计量技术。发行人的主要产品有锂电池快充放管理芯片、多口输出动态功率调节芯片以及快充协议芯片等。发行人主要客户有深圳睿芯联合科技有限公司、深圳市长大合众电子科技有

限公司、深圳市恩潮盛科技有限公司、深圳市睿立科技有限公司和深圳市展嵘电子有限公司等。发行人与核心技术人员均签署了竞业禁止协议和保密协议。

二、核心技术秘密首轮问询问题与答复

（一）关于核心技术来源

根据申报材料，（1）在发行人核心技术人员中，李某、邓某、闵某辰曾在珠海全志科技股份有限公司（以下简称全志科技）、珠海炬力集成股份有限公司（以下简称炬力集成）等公司工作，梁某超曾在全志科技工作，李某1曾在辉芒微电子（深圳）有限公司（以下简称辉芒微电子）工作。上述企业存在经营范围与发行人相似的情形。（2）保荐工作报告未详细说明核心技术的形成过程，未充分说明核心技术与原任职单位不存在纠纷或潜在纠纷的论证依据。

请发行人说明：（1）全志科技、炬力集成及辉芒微电子的主营业务，发行人与前述企业在产品及技术路线上是否存在差异；（2）发行人主要技术团队成员加入发行人前，在相同或相似领域工作的具体情况，包括公司名称、所任职务、劳动关系起止时点、主要从事的工作、研发内容及研发成果，与在发行人工作、研发内容及研发成果的区别；（3）发行人主要产品相关专利及非专利技术的发明人，并结合各发明人当前或曾经任职单位的情况说明发行人专利及非专利技术是否涉及其他单位的职务成果，是否存在违反与曾经任职单位的竞业禁止、保密等协议约定的情况，是否存在权属纠纷，相关事项是否已取得有关权利主体的确认；（4）发行人核心技术的形成过程及来源，是否合法合规，与核心技术人员、主要发明人前任职单位等是否存在纠纷，相关权属是否清晰。

发行人回复情况如下：（1）发行人说明了全志科技、炬力集成及辉芒微电子的主营业务，并以表格形式列示了上述公司和发行人的主要产品、产品应用领域以及核心技术情况。发行人与全志科技、炬力集成以及辉芒微电子的主要产品、下游应用领域及技术路线存在较大差异。（2）发行人的核心技

术人员李某、邓某、闵某辰、李某 1 和梁某超 5 人，曾在炬力集成、全志科技、意法半导体研发（深圳）有限公司和辉芒微电子等相似领域单位任职，发行人以表格列示了以上核心技术人员在各单位任职期间研发的专利名称、专利号、专利内容概括以及主要研发内容，发行人对其所任职务、劳动关系起止时点、主要从事的工作、研发内容及研发成果和在发行人处工作的研发内容及研发成果的区别进行了说明。李某、邓某、闵某辰、李某 1 和梁某超在前单位任职期间从事的工作、研发内容及研发成果与在发行人处的工作、研发内容及研发成果差异较大，在发行人任职期间不存在利用其在前单位职务成果的情形。(3) 发行人以表格形式说明了其主要产品及对应的核心技术的相关专利及非专利技术的发明人，表格列示了核心技术、主要应用产品、专利类型、专利名称、专利号、专利申请日和发明人。发行人以表格形式说明了核心专利发明人的相关情况，表格列示了核心专利发明人、入职发行人前的工作单位、工作期间、工作职位、与前单位是否签署保密协议、与前单位是否签署竞业限制协议、入职发行人时间以及在发行人处作为发明人的首个专利申请日期。发行人主要产品及核心技术相关专利及非专利技术的发明人未使用在其他单位研发形成的职务成果，不存在违反与曾经任职单位的竞业禁止、保密等协议约定的情况。截至本问询函回复出具日，发行人不存在涉及专利发明人在其他单位职务成果的权属纠纷。(4) 发行人以表格形式说明了其核心技术的形成过程及来源，表格列示了核心技术名称、技术来源、主要应用的产品品类、对应的知识产权以及形成过程。发行人的核心技术均为设立以来经多年自主研发所取得，来源合法合规，与核心技术人员、主要发明人的前任职单位不存在纠纷或潜在纠纷，发行人的核心技术以及与之相关的专利、集成电路布图设计专有权等均为发行人合法拥有，权属清晰。

（二）关于研发能力

根据申报文件，(1) 发行人产品规格种类仅 40 余种；(2) 报告期各期，发行人研发费用分别为 919.56 万元、1882.15 万元和 2995.69 万元，研发费用合计占比为 14.85%；(3) 截至 2021 年 12 月 31 日，发行人研发人员数量为 59 人；(4) 发行人通过推出适应其改进工艺的设计方案降低了晶圆采购成本。

请发行人说明：（1）报告期各期末研发人员的学历分布和职务分布；（2）各主要收入产品的研发支出和研发过程，说明发行人主要产品的研发周期和研发支出是否符合行业惯例；（3）报告期各期研发投入与同行业可比公司的比较情况以及差异原因；（4）发行人与台湾积体电路制造股份有限公司（台积电）、韩国东部高科等晶圆代工厂制造工艺平台的具体合作模式，发行人是否有能力对晶圆代工厂的通用工艺平台进行二次开发并形成自身的核心技术；（5）发行人与晶圆代工厂对接的工艺人员的情况，包括但不限于工艺人员数量及其占比、职责、在工艺研发中发挥的作用等；（6）主要在研项目情况的技术先进性，发行人在产品品类扩充、细分领域中高端产品、研发平台等方面的布局情况以及相应的技术和人员储备情况等。

回复情况如下：（1）报告期各期末，研发人员分别为29人、39人和59人，均为本科以上学历，其中拥有硕士学位的人员为12人、15人和22人；发行人设有研发部，研发部下设系统设计1~2部、模拟设计部、数字设计1~2部和后端设计部等子部门，研发人员的职务分布结构合理。系统设计与开发工程师主要负责芯片设计前原理方案的验证、芯片设计代码的验证（FPGA验证）、流片后的验证和测试以及芯片量产后客户标准方案的开发，同时发行人将嵌入式软件开发人员亦并入系统设计与开发工程师，因此相关人员数量和占比较高。（2）发行人以表格形式分别说明了锂电池快充放管理芯片、多口输出动态功率调节芯片、快充协议芯片以及其他产品的研发支出和研发过程。发行人的研发周期与同行业可比公司相比不存在重大差异，研发项目的平均投入与无锡力芯微电子股份有限公司（力芯微）和英集芯较为接近，发行人主要产品的研发周期和研发支出符合行业惯例。（3）报告期内，发行人的研发投入金额低于同行业上市公司主要系产品规格种类数量较少、研发项目数量较少，以及营收规模较小所致，具有合理性。（4）采用Fabless经营模式的芯片设计企业与晶圆代工厂之间的合作模式大致分为三类：①芯片设计企业掌握了适用于某种产品或者具有某种特点的完整晶圆制造工艺，并能够将此工艺运用到任何具有对应加工能力的晶圆代工厂中，无须依赖晶圆代工厂本身的工艺开发能力；②芯片设计企业未掌握完整的晶圆制造工艺，但是能够凭借其对晶圆制造工艺和器件的深刻理解和认知，对晶圆代工厂的通用工艺平台进行二次开发，并形成芯片设计企业的核心技术；③在上述两种合作模式之外，芯片设计企业没有工艺开发能力或者对工艺的差异化需求较低，因此直接使用晶圆代工厂的通用工艺平台，大多数 Fabless 芯片设计企业均属于此类。发行人与台积电、韩国东部高科和韩国启方半导体等晶圆代工厂的制造工艺平台的合作模式为第三类，发行人目前不对晶圆代工厂的通用工艺平台进行二次开发，亦没有基于此形成自身的核心技术，而是直接使用晶圆代工厂的通用工艺平台。由于光刻工艺的复杂性，晶圆代工厂与芯片设计企业需要进行深入的沟通和互动，以便提高产品质量和性能稳定性，但发行人并未对晶圆代工厂的通用工艺平台进行二次开发并形成自身的核心技术，发行人主要通过积极适应晶圆代工厂的制造工艺，以提高产品性能、稳定性和控制成本。（5）发行人不参与晶圆代工厂的通用工艺平台的二次开发，因此发行人无须委派工艺人员与晶圆代工厂对接，但发行人安排研发部模拟电路设计人员和芯片后端（版图）设计人员与晶圆代工厂对接，充分学习其制造工艺平台的《设计手册》和《设计规则》，并在芯片设计过程中与晶圆代工厂的工艺负责人员保持密切的沟通，包括及时提交芯片仿真结果进行评估以降低流片失败风险，及时反馈芯片成品的各项指标，供晶圆代工厂参考以帮助其改进自身工艺等。（6）发行人以表格形式说明了发行人在产品品类扩充、产品升级迭代及产品线完善等方面布局的在研项目情况，表格列示了项目名称、项目类型、拟达到的目的、应用领域、技术先进性、技术储备以及人员储备情况。

（三）关于研发及测试设备

根据申报文件，报告期各期末，发行人研发及测试设备账面原值分别为 104.05 万元、325.20 万元和 488.37 万元。

请发行人说明：发行人是否开展自主测试工作，研发及测试设备的用途以及折旧计提情况，测试设备产能和产量，是否存在自行采购封测设备供封装、测试厂商使用的情况，如存在相关情况，说明发行人与封装厂商之间关于设备使用及委托服务定价的相关约定情况，该模式持续的时间，设备管理措施，相关封测服务定价依据及公允性。

发行人回复情况如下：报告期内，发行人除部分采购外部测试服务外，亦开展自主测试工作。发行人的自测设备主要为测试分选机，应用于芯片的成品测试、软件烧录以及不良品筛选等环节。随着发行人经营规模的扩大，为加强产品质量控制，保障交付，发行人的自测芯片规格种类和数量持续增长，自测芯片产量的增长与测试设备增加的趋势一致。发行人不存在自行采购封测设备供封装、测试厂商使用的情况。

三、核心技术秘密二轮问询问题与答复

（一）关于科创属性

根据问询回复，（1）发行人芯片系最终产品功能模块的组成部分，锂电池快充放管理芯片集成了多种快充协议模块，动态功率调节芯片可分为多口和单口，多口需要解决各输出接口之间的功率分配；（2）快充协议芯片SW2303为主要收入产品，SW2325和SW2327内嵌了ARM内核；（3）发行人将集成度、可靠性、充放电速度、兼容协议数量和电源转化效率等指标作为关键核心指标；（4）发行人产品尚未进入主流终端设备的原厂供应链；（5）发行人产品的主要应用领域为移动电源、氮化镓充电器和车载适配器，三者合计占比超过95%，移动电源占比最高且超过60%；（6）发行人与国内（拟）上市的主要电源管理芯片企业相比，收入利润规模相对较小、产品品类数量相对较少。

请发行人进一步说明：（1）发行人多协议快充集成技术、功率动态调整技术等核心技术是否为行业通用技术，行业内同行业竞争对手相关产品的技术应用情况，结合解决功率分配和多协议集成的具体实现方式进一步分析发行人产品和技术的先进性；（2）ARM授权的具体情况和相关会计处理，MCU在发行人相关芯片中的作用和实现的功能，主要收入产品SW2303是否内置了MCU以及是否需要搭配MCU芯片使用；（3）发行人未进入主流终端设备原厂供应链的原因，进入原厂供应链是否存在较大的技术壁垒和进入壁垒；（4）发行人目前聚焦锂电池快充放管理芯片和动态功率调节芯片这一细

分领域，是否存在向其他细分领域和应用场景拓展的持续研发能力；（5）全面梳理并说明发行人技术和产品符合国家科技创新战略、发行人产品拥有关键核心技术、发行人科技创新能力突出、发行人市场认可度的具体情况和判断依据。

发行人回复情况如下：（1）发行人的跨平台多协议快充集成技术和多口功率动态调节技术均为自主开发的关键核心技术，不属于行业通用技术。发行人以表格列示了核心技术名称、应用产品、相关专利保护、与市场主流技术相比的先进性体现以及未来发展方向。发行人的核心技术具有先进性，使得发行人主要产品的性能指标与境外知名集成电路企业的同类产品达到较为相似的水平，集成度、可靠性、输出功率和支持协议数量等指标甚至已超过境内外同行业公司。（2）2021 年 1 月 26 日，发行人与安谋科技（中国）有限公司签署关于 ARM Cortex – M0 Core 的 IP 授权协议，授权费用包括固定授权费用和与销量挂钩的提成费用，固定授权费用一次性支付，与销量挂钩的提成费用根据销售情况计提并按季度支付，授权期限为 3 年。快充协议芯片的核心功能是快充的控制、协议的通讯及多协议识别与协议分流，需要通过模拟电路和数字电路协同配合实现，其中快充协议由物理层、协议层和策略层组成，物理层以及部分协议层，MCU 无法实现，需要硬件电路实现，策略层和部分协议层可以通过 MCU 架构数字电路配合软件代码实现。SW2325 中集成了通用 MCU 便于满足客户个性化定制需求，MCU 需要通过执行发行人编写的软件代码，与协议芯片的模拟电路协同配合，从而实现快充协议的识别、沟通和控制功能。（3）进入主流终端设备原厂供应链除需满足产品性能指标、质量和供应保障等前提要求外，还需要较长的测试验证时间，通常还需要以某个产品方案为切入点，即针对新增规格充电器新开发的解决方案，或者原有规格充电器的替代性解决方案。2022 年以来，晶圆产能紧张的情况得到逐步缓解，但这主要是智能手机等消费电子产品的出货量出现较大幅度下滑所致，对发行人的快充协议芯片向主流终端设备原厂推广和替代现有方案在客观上造成一定困难，但目前发行人正在与华为、APO、vivo、华硕和联想等主流终端设备原厂积极推进相关产品的研发、送样和测试，努力进入主流终端设备原厂供应链。（4）发行人以表格列示了细分领域、功能介绍、公司在细分领域的发展情况、量产产品以及在研产品的情况，发行人具备向其他细分领域和应用场景拓展的持续研发能力。（5）发行人以表格形式列示了项目、具体情况以及判断依据，发行人符合《上海证券交易所科创板企业发行上市申报及推荐暂行规定》的规定，具有较强的科创属性。

（二）关于知识产权纠纷

根据问询回复和招股说明书，（1）2022 年 5 月新增深圳英集芯科技股份有限公司（英集芯）起诉发行人侵权诉讼。英集芯认为发行人侵害其发明专利“多口充电控制电路和方法、充电芯片及供电设备”（ZL202011064256.0）和其集成电路布图设计专有权“IP5328”（BS.175531811），诉求为发行人停止销售侵权产品、销毁所有库存侵权产品，并赔偿英集芯经济损失及维权费用合计 6609.37 万元。发行人已收到法院出具的先行调解通知书，目前法院尚未安排调解，上述专利及集成电路布图设计专有权侵权纠纷在法院尚未转入正式立案程序。（2）发行人共有发明专利 27 项，自 2022 年 5 月 16 日以来，已有 26 项发明专利被提起宣告无效请求，目前相关专利无效宣告请求尚在国家知识产权局审查过程中。

请发行人进一步说明：（1）上述纠纷事项目前的进展情况，对发行人生产经营的影响，以及对本次发行上市的影响；（2）发行人专利被提起宣告无效请求的审查进展情况，相关专利被宣告无效的可能性分析，相关事项对发行人生产经营的影响，以及对本次发行上市的影响。

发行人回复情况如下：（1）自 2022 年 5 月以来，英集芯陆续对发行人提起 3 起诉讼，分别为侵害发明专利权纠纷案、侵害集成电路布图设计专有权纠纷案、侵害实用新型专利权纠纷案。

第一，英集芯起诉发行人侵害其发明专利权案件。英集芯于 2022 年 5 月 11 日提起诉讼，认为发行人的 SW6206 产品侵害其发明专利“多口充电控制电路和方法、充电芯片及供电设备”（ZL202011064256.0），诉求为发行人及另一被告（涉案终端产品销售商）停止生产、销售、许诺销售专利侵权产品，销毁专用于生产侵权产品的设备和模具，销毁所有库存侵权产品，并赔偿英集芯经济损失及维权费用合计 3309.1928 万元，承担全部诉讼费用。

2022 年 7 月 13 日，英集芯向深圳市中级人民法院提交《放弃起诉申请书》，英集芯已放弃上述专利侵权案件的起诉。英集芯在深圳市中级人民法院立案前的调解阶段主动撤回了对上述案件的起诉，该发明专利侵权案因英集芯公司的撤诉，已经完结。

发行人不存在侵犯英集芯涉案专利的情形，如英集芯重新就该案件起诉，发行人败诉可能性极低，即便发生对发行人极端不利的诉讼结果，亦不会对发行人生产经营造成重大不利影响，不会构成本次发行上市的实质性障碍。

第二，英集芯起诉发行人集成电路布图设计侵权案件。英集芯于 2022 年 5 月 13 日向深圳市中级人民法院提起诉讼，认为发行人产品 SW6208 侵害其集成电路布图设计专有权“IP5328”（BS. 175531811），诉求为发行人及另一被告（涉案产品销售商）停止制作、销售集成电路布图设计专有权侵权产品，并赔偿英集芯经济损失及维权费用合计 3300. 17495 万元，承担全部诉讼费用。发行人已向法院表明不接受调解，截至本问询回复出具日，该案件已正式立案。

发行人涉案产品 SW6208 不存在侵害英集芯涉案布图设计专有权的情形，发行人相关诉讼败诉的可能性极低。

第三，英集芯起诉发行人实用新型专利侵权案件。英集芯于 2022 年 6 月 6 日提起诉讼，认为发行人产品 SW3515S 侵害其实用新型专利“一种多输出口的快充切换电路”（ZL202020590921. 9），诉求为发行人及另两名被告（涉案终端产品制造商及销售商）停止制造、销售、许诺销售实用新型侵权产品，销毁涉案侵权产品，并赔偿英集芯经济损失及维权费用合计 333. 8226 万元，承担全部诉讼费用。发行人已向法院表明不接受调解，截至本问询回复出具日，该案件尚未转入正式立案程序。

发行人涉案产品 SW3515S 不存在侵犯英集芯涉案实用新型专利权的情形，发行人相关诉讼案件败诉的可能性极低。

（2）自 2022 年 5 月 16 日以来，发行人发明专利被陆续提起无效宣告请求，截至本问询回复出具日，发行人共计 27 项授权发明专利被提起无效宣告请求并已收到《无效宣告请求受理通知书》，发行人以表格列示了专利名称、授权专利号、申请日、取得方式、无效宣告请求人和最新进展情况。

发行人已向国家知识产权局复审和无效审理部提交上述无效宣告专利的意见陈述书，复审和无效审理部一般在当事人提交陈述意见书后2个月左右下发口审通知书，经过口头审理程序后，一般在2个月左右出具审理结果，发行人上述专利无效宣告事项，预计将在2022年年底前取得《无效宣告审查决定书》。截至问询函回复出具日，发行人已收到6项专利口审通知书，口头审理开庭时间在2022年9～10月。

发行人的各发明专利不存在全部权利要求不具备新颖性和创造性的情形，而且即使发行人的部分发明专利存在被宣告部分无效的情形，亦可以通过修改权利要求的方式，使得修改后的发明专利维持有效。发行人涉案专利被专利无效复审部门宣布维持专利权的可能性较高，被整体宣告无效的风险极低。

发行人专利被无效宣告请求事项不会对发行人生产经营造成重大不利影响，不会导致发行人不满足科创板发行条件及科创属性的相关要求，不构成本次科创板发行上市的实质性障碍。

第二节 涉核心技术人员入职风险管理的实务要点

一、发行人是否存在以技术秘密形式保护的核心技术

根据《招股说明书》披露的信息，发行人主要核心技术均以专利形式保护。发行人已申请多项发明专利、实用新型专利和集成电路布图设计专有权等知识产权来保护自身合法利益。但考虑到知识产权的特殊性，第三方侵犯发行人知识产权的情况仍有可能发生，不排除未来第三方与发行人及相关人员产生知识产权、技术秘密或商业秘密纠纷，以及发行人员工对知识产权的理解出现偏差等因素产生非专利技术侵犯第三方知识产权的可能。若上述事项发生，将对发行人经营产生不利的影响。发行人在回复问询时称发行人主要产品及核心技术相关专利及非专利技术的发明人未使用在其他单位研发形成的职务成果，不存在违反与曾经任职单位的竞业禁止、保密等协议约定的情况。

笔者对此甚为困惑，发行人既然没有以非专利技术（技术秘密）形式保护的核心技术，为何不排除未来会产生非专利技术侵犯第三方知识产权的可能，为何称发行人主要产品及核心技术相关专利及非专利技术的发明人未使用在其他单位研发形成的职务成果。且发行人将“知识产权、商业秘密和技术秘密”并列表述，显然是不了解技术秘密是商业秘密的一种，商业秘密是知识产权的一种。为此笔者认为应补充问询发行人是否存在以非专利技术/技术秘密形式保护的核心技术，发行人对核心技术的知识产权保护形式梳理是否完善，披露是否充分；如存在以非专利技术/技术秘密形式的知识产权，发行人是否采取了适当的保密措施以最大限度地防止核心技术秘密泄露。

二、核心技术人员入职风险管理

根据公开信息，发行人的核心技术人员李某、邓某、闵某辰、李某 1 和梁某超 5 人，曾在炬力集成、全志科技、意法半导体研发（深圳）有限公司和辉芒微电子等相似领域单位任职。结合发行人对核心技术是否有以非专利技术/技术秘密形式保护的披露情况前后存在不一致，笔者认为有必要就以下问题进一步问询发行人：

（1）发行人在录用核心技术人员时是否调查过拟录用人员原就职单位与公司是否存在竞争关系；

（2）发行人是否向拟录用人员明示不得将原单位技术秘密用于公司的研发生产；

（3）发行人是否有相关制度及监督机制定期核查新入职员工是否存在将原单位技术秘密用于公司研发工作的情况等。

第十一章　仿制药企二次申报涉核心技术秘密的问询要点

第一节　发行人系现代生物医药企业

上交所于 2021 年 11 月 17 日受理四川百利天恒药业股份有限公司（以下简称四川百利天恒、发行人）的上市申请。发行上市审核机构于 2021 年 12 月 10 日和 2022 年 2 月 11 日提出两轮问询，发行人于 2022 年 2 月 11 日和 6 月 28 日分别做了回复，7 月 28 日发行人通过上市委会议，8 月 16 日提交注册，11 月 29 日注册生效。

发行人曾于 2012 年 12 月 21 日申报创业板，2014 年 6 月 27 日和 2015 年 12 月 23 日向创业板报送了两版招股说明书，2015 年 4 月 3 日被抽中现场检查，后于 2017 年 3 月 23 日因部分银行账户以私人名义开具和主要产品均价出现下滑等原因被终止审核。

四川百利天恒是一家集药品研发、生产与营销一体化的现代生物医药企业，在化药制剂与中成药制剂业务板块和创新生物药业务板块，具备包括小分子化学药、大分子生物药及抗体偶联药物（ADC 药物）的全系列药物研究开发生产能力；在中、美两地设有研发中心（中国：百利药业和多特生物等；美国：Systimmune）。有 1 个大分子生物药及抗体偶联药物（ADC 药物）生产企业（多特生物），2 个化药制剂生产企业（百利药业和国瑞药业），1 个化学原料药生产企业（精西药业），1 个化学中间体生产企业（海亚特科技）以及 2 个药品营销公司（百利天恒和拉萨新博）；具备从中间体、原料药到制剂的上下游一体化能力及“研发—生产—营销”完整全生命周期商业化的运营能力。经过十多年的自主研发与技术积累，发行人已形成了拥有自主知识产权的“多特异性抗体新型分子结构平台”“全链条一体化多特异性抗体药物研发核心技术平台”“全链条一体化ADC药物研发核心技术平台”“柔性GMP标准多特异性抗体及ADC药物生产技术平台”等4大创新抗体/ADC相关的核心技术平台。发行人已构建创新性多特异性抗体及ADC药物相关的完备核心技术体系，可独立自主完成创新药物全程研发与早期商业化生产。发行人已获得国内外授权发明专利46项，其中创新生物药相关专利6项，已形成较为全面的专利保护体系。截至2021年6月30日，发行人及其子公司共有授权专利83项，其中，发明专利46项（包括境内专利42项，境外专利4项），实用新型专利16项，外观设计专利21项。发行人的主要客户有国药控股股份有限公司、华润医药集团有限公司、重药控股股份有限公司、九州通医药集团股份有限公司和上海医药集团股份有限公司等。发行人与高级管理人员及核心技术人员签订了含有保密条款和竞业禁止条款的相关协议。

第二节　仿制药涉核心技术秘密的实务要点

一、仿制药涉核心技术秘密的首轮问询问题与答复

（一）关于科创属性

根据招股说明书，发行人主要产品中丙泊酚中/长链脂肪乳注射液等8个品种10个规格的产品为国内首仿的仿制药制剂产品；丙泊酚中/长链脂肪乳注射液4个规格的产品、盐酸右美托咪定注射液2个规格的产品已通过仿制药一致性评价。

请发行人说明：与发行人主营业务收入相关的9项发明专利，其中与在研创新生物药项目相关6项专利的情况。请发行人结合本次申报上市标准的选择以及发行人主营业务收入均来自仿制药的情况，说明形成主营业务收入的专利数量是否符合科创属性相关要求。

发行人回复情况如下：发行人是一家集药品研发、生产与营销一体化的

现代生物医药企业，拥有化药制剂与中成药制剂业务板块和创新生物药业务板块，具备包括小分子化学药、大分子生物药及抗体偶联药物（ADC 药物）的全系列药物研究开发生产能力，其中化药制剂与中成药制剂业务板块已产生收入，创新生物药业务板块尚未产生收入。截至 2021 年 12 月 31 日，发行人拥有境内外已授权发明专利 58 项，包括境内发明专利 50 项和境外发明专利 8 项，其中与主营业务收入相关专利 9 项；与在研创新生物药有关的未来可形成主营业务收入的发明专利 17 项，合计 26 项。首先，发行人说明了与主营业务收入相关的 9 项专利的具体情况，以表格列示了专利权人、专利名称、专利号、专利申请日、取得方式和形成主营业务收入的产品；其次，发行人说明了与在研创新生物药及技术相关的 17 项专利的具体情况，以表格列示了专利权人、专利号、申请日、取得方式和对应在研创新生物药技术等。

（二）关于仿制药核心技术

根据招股说明书，发行人仿制药相关核心技术为高纯度原料药精益制造技术及特殊制剂制造技术，与上述技术相关的专利涉及 3 个原料药和 3 个制剂产品。

请发行人说明：（1）列表说明报告期内仿制药产品与核心技术、专利的对应关系，相关技术及专利来源；发行人多数仿制药产品未取得专利保护，如何体现对应产品及技术的先进性；（2）发行人高纯度原料药精益制造技术及特殊制剂制造技术在同类产品中的整体应用情况，发行人相关技术先进性的具体表征以及技术优势的具体体现。

发行人回复情况如下：（1）首先，发行人说明了报告期内仿制药产品与核心技术、专利的对应关系，相关技术及专利来源；发行人坚持以未满足的临床需求为导向，进行麻醉、肠外营养、抗感染、儿科等领域临床必需的特色化学制剂类产品的开发，坚持自主研发并由此形成了“原料药—制剂”一站式生产技术平台，可以实现部分化学制剂产品高质量、低成本的研发和商业化生产，主要涉及高纯度原料药精益制造技术和特殊制剂制造技术。相关技术已在发行人的仿制药产品上得到广泛的使用，构建了发行人在相关领域的竞争优势。同时，发行人通过申请发明专利等手段，构建知识产权体系网络，对相关技术和产品进行保护。报告期内，发行人仿制药产品与高纯度原料药精益制造技术和特殊制剂制造技术相关的产品、专利对应情况如表 11.1：

表 11.1　相关产品专利、技术情况

<table>
<tr><th>产品名称</th><th>产品对应专利</th><th>专利来源</th><th>对应核心技术</th><th>技术来源</th></tr>
<tr><td>丙泊酚中/长链脂肪乳注射液</td><td>一种丙泊酚中/长链脂肪乳剂 ZL201110320553.1</td><td>受让取得[1]</td><td rowspan="8">产品和专利均基于原料药—制剂一站式生产技术平台（高纯度原料药精益制造技术、特殊制剂制造技术）</td><td rowspan="8">自主研发</td></tr>
<tr><td>丙泊酚乳状注射液</td><td>一种高纯度丙泊酚的制备方法 ZL201210191895.2</td><td>受让取得</td></tr>
<tr><td>脂肪乳注射液</td><td>一种脂肪乳注射液的制备方法 ZL201310215699.9</td><td>受让取得</td></tr>
<tr><td>加替沙星片</td><td>一种加替沙星的纯化方法 ZL201210279049.6</td><td>原始取得</td></tr>
<tr><td>注射用盐酸尼非卡兰</td><td>一种高纯度盐酸尼非卡兰的制备方法 ZL201310215925.3</td><td>原始取得</td></tr>
<tr><td>盐酸右美托咪定注射液</td><td>—</td><td>—</td></tr>
<tr><td>中/长链脂肪乳注射液</td><td>—</td><td>—</td></tr>
<tr><td>葡萄糖电解质泡腾片</td><td>—</td><td>—</td></tr>
<tr><td>利巴韦林颗粒</td><td>一种利巴韦林颗粒的制备方法 ZL201210280146.7</td><td>原始取得</td><td rowspan="4">产品基于原料药—制剂一站式生产技术平台优化和改进</td><td rowspan="4">自主研发</td></tr>
<tr><td>注射用甲磺酸帕珠沙星</td><td>注射用甲磺酸帕珠沙星的制备方法 ZL201310215346.9</td><td>原始取得</td></tr>
<tr><td>消旋卡多曲颗粒</td><td>消旋卡多曲颗粒及其生产工艺 ZL201110103125.3</td><td>原始取得</td></tr>
<tr><td>黄芪颗粒</td><td>黄芪药材、中间体及其制剂的指纹图谱检测方法和标准指纹图谱 ZL200810045681.8</td><td>原始取得</td></tr>
</table>

注：[1]“受让取得”系发行人合并范围内子公司之间的转让。

发行人原料药—制剂一站式生产技术平台，以及高纯度原料药精益制造技术、特殊制剂制造技术等有关技术为发行人自主研发，已在丙泊酚中/长链脂肪乳注射液、丙泊酚乳状注射液、盐酸右美托咪定注射液、中/长链脂肪乳注射液等多个药品的生产制备中得到使用。利巴韦林颗粒、注射用甲磺酸帕珠沙星、消旋卡多曲颗粒、黄芪颗粒等产品基于原料药—制剂一站式生产技术平台进行优化和改进。此外，发行人针对丙泊酚中/长链脂肪乳注射液、丙泊酚乳状注射液、脂肪乳注射液、加替沙星片、注射用盐酸尼非卡兰、利巴韦林颗粒、注射用甲磺酸帕珠沙星、消旋卡多曲颗粒等产品在制备方案或工艺上通过申请专利等形式进行知识产权保护，相关专利均系发行人或子公司自主研发取得。

除上述直接衍生的发明专利外，发行人“原料药—制剂”一站式生产技术平台还为其他在产和在销的化药制剂与中成药制剂的质量提升和降本增效提供了有力支持。借助于该平台，发行人丙泊酚中/长链脂肪乳注射液、丙泊酚乳状注射液和盐酸右美托咪定注射液在质量方面达到，甚至高于原研参比制剂，同时在成本方面也得以降低，从而可在即将到来的后续带量采购招投标中取得市场优势。其他品种则根据市场情况以及重要性，陆续推进一致性评价，借助该技术平台积极寻求优质低价的竞争优势。截至 2021 年 12 月 31 日，发行人已有 3 个品种 9 个规格的产品通过一致性评价，发行人 24 个重点化学药在研项目中有 6 个品种多个规格处于一致性评价过程中。

其次，发行人说明了多数仿制药产品未取得专利保护的原因；仿制药是与原研药具有相同的活性成分和治疗作用的药品，而原研药一般在化合物、晶型等方面拥有相关专利，因此仿制药往往需等待原研药产品相关专利过期后才能获批上市。对于仿制药而言，鉴于原研药的化合物、晶型等产品类专利多数已过期，而用途专利或者其他专利意义不大，故仿制药企业往往在制备方法上进行升级或创新，作为非专利技术运用于生产中，或者申请相关专利。但制备方法作为专利申请易导致商业秘密泄露，且不易查证。因此基于谨慎性考量，仿制药企业申请专利较少，且多为方法专利。发行人部分仿制药产品对应的技术与成果为非专利技术，相关技术类型主要为与方法相关的工艺路线、关键工艺指标等，涉及产品成本控制和质量控制等方面，均系发行人基于自身多年的研发和生产经验获得的专有技术（Know－how）和工艺积累。发行人建立了技术保护体系并施行有效的保护措施。根据相关技术类型，发行人主动选择采用技术秘密的形式对多项非专利技术施以保护。相关技术未申请专利的原因见表 11.2：

表 11.2　相关技术未申请专利的原因

技术类型	未申请专利的原因
成本控制相关技术	该类非专利技术主要用于各类产品的中间体、原料药和成品制剂的成本控制。发行人根据产品种类的不同，在工艺路线、关键生产参数、关键制备工序、后处理的选择与优化等方面，进行了多年的研究和试验总结，最终得到了适应不同产品的成本控制方案，其中部分技术形成了公司的商业秘密。若将相关技术申请专利，需在一定程度上将相应配方或工艺进行公示以获得授权，存在核心技术的泄密风险
质量控制相关技术	该类非专利技术主要用于各类原料药和制剂产品的质量管控。发行人基于多年的研发和生产经验，以及大量的试验探索，在进行大规模生产数据整理归纳和各国药典及文献调研基础上，针对不同种类的产品制定了不同的杂质跟踪方案、杂质监测体系、质量提升方案，其中部分技术为公司的商业秘密。发行人认为相关技术涉及商业秘密，不适宜具象化提炼申请专利，同时申请专利存在技术泄密的风险

发行人在多年的研发和生产的管理实践中，积累了丰富的经验，已采取有效的技术保护措施对相关技术进行保护，在保密措施制度、涉密人员管理等方面，安排了具体的保护措施，具体情况见表 11.3：

表 11.3　保护措施类型及内容

保护措施类型	保护措施内容
保密措施制度	发行人制定了《研发中心项目管理制度》《安全生产标准管理规程》《生产过程标准管理规程》等内控制度，其中对研发项目的申报至验收、试验数据记录、研究成品管理、主要生产设备调试等涉密环节制定了详细的管理制度，对项目研发及生产过程中形成的产品配方、制备工艺与方法、研发战略等信息严格管控，形成了完备的保密体系并严格执行

续表

保护措施类型	保护措施内容
涉密人员管理	发行人与高级管理人员及核心技术人员亦签订了含有保密条款和竞业禁止条款的相关协议，对机密信息、竞业限制、违约责任等进行详细的约定，明确了员工对公司知识产权、商业秘密及技术开发成果等负有的保密义务及违反保密义务的法律责任，通过法律手段保护公司的核心技术
其他管理措施	发行人在研发和生产环节，采取多种手段进行相关技术的保密：对各个关键工艺工序中添加物料的种类、反应温度、反应压力、反应时间、反应溶剂等，均进行保密作业，非特定人员无法获悉关键工艺参数的信息。同时，核心项目以代号命名，研发人员不得将阶段性研发成果的试验记录与数据的电子版或纸质版携带出实验室。发行人产品的生产过程及质量控制过程需要经过多个步骤，产品各段工序的核心参数均由不同的人员掌握，以降低系统性泄密风险。此外，发行人定期对研发及技术人员进行知识产权培训，提升员工保护核心技术的意识和技能

最后，发行人说明了其仿制药产品在成本控制、质量控制方面拥有的技术的先进性；发行人仿制药产品及技术的先进性主要体现在原料药和制剂的制备工艺方面，突出体现在成本控制和质量控制两个方面，发行人最终目标就是希望在进一步降低产品成本的同时，提升产品的质量，做到“高质低价”。发行人分别对彷制药产品及技术的先进性在成本控制和质量控制两个方面的体现进行了说明。相关非专利技术的先进性，集中体现在仿制药的成本控制和质量控制领域，并在丙泊酚中/长链脂肪乳注射液、盐酸右美托咪定注射液等产品的中间体、原料药、制剂产品的生产过程中，得到广泛的应用。

（2）首先，发行人说明了其高纯度原料药精益制造技术及特殊制剂制造技术在同类产品中的整体应用情况；通过对上游的原料药，到下游的制剂全环节进行一体化把控，发行人可以在原料和制剂的制备过程中对关键步骤、关键参数、处方种类与用量、生产工艺等方面进行优化设计，达到相比现有技术安全性更好、环境更友好、质量稳定性更优的技术效果，同时实现研发和生产成本的有效降低；其次，发行人说明了发行人相关技术先进性的具体表征以及技术优势的具体体现；发行人以表格形式对高纯度原料药精益制造技术和特殊制剂制造技术的技术名称、制剂类型、技术应用情况、技术先进性的具体表征和技术优势的具体体现进行了说明。

（三）关于创新业务

根据招股说明书，（1）发行人创新药相关的核心技术包括多特异性抗体新型分子结构平台、全链条一体化多特异性抗体药物研发核心技术平台、全链条一体化 ADC 药物研发核心技术平台、柔性 GMP 标准多特异性抗体及 ADC 药物生产技术平台等 4 大创新抗体/ADC 相关的核心技术平台，与创新药技术相关的专利 6 个；（2）发行人治疗非小细胞肺癌等上皮肿瘤的双特异性抗体 SI－B001 已进入Ⅱ期临床试验，是全球范围内基于 HER3 靶点进展最快的双特异性抗体药物；四特异性抗体 GNC－038、GNC－039、GNC－035 已进入Ⅰ期临床试验，是全球前 3 个进入临床研究阶段的四特异性抗体；进入Ⅰ期临床试验的双抗 ADC 药物 BL－B01D1 是全球第 3 个，中国首个进入临床研究阶段的靶向双靶点的双抗 ADC 候选药物。

请发行人说明：（1）国内及国外双抗、四抗以及双抗 ADC 药物的整体研发格局，与双抗、四抗及双抗 ADC 药物相关技术的先进性的具体表征；发行人相关技术的来源及技术先进性的具体体现；（2）报告期内创新药产品与核心技术及相关专利的对应关系，相关技术及专利来源；部分产品未取得专利或开展临床研究的主要区域未取得对应产品的专利权的原因，如何体现相关产品技术的先进性；（3）发行人核心技术人员在加入发行人前是否具备双抗、多抗及双抗 ADC 药物的开发经历；发行人上述双抗、多抗及双抗 ADC 候选药物临床前研发的主要参与人员、实施主体；（4）发行人于 2011 年即开始上述药物的研发但在上次申报材料中并未披露相关内容的原因。

发行人回复情况如下：（1）首先，发行人说明了其国内及国外双抗、四抗以及双抗 ADC 药物的整体研发格局，与双抗、四抗及双抗 ADC 药物相关技术的先进性的具体表征；其次，发行人说明了双抗药物及相关技术的来源，发行人于 2014 年年初，在美国西雅图设立全资子公司 Systimmune，Inc.，从招募第一个科学家、购买第一台实验仪器开始，通过大量的前期探索和技术积累，逐步形成了一个具有高度创新精神的专业的抗体药物研发核心科学家团队和一个先进的研发实验平台。发行人于 2014 年即立项并开展了 SI - B001（EGFR × HER3 双抗）和 SI - B003（PD - 1 × CTLA - 4 双抗）的早期研究。发行人于 2014 年 12 月提交了第一个双抗相关专利优先权的申请（双特异性四价抗体及其制造和使用方法，优先权申请号 62/095348，已授权），并独立自主完成了 SI - B001、SI - B003 两个项目的早期研究和开发。随后发行人完成了上述两个项目的 3L 小试工艺开发、500L 规模中试放大工艺的开发与生产等工作，并于 2017 年建成了符合 GMP 标准的抗体生产基地。随着 SI - B001、SI - B003 体内药理药效评价工作，以及 GLP 标准的非临床安全性评价研究陆续完成。发行人于 2019 年向 CDE 提交了 SI - B001、SI - B003 的 IND 申请，SI - B001 和 SI - B003 分别于 2019 年 11 月和 2020 年 1 月，获批 IND 进入临床研究阶段。再次，发行人说明了四抗药物及相关技术的来源，发行人首席科学官朱某基于对抗体领域的前瞻性的认识和判断，于 2015 年 6 月向 Systimmune 科学家团队提出了 GNC 多特异性抗体概念。2015 年 9 月，Systimmune 正式立项 GNC 四特异性抗体的研发。2017 年 6 月，发行人提交了第一个 GNC 四抗相关专利优先权（多特异性抗体及其制备和使用方法，优先权申请号 62/524557），并于 2018 年 3 月，初步确定了 GNC - 038、GNC - 039、GNC - 035 三个 GNC 四抗的先导分子，从 2015 年 9 月立项到 2018 年 3 月初定先导分子，发行人完全自主研发，克服众多技术难点，发展了系列化的底层关键核心技术以及积累了大量的测试数据集。随后发行人完成了上述几个项目的 3L 小试工艺开发、500L 规模中试放大工艺的开发与生产等工作。随着四抗项目的体内药理药效评价研究、GLP 标准的非临床安全性评价等工作陆续完成，发行人于 2020 年 6 月、10 月和 2021 年 4 月向 CDE 提交了 GNC - 038、GNC - 039、GNC - 035 的 IND 申请，并于 2020 年 9 月、12 月和 2021 年 6 月获批 IND 进入临床研究阶段。发行人还说明了双抗 ADC 药物及相关技术的来源。发行人子公司百利药业于 2014 年开始 ADC 药物的研发，独立自主地在偶联位点、偶联技术、不同类型的毒素、毒素的不同释放机制连接臂（Linker）、不同的接头技术/分子，以及集成的 Payload 分子（毒素 + 连接臂）等方面开展了全面性、多层次的开发与评价工作，并进行了大量探索与研究，构建起了完整、多样的技术储备。发行人基于在双抗领域的技术储备，以及小分子化药领域的技术积累，开展了系列 ADC 药物分子的构建与评价研究，最终形成并建立了发行人双抗 ADC 相关技术平台和双抗 ADC 药物分子。最后，发行人对双抗 SEBA 平台、四抗技术 GNC 平台和双抗 ADC 技术先进性的具体体现进行了说明。

（2）首先，发行人说明了报告期内创新药产品与核心技术及相关专利的对应关系，相关技术及专利来源；截至 2021 年 12 月 31 日，发行人将已进入临床研究阶段的创新生物药在研项目与相关专利、核心技术的对应关系情况以表格形式说明，表格列示了类型、药物、临床进展、临床地区、药物相关专利情况、专利来源、药物对应核心技术和技术来源。发行人创新生物药相关核心技术平台及有关技术，已在 SI－B001、SI－B003、GNC 药物等产品中广泛使用，并取得众多里程碑式结果。除前述已授权专利外，截至 2021 年 12 月 31 日，发行人尚在 14 个国家或地区，拥有 205 项在申请中的发明专利，涉及发行人的多特异性抗体新型分子结构平台、全链条一体化多特异性抗体药物研发核心技术平台、全链条一体化 ADC 药物研发核心技术平台等核心技术平台。相关专利均系发行人自主研发获得，具有完全自主知识产权和全球权益，显示出其深厚的技术和管线积累以及严密的知识产权保护体系。

其次，发行人对其部分产品未取得专利或开展临床研究的主要区域未取得对应产品专利权的原因进行了说明；主要系相关专利多为在申请中的专利，由于发行人从事的行业领域及在研管线研究技术新颖，其探索性、独创性、创新性在全球范围内均属前列，因而出于商业秘密及技术保密的需要，为了在一定程度上避免被潜在竞争对手模仿，发行人会在有较大的技术领先性及在研项目成熟度较高的情况下，才去申请专利，因而专利申请时间相对较迟，导致目前境内外已授权专利数量相对较少，但在申请专利数量众多。截至 2021 年 12 月 31 日，发行人已累计在全球 14 个国家或地区申请创新生物药相关的专利，尚有 205 项专利正在审评中。前述已获授权及在申请的发明专利均系发行人自主研发，具有完全自主知识产权，不存在授权引进的情况，其专利权取得均不存在障碍，该等尚未取得的专利不存在侵权纠纷和风险。

最后，发行人对其相关产品技术的先进性进行了说明；主要从发行人拥有大量的已授权及在申请专利、核心技术平台及在研管线的技术先进性、发行人获得荣誉称号和相关项目获得国家支持4个角度进行说明。

（3）首先，发行人对其核心技术人员的背景情况进行了说明；以表格形式列示了核心技术人员的姓名、专业背景、主要研发职责、加入公司时间、加入前是否有双/多抗、双抗 ADC 药物开发经历以及加入发行人前从事的工作。

其次，发行人对发行人双抗、多抗及双抗 ADC 候选药物临床前研发的主要参与人员、实施主体进行了说明；发行人组建了位于中美两地的研发中心并承担不同的研发职责。双抗药物、多抗药物及双抗 ADC 药物等新型抗体药物的临床前研发工作，由中美两地的研究机构和科研人员配合完成。其中美国子公司 Systimmune 主要负责新型抗体药物研发的早期发现等上游环节；而中国的研发中心包括百利药业和多特生物，百利药业主要负责 ADC 药物中化学分子部分的研发和合成，多特生物主要负责抗体药物的生产工艺放大、结构确证和质量分析、药物药效和药代动力学研究等。

表 11.4 列示了双抗、多抗候选药物临床前研发的主要参与人员、实施主体。

表 11.4　研发人员情况

研发环节	主要实施主体	主要参与人员
靶点筛选和抗体发现、抗体工程、先导抗体分子的评价与筛选、抗体细胞株构建、抗体小试工艺开发、抗体的结构确证和质量分析等	Systimmune	朱某、Ole Olsen、William Brady、Jahan Salar Khalili、Nga Sze Amanda Mak、Daniella Cohen
抗体中试放大工艺开发、生产工艺开发和确认、抗体的药效学和药代动力学研究、药物非临床安全性评价等	百利药业、多特生物	朱某、卓某、陈某、李某艳

由表 11.4 可知，Systimmune 主要承担靶点筛选和抗体发现、抗体工程、先导抗体分子的评价与筛选、抗体细胞株构建、抗体小试工艺开发等抗体药物研发中较早期和上游环节的相关工作，主要参与人员包括朱某、Ole Olsen、

William Brady、Jahan Salar Khalili、Nga Sze Amanda Mak、Daniella Cohen 等。百利药业和多特生物作为中国的研发中心，主要承担抗体中试放大工艺开发、生产工艺开发和确认、抗体的药效学和药代动力学研究等抗体药物研发和生产中偏后期和下游环节的相关工作，主要参与人员包括朱某、卓某、陈某和李某艳等。发行人的各个研发主体分工明确，研发团队人员配备合理且合作良好，能够高效地完成公司的研发项目。

（4）根据《招股说明书（申报稿）》（签署日 2016 年 9 月 29 日）以及历次反馈意见回复，发行人针对生物药相关的信息披露情况以表格形式列示了申报材料、章节、内容和说明。发行人在《招股说明书（申报稿）》（签署日 2016 年 9 月 29 日）以及历次反馈意见回复等文件中已披露了生物药相关的机构设置和职能、研发及立项流程、在研项目类型、管线数量及进展等信息。2012 年申报期间，发行人定位其为药品的研发、生产及销售公司，相比产生主营业务的仿制药和中成药而言，创新生物药相关在研项目均处于早期临床前实验室研究阶段，因而并未对创新生物药相关技术和在研管线进行重点分析。在本次申报期间，根据发行人的实际情况，已在相关申报材料中对创新生物药研究及开发相关的机构设置情况、部门设置情况、创新生物药相关的技术储备情况、生物药相关项目的研发流程、生物药未来发展战略等内容进行描述和披露。

（四）关于重大新药创制

根据招股说明书：（1）发行人承担重大新药创制项目 9 项，其中包括儿童用药项目；（2）发行人多处披露了在儿科领域的市场地位及儿童用药研发情况。

请发行人说明：（1）上述相关项目的具体内容，包括但不限于：相应的立项、考核、结项等的时间节点、责任方及项目成果，相关成果的权属约定，是否存在潜在纠纷；上述国家重大科技专项是否为子课题；（2）发行人在项目中的主要职责、主要牵头人员、实际工作内容、取得的具体成果，合作方具体信息及其主要职责；（3）相关成果在发行人现有产品或研发管线中的运用情况。

发行人回复情况如下：（1）发行人所承担的项目具体情况如表 11.5 所示：

表 11.5 发行人承担项目的具体情况

序号	项目名称	项目编号	责任方及项目成果	相关成果的权属约定	项目类型
1	口服固体高端制剂共性技术国际化研究	2017ZX09201003 - 007	子课题责任方为百利药业；他达拉非口腔速溶膜获得临床批件，盐酸多奈哌齐口腔速溶膜已提交 Pre - IND	课题研究过程中形成的知识产权与成果转化，由发行人负责管理和使用	子课题
2	重大新药创制之任务 7：百利丙泊酚	2018ZX09721003 - 001 - 007	任务责任方为百利药业；获得 0.5% 丙泊酚中/长链脂肪乳注射液生产批件	课题研究过程中形成的知识产权与成果转化，由发行人负责管理和使用	任务
3	重大新药创制之任务 15：百利 - 替诺福韦，依地酸铁钠	2018ZX09721003 - 002 - 006	任务责任方为百利药业；完成依地酸铁钠口服溶液的药代动力学临床试验	课题研究过程中形成的知识产权与成果转化，由发行人负责管理和使用	任务
4	重大新药创制之任务 32：百利 - 胍法辛	2018ZX09721003 - 005 - 006	任务责任方为百利药业；盐酸胍法辛缓释片已提交上市申请	课题研究过程中形成的知识产权与成果转化，由发行人负责管理和使用	任务
5	重大新药创制之任务 67：百利 - 卡托普利口服溶液	2018ZX09721003 - 008 - 022	任务责任方为百利药业；完成卡托普利口服溶液的处方工艺研究、质量研究及工艺验证	课题研究过程中形成的知识产权与成果转化，由发行人负责管理和使用	任务

续表

序号	项目名称	项目编号	责任方及项目成果	相关成果的权属约定	项目类型
6	重大新药创制之任务68：百利—小儿苹果酸电解质注射液	2018ZX09721003－008－023	任务责任方为百利药业；完成小儿苹果酸电解质注射液－1和小儿苹果酸电解质注射液－2上市许可申请所需的研究	课题研究过程中形成的知识产权与成果转化，由发行人负责管理和使用	任务
7	重大新药创制之任务25：马来酸依那普利口服散剂	2018ZX09721003－004－006	任务责任方为百利药业；提交马来酸依那普利口服溶液上市申请并完成上市前现场检查	课题研究过程中形成的知识产权与成果转化，由发行人负责管理和使用	任务
8	重大新药创制之托伐普坦片的临床评价及产业化研究	2013ZX0920 2001	课题责任方为百利药业；获授权1项发明专利	课题研究过程中形成的知识产权与成果转化，由发行人负责管理和使用	课题
9	重大新药创制之新型哒嗪酮类抗肝癌新药YHHU－756临床前研究	2013ZX0910 2008	任务责任方为百利药业；完成药物初步药效学和安全性评价试验	课题研究过程中形成的知识产权与成果转化，由发行人负责管理和使用	任务

（2）发行人以表格列示了其在项目中的主要职责、主要牵头人员、实际工作内容、取得的具体成果，合作方具体信息及其主要职责情况。

（3）发行人说明了前述研发成果在发行人现有产品或在研管线中的应用情况，以表格形式列示了项目名称、研发成果的具体说明和相关产品或研发管线。

（五）关于研发团队和研发人员

根据招股说明书，发行人部分核心技术人员存在从业时间较短或于近期加入公司的情形。根据2012年的申报材料，发行人核心技术人员为朱某、王某茜等4人，除朱某外其余人员与本次招股说明书披露的核心技术人员完全不同。

请发行人说明：(1) 发行人仿制药及创新药研发团队核心成员的主要背景、与发行人产品相关技术的研究经历、入职发行人的时间及在发行人处担任的职务、研发工作主要内容及相应成果；发行人境内及境外研发团队主要分工情况；(2) 发行人成立以来自主研发的核心技术的演变情况，结合已有研究成果、研发投入、研发团队、在研项目情况说明发行人是否具备与当前产品结构及研发计划相匹配的自主研发能力；(3) 结合双抗、多抗药物研发的技术要求、经验要求、生产制备环节的要求以及前述问题等因素，分析发行人创新药的研发是否具备足够的研发条件和技术积累。

发行人回复情况如下：(1) 发行人在仿制药和创新药研发各环节配备相应的研发核心成员，均在各自负责领域具有扎实的专业基础和丰富的工作经验；研发团队的核心成员包括朱某、卓某、万某李、朱某1、Daniella Cohen、Jahan Salar Khalili、Nga Sze Amanda Mak、Ole Olsen、William Brady、陈某、赵某文、李某艳等，前述人员均具有专业的医药学术背景。上述人员中，与仿制药相关的核心成员包括朱某、万某李、朱某1、赵某文、李某艳，与创新药相关的核心成员包括朱某、卓某、万某李、朱某1、Daniella Cohen、Jahan Salar Khalili、Nga Sze Amanda Mak、Ole Olsen、William Brady、陈某。发行人的研发团队核心成员所属公司及职务情况如表11.6所示：

表11.6 核心成员公司及职务

所负责研发领域	姓名	所属公司	职务
仿制药和创新药	朱某	百利天恒	董事长，总经理，首席科学官；核心技术人员
		多特生物	执行董事、经理
		百利药业	董事长
		Systimmune	执行董事、总经理
		盘古资本	执行董事

续表

所负责研发领域	姓名	所属公司	职务
仿制药和创新药	万某李	百利药业	小分子药物部总监；发行人核心技术人员
仿制药和创新药	朱某 1	Systimmune	临床开发部主任生物统计学家，兼任生物测定部门主管；发行人核心技术人员
创新药	卓某	多特生物	副总经理；发行人董事、核心技术人员
创新药	Daniella Cohen	Systimmune	工艺开发部主任科学家，并兼任工艺开发部门主管；发行人核心技术人员
创新药	Jahan Salar Khalili	Systimmune	肿瘤免疫学主任科学家，并兼任肿瘤免疫部门主管；发行人核心技术人员
创新药	Nga Sze Amanda Mak	Systimmune	抗体发现与抗体工程部高级总监
创新药	Ole Olsen	Systimmune	抗体发现部前高级总监
创新药	William Brady	Systimmune	抗体工程部前副总监
创新药	陈某	多特生物	质量部总监
仿制药	赵某文	百利药业	质量标准研究部总监
仿制药	李某艳	百利药业	制剂研究部副总监

发行人以表格形式列示了研发团队的研究经历、入职时间、担任职务、研发工作主要内容及相应成果情况。

发行人组建了位于中美两地的研发中心并承担不同的研发职责。双抗药物、多抗药物及双抗 ADC 药物等创新药的临床前研发工作，由位于中美两地的研究机构和科研人员配合完成。美国西雅图研究中心 Systimmune 主要负责新型抗体药物研发的早期发现等上游环节；中国的研发中心包括百利药业和多特生物，百利药业主要负责 ADC 药物中化学分子部分的研发和合成，多特生物主要负责新型抗体药物的工艺验证、放大生产、临床前药效和药代动力学评价等环节。创新药的临床研究工作，目前由百利药业负责开展。化学仿制药的研究开发，主要包括前期调研及立项、原料药工艺优化及确认、制剂工艺优化及确认、试生产及工艺验证、药效学、药代动力学、安全性评价、药物临床试验等环节，前述环节均由境内研发团队进行（见表11.7）。

表11.7　境内外研发团队情况

项目	境外研发团队	境内研发团队
仿制药研发	不承担仿制药研发工作	（1）仿制药项目前期调研及立项工作；（2）仿制药原料药的方法探索、工艺优化、中试验证环节；（3）仿制药制剂的方法探索、路线改进、工艺优化、中试验证环节；（4）仿制药产品的试生产和生产工艺验证；（5）药效学、药代动力学和安全性评价；（6）药物临床试验

（2）发行人成立以来经历了仿制药企业发展阶段（1996～2010年）、创新转型探索阶段（2010～2013年）和创新生物制药企业发展阶段（2014年至今）；每个发展阶段公司所处的行业背景、公司发展历程、自主研发的核心技术、主要在产和在研品种情况如表11.8所示：

表11.8　每个阶段公司及研发相关情况

发展阶段	行业背景	公司发展历程	自主研发的核心技术	主要在产品种	主要在研品种
仿制药企业发展阶段（1996～2010年）	国内医药产业尤其是仿制药领域进入发展和成熟期，国内医药企业通过仿制原研药完成了中国制药行业的工业化进程	发行人从利巴韦林颗粒起步，通过自主研发和收购破产重组的蜀乐药业取得了100余种产品的生产批文，形成了覆盖麻醉、肠外营养、抗感染、儿科、免疫等5个主要领域的系列化学仿制药和中成药产品；	以化学仿制药的工艺制备技术为主，取得了包括不同类型硝基咪唑类化合物的制备技术、中成药产品的开发及指纹图谱应用技术等一系列发明专利	化学制剂：丙泊酚乳状注射液、利巴韦林颗粒、消旋卡多曲颗粒、奥硝唑胶囊等；中成药制剂：黄芪颗粒、柴黄颗粒等	盐酸米诺环素缓释片、伊拉地平胶囊等

续表

发展阶段	行业背景	公司发展历程	自主研发的核心技术	主要在产品种	主要在研品种
		建成拥有从原料药到10个剂型的生产线，具备快速反应、兼具柔性和规模化的生产能力；逐步建成覆盖全国的营销体系			
创新转型探索阶段（2010～2013年）	行业监管部门和相关主管部门陆续出台提升仿制药质量及促进创新药研发政策。同时，随着生物技术领域的不断突破，以单抗类药物为代表的生物药开始逐渐登上历史的舞台，连续8年全球销售额第一的阿达木单抗更是成为生物药领域的代表	发行人敏锐的发掘到医药行业已然到了变革的前夜，因而积极拥抱行业变化，谋求技术和战略转型。发行人开始进行小分子创新药物和大分子创新生物药的科学探索，整合研发团队进行科学前沿相关技术的积累和研发。同时，仿制药开始收缩，公司着重聚焦于市场壁垒较高，竞争不太激烈的麻醉、肠外营养、儿科等市场	口服制剂制备核心技术（包括双效真空浓缩、干/湿法制粒、沸腾干燥技术等）、注射剂制备核心技术（包括大/小容量、氨基酸、脂肪乳注射剂技术等）等；开始建立“原料药—制剂”一站式生产技术平台，实现化学仿制药产品的梯度研发和上市的目标	化学制剂：丙泊酚乳状注射液、利巴韦林颗粒、消旋卡多曲颗粒、葡萄糖电解质泡腾片、奥硝唑胶囊、阿奇霉素颗粒等；中成药制剂：黄芪颗粒、柴黄颗粒等	丙泊酚中/长链脂肪乳注射液、盐酸右美托咪定注射液等

续表

发展阶段	行业背景	公司发展历程	自主研发的核心技术	主要在产品种	主要在研品种
创新生物制药企业发展阶段（2014年至今）	生物医药行业进入创新为王的时代。仿制药的一致性评价和带量采购逐步开展，仿制药从之前的高毛利逐步转变为高质量低成本的技术实力比拼。创新药特别是生物药发展迅猛，市场规模迅速增长。生物医药企业从解决未被满足的临床需求为着力点，开始追求创新，寻求新的利润增长点	发行人针对仿制药和创新生物药领域进行持续大量的研发投入，并确立了聚焦抗肿瘤创新抗体药物的长期战略，着眼于全球视野下研发能力的提升。通过引进和整合具有国际视野的研发人才和研发资源，逐步在美国西雅图和中国成都建立了抗体药物研发基地，立足美国前端发现和中国后端开发的策略，基于免疫学的最新科学进展，聚焦肿瘤领域巨大的、未满足的临床需求，以突破性疗效为导向，开展突破性和原创性创新研发。同时积极参与仿制药的一致性评价和集采，借助于公司“原料药—制剂”一站式带来的高质量低成本的优势，争取市场份额	建立了“原料药—制剂”一站式生产技术平台。开发了具有全球知识产权和全球权益的创新生物药研发平台，包括多特异性抗体新型分子结构平台、全链条一体化多特异性抗体药物研发核心技术平台、全链条一体化ADC药物研发核心技术平台、柔性GMP标准多特异性抗体及ADC药物生产技术平台	丙泊酚中/长链脂肪乳注射液、丙泊酚乳状注射液、黄芪颗粒、中/长链脂肪乳注射液、利巴韦林颗粒、葡萄糖电解质泡腾片等	生物创新药：SI－B001、SI－B003、GNC－038、GNC－039、GNC－035、SI－F019、BL－B01D1等项目；化学仿制药：苯磺顺阿曲库铵注射液、盐酸胍法辛原料及缓释片、依地酸铁钠口服溶液、马来酸依那普利口服溶液等项目

发行人的发展历程和核心技术演变主要基于科学技术的进展、行业环境的变化以及自身的战略决策所展开。在各个发展阶段，发行人都努力构建自身的核心竞争力，并拥有相应的研发能力。发行人从化学制剂和中成药制剂业务板块和创新生物药业务板块两个方面说明了公司具备与当前产品结构及研发计划相匹配的自主研发能力。

（3）发行人从技术要求、经验要求和生产制备3个角度说明了发行人创新药的研发是否具备足够的研发条件和技术积累；发行人研发的双抗药物及四抗药物，由于其药物结构和作用机制的特殊性，与单抗药物相比在技术难点、经验要求和生产制备环节存在诸多壁垒，对相关研发生产企业和从业人员的要求极高。发行人基于其多年的技术探索和经验积累，已形成了针对双抗/四抗药物研发和生产环节的系统性全套全流程解决方案，并在多个已进入临床研究阶段的药物中实现成功应用。因而发行人已具备进行相应创新药的研发所需的研发条件和技术积累。

（六）关于合作研发

根据招股说明书，（1）报告期内，发行人坚持自主研发，不存在合作研发情形；（2）发行人先后与中国科学院上海药物研究所、四川大学、空军军医大学、日本DNAVEC株式会社等知名院校机构合作，开展创新药物研发，为后续的创新研发体系建设积累了经验和技术。根据2012年申报文件，发行人在“与其他单位合作研发情况”部分披露了发行人与部分高校、医院、科研机构签订合作协议并开展合作的情况，并披露了“脂肪乳注射剂技术”系合作研发。

请发行人说明：（1）发行人与相关单位开展合作的具体情形，报告期内不存在合作研发的表述是否客观、准确反映发行人的情况；（2）发行人报告期内各项产品及相关技术是否系合作研发、外购或授权引进形成，若存在，说明关于相关专利及技术的权属约定情况，是否存在纠纷，同时修改招股说明书相关表述。

发行人回复情况如下：（1）在2012年申报文件中，发行人在“与其他单位合作研发情况”部分披露了发行人与部分高校、医院、科研机构签订合作协议并开展合作的情况，并披露了“脂肪乳注射剂技术”系合作研发；2012年申报文件中所提及的合作情况除发行人与中国科学院上海药物研究所签订的关于哒嗪酮抗肿瘤1.1类化学新药候选化合物的合同为合作研发外，其余均为委托研发性质。以“脂肪乳注射剂技术”为例，发行人2007年8月与上海医药工业研究院签订了关于丙泊酚中/长链脂肪乳注射液的产品研究和开发的合同，约定由上海医药工业研究院完成部分综述、药学研究、药理毒理及临床研究的文献综述资料的编写，并协助百利药业完成3批丙泊酚中/长链脂肪乳注射液申报及生产样品的配制和注册申报；研发所需金额共70万元，全部由百利药业承担；相关技术成果均归百利药业所有。

2018年之前，发行人曾与空军军医大学、中国科学院上海药物研究所进行合作研发，具体情况如表11.9所示：

表11.9　发行人合作研发情况

序号	公司名称	合作单位	合同签订日期	协议内容	2018年之前是否履行完毕
1	百利药业	空军军医大学	2011年1月18日	免疫促凋亡分子e23sFv-Fdt-tBid及相关专利；本合同费用由百利药业支付；临床批件和新药证书为百利药业和空军军医大学共有	是
2	百利药业	中国科学院上海药物研究所	2012年3月12日	哒嗪酮抗肿瘤1.1类化学新药候选化合物研究项目；本合同费用由百利药业支付；一类哒嗪酮抗肿瘤化合物及其制备方法和用途专利归属于中国科学院上海药物研究所，百利药业拥有独占许可权	是

报告期内，发行人坚持自主研发，一方面通过委托研发，即委托外部专业机构开展部分药物的临床前研究、临床试验及检验检测等非核心研发环节或政策法规要求须由具备相关资质机构完成的环节或事项，另一方面通过合

作研发加快公司创新生物药的临床进度。2021 年 12 月 17 日，多特生物与阿斯利康签署合作协议，阿斯利康免费为多特生物提供一定剂量的化合物（奥西替尼），针对 SI－B001 联合奥西替尼治疗野生型非小细胞肺癌的Ⅱ期临床试验开展合作研发。双方协议约定，阿斯利康为多特生物提供化合物和化合物使用的相关信息，多特生物承担实验及保险费用，并与阿斯利康共享包括组合数据、进展报告、临床数据、最终研究报告在内的组合试验成果；除各方已有的知识产权所有权为各方独家所有外，合作研发所产生的发明所有权与化合物合并相关的组合数据归双方共有，并可由任何一方用于所有目的；该等合作自协议签署之日开始，至合作研发完成、终止或其中一方提前提出终止时到期。发行人已在《招股说明书》中客观、准确反映发行人合作研发的情况。

（2）在发行人报告期内主要在销产品及重点化学药在研项目中，不存在合作研发或授权引进的情形，存在部分产品及相关专利技术系发行人外购临床批件及技术所形成，发行人以表格形式列示了品种名称/专利名称、在销/在研、时间、履行情况、对方单位、购买方式、相关专利及技术的权属约定。

仿制药绝大部分都需等待原研药产品专利过期后才能仿制并上市，因此主要的技术难点不在药物开发方面，而更多集中在非专利技术方面，包括工艺路线设计、关键生产参数、关键制备工序、后处理的选择与优化、杂质分析与跟踪控制、从小试到中试到大规模生产的全流程控制、制剂处方设计与筛选、制剂工艺研究和放大等，涉及产品成本控制和质量控制等方面。发行人在企业发展早期阶段，由于规模有限，更多将研发投入到化学仿制药的工艺制备技术及工艺放大方面，建立起从原料药到多剂型制剂的生产线，以具备快速反应、兼具柔性和规模化的生产能力，而将专利已公开的药物的前端开发委托给第三方 CRO 公司、院校、科研机构等进行，或向第三方 CRO 公司、院校、科研机构等购买临床批件或专利/非专利技术，从而加快产品的开发进度。发行人在外购中都采用买断式，并不涉及产品上市后的销售提成等需要持续支付费用的情形，上述协议均已在报告期外履行完毕，不存在相关临床批件、专利及技术的权属约定纠纷。随着发行人规模的不断扩大，研发实力的增强，报告期内，公司新研发的仿制药品种，除依地酸铁钠原料及口服溶液、盐酸胍法辛缓释片等项目系从 CRO 公司技术转让取得外，其他大部分仿制药药品都已自行筛选和开发；多特生物与阿斯利康于2021年12月17日签署合作协议，针对SI－B001联合用药试验开展合作研发，目前尚未形成相关产品或技术。依地酸铁钠原料及口服溶液、盐酸胍法辛缓释片这两个项目在发行人取得临床批件后，分别承接了国家重大新药创制的两个任务，按要求需完成生产工艺、质量控制体系研究，使制备产品与原研产品一致。一致性评价也是对生产工艺、质量控制体系的更高要求，这些都进一步说明了生产工艺和质量控制体系对仿制药的重要性。此外，发行人创新生物药不存在合作研发、外购及授权许可的情形。

二、新药创制涉核心技术秘密的二轮问询问题与答复

（一）关于仿制药业务

根据招股说明书及问询回复，发行人“原料药—制剂”一站式生产技术平台包括高纯度原料药精益制造技术及特殊制剂制造技术，发行人部分仿制药产品对应的技术与成果为非专利技术，相关技术类型主要为与方法相关的工艺路线、关键工艺指标等，涉及产品成本控制和质量控制等方面。

请发行人说明：发行人主要仿制药产品申报上市时的专利申请情况，相关专利的具体内容及对产品性能的提升作用。

发行人回复情况如下：发行人自成立以来，坚持以未满足的临床需求为导向，围绕麻醉、肠外营养、抗感染、儿科等临床必需特色药物领域，以及国家鼓励的特殊制剂产品、首仿药品、化药一类新药等方向开展技术攻关和产品研发，取得一定的技术成果，集中体现在丙泊酚中/长链脂肪乳注射液、丙泊酚乳状注射液、脂肪乳注射液、注射用盐酸尼非卡兰、注射用甲磺酸帕珠沙星、消旋卡多曲颗粒、加替沙星片等产品的相关专利方面。上述产品中，丙泊酚中/长链脂肪乳注射液、丙泊酚乳状注射液、脂肪乳注射液等产品属于静脉注射脂肪乳类的特殊制剂产品，注射用盐酸尼非卡兰、注射用甲磺酸帕珠沙星、消旋卡多曲颗粒等产品系发行人的首仿产品，加替沙星片属于原化学一类新药产品。发行人针对前述产品均取得授权发明专利，相关专利在产品合成工艺、生产成本、产品质量等性能提升方面发挥重大作用，相关情况

如表 11.10 所示：

表 11.10　相关专利的具体情况

序号	分类	产品名称	申报上市时间	首家/首仿制	原产品分类	原有技术难点及不足	产品对应专利	是否用于生产工艺
1	特殊制剂品种相关专利	丙泊酚中/长链脂肪乳注射液	2012 年 12 月	50ml：0.5g 规格首家获批	原化学药品第 6 类	属于脂肪乳特殊制剂，产品稳定性不佳	一种丙泊酚中/长链脂肪乳剂 ZL201110320553.1	是
2		丙泊酚乳状注射液	2003 年 1 月	50ml：0.5g 规格首家获批	原化药第 4 类	高纯度丙泊酚原料药生产难度大	一种高纯度丙泊酚的制备方法 ZL201210191895.2	是
3		脂肪乳注射液	2007 年 8 月	—	原化药类	属于脂肪乳特殊制剂，产品	一种脂肪乳注射液的制备方法 ZL201310215699.9	是
4	首仿产品相关专利	注射用盐酸尼非卡兰	2010 年 1 月	首仿	原化学药品第 3.1 类	高纯度尼非卡兰原料药生产难度大	一种高纯度盐酸尼非卡兰的制备方法 ZL201310215925.3	是
5		注射用甲磺酸帕珠沙星	2003 年 12 月	首仿	原化学药品第 3.1 类	冻干工艺耗时长、效率低	注射用甲磺酸帕珠沙星的制备方法 ZL201310215346.9	是
6		消旋卡多曲颗粒	2004 年 2 月	首仿	原化学药品第 5 类	消旋卡多曲原料药苦，服药顺应性差	消旋卡多曲颗粒及其生产工艺 ZL201110103125.3	是

续表

序号	分类	产品名称	申报上市时间	首家/首仿制	原产品分类	原有技术难点及不足	产品对应专利	是否用于生产工艺
7	国家一类新药相关专利	加替沙星片	2003 年 1 月	0.2g、0.4g 规格首家获批	原化学第 1 类	加替沙星纯化难度大、收率低	一种加替沙星的纯化方法 ZL201210279049.6	是
8	其他专利	利巴韦林颗粒	1997 年 8 月	50mg 规格首家获批	原西药第 4 类	传统湿法制粒步骤多、效率低	一种利巴韦林颗粒的制备方法 ZL201210280146.7	是
9		黄芪颗粒	1998 年 12 月	—	原中药类	未有准确有效的多组分含量检定方法	黄芪药材、中间体及其制剂的指纹图谱检测方法和标准指纹图谱 ZL200810045681.8	是

发行人在产的主要品种多具有较高合成难度或者质量要求，包括静脉注射脂肪乳类、颗粒剂、儿童药这些特殊剂型，相关发明专利分别对发行人产品的合成路线、处方组成、制备工艺、质量控制等方面进行了保护，在产品的合成工艺、生产成本、产品质量等方面，具有较明显的提升作用。发行人在部分产品申请及获批上市后，结合市场环境变化及产品质量要求，主动针对相关药品生产技术进行创新升级和迭代更新，以实现更高的生产效率、更低的生产成本和更优的产品质量。相关专利及技术为发行人建立自主研发的“原料药—制剂一站式生产技术平台”这一核心技术平台奠定了基础；为丙泊酚中/长链脂肪乳注射液、丙泊酚乳状注射液、脂肪乳注射液、消旋卡多曲颗粒等产品的一致性评价研究工作提供了技术支持；为相关仿制药产品提高

生产效率、降低生产成本、提升产品性能和质量建立了工艺保障。

（二）关于创新药业务

根据问询回复：（1）发行人 SI－B001 双抗已进入临床Ⅱ期，SI－B003 双抗，GNC－038、GNC－039、GNC－035 四抗，BL－B01D1 双抗 ADC，SI－F019 融合蛋白均进入临床Ⅰ期，除 SI－F019 融合蛋白为双臂试验外，其他均为单臂试验；（2）发行人核心技术人员均无抗体药物研发经历，但研发人员中其他人员存在抗体药研发经历；部分存在相关研究经历的研发团队核心成员已从发行人处离职；（3）发行人 SI－B001 双抗相比 EGFR 单抗、HER3 单抗及两个单抗联用方案均展现出了更强的肿瘤抑制效应和肿瘤富集效应。

请发行人说明：（1）发行人部分研发团队核心成员离职的原因及离职去向，其在发行人药物开发过程中起的具体作用，离职对发行人研发进度的影响，发行人保障研发团队稳定性的措施及有效性；（2）发行人核心技术人员认定依据，境外子公司与抗体药开发相关的研发人员较少被认定为核心技术人员的原因，是否与发行人向多抗、多抗 ADC 创新药研发转型策略相匹配。

发行人回复情况如下：（1）发行人将其研发团队核心成员所属公司及职务情况进行说明，以表格形式列示了所负责开发领域、姓名、所属公司、入职年月和职务；上述研发团队核心成员中，Systimmune 负责抗体创新药的 Ole Olsen 和 William Brady 已离职，相关工作已由 Systimmune 其他科学家接任。Ole Olsen 在 2015～2019 年担任 Systimmune 抗体发现部高级总监，在职期间，负责构建全球领先的 B 细胞抗体发现平台及抗体工程平台，其离职主要系其自身职业规划与公司发展规划之间存在差异所致。根据领英网的信息，Ole Olsen 离职后，在先后短期任职于 iQ Biosciences、Abcam Plc 两家生物医药企业后，于 2021 年 3 月在英国伦敦创立 MabMax Biologics Co.，Ltd. 并担任常务董事（Managing Director）。William Brady 在 2016 年 6 月至 2018 年 9 月担任 Systimmune 抗体工程部副总监，在职期间，主要参与多特异性抗体的抗体工程，指导员工构建哺乳动物细胞系的表达、纯化及蛋白质构建等抗体生产方面的工作。William Brady 主要系 Systimmune 于 2018 年进行部门调整，调整后职位与其职业规划不符而离职。根据领英网的信息，William Brady 离职后，任职于一家癌症免疫治疗公司 Trio Pharmaceutials，Inc. 担任免疫疗法设计总监。发行人多特异性抗体设计理念的提出、靶点选择与分子结构、研发路径的规划、关键核心技术平台的构建、临床研究策略及试验方案的制定主要由董事长朱某具体领导。Ole Olsen 在任职的 4 年内，负责构建抗体发现平台及抗体工程平台；William Brady 在任职的 2 年多时间内，主要指导发行人员工进行抗体工程和抗体生产方面的工作。两人所涉及的技术均已由发行人熟练掌握并形成成熟的平台和体系，且由于西雅图得天独厚的生物医药园区环境，发行人也能迅速补充到具备专业知识的相关人员。截至 2021 年 12 月 31 日，Systimmune 共有员工 28 人，其中博士 16 人，绝大部分员工都具备抗体药物研发及抗体工程相关经验。因此，不会因为某一人员的离职而对发行人研发进度产生重大不利影响。

发行人研发团队核心成员较为稳定，报告期内，除朱某 1 博士系 2019 年 10 月新加入 Systimmune 团队外，其余研发团队核心成员均未发生重大不利变化。

（2）截至 2021 年 12 月 31 日，发行人核心技术人员的工作职责和对公司研发的具体贡献情况如表 11.11 所示：

表 11.11　核心技术人员相关情况

序号	姓名	专业背景	主要研发职责	主要研发贡献
1	朱某	四川大学，管理学博士，复旦大学生物物理硕士	负责公司整体研发战略目标的规划	主持完成 2 个国家“十二五”重大新药创制项目，主持 7 个项目获得国家“十三五”重大新药创制专项支持。作为发明人获得国内外授权发明专利 42 件
2	卓某	美国印第安纳大学，生物科学硕士	负责创新生物药的工艺验证、质量控制工作	主持或参与了 SI－B001、SI－B003、GNC－038、GNC－039、SI－F019、GNC－035、BL－B01D1 等项目。作为发明人获得国内外授权发明专利 18 件

续表

序号	姓名	专业背景	主要研发职责	主要研发贡献
3	万某李	四川大学，药物化学博士	负责化学原料药的研发和质量控制工作	主持盐酸右美托咪定注射液、丙泊酚乳状注射液的原料药制备工作，主持ADC分子Payload部分的合成工作。作为发明人获得国内外授权发明专利11件
4	朱某1	得克萨斯大学，生物统计学博士	负责仿制药和创新药的临床试验设计、临床数据管理和数据分析	负责SI－B001，SI－B003，GNC－038，GNC－039，GNC－035，SI－F019及部分仿制药的临床试验设计。负责试验过程中的数据管理，药代动力学分析和临床数据分析等工作
5	Daniella Cohen	华盛顿大学，化学博士	负责创新生物药研发环节的药物分析工作	主持或参与了SI－B001、SI－B003、GNC－038、GNC－039等项目，负责药物分析方案设计和质量评价工作
6	Jahan Salar Khalili	得克萨斯大学，免疫学博士	领导创新生物药早期研发，负责基于免疫学和肿瘤学的实验设计和药物筛选	参与GNC－038、GNC－039、GNC－035、SI－F019、BL－B01D1等项目，负责生物药物的体外药理学设计和测试工作

发行人6名核心技术人员，都深度参与了公司的双抗、多抗及ADC药物的研发工作，部分人员还很好地兼顾了仿制药的研发和生产工作，与发行人从传统仿制药企业向双抗、多抗及ADC创新药研发转型策略相匹配。

（三）关于重大新药创制

根据问询回复，发行人承担重大新药创制项目9项，其中1项为课题，1项为子课题，其余为课题项下的某一任务；发行人承担的重大新药创制项目中，仅1项的相关成果应用于在售项目，其余均为在研项目。

请发行人说明：（1）重大新药创制项目中课题、子课题、任务的关系；重大新药创制项目为任务或子课题的，其所属课题的基本情况，包括主要内容、牵头单位、下属子课题或任务的情况，发行人承担的任务或子课题在整个课题中的作用及重要程度；发行人仅承担某项任务或子课题能否体现发行人在该领域具有独立自主研发能力；（2）重大新药创制项目相关成果对应在研项目的具体情况，是否为发行人重点在研产品。

发行人回复情况如下：（1）课题、子课题、任务之间为相互包含的关系，较复杂的课题经过拆解后形成多个子课题，而子课题根据工作内容、分工差异及管理需要等亦可进一步拆分成不同的任务。编码是各个预算编报单元的唯一标识，根据项目编号可以判断各项目的层级，但对于定向择优课题和公开择优课题，存在采取课题集成、任务归类、子课题二级合同单独管理的方式，此时各子课题或任务都是相互独立的关系。

发行人累计承担了包括1项课题、1项子课题、7项任务在内合计9项重大新药创制项目，其中重大新药创制之托伐普坦片的临床评价及产业化研究项目（项目编号2013ZX09202001）为课题，口服固体高端制剂共性技术国际化研究项目（项目编号2017ZX09201003－007）为子课题，其余7项为任务。除重大新药创制之新型呔嗪酮类抗肝癌新药YHHU－756临床前研究（2013ZX09102008）外，其他任务或子课题均为定向择优课题的课题集成整合，各任务或子课题，发行人对口服固体高端制剂共性技术国际化研究项目、儿童用药品种及关键技术研发项目基本情况以及新型呔嗪酮类抗肝癌新药YHHU－756临床前研究项目基本情况进行了说明。

（2）发行人借助自主研发的核心技术平台“原料药—制剂一站式生产技术平台”的优势以及在特殊剂型领域拥有的多年的生产和技术经验优势进行产品布局，并借助重大新药创制项目的契机进行技术创新升级和研发管线的扩充；发行人将承担的重大新药创制项目所取得的具体成果，以及对应的在研项目情况以表格形式列示，表格列示了项目名称、项目编号、取得的具体成果、项目创新性、项目对应的在研药物情况、注册分类、项目进度、预计上市时间和适应证及市场容量。发行人紧密结合自身发展战略，围绕麻醉、儿科等重点治疗领域进行产品布局和重大科研项目积累，同时进行了缓控释制剂、口腔膜剂等高端类型制剂的探索，在研产品储备丰富，体现了优秀的科技研发实力，并形成了较强的产品迭代能力。预计未来将不断有在研项目转化为上市产品，为发行人提供新的业绩增长点。

三、发行人审核中心意见落实函及回复

请发行人进一步说明：（1）创新生物药各管线最新进展及临床数据对比情况，进一步分析发行人创新药研发的风险；（2）核心技术人员离职对发行人创新药研发的影响。

发行人回复情况如下：（1）公司已自主研发了16个创新生物药，其中8个已进入临床研究阶段，8个候选生物药已进入临床前药理、毒理等研究阶段。药物涵盖双/多特异性抗体、ADC药物、融合蛋白等不同类型，聚焦于肿瘤治疗等领域，用于治疗非小细胞肺癌、乳腺癌、胃癌、头颈鳞癌、结直肠癌、非霍奇金淋巴瘤、脑胶质瘤等临床亟须解决的重大疾病。发行人以图片形式展示了公司创新生物药研发管线的整体进展情况。截至2022年7月15日，发行人已进入临床研究阶段的创新生物药包括双特异性抗体SI－B001、SI－B003，融合蛋白药物SI－F019，四特异性抗体药物GNC－038、GNC－039、GNC－035，双抗ADC药物BL－B01D1、单抗ADC药物BL－M02D1。上述药物中SI－B001已在多个适应证上进入Ⅱ期临床研究阶段。各管线的临床试验进展、已入组人数和研究进度情况以表格列示，表格列示了药物、临床试验及进展、入组人数/人和研究进度。

发行人对双特异性抗体药物SI－B001的临床数据、双特异性抗体药物SI－B003的临床数据、融合蛋白药物SI－F019的临床数据、四特异性抗体药物GNC－038的临床数据、四特异性抗体药物GNC－039的临床数据、四特异性抗体药物GNC－035的临床数据、双抗ADC药物BL－B01D1的临床数据和单抗ADC药物BL－M02D1的临床数据进行了说明。

（2）2022年7月初，原核心技术人员Daniella Cohen因个人及家庭原因离职，其基本情况如下：Daniella Cohen，1971年9月出生，美国国籍，美国华盛顿大学化学博士学位。Daniella Cohen博士作为发行人原核心技术人员，在任期间围绕创新生物药建立检测方法和检测工具、建立质谱检测工作流程

等，相关检测方法和工作流程已被标准化并建立起了中美两套完整且平行的QC/QA平台体系，可应用于后续发行人创新生物药在研项目的开发和在产品种的生产过程中。Daniella Cohen 博士原负责的生物药质谱检测分析以及相关蛋白表征分析工作，并不涉及早期发现的相关专利事项，其所负责的工作完全可以并已经由 Systimmune 及多特生物的其他员工接任，不会对发行人的正常研发及生产经营活动产生重大不利影响。

四、涉技术秘密继续问询的分析与判断

（一）仿制药涉核心技术的实务要点

根据公开资料，发行人仿制药相关核心技术为高纯度原料药精益制造技术及特殊制剂制造技术，与上述技术相关的专利涉及3个原料药和3个制剂产品，发行人多数仿制药产品未取得专利保护。发行人披露了其对非专利核心技术的保护措施，包括保密措施制度和涉密人员管理。

对此建议进一步问询，请发行人说明：

（1）发行人是否对仿制药非专利技术的对应载体进行分类保密管理；

（2）发行人仿制药核心技术秘密是否因核心技术人员的流动有侵权或被侵权的风险，发行人是否采取了降低前述风险的措施。

（二）关于委托研发

根据发行人问询回复，报告期内发行人通过委托研发，即委托外部专业机构开展部分药物的临床前研究、临床试验及检验检测等非核心研发环节或政策法规要求须由具备相关资质机构完成的环节或事项。

对此建议进一步问询，请发行人说明：

（1）发行人委托研发的过程中是否有核心技术的泄密风险；

（2）发行人对委托研发中可能涉及核心技术秘密的技术人员与载体采取了哪些保密措施。

（三）关于合作研发

根据发行人问询回复，2021年12月17日，发行人子公司多特生物与阿斯利康签署合作协议约定，除各方已有的知识产权所有权为各方独家所有外，

合作研发所产生的发明所有权与化合物合并相关的组合数据归双方共有，并可由任何一方用于所有目的。

对此建议进一步问询，请发行人说明：

发行人子公司多特生物与阿斯利康的合作研发成果是否包含技术秘密，双方是否对技术秘密的保密措施以及归属进行了详细约定。

（四）关于技术转让

根据发行人问询回复，报告期内，发行人新研发的仿制药品种，除依地酸铁钠原料及口服溶液、盐酸胍法辛缓释片等项目系从 CRO 公司技术受让取得外，其他大部分仿制药药品都已自行筛选和开发。

对此建议进一步问询，请发行人说明：

从 CRO 公司技术受让取得的依地酸铁钠原料及口服溶液、盐酸胍法辛缓释片等项目是否有侵犯第三方技术秘密的风险，在技术受让调查中发行人是否已核查并评估过此类风险。

五、关于创新药

根据发行人问询回复，发行人部分产品未取得专利或开展临床研究的主要区域未取得对应产品的专利权的原因主要系相关专利多为在申请中的专利，出于商业秘密及技术保密的需要，以及在一定程度上避免被潜在竞争对手模仿，发行人会在有较大的技术领先性及在研项目成熟的情况下，才去申请专利，因而发行人专利申请时间相对较迟，导致目前境内外已授权专利数量相对较少，但在申请专利数量众多。

对此建议进一步问询，请发行人说明：

（1）发行人创新药业务中的在研技术是否有以技术秘密形式保护的技术；

（2）发行人在研究中对以技术秘密形式保护的技术和尚且不成熟暂未申请专利的在研项目采取了哪些保护措施。

第十二章　原研药企引进核心管线涉核心技术秘密的问询要点

第一节　发行人基本情况与核心技术秘密的问询情况

一、发行人系药物研发企业

上交所于2021年12月6日受理西安新通药物研究股份有限公司（以下简称西安新通、发行人）的上市申请。发行上市审核机构于2022年1月4日提出问询，发行人于5月20日做了回复，该机构于5月28日提出了第二轮问询，发行人于11月25日做了回复。2023年1月12日发行人通过上市委会议，4月25日注册生效。

西安新通是一家专注药物研发超过20年的高新技术企业，现聚焦于慢性乙肝、肝癌、癫痫等重大疾病领域，致力于研发具有自主知识产权、安全有效、以临床价值为导向的创新药物。发行人坚持自主创新与授权许可并举，逐步形成了新药研发的核心技术，主要体现在肝靶向创新药物研发平台、CMC研究平台和临床设计开发平台。发行人拥有9个主要在研项目，其中：1个产品已经提交上市许可申请；1个产品处于Ⅲ期临床试验阶段；1个产品处于Ⅱ期临床试验阶段；1个产品处于Ⅰ期临床试验阶段。针对在研产品，发行人已获得与核心产品相关的专利8项，授权引进专利7项。发行人核心技术由多项专利技术和专有技术组成。截至招股说明书签署日，发行人存在6起尚未了结的诉讼。发行人在职的董事、监事、高级管理人员及核心技术人员与公司签订了劳动合同/退休返聘协议，核心技术人员与公司签订了《关于商业秘密、知识产权、无利益冲突、竞业限制的协议》。

二、涉技术秘密诉讼的首轮问询问题与答复

（一）关于主营业务演变

根据招股说明书，发行人研发产品经历了从中药、仿制药向创新药转型的过程，发行人当前经营范围为“新药研究、开发和技术转让（不含生产、销售）”，致力于创新药物研发。发行人目前拥有 1 个中药研究中心、1 个中药业务生产基地以及 9 项中药相关发明专利，报告期内存在中药、仿制药销售合同及临床试验合同。

请发行人说明：（1）主营业务的演变发展脉络，并结合前述研究中心、生产基地、发明专利以及业务合同等事项，分析主营业务演变相关信息披露是否准确，发行人是否持续从事中药、仿制药等相关业务；（2）发行人 2017 年 5 月受托开展“黄白通气颗粒”临床研究，1 个月后又将Ⅱ期临床研究委托“博济医药”的原因，是否存在其他受托研发后再委托研发的合同。

发行人回复情况如下：（1）发行人是一家专注药物研发超过 20 年的高新技术企业，现聚焦于慢性乙肝、肝癌、癫痫等重大疾病领域，致力于研发具有自主知识产权、安全有效、以临床价值为导向的创新药物。在发行人的业务演变脉络中，经历了从“仿创结合，中西药并举”到全力推进创新药物研究的发展历程。自成立以来，发行人的主营业务演变历经三个主要阶段：阶段一（2000 年创立至 2010 年），仿创结合，打磨团队，提升研发实力，公司取得化药和中药相关发明专利 10 项，其中化药相关发明专利 3 项、中药相关发明专利 7 项；累计取得临床批件、新药证书和生产批件近百件；阶段二（2011 年至 2017 年），开始转型创新药研究，发行人承担“国家科技重大专项”项目 7 项；累计取得发明专利及专利许可使用权 23 项，其中化药相关发明专利 7 项，化药创新药相关发明专利许可使用权 9 项，中药相关发明专利 7 项；累计取得临床批件、新药证书和生产批件近 30 件；阶段三（2017 年至今），全力推进创新药物研发，发行人取得已授权发明专利 3 项，均与创新药相关，尚处于申请阶段的化药专利 24 项，其中创新药项目相关专利 19 项。此外，发行人开始建设高附加值创新药原料药生产基地。

（2）第一，“黄白通气颗粒”原为发行人于2011年5月自主立项的项目，发行人于2014年7月取得该药物临床试验批件（2014L01351）。2016年3月发行人与山东丹红制药有限公司签订《黄白通气颗粒技术开发（委托）合同》，该合同的技术目标为：取得合同品种临床研究批件及伴随的全套临床前研究注册申报资料、发明专利，并负责指导山东丹红制药有限公司按注册申报中生产工艺和质量标准生产出连续3批合格中试样品，直至取得生产批件。鉴于发行人系该项目原研单位，且双方处于长期友好合作关系以及发行人较为丰富的临床经验和资源，故山东丹红制药有限公司于2017年5月和发行人签署《中药6类新药“黄白通气颗粒”临床研究技术服务（委托）合同》，委托发行人完成黄白通气颗粒Ⅱ期临床试验的组织实施、质量控制工作。同年6月，发行人从Sedor公司引进的CE－磷苯妥英钠注射液项目取得重要进展并于当月完成引进合同签署。发行人为完成该项目在中国的申报，需安排临床人员参与CE－磷苯妥英钠注射液国外临床数据的交接与梳理、撰写中国注册临床试验方案等工作，人力资源较为紧张。因此，发行人经过与山东丹红制药有限公司友好协商，在确保黄白通气颗粒Ⅱ期临床试验项目能够正常顺利推进的前提下，发行人于2017年6月与博济医药签署了《“黄白通气颗粒”Ⅱ期临床研究技术开发（委托）合同》，将临床研究监查工作委托博济医药完成，山东丹红制药有限公司在资料交接单中对此进行了签字盖章确认。

第二，发行人有存续的其他受托研发后再委托研发的合同，并将具体合同明细及在合同中的获利情况以表格形式说明，表格列示了项目、合同对方、合同金额、签订时间、合同类型和获利金额。发行人存续的受托研发后再委托研发的项目合同有3个，发行人在上述合同中存在获利的情况分别是：“黄白通气颗粒”项目、“鱼金清解口服液”项目和“克利贝特”项目。“黄白通气颗粒”项目已完成，“鱼金清解口服液”项目及“克利贝特”项目目前处于暂停状态，后续是否推进待双方协商后确定。上述3个项目均为发行人取得临床批件并向客户完成转让，根据客户推进项目临床研究的需求，接受客户委托开展临床研究相关工作而形成的。发行人接受客户委托后，由于临床研究涉及多中心管理。因此，发行人按照行业惯例将临床研究工作委托博济医药协助完成。

（二）关于核心管线来源

根据申报材料和公开资料，凯华公司于 2011 年起从 LGND 公司引进 3 条肝病治疗产品管线以及化合物专利，并与发行人达成合作。2012 年，凯华公司的股东 Morningside Venture 以 5000 万元间接增资入股发行人，其后又以 5000 万元将凯华公司转让给发行人。由此，发行人间接从 LGND 公司授权引进前述 3 条管线以及相应专利及技术的许可使用权。2017 年，发行人从 Sedor 公司授权引进 1 条癫痫治疗产品管线，并间接获得 LGND 公司相关技术许可。前述 4 条授权引进的管线构成发行人目前已进入临床试验阶段的产品，授权方已就授权区域、知识产权许可、商业化利益等进行了明确约定，并适用美国法律，申报材料未予详细说明。此外，3 条肝病治疗产品管线以及癫痫治疗产品管线关键技术均为 LGND 公司从第三方 Metabasis 公司收购取得，发行人 2019 年与 LGND 公司达成第二代肝靶向 LTP 专利技术合作。

请发行人说明：（1）LGND 公司、Sedor 公司的基本信息、主营业务、已经获批上市的主要产品以及主要客户情况，是否曾与发行人间接股东 Morningside Venture 存在关联关系；（2）结合前述 4 条产品管线及相关技术专利的历史研发过程及交易的主要情况，分析发行人收购凯华公司的商业合理性及交易作价的公允性；（3）列示相关授权引进协议约定的主要内容，分析对发行人产品研发及未来权益的具体影响，发行人是否需要就 Captisol 的分授权向 LGND 公司支付相关费用；（4）授权引进对发行人主营业务、技术体系、知识产权形成过程是否发挥关键作用，发行人主营业务和核心技术体系是否对授权引进存在重大依赖，是否具备完备的研发体系和独立自主的研发能力；（5）第二代肝靶向 LTP 专利技术的基本情况、研发过程、主要优劣势，发行人与 LGND 公司就该项技术的合作背景、原因，具体进展，是否存在推进障碍。

发行人回复情况如下：（1）LGND 公司是一家生物制药公司，专注于新药和专有技术的研发，不参与临床开发和产品上市等环节，目前没有独立申请获批上市的产品，主要为全球制药公司提供技术和项目服务与支持。根据对 LGND 公司的访谈及 Morningside Venture 的法律意见书，LGND 公司与发行人间接股东 Morningside Venture 不存在关联关系。发行人披露了 LGND 公司基本信息、主营业务、LGND 公司获批上市的主要产品和 LGND 公司的主要客户。Sedor 公司是一家专注于药物研发和商业化的制药和生物制品公司。Sedor 公司已获授权开发 3 种临床阶段化合物，并建立专业药物平台。发行人披露了 Sedor 公司基本信息、主营业务、Sedor 公司获批上市的主要产品和 Sedor 公司的主要客户。

（2）发行人 3 条肝病治疗产品管线（甲磺酸帕拉德福韦片、注射用 MB07133、富马酸海普诺福韦片）及相关技术专利涉及凯华公司，1 条癫痫治疗产品管线（CE－磷苯妥英钠）不涉及凯华公司。首先，发行人说明了 3 条肝病治疗产品管线及相关技术专利的历史研发过程及交易的主要情况，对 2009 年及以前的 3 条肝病治疗产品管线及相关技术专利的历史研发过程及交易的主要情况、2010 年 LGND 公司收购 Metabasis 公司、2011 年凯华公司获得 LGND 公司相关授权以及 2011 年 8 月～2015 年 8 月，凯华公司与新通药物进行相关产品研发合作的几个节点进行说明。发行人从 LGND 公司引进了 HepDirect 专有技术、甲磺酸帕拉德福韦片和注射用 MB07133，此外，发行人利用该授权专利，独自筛选并开发了富马酸海普诺福韦片。其次，发行人说明了收购凯华公司的商业合理性及交易作价的公允性。从凯华公司股权及业务历史沿革、发行人收购凯华公司的商业合理性和交易作价的公允性 3 个角度进行说明。最后，发行人说明了 1 条癫痫治疗产品管线及相关技术专利的历史研发过程及交易过程。

（3）首先，发行人说明了 LGND 公司的引进协议及主要内容。2012 年 10 月 31 日，凯华公司与 LGND 公司在《许可协议》《许可协议第一修订书》《许可协议第二修订书》基础上，签署《经修订和重述的许可协议》。根据《经修订和重述的许可协议》的约定，该协议取代了之前的 3 份协议，成为最终双方遵照执行的协议，之前的 3 份协议不再履行；授权引进协议约定的主要内容显示发行人具有相关专利技术和产品的大中华区权益，合作项目需要支付里程碑付款和特许使用费。

其次，发行人说明了 Sedor 公司的引进协议及主要内容。发行人与 Sedor

公司签署的授权引进协议约定的主要内容显示发行人具有相关专利技术和产品在中国内地及香港特别行政区的权益，合作项目需要支付里程碑付款。

最后，发行人分析了与LGND公司和Sedor公司签署的授权引进协议对其产品研发及未来权益的具体影响。根据发行人与LGND公司签署的授权引进协议，发行人获得HepDirect技术及甲磺酸帕拉德福韦片、注射用MB07133相关专利/专有技术在中国（含港、澳、台地区）区域内的许可使用权，并根据国内法规要求，独立完成临床前研究和临床研究，授权引进协议对产品研发无不利影响。发行人需要支付相关许可费用，对未来收益有一定影响。发行人与Sedor公司签署的授权引进协议对产品研发和产品的未来权益无不利影响。

（4）发行人主营业务、技术体系和知识产权形成经历三个发展阶段，授权引进在第二阶段助力发行人顺利实现向创新药物研发转型，对该阶段发行人主营业务形成、肝靶向创新药物研发平台的形成发挥关键作用；对该阶段相关产品知识产权保护发挥关键作用，发行人自主取得的专利与发行人通过授权引进的授权许可专利共同完善了发行人相关产品的知识产权体系。

授权引进在发行人转型初期，可以有效降低研发风险，但在该阶段，临床前研究和临床研究中设计技术方案、实施研究开发、解决技术难题、进行注册申报等研发工作均由发行人自主完成，并未依赖技术授权方。经历第二、三阶段发展，进一步提高了发行人CMC研究平台的技术储备及技术能力，发行人创建了肝靶向创新药物研发平台和临床方案设计及开发平台，建立了一套完整的新药研发体系，涵盖先导化合物的发现与优化、候选药物的评价与确立、药物临床前研究及临床开发、药物注册申报及商业化等各个环节，已具备完备的研发体系和独立自主的研发能力，发行人主营业务和核心技术体系对授权引进不存在重大依赖。发行人已构建了具有先进性的核心技术平台，完善了人才和产品储备，取得了阶段性成果，具备完备的研发体系和独立自主的研发能力。

（5）LTP技术是LGND公司开发的第二代肝靶向技术。LTP技术理论上具有更广泛的应用范围，能对含磷和不含磷的化合物进行修饰，使前药分子在人体其他器官稳定、无活性，只有进入肝脏才能被在肝脏中的特异性酶识别、切断，使药物活性代谢产物浓集于肝脏，达到增效减毒作用。第二代肝靶向 LTP 技术还处于理论验证阶段，截至本问询回复出具日，未有相关化合物推进到临床试验阶段（见表 12.1）。

表 12.1 LTP 技术的优势、劣势对比

项目	优势	劣势
LTP 技术与 HepDirect 技术对比	具有更广泛的应用范围，除含磷化合物外，还可用于其他不含磷的药物修饰	未有相关化合物推进到临床试验阶段，该技术还处于理论论证阶段

发行人持续关注 LGND 公司开发的肝病相关新技术。2015 年，发行人在获知 LGND 公司有类似肝靶向专利申请公开后，希望和 LGND 公司合作，以保持发行人在肝组织靶向研究领域的优势地位。双方最终于 2019 年 8 月达成合作协议。

合作协议约定，双方从早期设计、合成筛选化合物开始共同合作研发。发行人确定需要修饰的原型分子，LGND 公司则根据发行人提供的原型化合物通过第二代肝靶向 LTP 技术修饰分子结构，再由发行人独立进行化学合成并对目标分子进行活性测试，双方根据项目推进结果，协商合作开发协议。

自 2019 年 8 月签署合作协议后，发行人团队对多个 LTP 相关分子合成并完成了测试，测试结果未达到预期结果，故发行人与 LGND 公司在进行了 6 个月的合作尝试后，双方友好协商，签署终止协议。

（三）关于核心技术先进性

根据招股说明书，发行人掌握了肝靶向创新药物研发平台、CMC 研究平台、临床方案设计及开发平台 3 项核心技术，其中，肝靶向创新药物研发平台是在发行人从 LGND 公司授权引进的 HepDirect 专利技术基础上形成的，目前全球范围内未有 HepDirect 技术相关药物获批；对于 CMC 研究平台，发行人建立了“中药制剂中试 GMP 工艺工程技术研究中心”；发行人建立了高效的临床方案设计及开发平台，具有丰富的中美两地临床开发的成功经验。

请发行人说明：（1）HepDirect 的技术原理、安全性、有效性、技术优势以及当前在全球的应用情况，其靶向机制是否得到科研学术界的共同认可，目前尚无产品获批的原因；（2）发行人认定核心技术的具体依据，结合核心管线来源和研发具体过程，中药、仿制药与创新药的研发和临床设计的异同点等，分析 3 个核心技术平台与核心管线的关系和作用，核心技术先进性的具体体现，是否为创新药研发的通用或必要的技术，发行人是否掌握了完整的研发与生产技术储备。

发行人回复情况如下：（1）发行人对 HepDirect 的技术原理、安全性、有效性、技术优势以及当前在全球的应用情况进行了说明。发行人说明了当前尚无基于 HepDirect 技术开发的产品获批的原因主要系 Metabasis 公司发生财务危机未能持续推进 HepDirect 技术相关产品的临床研究，在 Viking Therapeutics 公司、凯华公司取得 HepDirect 技术相关产品授权后，两家公司的临床研究进度直接决定了相关产品获批的进度，而发行人引进的甲磺酸帕拉德福韦片有望成为首个基于 HepDirect 技术实现商业化的产品。

（2）首先，发行人说明了其认定核心技术的具体依据为具有领先性和独创性、具有排他性和商业价值以及具有可拓展性。其次，发行人说明了核心管线的来源和研发具体过程，发行人对甲磺酸帕拉德福韦片、注射用 MB07133、富马酸海普诺福韦片和 CE－磷苯妥英钠注射液分别从产品来源和研发过程两个角度进行了说明。发行人说明了中药与化药（包含仿制药和创新药）的研发异同点、创新药与仿制药的研发异同点和公司的历史上仿制药及中药的研发对核心技术平台的贡献。发行人将 3 个核心技术平台与核心管线的关系、作用及先进性的具体体现，以表格形式说明，表格列示了核心技术平台以及对应核心产品、相关专利、专有技术及其形成过程。发行人核心技术包括肝靶向创新药物研发平台、CMC 研究平台、临床方案设计及开发平台。肝靶向创新药物研发平台是发行人独有的技术平台，不属于创新药研发的通用型技术。CMC 研究平台为创新药研发的必要技术，相关化合物结构设计、分析、合成、制剂研发中有创新药研发的通用技术，但针对不同产品的特点，需要独立定制研发方案。临床方案设计及开发平台中的基础规则是通用的，但由于不同产品的作用机理和分子特性、疾病的流行病学特点、临床诊疗情况和患者需求、同类适应证的临床数据，需要特异性地针对不同产品研究产品研发策略，针对受试人群及适应证设计和确定临床试验的方案，合理设计入排标准与试验终点；针对不同产品制定临床试验执行过程中SA规范，把控试验进度和研究质量，实时监测临床试验数据，分析试验结果，高质量、高效率推进临床试验；制定数据统计分析计划，审核统计分析报告，撰写和审核临床试验总结报告，分析临床试验结果；不断采用新型、高效的临床设计，实现较高的临床开发效率，推进产品早日获批上市。最后，发行人经过20余年的发展，业务范围涵盖先导化合物的发现及优化、候选化合物的评价及确立、药物临床前及临床研究、药品注册申报、产业化及商业化等各个环节。发行人研发管理流程清晰，具备创新药研发完整、可控的内控制度，目前形成了肝靶向创新药物研发平台、CMC研发平台、临床方案设计及开发平台。发行人已掌握了完整的生产技术储备，计划通过募集资金建设原料药基地，并拟采用MAH模式委托合作伙伴进行制剂的生产和销售。

（四）关于委托研发

根据申报材料，发行人研发及生产设备主要为色谱仪、溶出仪、变压器等，设备成新率较低，资产净值117.74万元；发行人与多家企业签订了临床研究委托协议以及合作研发协议，报告期内研发外包采购金额占研发投入的比重分别为61.20%、57.57%、76.96%和55.74%。

请发行人说明：（1）研发设备的具体用途，与核心管线对应关系，设备成新率较低的原因，现有设备能否保障公司自主开展创新药等研发活动；（2）产品和研究阶段，以表格简要列示发行人与第三方研发机构签订的协议及主要内容，分析发行人在产品研发过程中发挥的主要作用，是否对外部机构研发存在重大依赖。

发行人回复情况如下：（1）截至2021年12月31日，发行人及其子公司拥有的原值在10万元以上的主要研发设备占研发设备整体原值比例达到68.16%，该等设备状况、具体用途与核心管线对应关系（设备名称、投入使用时间、主要用途、对应核心管线、数量、资产原值、资产净值、成新率和最新校验时间）发行人也一并回复了。

发行人拥有的研发设备与核心管线的研发需求相匹配，成新率较低具有合理性，多个在研项目均顺利推进，未因设备成新率低影响研发进度，现有设备能够保障发行人自主开展创新药等研发活动。

（2）发行人说明了核心产品在不同研发阶段和第三方研发机构签订的协议及主要内容，发行人分别用表格说明了甲磺酸帕拉德福韦片、注射用 MB07133、富马酸海普诺福韦片和 CE－磷苯妥英钠注射液的情况，表格列示了研发阶段、具体研发活动、发行人自主完成的工作、委托第三方机构完成的工作、与第三方机构之间协议签订情况和与第三方机构之间协议的主要内容。

在产品研发过程中，核心研发工作均由发行人自主完成；在制定方案、管理进程及监督执行的前提下，发行人委托第三方 GLP 实验室进行临床前药理、药效、毒理、药代试验，以及委托第三方 GMP 车间生产临床样品（原料药、部分制剂），符合法规要求和行业惯例；在制定临床研究方案和管控临床试验进度、质量的前提下，发行人委托 CRO 进行部分临床试验，符合行业惯例。以上第三方机构均具有可替代性，发行人与第三方机构签订的合同明确约定了保密条款及知识产权归属条款，确保发行人的权益。因此，发行人在产品研发过程中发挥了主导作用，不存在对第三方研发机构的重大依赖。

（五）关于核心技术人员

招股说明书披露，发行人共有 5 名核心技术人员，其中金某丽曾就职于吉利德公司、北京积水潭医院，目前担任公司董事/高级副总经理/首席医学官。

请发行人说明：（1）结合公司主要研发领域、金某丽的任职经历及在公司的主要贡献等，发行人产品研发对其是否存在重大依赖；（2）保障核心技术团队稳定的具体措施及有效性。

发行人回复情况如下：（1）金某丽入职前，公司临床研究团队根据公司研发战略部署开展相关临床研究工作并取得阶段性成果。金某丽入职后，作为公司临床研究中心负责人，继续组织和领导临床团队进行核心产品的临床试验，高效推进了项目临床进展。金某丽主导和负责了临床产品甲磺酸帕拉德福韦片、注射用 MB07133、富马酸海普诺福韦片、CE－磷苯妥英钠注射液等项目不同阶段的临床研究管理。金某丽及其带领的临床团队为公司在研项目临床试验高质量、高效率的推进发挥了重要作用，但公司产品研发对金某丽单一个人不存在重大依赖。（2）核心技术团队对公司产品研发发挥了重要作用，公司通过股权激励、持续引进人才、建立良好的企业文化等措施保障核心技术团队的稳定，公司采取了有效措施保障核心技术团队的稳定性。

（六）关于重大诉讼

根据申报材料，席某坚为凯华公司前股东及公司前任高管，报告期内发行人与席某坚及其关联企业存在多项股权、知识产权纠纷，并涉及多项专利申请权，其中部分诉讼尚未完结。

请发行人说明：（1）各项诉讼的背景和原因，主要内容以及当前进展；（2）涉诉知识产权及专利申请权的具体内容，是否涉及发行人核心技术和核心管线，相关诉讼对发行人核心技术体系和研发生产活动的影响；（3）保障发行人利益不受损害的具体措施。

发行人回复情况如下：（1）2021 年 11 月首次申报前，发行人与席某坚及其关联企业涉及的诉讼共 8 起（含 6 起未决诉讼），发行人将各项诉讼的背景和原因，主要内容以及当前进展以表格形式说明，表格列示了案件名称、背景和原因、主要诉讼请求、法院判决/裁定主要内容和当前进展。

（2）涉诉知识产权及专利申请权的具体内容，以及涉及发行人核心技术和核心管线的具体情况如下：包括原告席某坚与被告发行人、张某科的股权转让纠纷，原告席某坚、浙江柏拉阿图医药科技有限公司（以下简称柏拉阿图）与被告发行人的恶意提起知识产权诉讼损害责任纠纷，原告发行人与被告柏拉阿图、席某坚的 5 起专利申请权权属纠纷，原告发行人与被告杭州国谋、席某坚的专利申请权权属纠纷（见表 12.2）。

表 12.2　相关专利内容及涉及发行人核心技术和核心管线的情况

序号	专利/专利申请权名称	专利申请号	申请人	专利状态	涉及发行人核心技术和核心管线的情况
1	肝递送阿糖胞苷前体药物核苷环磷酸酯化合物及应用	201711408942.3	柏拉阿图	逾期视撤销失效	（1）该专利申请权与发行人注射用 MB07133 的研发思路和作用机制相似，利用的原型药物以及肝癌适应证相同。（2）该专利申请权要求申请保护的化合物结构相较于注射用 MB07133 的化合物结构，增加了氟原子，二者的化合物结构不同。依据该专利申请权研发出的产品（如有）是对注射用 MB07133 进行了一定的化学结构修饰、改造的模仿（me－too）类药物
2	肝递送吉西他滨前体药物核苷环磷酸酯化合物及应用	201711407838.2	柏拉阿图	已获授权	（1）该专利与发行人注射用 MB07133 的研发思路和作用机制相似，肝癌适应证相同。（2）该专利与注射用 MB07133 利用的原型药物不同，其权利要求申请保护的化合物与注射用 MB07133 化合物的结构存在差异
3	肝递送恩替卡韦前体药物核苷环磷酸酯化合物及应用	201711408937.2	柏拉阿图	已获授权	（1）该专利与发行人甲磺酸帕拉德福韦片和富马酸海普诺福韦片的研发思路和作用机制相似，乙肝适应证相同。（2）该专利与甲磺酸帕拉德福韦片和富马酸海普诺福韦片利用的原型药物不同，其权利要求申请保护的化合物与甲磺酸帕拉德福韦片和富马酸海普诺福韦片化合物的结构存在差异

续表

序号	专利/专利申请权名称	专利申请号	申请人	专利状态	涉及发行人核心技术和核心管线的情况
4	肝递送抗病毒前体药物核苷环磷酸酯化合物及应用	201710254377.3	柏拉阿图	已获授权	(1) 该专利与发行人甲磺酸帕拉德福韦片和富马酸海普诺福韦片的研发思路和作用机制相似，乙肝适应证相同；与富马酸海普诺福韦片利用的原型药物相同。(2) 该专利权利要求申请保护的化合物结构相较于富马酸海普诺福韦片的化合物结构增加了氟原子，二者的化合物结构不同。依据该专利权利要求申请保护的化合物研发出的产品是对富马酸海普诺福韦片进行了一定的化学结构修饰、改造的模仿（me - too）类药物
5	肝递送阿德福韦前体药物核苷环磷酸酯化合物及应用	201711408931.5	杭州国谋	实质审查	(1) 该专利申请权与发行人甲磺酸帕拉德福韦片和富马酸海普诺福韦片的研发思路和作用机制相似，乙肝适应证相同；与甲磺酸帕拉德福韦片利用的原型药物相同。(2) 该专利申请权权利要求申请保护的化合物结构相较于甲磺酸帕拉德福韦片的化合物结构，增加了氟原子，二者的化合物结构不同。依据该专利申请权权利要求申请保护的化合物研发出的产品（如有）是对甲磺酸帕拉德福韦片进行了一定的化学结构修饰、改造的模仿（me - too）类药物

续表

序号	专利/专利申请权名称	专利申请号	申请人	专利状态	涉及发行人核心技术和核心管线的情况
6	肝递送抗丙肝前体药物核苷环磷酸酯化合物及应用	201710254376.9	柏拉阿图	实质审查	该专利申请权与发行人注射用MB07133、甲磺酸帕拉德福韦片和富马酸海普诺福韦片的研发思路和作用机制相似，但其适应证为丙肝，发行人的核心管线无丙肝适应证产品，亦无丙肝适应证产品的研发计划

相关诉讼对发行人核心技术体系和研发生产活动不会产生重大不利影响，主要原因如下：发行人核心技术体系和核心产品拥有较为完善的知识产权体系，发行人核心在研产品注射用 MB07133、甲磺酸帕拉德福韦片和富马酸海普诺福韦片所涉有效专利具有稳定性，发行人核心在研产品注射用 MB07133、甲磺酸帕拉德福韦片和富马酸海普诺福韦片所涉有效专利不存在专利侵权风险。

（3）发行人将采取如下措施，保障发行人利益不受损害：第一，通过申请更多专利保护发行人的核心技术体系；第二，发行人将加快肝靶向药物 XTYW002 的研发进度，同时，将密切跟踪技术发展趋势，鼓励研发团队开展前瞻技术研发；第三，发行人将强化知识产权规划以及对行业竞争者核心技术知识产权的分析，加强知识产权风险防范；第四，发行人已与核心技术人员签订《关于商业秘密、知识产权、无利益冲突、竞业限制的协议》，能够降低公司核心技术外泄风险；第五，发行人已制定知识产权相关管理制度，指派专人负责知识产权的管理，并建立档案，同时，发行人对靶向抗乙肝、靶向抗肝癌、治疗/预防癫痫的新药研发的知识产权管理完成了知识产权管理体系认证。

（4）自发行人于 2021 年 11 月 29 日首次向上交所提交申报材料至今，发行人新增两起诉讼，该等诉讼的背景和原因，原告主要诉讼请求以及当前进展等如表 12.3 和表 12.4 所示：

表 12.3　原告柏拉阿图与被告发行人的侵害商业秘密纠纷情况

项目	具体内容
背景和原因	原告认为，席某坚于 2014 年 5 月 20 日创办原告并持续担任原告高管职务、从事肝靶向药物研发，被告在对此明知的情况下，聘请席某坚担任首席商务官，而席某坚在被告处任职期间，向被告披露了原告的商业秘密，被告将该等商业秘密使用于富马酸海普诺福韦片研发项目中，故于 2022 年 1 月 25 日在西安市中级人民法院提起本案诉讼
原告主要诉讼请求	（1）被告立即停止侵犯原告商业秘密的行为，即立即删除以不正当手段窃取的原告商业秘密，不得披露、使用或者允许他人使用原告的商业秘密。（2）被告赔偿原告经济损失 500 万元。（3）被告承担原告合理支出 30 万元。（4）被告承担本案的全部诉讼费用
当前进展	发行人于 2022 年 2 月 24 日收到西安市中级人民法院送达的案件资料，已聘请北京市京师（西安）律师事务所开展应诉工作
影响分析	根据北京市京师（西安）律师事务所出具的《关于浙江柏拉阿图医药科技有限公司与西安新通药物研究股份有限公司商业秘密纠纷法律意见书》，柏拉阿图证明发行人侵犯其商业秘密难度较高，且其并未提交有关经济损失 500 万元的证据，其败诉风险较大

表 12.4　原告柏拉阿图与被告发行人的恶意提起知识产权诉讼损害责任纠纷情况

项目	具体内容
背景和原因	2020 年 1 月 22 日，发行人在杭州市中级人民法院对席某坚、柏拉阿图、杭州国谋提起专利申请权权属纠纷诉讼，即（2020）浙 01 知民初 26 ~ 31 号系列案件。杭州市中级人民法院分别于 2021 年 2 月及 3 月作出一审判决，驳回发行人的全部诉讼请求。其后，发行人上诉至最高人民法院。席某坚、柏拉阿图认为发行人行为构成恶意提起知识产权诉讼，于 2021 年 4 月 13 日在杭州市中级人民法院对发行人恶意提起知识产权诉讼损害责任纠纷诉讼。其后，席某坚、柏拉阿图申请撤诉，杭州市中级人民法院于 2021 年 9 月 2 日作出（2021）浙 01 知民初 385 号民事裁定书，裁定准许席某坚、柏拉阿图撤诉。2021 年 12 月 24 日，柏拉阿图再次以发行人提起（2020）浙 01 知民初 26 ~ 31 号系列案件的行为构成恶意提起知识产权诉讼为由，向杭州市中级人民法院提起本案诉讼
原告主要诉讼请求	（1）被告行为构成恶意提起知识产权诉讼。（2）被告承担原告损失及合理支出暂计 5125.36 万元

续表

项目	具体内容
当前进展	发行人于 2022 年 3 月 14 日收到杭州市中级人民法院送达的案件资料，已聘请上海市锦天城（西安）律师事务所开展应诉工作，本案于 2022 年 4 月 28 日开庭审理，截至本问询回复出具日，法院尚未作出一审判决
影响分析	根据律师事务所出具的《关于浙江柏拉阿图医药科技有限公司与西安新通药物研究股份有限公司恶意提起知识产权诉讼损害责任纠纷之法律意见书》，柏拉阿图需承担发行人构成恶意诉讼的证明责任，而柏拉阿图目前提供的证据尚无法达到证明发行人恶意提起知识产权诉讼的目的；此外，其尚未提供关于其遭受损失的证据，且当庭表明就其主张的损失暂时无法提供证据予以证明，基于此，律师事务所研判柏拉阿图胜诉的可能性较低

第二节 涉商业秘密诉讼继续问询的实务要点

一、关于核心管线来源

发行人 3 条肝病治疗产品管线相应专利及技术起初由 LGND 公司通过收购 Metabasis 公司取得，后 LGND 公司将其授权给凯华公司，发行人通过收购凯华公司后获得 3 条肝病治疗产品管线的授权，发行人从 Sedor 公司授权引进 1 条癫痫治疗产品管线。前述 4 条授权引进的管线构成发行人目前已进入临床试验阶段的产品。

对此建议进一步问询，请发行人说明：

（1）以上 4 条核心管线是否涉及以技术秘密形式保护的核心技术；

（2）如有（1）中的情况，请发行人说明以上 4 条核心管线是否在流转过程中有技术秘密侵权的风险以及各流转环节采取的保密措施；

（3）请发行人说明对以上 4 条管线涉及的技术秘密采取了何种保护措施，包括人员管理、保密协议和对载体的保护等；

（4）发行人引进核心管线作为核心产品的基础，是否对相关技术具有创新性，是否有侵权风险。

二、关于委托研发

发行人与多家企业签订了临床研究委托协议以及合作研发协议，报告期内研发外包采购金额占研发投入的比重分别为61.20%、57.57%、76.96%和55.74%。

对此建议进一步问询，请发行人说明：

（1）发行人在委托研发及合作研发的过程中，涉及技术秘密的核查情况；

（2）发行人在委托研发以及合作研发过程中采取了何种措施对技术秘密进行保护，是否有技术秘密泄露风险等。

三、关于商业秘密诉讼

根据公开材料，原告柏拉阿图认为，席某坚于2014年5月20日创办原告并持续担任原告高管职务、从事肝靶向药物研发，被告发行人在对此明知的情况下，聘请席某坚担任首席商务官，而席某坚在被告处任职期间，向被告披露了原告的商业秘密，被告将该等商业秘密使用于富马酸海普诺福韦片研发项目中，故于2022年1月25日在西安市中级人民法院提起诉讼。

对此建议进一步问询，请发行人说明：

（1）发行人在富马酸海普诺福韦片研发项目中的核心技术为自主研发的依据。

（2）发行人在席某坚创办柏拉阿图后聘用其担任首席商务官的原因，首席商务官的主要工作内容以及可能接触到的核心技术秘密。

（3）发行人对席某坚采取了哪些措施，以最大限度地避免在富马酸海普诺福韦片研发项目中因其可能接触到柏拉阿图技术秘密而产生的法律风险等。

四、关于发行人前任高管

根据公开资料，发行人前任高管席某坚是凯华公司的前股东，2013年1月15日将其持有股份全部转让给凯华公司的现股东Morningside Venture。席某坚于 2014 年 5 月 20 日创办柏拉阿图并担任高管职务。席某坚涉及多起与发行人间的专利申请权纠纷、商业秘密纠纷等知识产权纠纷。

对此建议进一步问询，请发行人说明：

（1）席某坚在发行人处工作的具体时间段、工作内容以及可能接触到哪些核心技术秘密；

（2）发行人与席某坚是否签订保密协议以及竞业禁止协议；

（3）席某坚创办的柏拉阿图是否有侵犯发行人技术秘密的风险排查等。

第十三章　原研药企兼职员工离职涉技术秘密诉讼的问询要点

第一节　发行人 IPO 进展和第二轮问询情况

一、发行人 IPO 进展

本章针对西安新通第二轮问询中与核心技术秘密相关的事实，结合首轮问询与此相关的问题进一步做深入分析。

二、涉技术秘密诉讼第二轮问询问题与回复

（一）发行人与 LGND 公司终止 LTP 平台合作对上市的不利影响

根据问询回复，HepDirect 技术是一类磷酸酯前药技术，能够实现药物的肝靶向性，系发行人从 LGND 公司引进。公开资料显示，LGND 公司已开发第二代肝靶向前药技术 LTP 平台，较 HepDirect 技术具有更广泛的应用和改进功能，并能够消除在第一代前药活化期间释放的不良副产物。截至 2019 年，LGND 公司已与 6 个合作伙伴签署了 HepDirect/LTP 平台协议。根据问询回复，发行人在对多个 LTP 相关分子测试后，由于结果未达到预期，终止与 LGND 公司的合作。

请发行人说明：（1）细胞靶向、分子靶向和肝靶向技术的基本原理及优劣势比较，肝靶向技术在乙肝及肝癌药物领域发挥的作用及其重要性，其他乙肝及肝癌药物是否运用了靶向技术，同 HepDirect 技术的区别；（2）目前国内外肝靶向技术的主要种类、作用机制及差异，肝靶向药物研究、应用及获批情况；（3）第一代前药活化期间释放的高活性副产物的名称以及是否具

有毒性，对发行人引进药物的研发以及药物毒理性的影响，是否会对药品获批产生重大不利影响；（4）LTP 技术较第一代技术的主要改进情况，发行人前述分子测试的主要目的以及未达预期的原因，目前全球范围内 LGND 公司是否存在应用 LTP 技术开发发行人同类药物的情形以及是否同样出现分子测试未达预期的情形；（5）请发行人结合前述事项分析发行人技术是否具有先进性以及是否会对发行人产品研发和获批上市产生不利影响等。

发行人回复情况如下：（1）靶向药物主要分为细胞靶向、分子靶向和器官靶向三大类，肝靶向技术属于器官靶向，发行人以表格形式说明了以上三类靶向药物的基本原理和优劣势。近年来，肝靶向技术研究一直是乙肝和肝癌药物领域的重要科研方向，探索通过不同的修饰技术、作用机制、递送方法等将治疗性分子特异性地留在肝组织中，从而实现药物的肝靶向性，起到增效减毒的作用。发行人从原理、应用领域、患者可及性以及获批情况说明了 HepDirect 技术相比于其他肝靶向技术的不同。（2）发行人以表格形式说明了国内外器官（除肝脏）靶向技术的主要技术分类、开发难点、应用及获批情况，表格列示了基本原理、开发难点、在上市/在研药品中的应用、治疗领域、原研公司和地区及研发状态。发行人列示了国内外肝靶向技术的主要种类、作用机制及差异，肝靶向药物研究、应用及获批情况，表格列示了肝靶向技术分类、基本原理、靶向机制的作用靶点/分类、在上市/在研药品中的应用、治疗领域、原研公司和地区及研发状态。（3）根据 HepDirect 技术原理及发行人引进、提升后基于肝靶向技术平台开发的甲磺酸帕拉德福韦片、注射用 MB07133、富马酸海普诺福韦片等产品在临床前研究和临床试验中均展现出优异的安全性优势，不会对药品获批产生重大不利影响。（4）LTP 与 HepDirect 技术理念类似，均是希望通过对原型药物修饰得到前药来提高疗效，降低毒副作用。LTP 与 HepDirect 技术的差异主要在于 LTP 尝试在与原型药物不形成磷酸六元环酯结构的情况下实现肝靶向作用，以期能具有更广泛的适应证范围。发行人与 LGND 公司于 2019 年 8 月达成合作协议，约定双方从早期设计、合成筛选化合物开始共同合作研发。由于相关实验结果未达预期，发行人在与 LGND 公司实施合作后认为继续合作探索无法达到预期合作目的，双方协商一致后终止合作。公开资料显示，全球范围内，LGND 公司除与发行人尝试合作开发 LTP 项目外，仅与 Nucorion 公司合作开发 NCO－48F（用于乙肝治疗），Nucorion 公司与广东集宝医药技术有限公司合作开发国内临床试验。发行人经查询并与授权人 LGND 公司确认，LGND 公司现阶段仅与 Nucorion 公司合作了 LTP 技术项下治疗慢性乙肝的项目 NCO－48F，目前处于Ⅰ期临床试验阶段。LGND 公司未对发行人披露 LTP 技术与其他合作方分子测试以及是否达到预期的情形。（5）HepDirect 技术作为全球首创的一类靶向性磷酸酯前药技术，可实现肝脏组织靶向，具有先进性；HepDirect 专有技术与其他肝靶向技术平台相比具有更好的药物可及性；HepDirect 前药活化期间代谢产生的芳基乙烯基酮副产物会很快被肝脏中的谷胱甘肽捕捉，生成无毒的谷胱甘肽偶联物安全排出，在临床前研究和临床试验中，均未发现相关副作用。LTP 技术目前仍处于探索阶段，短期内不会对 HepDirect 技术形成替代；发行人产品临床开发稳步推进，上述因素不会对发行人产品获批上市产生不利影响。

（二）发行人的持续研发能力

根据问询回复，发行人从 LGND 公司授权引进 HepDirect 技术及甲磺酸帕拉德福韦片、注射用 MB07133 项目的权益，其中，HepDirect 技术需要按照协议约定在限定区域、限定领域使用；甲磺酸帕拉德福韦片、注射用 MB07133 项目在发行人引进前已由 Metabasis 公司在美国分别完成了Ⅱ期临床试验和Ⅰ期临床试验，发行人引进后按要求在国内重新进行临床试验，目前分别处于Ⅲ期、Ⅱ期临床试验阶段。此外，发行人授权引进了 CE－磷苯妥英钠注射液产品，可以按三类化学药申报上市，但未独立自主进行过实质性改进。

请发行人说明：（1）HepDirect 技术在发行人技术体系内是否发挥关键核心作用，授权方对 HepDirect 技术应用限定是否会对发行人拓展该技术的使用产生不利影响，请发行人客观说明在引进后是否已经完整掌握该项技术并进行重大升级或将其应用于其他药物研发；（2）发行人对甲磺酸帕拉德福韦片、注射用 MB07133 等管线授权引进后，是否在原有研发基础上完成下一阶段的实质性研发或创新研发；（3）请发行人结合前述问题以及未对引进 CE－

磷苯妥英钠注射液产品进行过实质性改进，充分论述发行人是否具有自主持续研发能力。

发行人回复情况如下：（1）首先，HepDirect 技术对发行人开启创新药研究阶段发挥了关键作用，发行人通过对该技术原理的补充研究和深入学习，形成了肝靶向创新药物研发平台，结合 CMC 研究平台和临床方案设计及开发平台，不断丰富创新药研发所需的科研设备和研发团队，现已逐步形成独立的创新药研发体系。HepDirect 技术应用限定不会对发行人拓展该技术的使用产生不利影响，发行人不但对引进前产品作出了实质性改进和贡献，提升了原有药物甲磺酸帕拉德福韦片和注射用 MB07133 的临床价值和商业化价值，而且在探索不同药物机理下的联合用药并启动临床试验，如注射用 MB07133 和信迪利单抗联合用药、甲磺酸帕拉德福韦片和 XTYW001 联合用药等，发行人将其积极开发新型作用机制的产品 XTYW001 提交 IND 申请并获受理，肝靶向多靶点酪氨酸激酶抑制剂 XTYW002 已启动临床前研究，因此在引进后发行人已经完整掌握该项技术并进行重大升级且将其应用于其他药物研发。

其次，LGND 公司对 HepDirect 技术应用限定于乙肝及肝癌治疗领域会对发行人拓展 HepDirect 技术用于其他肝病领域产生一些不利影响。但目前发行人主要专注于乙肝及肝癌治疗领域的药物研发，此外，随着发行人自主探索开发新一代肝靶向药物，未来发行人在肝病领域并不局限于运用 HepDirect 技术进行药物研发。故上述应用限定不会对发行人产生实质性不利影响。

最后，发行人引进 HepDirect 技术后已经完整掌握该项技术并将其重大升级为肝靶向技术平台，同时应用于其他药物研发。

（2）发行人在引进甲磺酸帕拉德福韦片和注射用 MB07133 两款产品后重新完成了核心产品的临床前研究，并通过三大核心技术平台实质性的研发创新提升产品价值，在原有研发基础上在中国独立完成下一阶段的实质性研发，甲磺酸帕拉德福韦片项目已独立完成Ⅰ、Ⅱ和Ⅲ期临床试验的核心临床阶段并拟于 2023 年年初提交 NDA，注射用 MB07133 项目已独立完成Ⅰ期和Ⅱ期的第一阶段临床试验，并拓展和信迪利单抗的联合用药。

（3）发行人专注药物研发 20 余年，已构建了具有先进性的核心技术平台，完善了人才和产品储备，核心产品取得了阶段性成果。发行人虽然在转型阶段引进了多个产品，但区别于传统的许可引进（License - in）项目，发行人均通过引进后的自研、提升和创新，实质性提高了引进产品的价值，推动临床至下一阶段，并持续丰富产品管线，发行人已具备完备的研发体系和独立自主的持续研发能力。

（三）发行人未直接向 LGND 公司取得授权的原因

根据问询回复，（1）2011 年 1 月凯华公司与 LGND 公司签订《许可协议》，2011 年 7 月 Morningside Venture 的全资子公司晖美公司以 5000 万元取得发行人 23.25% 股权，2011 年 8 月发行人与凯华公司达成合作研发协议，2015 年 8 月发行人以 5000 万元完成对凯华公司的全资收购；（2）收购凯华公司时其账面上对 Pradefovir、MB07133 等专利技术确认的无形资产金额为 117.50 万美元（折合人民币 750.74 万元），发行人合并报表确认的相关专利技术公允价值为 4845.62 万元。

请发行人进一步说明：凯华公司取得 LGND 公司许可、Morningside Venture 入股发行人、发行人与凯华公司达成合作研发、凯华公司成为 Morningside Venture 全资子公司、发行人收购凯华公司等事项之间是否为“一揽子”交易安排，发行人未直接向 LGND 公司取得授权的原因与考虑。

发行人回复情况如下：凯华公司取得 LGND 公司许可、Morningside Venture 入股发行人、发行人与凯华公司达成合作研发、凯华公司成为 Morningside Venture 全资子公司、发行人收购凯华公司等事项的具体时间表（见表 13.1）。

表 13.1　相关事项时间梳理

时间	事项	备注
2011 年 3 月	凯华公司取得 LGND 公司许可	凯华公司与 LGND 公司签订《许可协议》，获得 HepDirect 技术及帕拉德福韦、MB07133 相关专利/专有技术在中国（含港、澳、台地区）区域内的独占许可使用权

续表

时间	事项	备注
2011 年 7 月	Morningside Venture 入股发行人	发行人与晖美公司（Morningside Venture 持股 100%）签署《关于西安新通药物研究有限公司增资的协议书》，晖美公司向发行人投资 5000 万元人民币之等值美元
2011 年 8 月	发行人与凯华公司达成合作研发	发行人与凯华公司签订《新药 Pradefovir 和 MB07133 技术开发合作协议》，约定双方就帕拉德福韦和 MB07133 产品在中国境内进行研究及注册申报事宜开展合作
2013 年 3 月	凯华公司成为 Morningside Venture 全资子公司	凯华公司经营不善，Morningside Venture 通过代偿原股东债务取得凯华公司剩余股份
2015 年 3 月	发行人收购凯华公司	发行人与 Morningside Venture 签署《股权转让合同》，以 5000 万元对凯华公司进行全资收购

发行人说明了凯华公司取得 LGND 公司许可的背景和原因，LGND 公司是一家生物制药公司，专注于开发或收购一些助力制药公司发明和开发药物的技术。在药品开发过程中，LGND 公司专注于新药研发、早期新药开发、产品重新配方和结盟等领域，由其他制药公司进行后期开发、监督管理及商业化，LGND 公司在该过程中获得收益。LGND 公司在获得 HepDirect 技术及帕拉德福韦、MB07133 相关专利/专有技术后，未对其进行研究开发，即向第三方合作伙伴进行授权。凯华公司创始团队看好 HepDirect 技术及帕拉德福韦、MB07133 在中国的发展前景，计划将其引进中国并进一步推进至临床阶段。因缺乏资金持续推动该项目，凯华公司创始团队与在医药领域有丰富资源的 Morningside Venture 接洽并由 Morningside Venture 增资凯华公司。2011 年 3 月，凯华公司与 LGND 公司签订《许可协议》，获得上述专利/专有技术在中国（含港、澳、台地区）区域内的独占许可使用权。

发行人说明了 Morningside Venture 入股发行人的背景和原因，Morningside Venture 是一家全球布局的知名投资机构，生物医药是其重要的投资领域，2011 年 7 月，发行人与晖美公司（Morningside Venture 持股 100%）签署《关于西安新通药物研究有限公司增资的协议书》。Morningside Venture 入股发行人不以凯华公司取得 LGND 公司许可为前提，上述协议中亦不存在任何关于后续发行人与凯华公司达成合作研发或发行人收购凯华公司等事项的安排。

发行人说明了其与凯华公司达成合作研发的背景和原因，凯华公司基于推进帕拉德福韦、MB07133 在国内进入临床前研究、注册申报的需求，凯华公司股东 Morningside Venture 向其推荐了包含发行人在内的多家在国内具有临床研发及药品注册申报经验的研发机构。2011 年 8 月，发行人与凯华公司签订《新药 Pradefovir 和 MB07133 技术开发合作协议》，由发行人投入资金、技术在国内进行研发申报并享有临床试验批件 43.8% 的权益。发行人与凯华公司将合作模式商定为合作研发，合作研发为创新药开发的常见模式，发行人选择以合作研发模式与凯华公司进行合作是充分考量了收益与风险的合理商业行为，上述协议中不存在后续发行人收购凯华公司等事项的安排。

发行人说明了 Morningside Venture 收购凯华公司剩余股份的背景和原因，2011 年 11 月，凯华公司向 SAIF PARTNERS Ⅳ L. P. 借款 200 万美元，用于支付凯华公司其他项目的部分许可费，席某坚、金某丽、赵某明、张某琦以其持有的凯华公司股权提供质押担保。截至 2012 年 12 月，由于该等债务逾期且凯华公司无法偿还该债务，SAIF PARTNERS Ⅳ L. P. 拟向上述自然人主张质押权。为解决凯华公司债务问题及保障 Morningside Venture 的前期投资，Morningside Venture 与席某坚、金某丽、赵某明、张某琦签凯华公司重组协议，约定由 Morningside Venture 代为偿还凯华公司上述债务，席某坚、金某丽、赵某明、张某琦将所持有的全部凯华公司股份（无论相关股份是否已经发行）以 10 美元/股对价转让给 Morningside Venture。由于仅席某坚获配股份，金某丽、赵某明、张某琦未实际获配股份，2013 年 1 月 15 日，席某坚将其持有的凯华公司 171.1112 万股普通股转让给 Morningside Venture，至此，Morningside Venture 持有凯华公司 100% 股权。本次重组是为了解决凯华公司的债务问题及保障 Morningside Venture 的前期投资，上述协议并不存在发行人收购凯华公司等事项的安排。

发行人说明了其收购凯华公司的背景和原因，凯华公司因经营困难无法继续维持，且 Morningside Venture 作为投资公司，无意参与全资子公司凯华公司运营，希望转让凯华公司股权。截至 2015 年 3 月，甲磺酸帕拉德福韦片项目在国内推进至 Ib 期临床试验阶段，注射用 MB07133 项目在国内已取得临床试验批件，发行人看好上述产品在中国的市场前景，故提出收购意向。经过双方谈判，最终 Morningside Venture 决定将凯华公司出售给发行人。2015 年 3 月，发行人与 Morningside Venture 签署《股权转让合同》，约定发行人向 Morningside Venture 收购凯华公司的股权，价格为 5000 万元人民币之等值美元。2015 年 8 月，凯华公司完成股权变更登记事宜。

2011 年至 2015 年，凯华公司取得 LGND 公司许可、Morningside Venture 入股发行人、发行人与凯华公司达成合作研发、Morningside Venture 收购凯华公司剩余股份、发行人收购凯华公司等事项发生时间跨度较长，各事项之间均具有独立的商业目的，并非在考虑彼此影响的情况下订立的；各事项之间均具有独立的商业实质，并非整体才能达到一项完整的商业结果；各事项之间均有独立的商业安排，各项交易的发生并不取决于其他交易的发生；各事项之间均单独作价。因此，上述事项并非事先安排的“一揽子”交易。发行人说明了其未直接向 LGND 公司取得授权的原因与考虑，在凯华公司与 LGND 公司达成合作前，发行人并未接触 LGND 公司，亦未从其他方获知 LGND 公司拟就 HepDirect 技术及帕拉德福韦、MB07133 相关专利/专有技术在中国（含港、澳、台地区）区域内进行授权许可的信息，因此发行人未曾获知此项业务机会并直接向 LGND 公司取得授权。凯华公司与 LGND 公司达成合作后，LGND 公司对凯华公司的授权具有排他性，发行人无法直接向 LGND 公司取得授权；根据 LGND 公司授权凯华公司的协议，关联公司也获得与凯华公司相同的授权。凯华公司及其关联公司均取得 LGND 公司关于 HepDirect 技术及帕拉德福韦、MB07133 相关专利/专有技术在中国（含港、澳、台地区）区域内的独占许可使用权。因此，发行人选择通过收购凯华公司股权的方式获得 LGND 公司的授权而未直接向 LGND 公司取得授权。

（四）发行人商业秘密等知识产权纠纷的影响

根据问询回复，（1）发行人以柏拉阿图、席某坚等主体的部分专利申请与发行人存在研发思路和作用机制相似、利用的原型药物以及适应证相同等情形，认为该部分专利系席某坚在发行人工作期间的职务发明为由提起诉讼，该案目前正在二审诉讼中；（2）在审核期间，柏拉阿图亦就相关事项起诉发行人侵害商业秘密纠纷、恶意提起知识产权诉讼。

请发行人说明：（1）结合席某坚在凯华公司、发行人的历史持股和任职情况、对相关管线引进和研发发挥的具体作用，梳理前述诉讼案件的完整事实；（2）柏拉阿图等主体是否获得与发行人相同或相似技术、药物授权，以及出现研发思路和作用机制相似、利用的原型药物以及适应证相同等情形的原因；如否，请发行人进一步分析发行人药物机制和核心技术是否具有先进性；（3）充分论证涉诉案件对发行人知识产权体系、产品研发上市以及未来商业化权益的潜在不利影响和最大风险敞口；（4）请实际控制人补充保障发行人利益的相关措施。

请发行人在招股说明书中披露前述案件的最新进展情况，并根据实际情况简要分析对发行人的潜在风险。请发行人律师就涉诉事项进行核查并发表明确意见。

发行人回复情况如下：（1）2011 年 6 月，席某坚成为凯华公司股东。2013 年 1 月，席某坚将其持有的凯华公司 171.1112 万股普通股转让给 Morningside Venture，不再持有凯华公司股份。席某坚未曾直接或间接持有过发行人的股份。席某坚在凯华公司、发行人的历史任职情况见表 13.2。

表 13.2 席某坚历史任职情况

任职单位	任职时间	任职职位	主要工作内容
凯华公司	2011 年 6 月 ~2012 年 12 月	董事	负责凯华公司的总体运营及管理
	2011 年 3 月 ~2012 年 8 月；2015 年 5 月 ~2016 年 12 月	首席执行官（CEO）	负责凯华公司的对外商务拓展及产品引进
发行人	2015 年 5 月 ~2016 年 12 月	首席商务官	负责发行人的对外商务拓展及产品引进

2015 年 5 月，席某坚入职发行人并担任首席商务官。基于席某坚在凯华公司上述研发管线引进环节中发挥的作用，以及其履行发行人首席商务官职责所需，其知晓发行人甲磺酸帕拉德福韦片、注射用 MB07133 及富马酸海普诺福韦片的研发进度及部分研发信息，但并未参与前述管线的研发工作；席某坚入职发行人并担任首席商务官后，负责发行人的对外商务拓展及产品引进，协助发行人就引进 CE－磷苯妥英钠注射液与 Sedor 公司进行前期接洽。在席某坚于 2016 年 12 月离职后，其不再参与该项目的引进工作。

席某坚直接持有柏拉阿图 17.8084% 的股权，并担任柏拉阿图董事长、总经理，为柏拉阿图法定代表人。发行人与柏拉阿图、杭州国谋、席某坚的知识产权相关诉讼共 9 起，具体情况见表 13.3。

表 13.3　相关主体 9 起知识产权诉讼情况

序号	原告	被告	案由	案件情况	最新进展
1～5	发行人	柏拉阿图、席某坚	专利申请权权属纠纷	2020 年 1 月 22 日，发行人向杭州市中级人民法院提起诉讼，请求判令：（1）申请号为 201711408942.3、201711407838.2、201711408937.2、201710254377.3、201710254376.9 的专利属于席某坚在发行人工作期间的职务发明；（2）申请号为 201711408942.3、201711407838.2、201711408937.2、201710254377.3、201710254376.9 的专利申请权归发行人所有，专利授权后的专利权归发行人所有，并判令柏拉阿图将该项专利的专利申请权/专利权转让给发行人；（3）二被告承担本案全部诉讼费用、财产保全费用及与本案有关的其他费用	2021 年 2 月及 3 月，杭州市中级人民法院作出一审判决，驳回发行人的全部诉讼请求；2022 年 9 月，最高人民法院作出二审判决，驳回发行人上诉，维持原判

续表

序号	原告	被告	案由	案件情况	最新进展
6	发行人	杭州国谋、席某坚	专利申请权权属纠纷	2020年1月22日，发行人向杭州市中级人民法院提起诉讼，请求判令： （1）申请号为201711408931.5的专利属于席某坚在发行人工作期间的职务发明；（2）申请号为2201711408931.5的专利申请权归发行人所有，专利授权后的专利权归发行人所有，并判令杭州国谋将该项专利的专利申请权/专利权转让给发行人；（3）二被告承担本案全部诉讼费用、财产保全费用、财产保全的担保费用及与本案有关的其他费用	2021年3月，杭州市中级人民法院作出一审判决，驳回发行人的全部诉讼请求；2022年9月，最高人民法院作出二审判决，驳回发行人上诉，维持原判
7	席某坚、柏拉阿图	发行人	恶意提起知识产权诉讼损害责任纠纷	2021年4月13日，原告向杭州市中级人民法院提起本案诉讼，请求判令： （1）被告行为构成恶意提起知识产权诉讼；（2）被告承担原告损失及合理支出暂计3125.36万元	2021年9月2日，杭州市中级人民法院作出裁定，准许原告撤诉
8	柏拉阿图	发行人	恶意提起知识产权诉讼损害责任纠纷	2021年12月24日，原告向杭州市中级人民法院提起本案诉讼，请求判令： （1）被告行为构成恶意提起知识产权诉讼；（2）被告承担原告损失及合理支出暂计5125.36万元。案件审理过程中，原告请求将第（2）项诉讼请求变更为“被告承担原告经济损失及合理支出100元”	2022年5月11日，杭州市中级人民法院作出裁定，准许原告撤诉

续表

序号	原告	被告	案由	案件情况	最新进展
9	柏拉阿图	发行人	侵害商业秘密纠纷	2022 年 1 月 25 日，原告向西安市中级人民法院提起本案诉讼，请求判令：(1) 被告立即停止侵犯原告商业秘密的行为，即立即删除以不正当手段窃取的原告商业秘密，不得披露、使用或者允许他人使用原告的商业秘密；(2) 被告赔偿原告经济损失 500 万元；(3) 被告承担原告合理支出 30 万元；(4) 被告承担本案的全部诉讼费用	2022 年 9 月 7 日，西安市中级人民法院作出（2022）陕 01 知民初 99 号民事判决书，判决驳回柏拉阿图的全部诉讼请求；一审法院已向发行人送达柏拉阿图就本案提交的上诉状

（2）柏拉阿图等主体未获得与发行人相同或相似技术、药物授权，柏拉阿图、杭州国谋等主体未就 HepDirect 技术及帕拉德福韦、MB07133 相关专利/专有技术从 LGND 公司处获得相同或相似技术、药物授权。

在发行人收购凯华公司前，席某坚曾负责凯华公司的对外商务拓展及产品引进，促成凯华公司与 LGND 公司签署了相关许可协议，使得凯华公司获得 LGND 公司关于 HepDirect 技术及帕拉德福韦、MB07133 相关专利/专有技术在中国（含港、澳、台地区）区域内的独占许可使用权。基于席某坚在凯华公司引进涉案研发管线环节中发挥的作用，以及其履行发行人首席商务官职责所需，其知晓发行人甲磺酸帕拉德福韦片、富马酸海普诺福韦片及注射用 MB07133 的研发进度及部分研发信息。发行人认为柏拉阿图、杭州国谋等主体申请的相关涉案专利采取的研发思路均是模仿发行人已开发的相关肝靶向药物用到的 HepDirect 肝靶向技术，发行人认为，柏拉阿图、杭州国谋等主体基于席某坚了解到的上述研发信息，在席某坚从发行人处离职后的 1 年内，以席某坚作为发明人之一，并以柏拉阿图、杭州国谋作为申请人申请了与发行人相关许可专利和核心项目类似的涉案专利。

发行人说明了其药物机制和核心技术在肝病领域的药物研发具有先进性，

发行人的药物机制先进性主要体现在靶向官能团和原型药物的选择，甲磺酸帕拉德福韦片相较于TAF和TMF具有更明确的肝靶向作用机理，因此与药物相关的不良事件，甲磺酸帕拉德福韦片显著低于TDF，富马酸海普诺福韦相较于PA1010，在体内具有很好的稳定性，能够缓慢代谢、持久起效，更具成药性。肝靶向创新药物研发平台的先进性还体现在受专利保护的关键手性中间体合成工艺、经济成熟的商业化工艺等核心技术，这些确保了发行人肝靶向药物的可及性和市场竞争力。

发行人说明了其与柏拉阿图等主体的专利申请权权属纠纷不会影响发行人产品的研发进度和产品价值。经查询国家药品监督管理局药品审评中心网站及药智网等公开临床数据库，在与发行人管线产品有相同适应证或相似技术的产品中，一个为柏拉阿图根据涉案专利“肝递送抗病毒前体药物核苷环磷酸酯化合物及应用”（专利申请号：201710254377.3）申请的PA1010于2020年3月获得I期临床试验批准；另一个为柏拉阿图研发的2.1类乙肝药新药PA3670片的临床试验申请于2022年9月获得默示许可。根据网络公开信息，PA3670片是恩替卡韦的前药，在体内肝组织中经代谢酶活化为恩替卡韦，适应证为慢性乙型肝炎的治疗，暂无法确认PA3670片是否为采用涉案专利/专利申请权研发出的产品。

除以上两个产品外，未检索到其他以柏拉阿图、杭州国谋名义提出的，与发行人管线产品有相同适应证或相似技术的产品（如有）的临床试验申请获得批准或默示许可，根据发行人现有临床进度谨慎推测，发行人核心产品上市时，柏拉阿图、杭州国谋等主体开发的产品（如有）均未上市，且该等产品如推进至注册性临床试验阶段，可能需要和发行人已上市产品做头对头对照试验，具有较高的难度。因此，发行人与柏拉阿图、杭州国谋等主体的专利申请权权属纠纷不会影响发行人产品的研发进度和研发价值。

（3）发行人说明了与柏拉阿图、席某坚的5起专利申请权权属纠纷，以及发行人与杭州国谋、席某坚的1起专利申请权权属纠纷对发行人知识产权体系的潜在不利影响和最大风险敞口、对发行人产品研发上市的潜在不利影响和对发行人未来商业化权益的潜在不利影响和最大风险敞口。

发行人在上述案件中败诉后，虽无法基于职务发明的主张取得涉案专利/专利申请权，但不会对发行人关于注射用 MB07133、甲磺酸帕拉德福韦片、富马酸海普诺福韦片的知识产权体系产生潜在不利影响。若涉案专利/专利申请权研发出的产品（如有）上市，可能加剧相关适应证产品的市场竞争，影响发行人对应产品所占市场份额，从而对发行人相关产品的未来商业化权益造成潜在不利影响，但总体影响较小。

关于柏拉阿图与发行人的侵害商业秘密纠纷，按照最坏结果原则预计，如发行人在该案二审程序中败诉，也不会对发行人核心管线的知识产权体系和产品研发上市产生重大不利影响，原因如下：发行人富马酸海普诺福韦片的重要研发阶段早于席某坚入职发行人的时间，发行人富马酸海普诺福韦片的知识产权体系完备和发行人富马酸海普诺福韦片不存在侵权风险。

虽然柏拉阿图仅诉称发行人将案涉商业秘密应用于富马酸海普诺福韦片项目，但是根据柏拉阿图对案涉商业秘密内容的说明进行分析，该案不会对发行人其他核心管线的知识产权体系和研发上市产生不利影响，具体原因见表 13.4。

表 13.4　柏拉阿图对案涉商业秘密的分析

柏拉阿图所称商业秘密名称	柏拉阿图所称商业秘密内容	不会产生不利影响的原因
丙型肝炎病毒抑制剂及应用（专利申请号：2017103587904）	根据专利说明书，该专利公开了可用作丙型肝炎病毒抑制剂的化合物，或其光学异构体，药学上可接受的盐、水合物或溶剂化物，可用于治疗丙型肝炎病毒感染或丙型肝炎疾病，也可做丙型肝炎病毒非结构 5A（NS5A）蛋白抑制剂	根据专利说明书，其药物靶点、作用机制、化合物结构及适应证等药物技术信息均不涉及发行人核心技术和核心管线

续表

柏拉阿图所称商业秘密名称	柏拉阿图所称商业秘密内容	不会产生不利影响的原因
CH0110	该项目是一种使用肝靶向技术的抗丙肝新药，能够将活性药物成分索氟布韦集中输送到肝脏，从而提高药物有效性并降低全身副反应。除此之外，柏拉阿图未对其具体内容作出进一步说明	①该项目利用的原型药物为索氟布韦，不涉及发行人核心管线利用的原型药物，且该原型药物已经上市，不涉及技术秘密。②发行人获得授权许可的 HepDirect 技术所涉专利“新的含磷前药”（专利号：ZL00807173. X）已于 2002 年公开，远早于席某坚入职发行人的时间，且柏拉阿图未说明该项目所涉肝靶向技术的具体类型
CH0223	该项目是一种抗丙肝 NS5A 蛋白抑制剂的一类新药。除此之外，柏拉阿图未对其具体内容作出进一步说明	根据左述信息，该项目的药物靶点、作用机制及适应证等药物技术信息均不涉及发行人核心技术和核心管线
CH0006	该项目是一种抗肝细胞癌一类新药，使用肝靶向技术将活性药物吉西他滨集中输送到肝脏从而提高疗效，并降低对人体其他器官如肾脏、骨髓的毒性。除此之外，柏拉阿图未对其具体内容作出进一步说明	①该项目利用的原型药物为吉西他滨，不涉及发行人核心管线利用的原型药物，且该原型药物已经上市，不涉及技术秘密。 ②发行人获得授权许可的 HepDirect 技术所涉专利“新的含磷前药”（专利号：ZL00807173. X）已在 2002 年公开，远早于席某坚入职发行人的时间，且柏拉阿图未说明该项目所涉肝靶向技术的具体类型

除表 13. 4 分析内容外，如上文关于专利申请权权属纠纷对发行人知识产权体系、产品研发上市的潜在不利影响和最大风险敞口部分所述，发行人甲

磺酸帕拉德福韦片、注射用 MB07133 所涉有效专利总体比较稳定，专利布局基本可以覆盖当前需要保护的技术方案，能够保证发行人在产品研发上市方面保持稳定。若发行人在该案中败诉，不会对发行人其他核心管线的知识产权体系和研发上市产生不利影响。

发行人核心管线不涉及丙肝适应证产品，就适应证而言，在涉案商业秘密中，丙型肝炎病毒抑制剂及应用、CH0110 及 CH0223 的适应证为丙肝，发行人的核心管线为乙肝及肝癌适应证产品，无丙肝适应证产品，亦无丙肝适应证产品的研发计划，因此，不会对发行人核心管线产生不利影响。柏拉阿图在该案中主张经济损失 500 万元及合理支出 30 万元，对此，发行人控股股东、实际控制人张某科先生已出具承诺函，承诺如发行人在本案中败诉（包括一审、二审、再审），经司法机关生效裁判文书认定发行人需承担赔偿责任的，其将全额赔偿发行人因此受到的损失。

第二节　涉技术秘密交接的实务要点

一、发行人收购 Morningside Venture 的全资子公司凯华公司的技术秘密交接情况

根据公开资料，2015 年 3 月，发行人收购凯华公司，发行人与 Morningside Venture 签署《股权转让合同》，以 5000 万元对 Morningside Venture 的全资子公司凯华公司进行全资收购。

当科技型公司收购另外一个公司的子公司时，笔者认为应该关注以下问题：

（1）公司是否有体系地交割技术秘密载体；

（2）公司是否在交割技术秘密等知识产权时做好保护措施，包括但不限于对接触人员的管理，载体使用记录的留存等；

（3）公司是否与被收购子公司的原母公司约定和明确技术秘密等知识产权的权属界限，是否约定发生技术秘密等知识产权纠纷后的处理方式等。

二、发行人离职员工创立公司涉及的专利和商业秘密纠纷带来的风险

根据公开资料，席某坚于2014年5月20日创办柏拉阿图并担任高管职务；2011年6月~2016年12月，席某坚曾间断性担任凯华公司的董事长及首席执行官，负责凯华公司的总体运营及管理和对外商务拓展及产品引进；2015年5月~2016年12月，席某坚担任发行人首席商务官，负责发行人的对外商务拓展及产品引进。基于席某坚在凯华公司研发管线引进环节中发挥的作用，以及其履行发行人首席商务官职责所需，其知晓发行人甲磺酸帕拉德福韦片、注射用MB07133及富马酸海普诺福韦片的研发进度及部分研发信息。发行人与柏拉阿图、杭州国谋、席某坚的知识产权相关诉讼共9起。2022年1月25日，原告柏拉阿图向西安市中级人民法院提起商业秘密诉讼，请求判令发行人赔偿原告经济损失500万元和合理支出30万元。西安市中级人民法院作出（2022）陕01知民初99号民事判决，判决驳回柏拉阿图的全部诉讼请求，一审法院已向发行人送达柏拉阿图就本案提交的上诉状。

发行人应系统梳理离职员工席某坚在上述商业秘密纠纷之外，是否还向发行人披露或接触到了发行人的其他技术秘密，是否可能产生新的商业秘密侵权诉讼，发行人是否对此做好了应对预案等。

第十四章　制药企业CDMO业务涉技术秘密的问询要点

第一节　发行人基本情况与核心技术秘密的问询情况

一、发行人系生物制药/品规模化合规生产（CMC）整体解决方案提供商

上交所于2022年6月29日受理澳斯康生物（南通）股份有限公司（以下简称澳斯康生物、发行人）的上市申请。发行上市审核机构于2022年7月22日提出了一轮问询，发行人于9月30日因财报更新中止审核，12月30日恢复审核。

澳斯康生物以生物制药及生物制品领域关键原材料细胞培养基为根基，逐步将产业链向下游生物制药工艺开发及生产服务延伸，发展成为一家生物制药/品规模化合规生产（Chemistry Manufacturing and Controls，CMC）整体解决方案提供商，旨在向生物制药/品客户提供从原材料供给到工艺研发直至最终商业化生产的整体解决方案，从而加速生物制药/品的研发进程、保证生物制药/品的稳定供应，并最终造福广大患者。报告期内，发行人主营业务包括细胞培养基的开发、生产及销售（细胞培养基业务），以及生物制药/品工艺开发及生产服务（CDMO）。发行人有培养基开发技术平台、培养基连续针磨生产技术平台和生物制药/品CDMO服务技术平台，核心技术包括代谢组学分析技术、DOE多因素分析技术、贴壁细胞悬浮驯化技术、大规模连续针磨生产技术、蛋白样品快速制备技术、高产稳定细胞株开发技术、细胞培养工艺开发技术、产物纯化工艺开发技术、ADC偶联药物技术和CGT基因治疗技术。发行人的核心技术均为自主研发，以非专利技术为主、申请发明专利

为辅的形式进行保护，细胞培养基的配方是发行人和客户的核心商业秘密。发行人已与众多生物制药企业、生物制品企业及科研机构建立了长期稳定的合作关系，其中生物制药企业客户包括恒瑞医药、百济神州、信达生物、复宏汉霖、百奥泰、博安生物、鸿运华宁、嘉和生物和晟斯生物等；生物制品企业客户包括康希诺、三叶草生物、天康生物、中农威特和金宇生物等；科研机构客户包括吉林大学、北京大学生命科学华东产业研究院、复旦大学和中国农业科学院兰州兽医研究所等。发行人根据《企业内部控制基本规范》《企业内部控制应用指引》制定了《研究与开发管理制度》，与在公司任职并领薪的董事（不包括独立董事）、监事、高级管理人员及核心技术人员签订了《劳动合同》《竞业禁止协议》《保密协议》等。

二、核心技术秘密首轮问询问题与答复

（一）发行人培养基业务的技术先进性

根据招股说明书及申报材料：（1）发行人细胞培养基业务按服务形式分为目录培养基、培养基定制开发及生产服务、OEM 培养基生产服务等，培养基产品覆盖抗体和蛋白类生物药生产、人用或兽用疫苗生产等领域；（2）无血清/化学成分确定的培养基产品为中高端产品，受国家产业政策重点支持；发行人作为连续 3 年国内细胞培养基市场份额排名第一的国内企业，产品实现了进口替代；（3）根据发行人实验室数据，发行人的细胞培养基产品在关键质量参数、核心性能参数上均已达到或超过进口产品；（4）在配方开发方面，发行人基于自身的核心技术开发了超过 40 种全新配方的细胞培养基；发行人的产品中包括配方完全公开的经典培养基及代工生产的培养基；（5）在生产工艺方面，发行人自主设计并定制了连续针磨工艺生产线，在国内具备领先优势。

请发行人说明：（1）发行人基于核心技术开发的培养基配方和其他自主开发的培养基配方的区别；报告期各期发行人自有配方、客户提供配方及行业通用配方的收入构成及占比情况，客户提供配方和通用配方培养基业务如何体现发行人的技术先进性；（2）生产设备在连续针磨生产过程中的作用，设备外购情况下发行人核心技术先进性的具体体现。

发行人回复情况如下：（1）发行人培养基配方均基于核心技术开发，发行人已开发超过100种细胞培养基配方，均基于自身核心技术研发而来。发行人通过代谢组学分析技术、DO多因素分析技术等核心技术实现高效定制和细胞培养基优化，实现细胞培养基配方的快速、精准研发。发行人说明了报告期各期发行人自有配方、客户提供配方及行业通用配方的收入构成及占比情况。除培养基配方开发能力外，生产工艺、质量体系、原材料采购等方面对于培养基业务也至关重要。发行人具备先进的连续针磨培养基生产工艺、严格的质量管理体系、完备的供应链管理体系，能够根据客户配方及行业通用配方进行细胞培养基的生产。从原材料的采购到成品的生产，发行人严格按照生产流程、所需环境和质量控制进行生产，以实现对批间差的控制，进而实现培养基的高质量生产。此类业务有利于发行人满足客户需求、增加客户黏性，有利于发行人的业务拓展。

（2）连续针磨工艺生产线设计和建设过程复杂、工艺壁垒高，涉及连续针磨设备关键参数的设置与设备改造，不同设备提供商的评估比较，不同厂家设备的搭配、连接和调试。发行人经过多年深耕，自主设计了连续针磨工艺生产线，发行人采购的针磨工艺生产设备并非通用设备，而是在订购设备时即根据自身多年的培养基生产经验及掌握的技术（know－how）加入了自身的定制化设计，技术门槛较高，在国内厂家中具备领先优势。发行人在订购设备时即根据掌握的know－how加入了定制化设计，实现了整体车间的智能化及自动化；通过多年的培养基生产及实验，进行参数控制，对生产线进行实时调节，保证工艺状态的稳定。

（二）发行人的主营业务为CDMO业务

根据招股说明书及申报材料，（1）发行人的CDMO业务包括各类技术开发和研究服务、生物制药/品原液及制剂委托生产服务等不同服务阶段，能为客户提供一站式CDMO服务；（2）发行人具备全类别生物药CDMO服务能力，包括单抗、双抗、重组蛋白类生物药、重组蛋白疫苗、腺病毒载体疫苗等；（3）在生物制药/品CDMO市场，发行人市场排名未进前十，市场份额低于1%，面临市场竞争加剧的风险；（4）发行人目前已经开始布局细胞和基因治疗技术平台、ADC 药物偶联平台，发行人本次募集资金计划投向偶联药物研发及生产。

请发行人说明：(1) 衡量国内 CDMO 企业市场竞争力的关键因素，发行人与同行业公司在上述关键因素方面的比较情况；(2) 不同服务阶段、不同类别生物药 CDMO 业务在生产工艺、产线、进入门槛、技术先进性等方面的比较情况；(3) 影响 CDMO 业务客户黏性的主要因素，发行人是否存在在后端研发或商业化阶段被更换或替代的风险；(4) 与细胞和基因治疗、ADC 药物偶联相关的人员和技术储备、研发进展及技术成熟度；前述领域在技术门槛、生产工艺等方面与发行人现有业务的差异，发行人拓展相关业务、实施相关募投项目的具体考虑，是否已有研发成果、合作客户、在手订单或意向性合同。

发行人回复情况如下：(1) 衡量国内 CDMO 企业市场竞争力的关键因素包括人才储备、技术水平、产业化转化能力和规模化合规生产能力；发行人以表格说明了其与国内同行业生物制药/品 CDMO 领域可比上市公司的比较情况，表格列示了公司名称、员工数量、核心技术平台、产能规模、生产工艺、商业化生产经验和核心原材料培养基自产能力。

(2) 发行人以表格列示了 CDMO 服务的内容，包括细胞株构建、上游细胞培养、下游分离纯化、制剂灌装、质量分析、原液生产等，各服务在生产工艺及产线、进入门槛和技术先进性等方面的比较情况。发行人以表格列示不同类别生物药 CDMO 业务在生产工艺、产线、进入门槛和技术先进性等方面的比较情况。

(3) 生物制药/品 CDMO 行业具备服务行业的特性，能否满足客户定制化、个性化的需求，保证产品交付的速度和质量，并具备价格优势，是影响 CDMO 业务客户黏性的核心因素。客户对 CDMO 企业是否具备上述能力的主要考虑因素包括全流程服务能力、培养基配方开发能力、规模化合规生产能力、成本控制能力以及核心知识产权（IP）保护能力。在与客户合作中，CDMO 企业通常会接触到客户 IP 和商业秘密。由于生物制药领域生产工艺专利的技术门槛很难完全杜绝模仿，专利一旦泄露，客户自主研发的新药则面临被“窃取”的风险，进而影响商业化进程。为提升客户黏性，CDMO 企业需要建立起严格的 IP 和商业秘密保护管理系统。

发行人始终坚持以解决客户核心需求为原则，已成功实现商业化生产，具备商业化生产项目经验，能够为客户报产提供强力支持，并且通过发挥培养基业务和 CDMO 业务的协同优势，较竞争对手在成本控制能力方面具备优势，亦能够满足客户对于 IP 保护的要求，与客户之间具备较强黏性。但基于发行人与客户签订的 CDMO 合同，合同条款中对于发行人获取客户后续业务未做明确约束，故理论上发行人如无法持续提升自身研发和产业化转化能力，以满足不同客户在后端研发和商业化阶段的定制化服务需求，或未能持续推出新技术、新策略、新产品或新服务，从而丧失价格和服务质量优势，则存在在后端研发或商业化阶段被更换或替代的风险。此外，如客户在产品获批后选择自建产能进行商业化生产，则发行人生物制药/品 CDMO 相关业务也存在被替代的风险。

（4）发行人说明了细胞和基因治疗领域、ADC 领域在技术门槛、生产工艺方面与发行人现有业务的差异以及拓展相关业务、实施相关募投项目的具体考虑。

发行人已形成相应领域的核心技术，包括 ADC 偶联药物技术和 CGT 基因治疗技术。ADC 偶联药物技术已建成技术平台，拥有能处理高活性达 OEB5 级产品偶联生产 GMP 车间，并配备 50L、200L 的偶联反应釜及先进的一次性偶联纯化设备，相关设备为柔性化设计，提高了生产效率及灵活度，并降低了污染风险。CGT 基因治疗技术正在进行平台技术搭建，目前针对腺相关病毒（AAV）的技术正在开发中，发行人已经构建了 10 种不同血清型的 AAV 载体，并对这些载体持续进行序列优化，使其在包装病毒滴度感染能力、表达能力，以及包装病毒实心比上持续获得提升。通过对 AAV 的不断开发，发行人获得了稳定的 AAV 包装系统，可以使大部分在基因长度符合包装要求的 AAV 能够有高滴度、高活性的表达。在 CGT 领域，发行人经过前期基础研究已获得一定的研究成果，相关成果已申请专利，发行人以表格形式列示了领域、专利名称和申请进度。

（三）发行人共有专利的协议约定及核心技术人员在前任职单位的风险核查

根据招股说明书及申报材料，（1）Valneva（VALNEVA SE）于 2015 年

向甘肃健顺（发行人子公司）授予使用 EB66 细胞株平台的许可，通过协议对知识产权事项进行了约定。（2）发行人 5 项形成主营业务收入的发明专利中，有 4 项基于前述 EB66 细胞株开发，均为共有专利；“纳米抗体的层析方法”系发行人 2021 年为 CDMO 项目特别研发，2022 年申报即获得授权。（3）发行人核心技术人员曾就职于 Genentech、安进等公司，其中仇某树为“纳米抗体的层析方法”的第二发明人。

请发行人披露：按照产品/服务类型披露核心技术产品/服务的收入构成及占比、对应的核心技术。

请发行人说明：（1）发行人与 EB66 细胞株开发相关的核心技术以及发行人对上述 4 项共有专利创新点作出的贡献；发行人报告期内使用该细胞株的产品/服务内容、报告期内的收入及占比情况，该 4 项共有专利应用于主营业务并产生收入的具体情况及计算依据，未来是否仍能持续应用于发行人的主营业务。（2）4 项共有专利的权益安排；结合《EB66 细胞株许可协议》的主要条款，说明 4 项与 EB66 细胞株相关专利的研发和申请是否符合协议约定，发行人是否需要授权 Valneva 使用及对发行人的影响，发行人是否对授权方存在重大依赖，是否存在使用范围受限、临近终止的风险。（3）“纳米抗体的层析方法”专利开发的过程；其与仇某树在原任职单位从事的工作是否存在关联，结合核心技术人员和专利发明人的任职经历及原单位工作内容、与原单位签订竞业禁止或保密协议的情况，说明发行人该专利技术来源及合法合规性，是否存在纠纷或潜在纠纷；该专利应用于主营业务并产生收入的具体情况。（4）结合发行人核心技术平台的形成过程、核心技术在发明专利中的应用情况，说明发行人的自主研发能力。

发行人回复情况如下：（1）发行人以表格形式说明了与 EB66 细胞株开发相关的核心技术，表格列示了核心技术、技术来源和核心技术与 EB66 细胞株开发的相关性。发行人以表格形式说明了名称、专利创新点及发行人贡献、专利研发的具体过程、发行人完成的具体工作以及发行人形成的相关文件。

报告期内，发行人与成都史纪生物制药有限公司、天津瑞普生物技术股份有限公司、天康生物分别签订了 EB66 细胞平台开发分授权协议，应用

EB66 细胞株及其工艺技术平台进行一系列兽药疫苗产品的开发及测试，并形成 EB66 细胞株专利许可和技术服务收入。此外，以上合作方亦从发行人采购 EB66 细胞培养基，形成 EB66 细胞培养基销售收入。

上述 4 项共有专利主要涉及兽用疫苗的制备方法及其应用，其主要特征及工艺技术在于接毒时细胞的密度、接毒时间、病毒接毒量、病毒收获时间、细胞培养温度、培养转速、培养基与细胞的比例、TPCK 胰酶的补加方法等。上述 4 项共有专利运用的细胞培养工艺、病毒生产工艺，属于发行人培养基的底层核心技术，具有通用性，广泛应用于发行人的主营业务，未来将持续应用于相关培养基的研发和生产过程中，并为发行人带来持续收入。

（2）发行人以表格形式说明了 4 项共有专利的权益安排，表格列示了专利名称、专利权人、专利类型、合作研发协议及各方和权益约定或专项说明（见表 14.1）。

表 14.1　发行人 4 项共有专利的情况

<table>
<tr><th>专利名称</th><th>专利权人</th><th>专利类型</th><th>合作研发协议及各方</th><th>权益约定或专项说明</th></tr>
<tr><td>传代细胞源 ND、IB、AI 三联灭活疫苗的制备方法及其应用</td><td>华农研究院、华南农业大学、肇庆大华农生物药品有限公司、甘肃健顺</td><td>发明专利</td><td rowspan="3">《应用 EB66 细胞株及配套悬浮培养工艺进行系列禽类疫苗开发合作项目技术开发（合作）合同》甲方：肇庆大华农生物药品有限公司
乙方：甘肃健顺
丙方：华农研究院</td><td rowspan="3">1. 因履行本合同获得的知识产权，归甲乙丙三方所有，甲方为第一单位占 52%，乙方为第二单位占 38%，丙方为第三单位占 10%。新兽药注册证书的署名归甲方、乙方和丙方，署名顺序为甲方、乙方、丙方。
2. 三方合作后产生的知识产权（包括专利、临床批件、新兽药注册证书）进行转让时，由甲方、乙方和丙方按照 52∶38∶10 的比例进行利益分配，任何一方不收取额外费用。转让的确认材料须经甲乙丙三方审验并签字</td></tr>
<tr><td>一种盒流感病毒的全悬浮培养方法</td><td>华农研究院、肇庆大华农生物药品有限公司、甘肃健顺</td><td>发明专利</td></tr>
<tr><td>一种用传代细胞系悬浮培养传染性支气管炎病毒的方法</td><td>甘肃健顺、华农研究院、华南农业大学、肇庆大华农生物药品有限公司</td><td>发明专利</td></tr>
</table>

续表

专利名称	专利权人	专利类型	合作研发协议及各方	权益约定或专项说明
一种制备鸭坦布苏病毒病灭活疫苗的方法及其疫苗	北京市农林科学院、甘肃健顺	发明专利	《鸭坦布苏病毒病灭活疫苗（EB66 细胞源，HB 株）的研究与开发项目合作合同》 甲方：北京市农林科学院畜牧兽医研究所 乙方：甘肃健顺	1. 北京市农林科学院与甘肃健顺共同共有已授权的专利号为 2018104651828 的发明专利权；该专利的转让及许可由共有方共同决定并共同享有转让费或许可使用费。 2. 北京市农林科学院与甘肃健顺按照 99% 和 1% 的比例共同享有基于《项目合作合同》产生的新兽药注册证书的所有权；双方对新兽药注册证书的转让费或者许可使用费按照 99% 和 1% 的比例享有

4 项与 EB66 细胞株相关专利的研发和申请符合协议约定，专利授权条款对发行人及合作方基本不存在不利影响，发行人对授权方不存在重大依赖，相关授权不存在使用范围受限、临近终止的风险，Valneva 并未在国内开展经营业务。

（3）2021 年，发行人在纳米抗体生产工艺优化过程中，发现纳米抗体层析易形成聚集体，且杂质难去除，蛋白分子粒径分布宽，平均粒径大，易形成大颗粒蛋白（100nm 以上），纳滤膜可滤过载量低。孙某、仇某树等公司研发人员基于此问题进行了专项工艺开发，尝试了多种层析方法解决蛋白易聚集，形成大颗粒以及杂质难去除的难题，最终找到步骤最简单、成本最低、效率最高的层析方法，最大限度降低 CDMO 项目的成本并提高生产质量和效率。此方法能够一方面保证阴离子对宿主细胞蛋白（HCP）的去除效果，另一方面减少聚体的形成，保证样品颗粒度维持较小的尺寸范围，大大提高纳滤可滤过载量，且此方法易于操作、成本较低，符合 CDMO 生产的质量和成本要求。发行人以此工艺开发成果申请了专利并获得授权。在专利开发过程中，孙某负责实验设计及执行，实验数据分析，专利技术交底书撰写，仇某树博士、罗某博士负责专利技术交底书思路引导，技术把关。“纳米抗体的层析办法”专利技术研发完成时间为 2021 年 9 月，首次申请专利日期为 2021 年 10 月 18 日，浦东知识产权保护中心于 2021 年 11 月 26 日正式受理其是否进入快速预审，经浦东知识产权保护中心预审后符合快速预审通道申请条件，国家知识产权局于 2022 年 1 月 25 日正式受理该专利申请并进行快速通道审核，2022 年 4 月 22 日，该专利获得授权。

发行人以表格说明了仇某树在加入发行人前的历史任职经历，表格列示了姓名、加入发行人及其子公司时间、原任职单位名称、在原单位职务、在原任职单位工作内容以及是否签订竞业禁止协议和保密协议。

在仇某树的历史任职工作中，仅有安进公司的工作内容与生物医药相关，仇某树于 2020 年从安进公司离职。根据前述“纳米抗体的层析方法”专利开发的过程情况及“纳米抗体的层析方法”的权利要求书并与发明人之一仇某树访谈，该专利技术为发明人利用发行人的物质技术条件自主研发取得，不属于完成原单位指派的工作任务或利用原单位的物质技术条件形成的专利成果，该专利与仇某树在原任职单位从事的工作不存在关联，不属于在原单位任职期间或离职后形成的职务发明。

发行人以表格形式说明了核心技术人员和专利发明人的任职经历及原单位工作内容、与原单位签订竞业禁止或保密协议的情况，表格列示了核心技术/专利发明人姓名、加入发行人及其子公司时间、原任职单位名称、在原单位职务、在原任职单位工作内容以及是否签订竞业禁止协议和保密协议。“纳米抗体的层析方法”专利技术为发明人利用发行人的物质技术条件自主研发取得，专利发明人在发行人任职过程中不存在违反与原单位的约定，利用原单位的职务发明情形，发行人或专利发明人未收到任何第三方对发行人拥有的该专利提出异议的任何函件或通知，亦未与任何第三方发生过与专利有关的诉讼或仲裁，发行人该专利技术来源具有合法合规性，不存在纠纷或潜在纠纷。

上述发明专利为复杂抗体的层析方法，主要针对 CDMO 业务的抗体纯化过程。该发明专利能够以较低成本、较高效率有效去除聚集体、HCP 和宿主细胞 DNA（HCD），有助于解决复杂抗体稳定性差、易聚集的问题。除传统的单克隆抗体外，复杂抗体大多存在稳定性差、易聚集的问题，分离纯化过程较常规单抗更为复杂，因此“纳米抗体的层析方法”发明专利涉及的层析纯化方法，可广泛应用于发行人的复杂抗体 CDMO 项目。“纳米抗体的层析方法”专利于 2021 年内已开发完成并应用，截至 2021 年年末，已形成诗健生物和应世生物 CDMO 项目主营业务收入 519.54 万元。此外，“纳米抗体的层析方法”专利未来可持续应用于纳米抗体、双抗等非常规单抗 CDMO 项目中，进一步为发行人贡献主营业务收入。

（4）发行人以表格形式列示了培养基开发技术平台、培养基连续针磨生产技术平台、生物制药/品 CDMO 服务技术平台的核心技术名称、技术来源和形成过程。发行人以表格形式说明了核心技术在发明专利中的应用情况，表格列示了专利名称、取得方式、核心技术以及具体应用过程。发行人的核心技术均源于自主研发，核心技术均为发行人经过长期研发和技术积累，并在产品生产及项目开展的过程中不断总结和优化后形成的，发行人具备持续的自主研发能力。

（四）发行人经第三方授权的细胞株和载体的知识产权约定

根据招股说明书及申报材料：（1）发行人已建立符合 GMP 标准的生物制药/品生产设施和生产体系；发行人的培养基产品成功实现 DMF 备案，说明其培养基质量体系已经获得 FDA 认可；（2）发行人在细胞培养基开发及 CDMO 业务开展过程中，需要用到各类细胞株、AAV 载体等资源；（3）发行人生产的细胞保存液、细胞培养基取得一类医疗器械备案；（4）发行人的甘肃健顺培养基生产基地未取得排污许可证或进行排污登记。

请发行人说明：发行人现有业务及未来拟发展业务可能使用的细胞株、载体等资源的具体来源，是否需要经过第三方授权，是否受到第三方知识产权的限制，使用前述资源是否合法合规。

发行人回复情况如下：发行人现有业务及未来拟发展业务可能使用的细胞株资源的来源主要为购买、客户提供和自主开发三种类型，其中购买方主要为欧洲认证细胞培养物收藏中心（ECACC）、美国模式培养物集存库

（ATCC）等公益性组织及 Thermo（Thermo Fisher Scientific）、Horizon（Horizon Discovery Limited）、Valneva 等企业，发行人以表格列示了细胞株名称、来源、是否需经第三方授权、是否受第三方知识产权限制以及使用是否合法合规。

在前述发行人使用的细胞株中，需要经过第三方授权的细胞株主要为发行人从 Valneva 购买授权的 EB66 细胞株及从 Horizon 购买授权的 CHO－K1（HD－BIA3 GS Null CHO K1）细胞株，根据相关授权使用协议及知识产权约定的具体情况，发行人以表格列示了获授权使用的细胞株名称、授权方、与第三方关于知识产权的限制性约定以及报告期内与该细胞株相关的营业收入及占发行人营业收入的比例。

发行人现有业务及未来拟发展业务可能使用的载体资源主要为发行人进行细胞株构建技术开发过程中根据已过专利保护期或专利失效的质粒载体自主设计构建载体及 Horizon 细胞配套载体，发行人将具体情况以表格形式说明，表格列示了载体名称、来源、专利保护情况与合规情况、是否需经第三方授权、是否受第三方知识产权限制及具体情形以及使用是否合法合规。

在前述发行人使用的载体中，需要经过第三方授权的载体为 Horizon 细胞配套载体，根据相关授权使用协议，发行人将相关授权使用及知识产权约定的具体情况以表格形式列示，表格列示了获授权使用载体名称、授权方以及与第三方关于知识产权的限制性约定。

（五）发行人诉离职技术人员未经授权访问公司系统

根据招股说明书及申报材料，报告期内发行人存在一起与前员工的劳动纠纷，在诉讼中，澳斯康生物提出反诉，主张 Ye“Jack”ZHAI 违反忠实义务并在离职后未经授权访问公司系统，损害公司利益。

请发行人说明：劳动纠纷中的离职员工是否为知悉发行人重要技术秘密的关键岗位人员，其离职是否可能导致重大泄密风险及发行人的应对措施。发行人是否与关键岗位员工签订保密协议、竞业禁止协议等充分防范技术泄密风险，发行人最近两年是否存在重要技术人员离职的情况。

发行人回复情况如下：离职员工 Ye“Jack”ZHAI 不是知悉发行人重要

技术秘密的关键岗位人员，且离职后仍需承担相应的保密义务，公司已构建了较为完善的技术秘密保护制度和措施，其离职不可能导致重大泄密风险。发行人已与在公司任职并领薪的董事（不包括外部董事、独立董事）、职工监事、高级管理人员及核心技术人员等关键岗位员工签订了保密协议和竞业限制协议，对其任职期间及离职后需履行的保密义务、竞业限制义务均作出了明确的约定，以防范技术泄密风险。

发行人以表格说明了最近两年内重要技术人员离职、被辞退的具体情况，表格列示了该类人员姓名、职级、在职情况、任职时间以及离职时间，发行人近两年来共计拥有重要技术人员 19 名，其中仅有 3 人存在离职的情况，占比较低，上述技术人员均仅为发行人的中高职级人员，不是发行人高级管理人员及核心技术人员。发行人针对上述重要技术人员离职的情况快速做出反应，选取具有丰富研发经验，能够胜任相关研发岗位的继任者，发行人以表格列示了离职员工的姓名、职位、离职时间、主要工作以及继任者情况。

鉴于上述离职人员分属于不同板块，同一板块离职人员较少，且离职人员职级仅为发行人的中高职级人员，不是发行人高级管理人员及核心技术人员，而相应板块其他技术人员尤其是其继任者具有丰富的研发经验，能够胜任相关研发岗位，保证相关项目研发顺利进行，故发行人重要技术人员离职不存在对发行人主要产品、核心技术的研发构成重大不利影响的情形。

第二节　CDMO 业务涉技术秘密的实务要点

一、发行人 CDMO 业务的技术秘密泄密风险控制与核查

根据公开资料，发行人的生物制药/品 CDMO 业务主要包括细胞株构建、细胞培养工艺开发、纯化工艺开发与验证、分析方法开发与验证、制剂工艺开发、稳定性研究等技术开发和研究服务以及生物制药/品原液及制剂委托生产服务。在与客户合作中，CDMO 企业通常会接触到客户 IP 和商业秘密。由于生物制药领域生产工艺专利的技术门槛很难完全杜绝模仿，专利一旦泄露，

客户自主研发的新药则面临被“窃取”的风险，进而影响商业化进程。为提升客户黏性，CDMO 企业需要建立起严格的 IP 和商业秘密保护管理系统。

CDMO 企业应该关注以下问题：

（1）公司采取了哪些具体措施防止客户的商业秘密被泄露，包括但不限于对载体进行加密保护、对人员进行保密分级管理以及尽量减小与客户商业秘密的接触范围等；

（2）公司是否对接触到 CDMO 业务的员工进行系统的知识产权培训，是否与其技术人员就不同 CDMO 业务签署针对性保密协议，即在协议中明确具体项目可能接触到的保密范围；

（3）公司与客户就 CDMO 业务的技术秘密等知识产权保护做出了哪些约定，一旦客户的技术秘密泄露，公司将承担的违约和侵权风险是否会对其持续性经营产生影响；

（4）在为客户提供 CDMO 业务的过程中，公司采取了哪些措施对其自身的技术秘密进行保护，是否存在客户通过反向工程获知公司技术秘密的风险，对此有何限制性约定等。

二、发行人 4 项共有专利存在的潜在权属纠纷及技术秘密侵权纠纷风险

根据公开资料，Valneva 于 2015 年向甘肃健顺授予使用 EB66 细胞株平台的许可，协议对知识产权事项进行了约定；发行人 5 项形成主营业务收入的发明专利中，有 4 项基于前述 EB66 细胞株开发，均为共有专利，上述 4 项共有专利运用及保护的核心技术，属于发行人兽用疫苗细胞培养工艺的底层核心技术。发行人拥有中国地区对 EB66 细胞株的独占许可权，《EB66 细胞株许可协议》约定所有开发成果归甘肃健顺及其合作方单独所有，并且甘肃健顺需要授权 Valneva 使用上述专利。

应该进一步问询以下问题：

（1）由于上述 4 项共有专利运用及保护的核心技术属于发行人兽用疫苗细胞培养工艺的底层核心技术，请发行人说明其授权 Valneva 使用其专利是否存在影响发行人核心技术竞争力的风险；

（2）发行人说明了上述4项共有专利合作各方之间对于专利、许可使用费、临床批件、新兽药注册证书及其署名权的权益约定，请发行人说明合作研发上述4项共有专利时，是否产生了未申请专利的技术秘密成果，如有，合作各方对技术秘密的权属以及保密事项做出了何种约定等。

三、入职核心技术人员的审查和离职技术人员的风险控制

根据公开资料，（1）发行人“纳米抗体的层析方法”系发行人2021年为CDMO项目特别研发，2022年申报即获得授权，发行人核心技术人员曾就职于Genentech、安进等公司，其中仇某树为“纳米抗体的层析方法”的第二发明人。（2）发行人近两年来共计拥有重要技术人员19名，其中有3人存在离职的情况。（3）报告期内发行人存在一起与前员工的劳动纠纷，在诉讼中澳斯康生物提出反诉，主张Ye“Jack”ZHAI违反忠实义务并在离职后未经授权访问公司系统，损害公司利益。Ye“Jack”ZHAI在其离职后未及时交还澳斯康生物的邮箱账户，且未经授权仍登录访问并删除部分邮件内容，给公司造成了一定的损失。

应该进一步问询以下问题：

（1）仇某树于2020年从安进公司离职，请发行人说明仇某树从安进公司离职的具体时间以及其在安进公司参加的重大科研项目以及核心技术研发的参与情况；

（2）请发行人具体说明3名离职人员在职期间涉及公司哪些类型的核心技术秘密，说明离职人员的去向及其是否有泄露公司技术秘密的风险；

（3）请说明发行人前员工Ye“Jack”ZHAI未经授权访问公司系统侵犯了公司何种类型的商业秘密，为防止该种情况再次发生，发行人对离职员工进一步采取了哪些商业秘密保护措施，包括但不限于离职员工载体交接管理、保密协议以及权限管理等。

第十五章　软件企业技术秘密涉第三方软件授权的问询要点

第一节　发行人基本情况与核心技术秘密的问询情况

一、发行人 IPO 进展情况

笔者曾针对苏州浩辰软件股份有限公司（以下简称浩辰、发行人）首轮问询及回复撰写文章《涉软件源代码技术秘密被诉侵权问询》①（以下简称首轮问询文章）。发行上市审核机构分别于 2022 年 3 月 8 日、6 月 27 日提出了第二轮问询和审核中心意见落实函，公司于 2022 年 6 月 22 日和 7 月 12 日回复了二轮问询和审核中心意见落实函，7 月 20 日通过了上市委员会会议（以下简称上市委会议），8 月 8 日提交注册，2023 年 7 月 26 日注册生效。

本章梳理了二轮问询和审核中心意见落实函问题中与核心技术相关的事实，结合首轮问询文章与此有关联性的问题进行分析，针对涉软件授权的核查与回复应对事宜提出相应的建议。

二、核心技术第二轮问询问题与答复

（一）首轮回复

根据首轮问询回复，（1）公司经过近 20 年的自主研发，逐步积累了全面的 CAD 底层技术。发行人于 2003 年推出的首款浩辰 CAD 软件，系基于美

---

① 参见李德成、白露：《科创板技术秘密审查与技术秘密刑事保护》，法律出版社 2022 年版，第 16～21 页。

国国际贸易委员会（International Trade Commission，ITC）的源代码进行开发，并一直延续到浩辰 CAD 2012 版本。2010 年，发行人决定开发一款独立于 ITC 技术、具有自主核心技术的 CAD 平台软件，于 2013 年 7 月完成并正式发布浩辰 CAD 8，形成了自主的浩辰 CAD 平台软件底层技术，发行人以此为基础持续进行了迭代、创新和优化改进，并陆续发布浩辰 CAD 的新版本。发行人列表展示了 2010 年至今 CAD 软件经历的基础版本研发、差异化研发、协同设计创新研发、生态建设研发 4 个阶段中底层技术研发历程，并列表展示了 CAD 平台核心层研发过程中取得的与平台核心层相关的 7 项境内发明专利，以此说明发行人底层技术系发行人自主研发的结果，具有高度自主性。（2）通过列举表格逐项分析的方式说明了发行人 2D CAD 核心技术与浩辰 CAD 看图王核心技术不涉及基于 ITC 源代码或开源代码基础上的升级改进或二次开发的情形。（3）浩辰 CAD 和 CAD 看图王不存在使用欧特克、ITC 技术授权的情况，但存在使用 ODA、ACIS 等其他第三方技术授权的情况，使用的第三方技术均不涉及发行人核心技术。（4）为快速实现推出 2D CAD、3D CAD 产品综合解决方案、全面满足用户使用需求以及拓展浩辰产品线的目标，公司在 3D CAD 领域采取与西门子合作的方式。发行人通过和西门子签订的技术组件授权，获得了相关模块的使用授权，并可任意集成在公司的产品（浩辰 3D）中，公司可以对软件功能、交互界面、操作模式进行进一步的开发。发行人与西门子签订了 5 年期限合同，附带到期自动续期条款。（5）发行人在 2D CAD 平台软件相关技术基础上，通过进一步自主研发，初步掌握了 3D 建模和图形显示相关技术，并成功发布了浩辰 CAD 建筑、给排水、暖通、电气等具备三维建模能力和 BIM 特征的专业软件。报告期内，发行人陆续发布多款 2D + 3D 一体化的、具有 BIM 特征的工程建设行业应用软件，均系自主研发，不存在利用国外的 BIM 平台产品开发软件的情形；未来，发行人将通过自主研发和产业并购的方式，形成在工程建设、制造业领域的 3D 软件产品，并与浩辰 CAD 软件紧密结合，提供国产自主可控的 2D + 3D 一体化 CAD 解决方案。（6）发行人与 ITC 签署的《保密和解协议》中约定的“和解产品”已涵盖了所有涉诉、双方有争议的产品和技术，发行人不存在产品中使用 ITC 2015 年 5 月 18 日之后提供的知识产权的相关情况，不存在不起诉承诺之外的知识产权纠纷风险。

（二）二轮问询及回复

请发行人说明：发行人产品使用第三方技术是否均获得了授权或许可，是否存在利用第三方技术形成专利或其他知识产权的情况，发行人与该等第三方是否存在纠纷或潜在纠纷。

发行人回复情况如下：（1）浩辰 CAD 使用第三方技术的情况：发行人列表展示了浩辰 CAD 使用的第三方技术情况，包括 ODA、ACIS、FlexNet、FLY SDK 4 项技术，列举了该 4 项技术的使用情况和授权方名称，且 4 项技术均获得授权或许可，都不存在利用第三方技术形成专利或其他知识产权的情况，不存在纠纷或潜在纠纷。除上述情形以外，浩辰 CAD 还存在使用第三方开源技术的情形，相关技术主要应用于浩辰 CAD 具体的功能应用或用户界面，均不涉及发行人核心技术。发行人使用该等开源技术均符合相应开源许可证要求，发行人不存在利用该等第三方开源技术形成专利或其他知识产权的情况，发行人与该等第三方均不存在纠纷或潜在纠纷。

综上，浩辰 CAD 使用的上述第三方技术均获得了授权、许可或符合相应开源许可证要求，发行人不存在利用第三方技术形成专利或其他知识产权的情况，发行人与该等第三方不存在纠纷或潜在纠纷。上述第三方技术均不涉及发行人核心技术，主要系实现 CAD 行业数据格式标准的兼容以及功能应用层可选功能、软件授权等非核心业务功能，与中望 CAD 涉及的通用命令层命令、PDF 打印、软件加密等类似，符合行业惯例。

（2）浩辰 CAD 看图王使用第三方技术的情况：发行人列表展示了浩辰 CAD 看图王使用的第三方技术情况，包括 ODA、ACIS、FLY SDK、即时通信 IM、云计算服务、号码认证等 6 项技术，列举了该 6 项技术的使用情况和授权方名称，且 6 项技术均获得授权或许可，都不存在利用第三方技术形成专利或其他知识产权的情况，不存在纠纷或潜在纠纷。除上述情形以外，浩辰 CAD 看图王还存在使用第三方开源技术的情形，相关技术主要应用于浩辰 CAD 看图王具体的业务功能，均不涉及发行人核心技术。发行人使用该等开源技术均符合相应开源许可证要求，发行人不存在利用该等第三方开源技术形成专利或其他知识产权的情况，发行人与该等第三方均不存在纠纷或潜在纠纷。

综上，浩辰 CAD 看图王使用的上述第三方技术均获得了授权、许可或符合相应开源许可证要求，发行人不存在利用第三方技术形成专利或其他知识产权的情况，发行人与该等第三方不存在纠纷或潜在纠纷。上述第三方技术均不涉及发行人核心技术，主要系实现 CAD 行业数据格式标准的兼容、PDF 转换以及号码认证等非核心业务功能或互联网通用组件等，符合行业惯例。

（3）浩辰 3D 使用第三方技术的情况：发行人浩辰 3D 系基于西门子相关技术，获得了相关授权，发行人不存在利用西门子技术形成专利或其他知识产权的情况，发行人与西门子不存在纠纷或潜在纠纷。浩辰 3D 系基于西门子技术，该等使用第三方技术的情况符合行业惯例。此外，浩辰 3D 嵌入了浩辰 CAD 机械设计模块，提升了浩辰 3D 软件的二维设计能力，使浩辰 3D 软件更贴合国内用户的使用习惯，该部分与浩辰 CAD 使用第三方技术涉及的情形一致。

综上，浩辰 CAD、浩辰 CAD 看图王、浩辰 3D 使用的第三方技术均获得了授权、许可或符合相应开源许可证要求，发行人不存在利用第三方技术形成专利或其他知识产权的情况，发行人与该等第三方不存在纠纷或潜在纠纷。浩辰 3D 系基于西门子技术，该等使用第三方技术的情况符合行业惯例；浩辰 CAD、浩辰 CAD 看图王使用的上述第三方技术均不涉及发行人核心技术，主要系实现相关 CAD 行业数据格式标准的兼容或相关非核心业务功能，发行人使用上述第三方技术的情况符合行业惯例。

三、核心技术审核中心意见落实函问询与答复

请发行人进一步说明：（1）在 3D CAD 产品方面，与西门子技术合作的具体内容，相关技术组件的授权具体方式，是否有权二次加工西门子有关 3D CAD 技术；（2）在与西门子技术合作基础上，发行人是否拥有 3D CAD 方面的自主研发技术成果，3D CAD 业务未来的发展前景。

发行人回复情况如下：发行人通过和西门子签订的技术组件授权协议，获得了相关模块的使用授权，并可集成在公司的产品（浩辰 3D）中。发行

人与西门子于2019年签署的《独立软件供应商组件产品许可协议》中约定“开发许可证授予：用于发行人根据协议条款开发和维护集成产品。其中，集成产品指包含组件产品的任何客户产品［在中国（除港、澳、台地区）市场使用的发行人软件产品，允许发行人将组件产品及其任何发布版本或强化版本集成到这些产品中］组成的产品和/或以任何方式使用组件产品提供的功能的产品”。

西门子将组件程序和许可一次性打包提交给公司后，发行人将这些组件和自有软件模块进行组装，包括制作安装程序、授权管理等，然后由其提供给客户。西门子提供的组件中包含了零件设计模块、装配设计模块、图档输出模块、钣金设计模块、焊接框架设计模块、管路设计及电缆线束设计模块、运动及力学仿真模块、逆向设计模块等，发行人基于对3D业务的发展规划，并未将此技术组件直接向用户出售，而是将其自身的2D设计能力与3D较好融合，集成了浩辰CAD机械设计模块、部分设计工具以及零件库等模块，并设计了适合国内用户使用习惯的工作界面，加入了公司定义的授权管理模块，推出了浩辰3D商业化软件。因此，发行人与西门子合作的业务实质系以西门子技术为基础，以更适合国内使用习惯的软件功能、工作界面以及行业细分应用需求的自主开发为依托，推出浩辰3D进行销售，其采取前述合作模式系综合考量客户应用需求、技术水平和市场合作、行业公司发展历程等因素。

软件行业的二次加工，可以从两个层面理解。第一，源代码级的加工，即通过合法途径获取相关技术（组件、程序等）的源代码授权后，依据授权权限，对源代码进行修订、修改、调整等。第二，基于软件接口的二次开发，即通过应用程序接口来访问软件原有的一些基本功能和数据，并基于这些基本功能进行修改、扩展进而形成更加专业或新的功能以满足用户专业化的需求。对于源代码层面，发行人不存在对西门子授权的3D CAD组件进行加工。西门子向发行人提供的西门子3D CAD组件非开源，发行人无权取得其源代码，因此不存在对西门子3D CAD组件源代码进行二次加工的情况。对于二次开发层面，发行人可以基于西门子组件提供的应用程序接口进行二次开发层面的加工，符合软件行业惯例。报告期内，为将发行人自身的2D设计能力与 3D 较好融合，浩辰 3D 集成了浩辰 CAD 机械设计模块、部分设计工具以及零件库等模块，并设计了适合国内用户使用习惯的工作界面，加入了公司定义的授权管理模块。

综上，对于西门子授权的 3D CAD 组件，发行人不存在对西门子 3D CAD 组件源代码层面的二次加工，发行人可以基于西门子组件提供的应用程序接口进行二次开发层面的加工，符合软件行业惯例。

第二节　使用第三方授权技术涉核心技术问询的实务要点

苏州浩辰的产品中使用了第三方授权的技术，为此，上市审核机构在二轮问询和审核中心落实意见函中都对第三方授权技术的内容进行了问询。结合本案例，涉技术授权的上市审核问询中，应该就以下问题进行关注：

1. 请发行人说明核心技术的来源和研发历程，以证明公司具有独立自主的研发能力；

2. 发行人产品使用第三方技术是否均获得了授权或许可；

3. 是否有基于第三方授权技术形成的专利或其他知识产权成果；

4. 发行人是否有权对第三方授权技术进行二次开发。

中篇

技术秘密刑事保护

本篇针对商业秘密刑事案例做解读和分析，在找出问题的同时提出意见和建议，以期对理论、实务发挥应有的作用。

具体而言，本篇从公司负责人贿赂合作单位员工非法获取使用技术秘密构成共同犯罪、非法获取使用又申请专利公开技术秘密应区分不同类型、将研发数据传至个人电脑是盗窃行为、技术秘密刑案涉计算机程序目标代码的注意事项、计算机程序代码技术秘密刑案证据组织的注意事项、技术秘密刑事案件中修改性使用的证明方法与证据标准几个方面对技术秘密刑事保护进行分析。

第十六章　公司负责人贿赂合作单位员工非法获取使用技术秘密构成共同犯罪

第一节　公司负责人实施的职务行为可构成单位犯罪

A 系 B 公司的子公司，成立于 2003 年 4 月 24 日，主营业务为风机制造，该公司拥有多项技术秘密。

被告单位 C 公司成立于 2002 年 4 月 3 日，主营业务包括风机制造销售。被告人 X 是 A 的员工，从事技术员工作，与公司签有保密协议。2015 年 1 月～2020 年 8 月，C 公司的法定代表人 Y（另案处理）、负责人 Z 利用金钱诱使 X 窃取 B 公司的技术信息。X 按照 C 公司拟参与鼓风机产品投标所需的技术参数要求，先利用 B 公司“某软件”进行选型，得出一个完整的技术选型报告所需的各项必备参数后，发给 C 公司用于该公司的投标活动。C 公司中标后，被告人 X 利用其非法下载的 B 公司相对应型号的鼓风机产品图纸，按照 C 公司中标产品的实际技术数据对部分图纸进行必要修改后（其他图纸不修改），使用网易邮箱（或手机）发送给 C 公司的被告人 Q，被告人 Q 接收图纸之后用于 C 公司的鼓风机产品生产。就以上信息，鉴定机构分别出具了涉案的 5 项技术属于不为公众所知悉技术信息的鉴定意见，犯罪嫌疑人被扣押的电子数据中的技术信息与 B 公司的技术信息具有同一性的鉴定意见和 C 公司的销售行为给 B 公司造成经济损失的鉴定意见等。另查明，被告人 X 先后向 C 公司传输选型数据多次，传输产品图纸数据多次，共非法获利人民币 200 万余元。

2021年12月22日，某市某区人民法院判决[①] Q、Z、X三人的行为构成侵犯商业秘密罪，分别判处1年6个月~3年不等的有期徒刑，均适用缓刑，并处罚金；认定被告单位C公司构成侵犯商业秘密罪，判处罚金。一审判决后，各被告人均未提出上诉，公诉机关未提出抗诉，该判决已生效。

第二节　单位与非本单位员工共同犯罪

该案是单位法定代表人、负责人诱使合作伙伴员工泄漏公司技术秘密被认定为单位犯罪的案件，有以下几个方面值得关注。

一、经单位法定代表人、负责人决定且所得利益归属单位的应认定为单位犯罪

《刑法》第30条规定："公司、企业、事业单位、机关、团体实施的危害社会的行为，法律规定为单位犯罪的，应当负刑事责任。"该案中，C公司的法定代表人Y作出决策后，被告人Z积极指挥、协调被告人X与C公司间的技术信息传输、接收并经手支付X出售技术信息的费用。被告人Q受公司指派，与X对接，接收X传输的具有商业秘密的技术信息，将信息传输给公司技术部门用于生产鼓风机产品，所得利益归于公司，因此应当被认定为单位犯罪。对于单位犯罪的处罚，《刑法》第31条[②]规定，单位犯罪的，对单位判处罚金，故该案对被告单位判处60万元的罚金具有合理性。

二、该案被告单位与被告人应当认定为侵犯商业秘密共同犯罪

该案判决中认定"被告人X、Z在共同犯罪中起主要作用，系主犯。故对于被告人X辩护人的上述辩护意见，本院不予采纳。被告人Q在共同犯罪中起次要作用，系从犯，应当从轻、减轻或免除处罚"。可见该判决书并没

---

① 一审案号：沈阳高新技术产业开发区人民法院刑事判决书，（2021）辽0192刑初38号。

② 《刑法》第31条规定，"单犯位罪的，对单位判处罚金，并对其直接负责的主管人员和其他直接责任人员判处刑罚。本法分则和其他法律另有规定的，依照规定"。

有对单位是否属于共同犯罪进行评价。单位共同犯罪有两种情况，一种是两个以上的单位之间构成的共同犯罪，另一种是单位与自然人构成的共同犯罪。对于第二种情形，一般认为这里的自然人不应当是公司的员工，而是与单位不存在劳动隶属关系的自然人，在单位犯罪成立的前提下，公司的员工应认定为单位犯罪的直接责任人员。因此，该案中应该是将被告单位与被告人X认定为共同犯罪，Z、Q认定为单位犯罪中的直接责任人员。

三、认定单位与非本单位员工共同犯罪具有积极的重要意义

该案中被告人X违反与A的保密协议，将涉案技术秘密披露给被告单位使用，属于《刑法》第219条第1款第3项所规定的违反保密义务披露使用和允许他人使用商业秘密的行为，依据最高人民法院、最高人民检察院发布的《侵犯知识产权法律解释（三）》第5条第1款第3项的规定，损失数额可以根据权利人因被侵权造成销售利润的损失确定。该案中C公司的销售行为给B公司造成经济损失6 585 097元，据此定罪量刑证据充分，适用法律正确。但如果被告单位尚未销售或者销售行为所造成的损失低于30万元，则难以追究刑事责任。

如果从共同犯罪的角度组织证据并适用法律，对于依法打击侵犯商业秘密的犯罪行为意义重大，具体分析如下。

被告单位以非法使用为目的，以贿赂被告人X为手段，非法获取涉案技术秘密并非法使用，依据《侵犯知识产权法律解释（三）》第5条第1款第2项的规定，以不正当手段获取权利人的商业秘密后，披露、使用或者允许他人使用的，损失数额可以根据权利人因被侵权造成销售利润的损失确定，但该损失数额低于商业秘密合理许可使用费的，根据合理许可使用费确定。

公安机关委托资产评估机构，对涉案技术秘密的合理许可使用费用进行评估并出具评估结论意见，并以此为依据定罪量刑则结果完全不同。

因此，在侵犯商业秘密的共同犯罪中，区分各被告人是被告单位人员还是非被告单位人员，进而正确认定被告单位与非单位人员的被告人构成违法获取技术秘密的共同犯罪，具有特别重要的作用和价值。

第十七章　非法获取、使用，又申请专利公开技术秘密应区分不同类型

第一节　各跳槽员工侵犯技术秘密构成共同犯罪

A 公司成立于 2011 年 10 月 21 日，主营业务包括制袋机的研发、生产和销售，该公司拥有多项技术秘密。2013 年～2019 年 5 月，被告人 X、Y、Z、Q 曾在 A 公司担任总经理、副总经理、机械设计主管职务。2018 年 12 月起，被告人 X、Y、Z 经共谋，共同出资成立 B 公司，再由 B 公司持虚假证明材料控股成立 C 公司，并通过生产、销售包含 A 公司技术信息的同类型制袋机牟利。2019 年 2 月起，被告人 X、Y、Z 先后从 A 公司离职，进入 C 公司工作，Y 在离职前，将其负责保管的存有 A 公司全部电子版机械图纸的硬盘予以备份，并将上述备份机械图纸电子版带至 C 公司使用至案发。后三人又招募被告人 Q 进入 C 公司工作，并允诺给予 5% 干股股权，Q 在离职前将 A 公司研发的机械图纸电子版复制、修改公司名称后交给 Z，由 Z 负责使用上述图纸生产制造制袋机。经评估，M 技术信息研发价值为 124.04 万元；N 技术信息的研发价值为 83.31 万元。Z 使用相关图纸信息制造了 5 台与 A 公司相似的 L 型制袋机对外销售，经查，销售金额共计人民币 265 万元。

另经法院查明，2019 年 6 月起，被告人 X、Y、Z、Q 经共谋，将 A 公司两项技术信息直接或者部分修改后，通过申请实用新型专利的方式对外公开。经鉴定，C 公司持有的专利中的技术信息与 A 公司持有的 M 技术信息相同，C 公司持有的专利中的技术信息与 A 公司持有的 N 技术信息实质相同。

2022年2月10日，某区人民法院判决[①] X等四人的行为构成侵犯商业秘密罪，分别判处1年9个月~2年不等的有期徒刑，均适用缓刑，并处罚金；同时法院还判决禁止四被告人在缓刑考验期内从事制袋机生产、销售及相关经营活动。一审判决后，各被告人均未提出上诉，公诉机关未提出抗诉，该判决已生效。

第二节 以涉案商业秘密的商业价值确定损失数额

该案是最高人民法院发布的“2022年中国法院50件典型知识产权案例”之一，有以下几个方面值得关注。

一是被害单位涉案技术秘密被该案四被告人共谋以申请专利的形式公开，在同一性比对时，将被害单位的秘密点与所申请专利的哪些文件进行比对的问题。团队曾代理过类似案件，这与专利民事侵权比对的方法有所不同。在此类技术秘密的侵权或者刑事控告中，不仅要比对涉案技术秘密点与专利权利要求，还要对专利说明书及附图中描述的具体技术内容进行比对。其目的是通过比对，确定专利权利要求、说明书及附图披露了涉案技术秘密的具体技术特征，并在此基础上判断是否披露了涉案技术秘密方案导致公众知悉的后果。

因此，当专利文件披露的技术方案和权利人主张的技术秘密内容完全相同或无实质性区别即具有同一性时侵权行为成立，但是比对结果不具有同一性时并不能得出必然不侵权的结论，特别是在将被害单位的技术秘密方案修改后申请专利的情况下更要特别地引起重视，不加区分地直接适用专利侵权判定规则来审理此类技术秘密案件是错误的；在刑事案件中，对涉案技术秘密进行修改后申请专利的，可以参见本书第二十一章“技术秘密刑事案件中修改性使用的证明方法与证据标准”的相关内容。

二是在包括专利公开导致涉案技术秘密为公众所知悉在内有多种犯罪类

① 一审案号：上海市浦东新区人民法院刑事判决书，(2021)沪0115刑初5190号。

型情况下，如何选择合适的损失认定方法并正确适用司法解释具体条款的问题。该案存在多种侵犯商业秘密罪的犯罪类型，既有Y、Q二人以不正当手段获取权利人涉案商业秘密的行为，也有披露和允许他人使用的行为，还有X、Y、Z、Q四人共谋将技术秘密直接或者部分修改后，通过申请实用新型专利的方式对外公开导致涉案商业秘密为公众所知悉的行为。该案判决以犯罪行为导致涉案技术秘密为公众所知悉为基础，依据《侵犯知识产权法律解释（三）》中第5条第1款第5项的规定，选择以涉案商业秘密的商业价值确定损失数额理由是充分的。

依据上述规定，商业秘密商业价值可以根据该项商业秘密的研究开发成本、实施该项商业秘密的收益综合确定。该案中两项技术秘密的研发价值分别为124.04万元和83.31万元，销售金额为265万元。如果简单机械地据此量刑也不尽合理，因为公开资料显示该专利申请已被授权且及时地转让给被害单位并取得谅解，犯罪行为虽然导致涉案技术秘密为公众知悉不再属于商业秘密，但是所涉技术方案的价值并未完全丧失。从这个角度讲，对该案各被告人均适用缓刑是合理的，具有典型意义。

三是将违反保密约定和权利人有关保守商业秘密的要求，披露、使用其所掌握的商业秘密的行为人与明知前述行为，仍获取、使用和披露该商业秘密的行为人认定为共同犯罪。该案中，Y和Q属于违反保密约定和权利人有关保守商业秘密的要求，披露、使用其所掌握的商业秘密，X、Z虽未直接窃取被害单位的技术秘密，但是在明知Y、Q的犯罪行为后，仍获取、使用和披露该商业秘密，属于共同犯罪。法院在该案中认定四被告人在共同犯罪中共同合谋、各有分工、相互配合，所起的作用基本相当，故对被告人Z和Q的辩护人提出两被告人系从犯的意见没有采纳。笔者在拙作《员工携密跳槽不正当手段认定对定罪的影响》中强烈表达了将跳槽员工与新单位（或他人）认定为共同犯罪的观点。①

---

① 参见李德成、白露：《科创板技术秘密审查与技术秘密刑事保护》，法律出版社2022年版，第191~193页。

四是该案依据“从旧兼从轻”的原则适用1997年修订的《刑法》。判决书显示，2018年12月起，被告人X、Y、Z合谋，共同出资成立C公司。被告人X、Y、Z、Q分别于2019年3月5日、5月15日、3月5日、4月18日从A公司离职，Y在离职前，将其负责保管的存有A公司全部电子版机械图纸的硬盘予以备份，并将上述备份机械图纸电子版带至C公司使用，Q在离职前将A公司研发的技术秘密复制、修改公司名称后交给Z，由Z负责使用上述图纸生产制造了5台与A公司制袋机相似的L型制袋机对外销售。从以上信息来看，该案所有犯罪事实均是发生在2018年12月之后，不应适用1997年《刑法》。经进一步查询，C公司的成立时间是2017年3月15日，不是2018年12月，只是当时的法定代表人和股东登记的不是该案被告人。根据《刑法》第12条[①]有关刑法溯及力“从旧兼从轻”的规定，只有犯罪行为发生在2017年修正的《刑法》即2017年11月4日之前，才能适用1997年《刑法》，否则应该适用2017年《刑法》。因此推测，判决书没有披露全部的事实，该案认定的犯罪行为起始时间应在被告人正式成为登记法定代表人/股东之前，这对当下大量存在的以亲友等名义登记注册公司、以暂不入职等手段规避被追究侵犯商业秘密罪的犯罪行为起到了很好的打击警示作用，值得肯定。

① 《刑法》第12条规定，“中华人民共和国成立以后本法施行以前的行为，如果当时的法律不认为是犯罪的，适用当时的法律；如果当时的法律认为是犯罪的，依照本法总则第四章第八节的规定应当追诉的，按照当时的法律追究刑事责任，但是如果本法不认为是犯罪或者处刑较轻的，适用本法。本法施行以前，依照当时的法律已经作出的生效判决，继续有效”。

第十八章　将单位研发数据传至个人电脑是盗窃行为

第一节　员工违反保密规定拷贝研发数据被追究刑事责任

被害单位 A 公司与 B 公司均系某控股公司 100% 持股的关联公司。基于关联公司内部合作研发需要，A 公司与 B 公司共享服务器内研发数据。

被告人 X 原系 B 公司的技术工程师，负责芯片硬件开发编程工作，配有 B 公司及被害单位 A 公司服务器的登录账户，并具有查看和使用服务器内研发数据的权限。2021 年 6 月开始，X 违反 B 公司的保密规定，多次绕开公司终端监控软件监管从 B 公司服务器拷贝研发数据到 A 公司的服务器，后从 A 公司服务器将研发数据下载至其办公电脑，再通过某软件利用局域网传输至其个人电脑后将部分数据复制到其个人的移动硬盘。其间，X 先后通过上述方式获取 B 公司及 A 公司研发数据约 378 个。2022 年 5 月，A 公司在对涉密部门进行安全信息审查时，发现 X 盗窃公司源代码的情况后向公安机关报案，同月，X 被公安机关抓获。

经某鉴定所鉴定，至鉴定日，被告人 X 盗窃的 A 公司的技术信息属于不为公众所知悉的信息。经评估，涉案技术信息的合理许可使用费为 1436 万元。以上事实经过一审当庭举证质证的物证、书证、证人证言，被害人陈述、鉴定意见书，现场勘验材料，被告人 X 的供述与辩解及指认笔录等证据予以证实。

某区人民检察院指控被告人 X 犯侵犯商业秘密罪，某区人民法院（以下简称一审法院）审理该案并于 2023 年 1 月 16 日作出一审判决。一审法院认为，被告人 X 盗窃权利人的商业秘密，情节特别严重，其行为已构成侵犯商业秘密罪，但 X 归案后如实供述自己的犯罪行为，依法可以从轻处罚。判决被告人X构成侵犯商业秘密罪，判处有期徒刑3年6个月，并处罚金20万元；随案移送的笔记本电脑2台、手机1部，予以没收上缴国库；随案移送的移动硬盘1个，予以销毁。

被告人X不服一审判决，向某中级人民法院（以下简称二审法院）提出上诉。二审法院认为该案事实清楚，决定不开庭审理。二审期间，X提交了其向A公司和B公司出具的悔罪书、其妻子出具给A公司和B公司的道歉信；B公司向二审法院出具了谅解书，表示对X的行为予以谅解，希望其能得到从宽处理。二审法院认为，X在无公司合法授权的情况下，利用计算机系统漏洞，绕开公司监管，下载、复制公司技术秘密，根据评估报告书，涉案技术秘密的合理许可使用费为1436万元，X窃取权利人的商业秘密，情节特别严重。二审期间，A公司出具了谅解书，对X的行为予以谅解，故二审法院对X从轻处罚，判处有期徒刑3年2个月，并处罚金20万元。

第二节　以“盗窃”手段获取商业秘密的认定

一、员工将公司数据从办公电脑私发至个人邮箱或电脑的行为认定为以“盗窃”手段获取商业秘密

该案中，X侵犯商业秘密的行为是将研发数据通过服务器下载至办公电脑后传输至个人电脑，再部分复制到个人的移动硬盘。一审、二审法院均认定为“盗窃”商业秘密的行为。

笔者曾撰文《员工违规将技术秘密发个人邮箱是盗窃行为》[①]，对员工将技术秘密信息从公司邮箱外发至个人邮箱的行为进行评述，明确表达了将此类行为认定为“盗窃”具有积极意义。此种定性有效避免了因该行为被认定为《刑法》第219条第1款第3项规定的“违约行为”而无法根据《侵犯知

① 参见李德成、白露：《科创板技术秘密审查与技术秘密刑事保护》，法律出版社2022年版，第257~265页。

识产权法律解释（三）》第5条第1款第1项[①]以涉案技术秘密的合理许可费认定损失数额因而不构成犯罪的困境，在当前形势下为推动商业秘密的刑事保护起到了应有的作用。

二、对《侵犯知识产权法律解释（三）》第3条第1款[②]和《侵犯知识产权若干解释（征求意见稿）》第15条[③]规定的理解

《侵犯知识产权法律解释（三）》第3条第1款和最高人民法院、最高人民检察院起草的《侵犯知识产权若干解释（征求意见稿）》第15条均规定，采取非法复制、未经授权或者超越授权使用计算机信息系统等方式窃取商业秘密的，应当认定为《刑法》第219条第1款第1项规定的盗窃。员工将公司技术信息、商业信息或源代码从办公电脑私自发送个人电脑或邮箱的行为，是属于上述规定类型的盗窃行为，还是另一种类型的盗窃行为，在司法实践中有较大的争议。严格意义上讲，《侵犯知识产权法律解释（三）》第3条第1款规定的盗窃行为类型只能理解为复制、未经授权或者超越授权使用计算机信息系统等方式，不能扩大解释，不适用该案，但是应明确指出的是不能因为不是本款规定类型的盗窃行为就不能认定为盗窃。

司法实践中认定为《刑法》第219条第1款第1项规定的盗窃行为是正确的，为避免争议，建议《侵犯知识产权若干解释（征求意见稿）》第15条修改为：采取非法复制、未经授权或者超越授权使用计算机信息系统，或利用管理系统漏洞绕开监管，或发送个人邮箱等方式窃取商业秘密的，应当认定为《刑法》第219条第1款第1项规定的盗窃。

---

① 《侵犯知识产权法律解释（三）》第5条第1款第1项规定，“实施刑法第二百一十九条规定的行为造成的损失数额或者违法所得数额，可以按照下列方式认定：（一）以不正当手段获取权利人的商业秘密，尚未披露、使用或者允许他人使用的，损失数额可以根据该项商业秘密的合理许可使用费确定”。

② 《侵犯知识产权法律解释（三）》第3条第1款规定，“采取非法复制、未经授权或者超越授权使用计算机信息系统等方式窃取商业秘密的，应当认定为刑法第二百一十九条第一款第一项规定的‘盗窃’”。

③ 《侵犯知识产权若干解释（征求意见稿）》第15条规定，“采取非法复制、未经授权或者超越授权使用计算机信息系统等方式窃取商业秘密的，应当认定为刑法第二百一十九条第一款第一项规定的‘盗窃’”。

第十九章　技术秘密刑案涉计算机程序目标代码的注意事项

第一节　非法使用软件目标代码构成侵犯商业秘密罪

A公司成立于1999年，主营业务包括电力、电子、计算机、自动化系统、机电、测控仪器类产品的研制、开发和生产，主要产品有各型号继电保护测试仪及互感器测试仪等，主张了4项技术秘密点。

1999年11月~2012年2月，Y在A公司担任生产部、中试部负责人等职务，主要从事继电保护测试仪的装配、设备调试等技术工作，在工作中能接触到某继电保护测试仪软件的目标代码等技术信息，与公司签订有保密协议；2006年1月，X入职A公司担任销售部员工，从事产品销售工作。2009年4月，X从A公司离职，与Y商定并于2010年6月成立B公司。

2012年2月，Y从A公司离职后进入B公司，并担任技术负责人，使用其所掌握的A公司涉案产品中的CPLD软件目标代码及其他技术，生产同类型继电保护测试仪产品，X负责对外销售。

经鉴定，自2012年2月~2021年5月，B公司制造并销售继电保护测试仪，不含税销售收入共计39 845 940.95元，扣除直接成本，毛利润共计25 572 206.91元。

某区人民法院于2022年12月13日作出刑事判决[①]：X和Y犯侵犯商业秘密罪，两人均判处有期徒刑4年6个月，并处罚金100万元；被告人不服

---

① 一审案号：湖北省武汉市江岸区人民法院刑事判决书，(2022) 鄂0102知刑初4号。

一审判决提出上诉，某中院于2023年4月17日作出刑事裁定[1]，认为原审认定事实清楚，证据确实、充分，定罪准确，量刑在法定刑幅度内，驳回上诉，维持原判。

第二节 反向工程获得计算机软件程序目标代码的审查

该案技术秘密保护的对象是计算机软件程序目标代码，且载负相关目标代码的产品已经在市场进行流通，犯罪嫌疑人辩称涉案技术秘密是通过反向工程获得的，该观点未被采纳。笔者对此案件曾做过专题讨论，反向工程既涉及所采取的保密措施是否合理，也与合法来源抗辩是否成立有关。[2] 该案有以下几个方面值得关注。

一、公、检、法应当依法核查载负技术秘密市场流通产品的针对性保密措施

计算机程序目标代码作为技术秘密保护对象载负于产品进入市场流通领域的，公、检、法均应当依法核查是否采取了特殊的针对性保密措施。

根据《商业秘密民事司法解释》第1条第1款规定[3]，案涉CPLD计算机软件程序代码及其文档属于受法律保护的技术信息。又依据《计算机软件保护条例》第2条可知，计算机软件，是指计算机程序及其有关文档。计算机软件中既包括源代码部分，也包括目标代码部分，源代码作为技术秘密保护比较常见，已有多个典型案例，比如笔者代理的被评为2022年最高人民法院知产庭技术秘密典型案例［案号为：最高人民法院（2021）最高法知民终2298号］的案件。而目标代码作为只有机器能够读得懂的语言，虽然也是技

① 二审案号：湖北省武汉市中级人民法院刑事判决书，（2023）鄂01知刑终1号。

② 参见李德成、白露：《科创板技术秘密审查与技术秘密刑事保护》，法律出版社2022年版，第160～165页。

③ 《商业秘密民事司法解释》第1条第1款规定，“与技术有关的结构、原料、组分、配方、材料、样品、样式、植物新品种繁殖材料、工艺、方法或其步骤、算法、数据、计算机程序及其有关文档等信息，人民法院可以认定构成反不正当竞争法第九条第四款所称的技术信息”。

术秘密的保护对象，但由于常被载负于产品进入流通领域不能满足法律要件，司法实践中被支持的案件不多，刑事案件被定罪量刑的更少，因此该案特别值得关注。

该案3款产品中所载负的是计算机目标代码，某测试软件虽已进行了著作权登记，但涉案技术信息CPLD软件目标代码及其文档承载的继电保护装置的技术方案没有公开，所属领域相关人员通过观察A公司对外销售的上述3款产品难以直接获得目标代码的技术信息，更无从获得源代码的详细技术信息。因此法院从涉案目标代码的秘密性、实用性和保密性3个方面进行了分析后认定3款产品中所载负的目标代码可以作为技术秘密保护。

A公司的涉案产品已经是成熟产品，在市场上进行流通，因此需要查证权利人是否采取了针对性的保密措施，或者为实现保密目的采取了何种技术措施，并在此基础上进一步判断所采取的措施可以对抗第三人通过反向工程获得涉案技术秘密的程度。从该案的法律文书看，对此问题未见法院针对性的核实和论述，笔者多次撰文提醒并强调，进入市场流通领域产品载负涉案技术秘密是否采取针对性保密措施的抗辩构成合理怀疑，公、检、法均应依法予以排除。[①] 特别需要指出的是，排除该合理怀疑不以犯罪嫌疑人实施了反向工程为前提，因为在此审查的问题是保密措施而不是合法来源抗辩。

二、所使用的技术秘密有合法来源是反向工程的司法审查

以所使用的技术秘密有合法来源是反向工程获得进行抗辩的，应遵循“可以且当时是”的原则，并有义务证明所反向的产品是当时合法获得的。该案中法院结合其他证据及犯罪嫌疑人口供，得出Y在实施犯罪行为时没有对涉案产品进行反向工程的结论。

其一，Y主张其是通过调货或者借用的方式，把A公司的继电保护测试仪拆开取得主板，并照样子做出新的产品，CPLD软件、EPROM软件是到深圳华强北找到专门破解芯片的人，把软件提取出来的。可见，对于上述3款

① 参见李德成、白露：《科创板技术秘密审查与技术秘密刑事保护》，法律出版社2022年版，第160～165页。

产品的主板部分，通过拆卸即可看到内部构造，Y 作为本领域的技术人员，有能力照着样子做出来，但 A 公司并未主张主板是公司产品的秘密点，也未对主板部分采取针对性的保密措施，因此 Y 的这一拆卸行为并不是侵犯商业秘密的行为，也不是该案需要讨论的问题。

其二，对于软件部分，Y 主张是到华强北找专门的人进行破解，但在两级法院的审理过程中 Y 对这一主张并未提供相关证据。一审庭审时，Y 承认所说反向读取实际是破解过程，但法院认为这种破解过程不是法律意义上的反向工程，破解计算机软件程序代码所获得的技术秘密实际上是一种窃取计算机代码程序技术秘密的盗取行为，其获得的方式本身不具有正当性、合法性，因此 Y 关于软件是通过反向工程得到的这一抗辩并不成立。

针对反向工程合法来源抗辩法院遵循了“可以且当时是”的原则，首先是可以对合法获取的产品通过反向工程获得涉案技术秘密，且要审查在被指控的侵权行为发生之前确实就是如此，犯罪嫌疑人有义务证明其抗辩所持理由的真实性，否则不构成合理怀疑，无须排除。

法院将“破解计算机软件程序代码所获得的技术秘密”的行为定性为“实际上是一种窃取计算机代码程序技术秘密的盗取行为”，未见说理容易引发争议。

其一，以破解计算机软件程序的方式获取技术秘密行为本身并无苛责性，不加区分地认定为不具有正当性、合法性，是没有事实根据和法律依据的；具体而言，如果针对的是已经进入市场流通领域的产品，第三人通过合法的技术手段或工具进行破解获取涉案技术秘密的，其行为就是正当的、合法的；但是，如果所破解的产品是非法获取或者产品虽然是合法获得但未进入市场流通领域且有合同约定禁止破解，或者所采取的技术手段、破解工具是权利人特有的或者所用技术手段和工具本身就是非法的等，此类行为就是不正当的，不合法的。

其二，在假定破解行为不具有上述所列正当性与合法性的基础上，是否属于盗窃技术秘密的行为，也是值得讨论的；最高人民法院、最高人民检察院起草的《侵犯知识产权若干解释（征求意见稿）》第 15 条规定，采取非法复制、未经授权或者超越授权使用计算机信息系统等方式窃取商业秘密的，应当认定为《刑法》第219条第1款第1项规定的盗窃。本书第十八章“将单位研发数据传至个人电脑是盗窃行为”建议该条修改为：采取非法复制、未经授权或者超越授权使用计算机信息系统，或利用管理系统漏洞绕开监管，或发送个人邮箱等方式窃取商业秘密的，应当认定为《刑法》第219条第1款第1项规定的盗窃。该案给出新的启发，即将非法破解保密技术措施的行为也定性为盗窃。

三、技术秘密刑案中需要更换鉴定人员的情况

刑事同一办案程序中无须更换不同的鉴定机构或鉴定人员，但已接受权利人委托的鉴定机构在立案后又接受侦办单位委托的，应当更换鉴定人员。对于该案鉴定材料，辩护人提出由公安机关在侦办案件过程中委托的相关鉴定系同步委托、同期鉴定，存在严重利害、利益问题。对此二审法院认为，该案相关鉴定既相关联，又各自独立，鉴定意见虽由同一家鉴定机构、相同鉴定人作出，但鉴定程序并不违反法律、法规的规定。

笔者曾撰文《技术秘密鉴定和评估的费用承担与资质问题》[①]，探讨了刑事案件中委托鉴定相关的问题，出于公平公正及避免被质疑的角度考虑，立案前受害单位与立案后办案单位委托同一鉴定机构的，已经参与鉴定工作的鉴定人应当回避；当然立案后办案单位委托不同的鉴定机构进行鉴定也是一种方案，但是成本太大，效果不好，从实际情况看，更换鉴定专家还必须更换鉴定机构，这似乎并没有那么必要。

辩护人提出相关鉴定系同步委托、同期鉴定，但相关鉴定均是公安机关进行委托的，这是正常的，也确应如此。在同一办案程序中不委托同一机构、鉴定人员是例外，是不得不更换的情况下才会出现的。如前文所述，立案前受害单位已经进行过委托鉴定，立案后公安机关还需要再行委托鉴定的时候，需要考虑更换不同的鉴定机构或鉴定人员，但需要强调指出的是，更换鉴定专家是必要的，但更换鉴定机构除非有显而易见的事实和理由，否则并非必须。

---

① 参见李德成、白露：《科创板技术秘密审查与技术秘密刑事保护》，法律出版社2022年版，第180～183页。

四、新公司法定代表人在原单位同事未离职时即作出侵权约定的情况

新公司法定代表人在原单位同事未离职时约其成立公司生产同类产品，后明知非法使用技术秘密生产侵权产品仍销售并非法获利，构成共同犯罪。

该案 X 为 B 公司的法定代表人，负责公司销售和财务，X 辩称其主观上不是明知 Y 使用的技术信息系 A 公司所有，故不构成犯罪。

二审法院认为，X 与 Y 曾同在 A 公司工作，通过分析 A 公司提交的证据可以证实 A 公司作为技术型企业，制定了保密制度，对包括 X、Y 在内的员工有保密要求，且 Y 曾与 A 公司签订过《保密协议》，X、Y 知晓 A 公司的保密要求。Y 曾作为 A 公司技术岗位的负责人，掌握生产所需的技术秘密，其离职后违反保密义务，使用上述技术秘密生产同类型产品，非法获利巨大，其构成侵犯商业秘密罪已不言而喻。

而 X 离职后，明知 Y 系 A 公司生产岗位技术负责人，可接触到 A 公司的技术秘密，在 Y 还未离职的情况下仍邀约 Y 成立公司生产 A 公司的同类产品，后在明知 Y 生产的产品是使用 A 公司技术秘密的情况下，仍然将相关产品进行销售，非法获利巨大，这一行为也严重侵犯了 A 公司的商业秘密，与 Y 构成侵犯商业秘密罪的共同犯罪。

第二十章　计算机程序代码技术秘密刑案证据组织的注意事项

本书第十九章“技术秘密刑案涉计算机程序目标代码的注意事项”，就司法实务中当计算机目标程序作为技术秘密的保护对象时，何种情况构成刑事案件的合理怀疑抗辩，以及如何有效排除该等怀疑等问题做了分析与探讨。

首先，与计算机程序代码有关的技术秘密案件是刑民保护中最为复杂也最难评述的类型，该案两级法院就计算机程序代码技术秘密刑事保护做出的重要贡献，值得学习和肯定；其次，就软件目标代码、软件源代码和软件程序技术方案 3 种不同的技术秘密保护对象问题，该案所涉事实似乎为评价证明方法的有效性提供了较为充分的假定基础事实，非常难得；最后，评析中所引述一审、二审法律文书内容仅为阐述证明目的，不代表质疑裁决结果，更无意于做否定性评价，唯愿有益于技术秘密法律保护能力的提升。

第一节　计算机程序代码技术秘密与载体

为此，继续以该案事实为背景，就司法实务中以计算机程序为载体所体现或载负的技术方案为技术秘密保护对象的刑事案件，从证据组织与证据标准的角度做更进一步的讨论，敬请批评指正。

一、遵循“明确具体且真实的原则”组织证据，以有效实现证明目的

首先，作为受害单位的律师，应当厘清并明确技术秘密所保护的对象是

计算机程序代码还是该程序代码作为载体所体现的技术方案，并按照“技术秘密点要明确、具体且真实的原则”有效地组织证据，以此为基础提起刑事控告。①

其次，要特别强调的是，公、检、法均没有为权利人确定技术秘密保护对象的义务，在提起控告前权利人就应当充分地准备好相应的证据，证明所主张的技术秘密保护对象具体是什么，并在侦查阶段尽到必要的说明责任，全力配合鉴定机构的鉴定工作。

最后，在侦查、提请审查批捕、审查起诉和一审审判阶段，所指控被侵权的技术秘密范围和载体可能会因为权利人准备不足，或者侦查所知新事实，还可能因为突发的事件等的影响而发生变化，对此必须要有应对方案且对变化后增加巨大成本有预期。②

二、软件目标代码、软件源代码和程序作为载体所载负的技术方案均可以作为技术秘密保护的对象

在相当长的一段时期内，计算机程序代码既是技术秘密保护对象也是技术秘密的载体，是比较常见的被侵权类型，即以软件源代码程序为载体的技术秘密被非法获取或（且）非法使用的刑事或民事案件。判断此类侵权行为，通常采用比对程序代码本身是否相同或实质相同的方法。

随着技术的发展和计算机领域软件开发和应用的变化，改写或用不同语言重写计算机程序源代码的情况很常见，当对源代码程序做了重大的实质性修改时还继续采用比对源代码程序本身是否相同或实质相同的证明方法，是不合适的，或者说是错误的。因为这种情况下，源代码程序本身既不相同也不实质相同，但的确实施了非法使用行为。

为此，再次强调指出“比对相同或实质相同是判断是否使用的重要方法，但不是唯一方法”，比对的结果相同或者实质相同的确可以得出使用涉

---

① 参见李德成、白露：《科创板技术秘密审查与技术秘密刑事保护》，法律出版社 2022 年版，第 151、152 页。

② 参见李德成、白露：《科创板技术秘密审查与技术秘密刑事保护》，法律出版社 2022 年版，第 153 页。

案技术秘密的事实，但不相同也不实质相同并不能必然得出一定没有使用的结论。权利人需要以源代码程序为载体，提炼总结出源代码程序的技术方案作为技术秘密的保护对象，再判断是否实施了非法使用行为，这种情况下比对的是权利人主张的技术方案的技术秘密点而不是技术方案的载体软件源代码程序。显然，涉案计算机程序的技术方案作为技术秘密保护的对象，与作为技术秘密方案载体的计算机程序，两者密切相关又有着质的不同。

无论是在侦查阶段，还是审查起诉阶段都应当做明确的区分，并确定如下事实：(1) 计算机程序的技术方案秘密点属于不为公众所知悉；(2) 计算机程序代码作为载体，所体现的技术特征与技术秘密点技术特征的对应关系；(3) 计算机程序作为载体的真实性，并通过其电子数据的环境与属性信息，证明产生于指控侵权行为之前并未被篡改等。

为此，在学习裁判法律文书时通常会按照上述逻辑去对照研究法律事实是否清楚，因为虽然软件目标代码、软件源代码和代码作为载体所载负的技术方案，均可以作为技术秘密保护的对象，但这 3 种形式的技术秘密，所应采取的保密措施有不同的要求，侵权行为类型及证明方法和证据标准也有很大程度的不同。期盼裁判文书对此能够分别分析判断认定，如统而概之则争议难免，通过裁判制定裁判规则指导行业行为的目的无法实现。

第二节　软件源代码承载技术秘密方案实务评析

本节以涉案计算机软件程序应用于生产继电保护测试仪为例分析题述问题。该设备模拟电力系统的各种正常或故障情况下的电压电流，输出到继电保护装置上，检验保护装置的动作行为，即正常和故障时测量是否准确，故障时是否按技术要求正确跳闸等。①

① 本节引述法律文书出处同本书第十九章。

一、受害单位没有主张软件源代码承载的技术方案是技术秘密或者没有明确秘密点

案件中二审裁定书载明某司法鉴定所出具了 3 份公安机关委托的鉴定意见，证实：（1）委托人提交鉴定的权利人的某继电保护测试仪的 CPLD 软件源代码及目标代码属于不为公众所知悉的技术信息；（2）委托人提交鉴定的权利人的某 CPLD 软件源代码及目标代码属于不为公众所知悉的技术信息。

由此可见受害单位主张的技术秘密，是上述 3 款产品的软件源代码和目标代码，对此二审法院作出如下分析与评述是清晰和明确的，值得肯定。

（1）“CPLD 软件目标代码由 CPLD 软件源代码编译所得，与 CPLD 软件源代码具有一致性和实质相同。其 CPLD 软件源代码是针对三款产品继电保护测试操作所进行的单独设计，并非仅仅涉及其产品的尺寸、结构、材料、部件及其简单组合等内容。”（2）“CPLD 软件源代码经编译后得到相应目标代码，权利人将目标代码写入 CPLD 芯片时采用加密写入，代码写入后不可被读出。”（3）“三款软件源代码及目标代码的技术信息未在公开出版物或者其他媒体上公开披露，权利人从未将 CPLD 软件源代码技术信息通过公开报告会、展览等方式公开。”（4）“经在面向开源及相关软件项目的知名平台进行检索，未检索到与三款涉案产品中的 CPLD 软件自行编写源代码、目标代码相同的软件代码。”

该案二审裁定书还对程序所承载的技术方案做了如下评述。

“某软件虽已进行了著作权登记，涉案技术信息 CPLD 软件目标代码及其文档承载的继电保护装置的技术方案没有公开，所属领域相关人员通过观察 A 公司对外销售的上述 3 款产品难以直接获得目标代码的技术信息，更无从获得源代码的详细技术信息。故可以认定 3 款产品涉案技术信息及 CPLD 目标代码不为公众所知悉。”

由此可以得知，二审法院认定 3 款产品的涉案技术信息，即技术方案也属于不为公众所知悉，而比较有意思的是，从涉案证据看，受害单位并没有明确软件源代码所承载的继电保护装置的技术方案具体是什么，即通常所说的技术秘密点范围。

从现有证据看，二审裁定做上述判断并无不妥，因为软件源代码属于不为公众所知悉，所承载的技术方案亦没有证据证明被公开，因此软件程序的技术方案作为技术秘密的保护对象，也属于不为公众所知悉，其结论是正确的。值得注意的是，从逻辑上讲软件源代码属于不为公众所知悉，其所承载的技术方案并不必然属于不为公众所知悉，因为不论理论还是实践均有可能将本领域公众所知悉的技术方案以软件源代码的形式采取保护措施形成公司的技术秘密应用于产品上。

从二审裁定书所述的如下证据分析可知，被指控的侵权行为并不包括非法获取或（并）直接使用软件源代码，当然也就更不可能涉及所承载的技术方案。

（1）委托人提交鉴定的××特公司继电保护测试仪产品及电子数据信息中，存有与权利人的3款产品的不为公众所知悉的技术信息相同、相似的内容；（2）委托人提交鉴定的××特公司的相关电子数据信息中，存有与权利人的某产品的CPLD软件目标代码相同的软件代码文件。

那么，程序技术秘密方案可否以软件目标代码的形式载负呢？笔者认为软件目标代码只有计算机才能读得懂，对其反编译所得技术信息是“碎片化”的，是不能获知有实质意义的技术方案的，因此该主张不能成立。

综上分析，该案中受害单位没有主张软件源代码所承载的技术方案是什么，所指控的侵权行为也没有直接涉及技术方案，因此对技术方案做出上述认定似乎没有必要。

二、反思修改性使用的侵权行为在实务中先对源代码进行筛选的处理方法

软件程序技术秘密刑事案件中，应当区分不同的保护对象组织证据，再针对不同的侵权行为类型采用适当方法实现证明目的，以有效打击侵犯软件技术秘密的犯罪行为，在此基础上还要加大如下方面的研究与思考。

一是非法获取软件源代码后，对其所承载技术方案做修改性使用的侵权行为，如何选择有效的方法予以证明，本书第二十一章“技术秘密刑事案件中修改性使用的证明方法与证据标准”中做了分析，还需要对计算机软件程

序加强专题研究，还要更具针对性，期待业界先学共同努力。

二是对非法获取、披露、使用软件源代码程序的技术秘密案，司法实务中通常还是要提炼总结秘密点，筛选出不为公众所知悉的代码，以此作为技术秘密保护范围主张权利或委托鉴定机构做非公知性鉴定，这样做的目的或者好处是可以有效地回应源代码程序中有部分代码属于行业惯例或是开源代码的质疑，但事经多年以后我们认为这是法律人应当反思的问题，因为软件源代码作为一个整体，把其中一部分代码筛选出来判断是否属于不为公众所知悉，是不符合软件行业的逻辑和业态的。

期盼能够引起更深入的研究与讨论，为计算机软件技术秘密刑事保护尽微薄之力！

第二十一章　技术秘密刑事案件中修改性使用的证明方法与证据标准

近年来，直接将非法获取或违约带至新单位的技术秘密用于生产经营而构成犯罪的越来越少，更多的是在原单位技术秘密的基础上修改或改进后，应用于同类产品、替代产品或相关联产品。本章将修改或改进后的使用称为修改性使用，以区别直接使用技术秘密行为。未经许可此类行为应属于《刑法》第 219 条所规定的非法使用。在司法实践中如何证明此类犯罪事实，是颇具争议且有价值的前沿问题。拟结合实务经验，探讨技术秘密刑事案件中修改性使用的证明方法与证据标准，期望达成共识，有效推动技术秘密刑事保护。

第一节　修改性使用行为不适用同一性鉴定

未经许可直接或修改性使用涉案技术秘密均属非法使用行为，同一性鉴定可用于证明直接使用，但作为修改性使用行为的证明方法却不适用。

《商业秘密民事司法解释》第 9 条[①]规定了修改性使用，即侵权人对商业秘密进行修改、改进后使用，或者根据商业秘密调整、优化、改进有关生产

① 《商业秘密民事司法解释》第 9 条规定，“被诉侵权人在生产经营活动中直接使用商业秘密，或者对商业秘密进行修改、改进后使用，或者根据商业秘密调整、优化、改进有关生产经营活动的，人民法院应当认定属于反不正当竞争法第九条所称的使用商业秘密”。

经营活动的行为。第13条①专门规定了判断侵权信息与商业秘密实质性相同可以考虑的5类因素，侵权信息与商业秘密不存在实质性区别的，人民法院可以认定侵权信息与商业秘密构成《反不正当竞争法》第32条第2款②所称的实质上相同。

由上可知，侵权信息与商业秘密相同或实质性相同时，使用涉案技术秘密的侵权行为成立。而修改性使用的侵权信息显然与涉案商业秘密是不相同也不实质相同的，因为在使用时对涉案商业秘密已经做了修改。技术秘密诉讼案件中将侵权信息与涉案技术秘密委托鉴定机构做同一性比对，是证明非法使用的方法之一，但不应是唯一的证明方法。同一性比对鉴定为不相同或不实质相同，并不能必然得出一定没有使用涉案技术秘密的结论。

综上，在查证修改性使用技术秘密的犯罪事实时，不能适用同一性鉴定的证明方法，建议办案单位和检察机关在实务中注意如下几个方面的问题：

（1）在委托鉴定机构时，不得将是否相同或者实质相同作为委托事项，已经委托尚未出具鉴定报告的，建议委托单位履行必要的审批程序，以委托事项有误为由撤销委托；

（2）已经委托并出具鉴定报告的，建议办案单位履行必要的审核流程以委托事项有误为由作出不予采纳的决定，将决定意见与鉴定报告结论意见一并告知被害单位和犯罪嫌疑单位（人），连同被告知后的反馈意见入卷；

（3）为查证犯罪事实，针对修改性使用行为需要继续委托鉴定机构的属于新委托，建议履行必要的审批程序避免出现“重新委托鉴定”、“补充委托

---

① 《商业秘密民事司法解释》第13条规定，“被诉侵权信息与商业秘密不存在实质性区别的，人民法院可以认定被诉侵权信息与商业秘密构成反不正当竞争法第三十二条第二款所称的实质上相同。人民法院认定是否构成前款所称的实质上相同，可以考虑下列因素：（一）被诉侵权信息与商业秘密的异同程度；（二）所属领域的相关人员在被诉侵权行为发生时是否容易想到被诉侵权信息与商业秘密的区别；（三）被诉侵权信息与商业秘密的用途、使用方式、目的、效果等是否具有实质性差异；（四）公有领域中与商业秘密相关信息的情况；（五）需要考虑的其他因素”。

② 《反不正当竞争法》第32条第2款规定，“商业秘密权利人提供初步证据合理表明商业秘密被侵犯，且提供以下证据之一的，涉嫌侵权人应当证明其不存在侵犯商业秘密的行为：（一）有证据表明涉嫌侵权人有渠道或者机会获取商业秘密，且其使用的信息与该商业秘密实质上相同；（二）有证据表明商业秘密已经被涉嫌侵权人披露、使用或者有被披露、使用的风险；（三）有其他证据表明商业秘密被涉嫌侵权人侵犯”。

鉴定”和“再次委托鉴定”的情形。

第二节　证明修改使用的涉案技术秘密方案中的具体技术特征

在技术秘密刑事案件中查证修改性使用的犯罪事实，不仅要证明修改过程，还要证明修改使用的涉案技术秘密方案中的具体技术特征。

一、修改涉案技术秘密的动机或原因的证据

例如主观原因，为使犯罪行为不能或者很难被发现而故意修改；又如客观原因，因为客户订单发生变化，设计产能需要做调整，或者按原设计所采购的设备规格或性能不符需要更新匹配等。上述主观、客观两方面的证据，均应有一定程度的体现。建议在侦查阶段就将其列为工作内容并予以落实，避免在移送起诉后出现被动局面。

在侦查阶段通过讯问嫌疑人并结合其他证据查证修改动机和原因，一般会较为顺畅且与客观事实相符的可能性较大，相对而言成本不算太高，而在审查起诉阶段通过补充侦查来查证的难度会大幅度提升，特别是在对每个犯罪嫌疑人可能有上百次讯问的情况下，其难度可想而知。

二、对涉案技术秘密进行修改的主体和主要修改过程的证据

比如是谁修改的，修改人对涉案技术秘密来源合法性的主观心理状态，修改时间、方法、参与修改讨论的人和审核人员等，修改过程痕迹纪录，修改形成的工作成果，证据形式包括讯（询）问笔录、电子数据与书证等。

对这部分证据的证明标准要求不宜过高，对修改过程的主要或者部分环节有必要的证据证明即可。一方面，修改行为并不是要指控的非法使用涉案技术秘密犯罪行为本身，查证修改过程，主要是为了查明参与人、修改方法和结果；另一方面，在研发、生产和经营的不同环节均有使用涉案技术秘密的行为，每个环节也会做修改，而查明所有修改过程成本太大且对证明犯罪

行为无直接贡献。

三、证明被修改使用的涉案技术方案不为公众所知悉的证据

首先，被使用的涉案技术方案属于不为公众所知悉的鉴定意见，该证据形式为立案后办案单位委托鉴定机构所做出的“涉案技术信息属于不为公众所知悉”的鉴定意见，在有些省市也可以是立案前（后）被害单位单方委托鉴定机构出具上述同类结论的鉴定意见，但应经过办案单位、检察机关在不同阶段的实质审查并认可其结论。

其次，上述此类证据可能只针对一个技术秘密方案，也可能涉及多个技术秘密方案，但不论是一个还是多个，其中每个技术秘密方案的鉴定结论意见均应是不为公众所知悉的，不能拆分和组合使用。

最后，所涉及的不为公众所知悉的各技术秘密方案，在该案中可能已经作为指控非法获取、非法披露和（或）非法直接使用涉案技术秘密的证据，这并不影响其再用于指控修改性使用的犯罪事实。

四、证明使用涉案技术秘密具体技术特征的比对结果或结论意见

首先，针对上述修改涉案技术秘密方案的过程，在获取修改后所形成并被使用的技术方案等相关证据的基础上做必要的组织和说明，以证明非法使用的事实。这些证据主要体现为所使用技术方案的载体，比如经商定审核后的设计方案、Layout 图和施工详设图，特殊设备结构图、桶槽规格书等。

其次，再以所使用的这些技术方案载体为检材与被修改使用的涉案技术秘密方案（点）进行比对，得出相同（或者实质相同）的具体技术特征及其所实现的功能列表。

最后，结合相同（或者实质相同的）的技术特征和所实现的功能，以这些技术特征所组成的技术方案为委托对象，委托鉴定机构做出是否属于不为公众知悉的鉴定结论意见。

第三节　以修改建设低端产品生产线为例的实务评析

非法获取高端产品技术方案结合低端产品生产需要，对涉案技术方案进行修改建设低端产品产线，构成修改性非法使用技术秘密的司法实践。

作为被害单位代理人提起的技术秘密刑事控告案件，发生在同一行业，为同一客户分别生产不同类型电子产品配件的两个供应商之间。为延伸产业链，两家供应商拟通过收购同一公司进军细分领域市场。被害单位收购成功了，竞争对手公司则开始以高薪利诱等方式从被收购公司大批量挖人以非法获取涉案技术秘密。

由于被收购公司的技术秘密是用于生产该行业中较复杂工艺的产品，竞争对手此前无技术储备尚未获得该高端产品订单一直生产较低端产品，且低端产品的良率和产量低等问题一直制约其发展。竞争对手一方面直接使用非法获取的技术秘密方案建设高端产品的生产线争取使订单实现0的突破，另一方面针对非法获取的高端产品技术方案结合低端产品的生产需要，修改性使用涉案技术秘密方案建设新的低端产品产线，以期承接更大的低端产品订单。

该案在侦查与审查起诉阶段，搜集了非法使用行为的证据，首先确定具体的使用行为，即为使用非法获取的技术秘密建设生产线，进而固定建设生产线所使用的图纸等载体，将该图纸与被害单位主张的秘密点委托鉴定机构进行比对，得出建设产线使用了秘密点中的具体技术特征，再把这些技术特征组成的技术方案委托鉴定机构鉴定，出具了不为公众所知悉的鉴定意见。

在此过程中，鉴定机构对秘密点的技术特征与图纸载体中包含的技术特征是否相同或实质相同进行分析、比对，形成比对表，得出秘密点的技术特征与图纸中包含的相应技术特征相同或实质相同的技术特征，具体包括桶槽排布、槽体和使用的材质以及辅助设备等。在不为公众所知悉的鉴定报告中，鉴定机构对前述相同或实质相同的技术特征所组成的技术方案进行非公知检索分析并判断是否容易获得，得出在查新日之前该技术方案属于不为公众所知悉的鉴定结论。

综上分析，办案单位和检察机关在查证修改性使用技术秘密犯罪事实的证据时包括了上述各方面，为综合判断证据的证明效果，有效实现证明目的，做出了积极而充分的工作。

第四节　证明修改性使用技术秘密犯罪事实需要做好必要说明责任

做好必要说明责任是证明修改性使用技术秘密犯罪事实，妥善处理技术贡献带来的问题，正确认定损失与获利，并排除合理怀疑的关键所在。

修改性使用涉案技术秘密的行为，在认定受害单位损失与侵权获利的影响或贡献时，需要考虑如下因素：

（1）修改后的技术方案是否能够覆盖主要功能模块；

（2）是否有其他技术秘密方案同时产生实质性作用；

（3）是否属于不充分竞争的市场领域；

（4）是否有证据证明存在合理的怀疑以及是否排除等。

上述案件中，犯罪嫌疑单位在建设生产线的施工图纸中充分体现了所使用的非法获取的技术秘密方案的技术特征。当所使用的这部分技术特征所组成的技术方案经鉴定属于不为公众所知悉时，该技术方案所包含的技术特征就应该被认定或推定为建设生产线技术方案中必要或关键的技术特征。

当然，被害单位应对前述使用的技术特征是否为必要的技术特征负说明责任，使办案单位和检察机关充分理解每个技术特征在解决方案中所起到的作用，以有效地回应嫌疑单位（人）和辩护人提出的所使用的涉案技术秘密方案中技术特征均是公知信息，所使用的技术特征是自主研发的，使用的技术特征只是技术方案里不重要的一小部分，两个技术方案不构成实质相同等抗辩。

办案单位和检察机关为有效回应上述质疑，首先要判断此观点是否构成合理怀疑而不仅仅是一种可能或猜测，为此建议从以下方面进行审查处理。

（1）将质疑秘密点非公知类的证据移交给鉴定机构，要求鉴定机构从是否已被公开和容易获得的角度，出具对不为公众所知悉鉴定结论是否构成影响的书面回复意见。如果经鉴定机构审查，得出提供的证据不影响鉴定意见的结论，该种合理怀疑应被排除。

（2）梳理证明修改过程重要环节的证据和证明所使用技术方案的证据或载体，实际使用受害单位技术方案具体技术特征的比对结果或结论意见证据，修改后使用的技术特征组成的技术方案被用于相同技术领域且属于不为公众所知悉的证据等，在此基础上综合判断犯罪嫌疑单位（人）和辩护人关于合法来源抗辩陈述的真实性，并对已提交的证据做实质性审查。

（3）办案单位和检察机关应及时释明，并书面通知要求犯罪嫌疑单位（人）在合理时限内提供证据证明其陈述的观点的真实性、合法性和关联性，在此期限内没有提交证据的或者审查抗辩不能成立的，应及时作出决定并回复，不影响进一步侦查或及时提起公诉。

（4）犯罪嫌疑单位（人）在侦查、审查起诉和审判期间均有权利提出抗辩，在侦查、审查起诉时如已排除前述合理怀疑，侦查工作应继续推进，如此类行为发生在审查起诉阶段，则提起公诉的进度也不应受其影响。

综上，技术秘密刑事案件的整个过程，犯罪嫌疑单位（人）均可提出抗辩，侦查、审查起诉和审判阶段均应对抗辩事由和证据做实质性审查，既要保证犯罪嫌疑人、被告人的诉讼权利，也要考虑证明方法的科学性和合理性，及时作出决定，不因此延宕侦查和依法按规定期限提起公诉，否则技术秘密刑事保护的力度和效果将会大大降低，必将产生极为不利的影响。

下篇

商业秘密民事案例评析

本篇选择了具有典型意义的商业秘密民事案件做解读和分析，提出建议意见，以期对理论和实务发挥应有的作用。具体而言，本篇从股东代位商业秘密诉讼高管应增强风险意识，学前英语培训侵犯经营秘密被判惩罚性赔偿，商业秘密普通被许可人独立起诉的必要性，伪造函件挖走客户被判5倍惩罚性赔偿，使用商业秘密更换合作主体签订合同，迫切需要修改司法解释确定普通被许可人有权独立提起技术秘密侵权诉讼，技术秘密侵权与赔偿数额的关联性审查，种业商业秘密和植物新品种权的并行保护，员工在GitHub上非法披露软件源代码案评析，GitHub网站代码分享机制功能和使用步骤，电子数据固定与采取措施及时制止侵权，软件源代码技术秘密点说明文件与载体文件的对应，非法披露软件源代码的损失认定与法律适用，非法披露软件源代码案中的技术秘密价值评估，提炼秘密点虽非必须但务必做否则不利于维权，化工领域技术秘密刑民风险加剧迫切需加强应对，化工领域建设方、设计方和委托方共同侵犯技术秘密，化工领域技术秘密共同侵权单位涉嫌犯罪等角度进行研究。

第二十二章　股东代位商业秘密诉讼高管应增强风险意识

第一节　陕鼓汽轮机因股东纠纷引发商业秘密案

西安陕鼓动力股份有限公司（以下简称陕鼓动力）成立于1999年，是以陕西鼓风机（集团）有限公司（1968年建厂）生产经营主体和精良资产为依托发起设立的股份公司。2010年4月28日在上交所A股上市，能量转换设备制造、工业服务和基础能源设施运营为其三大业务板块。陕鼓动力于2009年5月26日发起组建西安陕鼓汽轮机有限公司（以下简称陕鼓汽轮机公司）并持股40%；西安和诚动力科技有限公司（以下简称和诚动力公司）为第二大股东持股25%。

经查询，陕鼓汽轮机公司已于2017年9月14日成立清算组。和诚动力公司自2017年10月开始，向陕鼓动力、陕鼓汽轮机公司及相关方提起了一系列诉讼，包括投资合同纠纷、股东知情权纠纷和本文要讨论的商业秘密侵权纠纷。陕鼓动力自2017年开始，对陕鼓汽轮机时任董事和高级管理人员高某华、程某发起了有关公司关联交易损害责任纠纷的诉讼。该案件历经一审、二审败诉后，终在2021年8月30日最高人民法院再审程序中取得胜诉，撤销一审、二审判决，判令高某华、程某赔偿陕鼓动力706万余元。

原告和诚动力公司因被告高某瑜、第三人陕鼓汽轮机公司侵犯商业秘密向陕西省西安市中级人民法院（以下简称西安中院）起诉，要求判令高某瑜停止侵权并赔偿陕鼓汽轮机公司30万元，西安中院于2018年1月4日立案。

2017年10月23日，原告和诚动力公司与案外人陕鼓动力投资合同纠纷一案开庭过程中，收到陕鼓动力提交的一份证明材料，即冲动式汽轮机和反动式汽轮机的区别研究报告。该报告为该案被告西安交通大学能动学院教师高某瑜受陕鼓汽轮机公司委托作出。2017 年 11 月 1 日，原告和诚动力公司向陕鼓汽轮机公司董事会、监事会及清算组发出过函件一份，称冲动式汽轮机和反动式汽轮机的区别研究报告中载明的设计图纸及陕鼓汽轮机公司销售的机型、台数属于陕鼓汽轮机公司的商业秘密，该研究报告编著人员非法获取、擅自公开使用且用于商业目的的行为，严重损害了陕鼓汽轮机公司的合法权益，且报告结论有失客观公正，贬损了陕鼓汽轮机公司的商誉，要求陕鼓汽轮机公司立即对西安交通大学能动学院、高某瑜提起诉讼。陕鼓汽轮机公司收到前述函件后并未起诉，和诚动力公司遂向西安中院提起诉讼。

西安中院认为，和诚动力公司提交的证据无法证明其主张保护的信息构成商业秘密，并且陕鼓汽轮机公司作为相关信息持有人，不认可涉案信息构成商业秘密，遂驳回原告西安和诚动力科技有限公司的诉讼请求。和诚动力公司后上诉至陕西省高级人民法院，二审期间，和诚动力公司提交了高某华的书面证言和关于召开西安陕鼓汽轮机有限公司 2017 年第二次临时股东会会议的通知及议案一，陕鼓汽轮机公司提交了西安陕鼓汽轮机有限公司宣传手册插图及百度图片搜索页面截图。高某瑜及陕鼓汽轮机公司对高某华的书面证言的真实性不认可，和诚动力公司认可陕鼓汽轮机公司提交的两份证据的真实性。二审法院认为，双方在二审提交的证据的形式及内容均不符合法律对二审新证据的要求，于 2018 年 7 月 27 日作出驳回上诉，维持原判的裁定。

第二节　商业秘密合规管理与保护股东利益之关系

随着科创板注册制的开启，投资人的大量资金投向“硬科技”企业，而此类企业的核心竞争力体现为其先进的核心技术，而核心技术的知识产权保护技术秘密是其命脉。近年来，竞争对手之间发生的商业秘密民事与刑事纠纷层出不穷。从参与的每起案件中深刻体会到，其结果无不关系着企业生死和高管人员的职业生涯兴亡。从保护股东利益和企业高管守住职业安全底线的角度，结合经验提出几点建议。

（1）投资人在投资“硬科技”企业前，除调查核心技术真实性和先进性外，还要高度重视所投企业是否对不宜公开的核心技术采取了适当的保密措施，作为企业技术秘密进行合规管理。

（2）投资人要高度关注所投企业管理团队是否具备应有的商业秘密风险管理意识和能力，这是其能否管理好“硬科技”企业，守护技术型企业风险底线的必要条件；该案中陕鼓汽轮机以涉案技术不是商业秘密的抗辩理由作为赢取案件的捷径，很可能是得不偿失的。

（3）从公司高级管理人员的职业安全来讲，技术秘密作为公司最核心最有价值的无形资产，因管理不慎导致该类资产无故流出或被非法获取甚至使用给公司造成损失的，无疑需要面对股东们对其是否尽到了勤勉义务的质疑，甚至可能被提起民事和刑事诉讼。

（4）就该案而言，虽然商业秘密侵权之诉可能是小股东在与大股东投资纠纷中的一枚策略性的棋子，但从判决披露的信息来看，小股东显然没有做好发起商业秘密侵权之诉应有的准备。比如，是否对主张的技术秘密进行了非公知性查询，以判断其是否属于不为公众所知悉构成技术秘密。在涉案技术信息符合非公知性要件的前提下，进一步质疑被投企业高管是否对该类技术信息进行了保密管理，是否在委托合同中约定要求受托方履行保密义务，如没有做到，需要提出合理的理由，而不是所投企业简单地提出该信息未作为技术秘密保护，就束手无策了。

技术型企业无疑是未来十年里最好的投资标的，投资人和技术管理团队如何持续有效地管理运营好这块“好资产”，如何在风险控制和成本控制中找到平衡点，控制风险达到共赢，是一个值得关注的有意思的话题。

第二十三章　学前英语培训侵犯经营秘密被判惩罚性赔偿

第一节　离职员工非法使用英语培训机构学员名单引发纠纷

武汉市武昌区创美艺术教育培训学校（以下简称武昌创美）长期从事中国少儿英语教育，为获取客户资源通过长期走访、网络全渠道推广等多种手段，分析、检索特定客户的教育和职业背景、社会交往圈、购买力等原始数据，综合整理、加工后形成其独有的客户清单，为此付出大量人力、物力和财力。2020 年 1 月，该案 15 名自然人被告利用疫情期间线下教育停滞，武昌创美陷于困境的特殊情况，集体辞职后成立武汉市洪山区益佳教育咨询有限公司（以下简称洪山益佳），运营与武昌创美的目标客户、教育群体完全重合的少儿英语培训“新诺英语”。被告利用在武昌创美工作期间非法下载的客户名单，逐一精准拜访，以更低价格游说家长转投新诺英语，还在家长群中散布谣言，造谣武昌创美濒临倒闭，极大地误导学员家长，直接导致客户大量流失，纷纷退学，转投新诺英语。该案 16 名被告侵犯商业秘密的不法行为给武昌创美造成重大经济损失。武昌创美向武汉市中级人民法院提起诉讼请求判令：（1）被告洪山益佳立即停止不正当竞争行为，公开向原告赔礼道歉、消除影响；（2）请求判令上述被告立即停止侵权、销毁商业秘密载体、清除其共同控制的商业秘密信息；（3）请求判令该案 16 名被告连带共同赔偿原告经济损失 2 308 126. 95 元，并承担该案诉讼费、保全费、律师费等合理费用。[①]

---

① 一审案号：湖北省武汉市中级人民法院民事判决书，（2020）鄂 01 知民初 206 号；二审案号：湖北省高级人民法院民事调解书，（2022）鄂知民终 40 号。

2021 年 8 月 11 日，武汉市中级人民法院一审判决认定武昌创美诉称的客户清单构成商业秘密，判决被告立即停止不正当竞争行为，立即销毁、清除涉案客户信息商业秘密的载体及复本，不再利用涉案商业秘密，赔偿原告 996 543.12 元。[①] 其中 11 名被告提起上诉后，经湖北省高级人民法院审理并组织调解和解结案。

第二节　非法获取、披露和使用英语学前培训学员名单被判惩罚性赔偿

一、涉案学员客户信息需要通过深度探寻、分析及加工获得且不为公众所知悉

原告主张的学员客户信息需要通过深度探寻、分析及加工才能获得，不为公众所知悉，具有商业价值，且采取了合理的保密措施。

1. 武昌创美的南湖校区是主要教学点，开设后需要吸引学员报名，参加培训，打开市场，拓展市场，以获取更多的竞争优势。为打开生源市场，拓展生源渠道，南湖校区投入大量人力、物力和资金，对潜在生源及其家庭进行深度家访、专访，获取生源深度隐秘信息。对这些信息进行比较、分析，再沟通、再联络，直至潜在学员成为正式学员（客户），并持续提供后续服务以稳定生源。如果没有这些深度隐秘信息，仅靠生源公开信息无法将潜在生源变成正式学员。在上述巨大投入的基础上获得庞大的生源群体，维系南湖校区的教育培训市场。涉案学员信息是南湖校区投资、投智的结果；该生源信息中的学员姓名、家庭住址等信息属于简要的表面信息，通过询问、查询、填表、登记即可简单获得，但学员家庭信息，如家庭结构、成员关系、身份、联系电话、消费取向、消费能力及是否愿意对子女提供英语培训的信

---

① 该案中原告主张被告采用贬损性方法非法披露、非法使用原告南湖校区的客户信息，损害了原告的商誉，请求判令被告承担赔礼道歉、消除不良影响的民事责任。庭审中，原告当庭明示放弃该项请求，一审法院无须再行判决。

息则属于深度的隐秘信息，其个性化较强，获取这些信息的难度也大，特别是学员家庭消费趋向及对子女培训意愿等信息，需要通过深度探寻、分析及加工才能获得。故被告辩称的原告诉称的学员信息属公开信息的理由不能成立。

2. 教育培训机构刚开始都着力于打开培训市场，待发展到一定程度之后再培育市场、发展市场，以拥有与其投资、投智相匹配的生源及学员。南湖校区以少儿英语培训为其主业范围，生源渠道越多，学员越多，培训活动越丰富、越具体，培训市场份额越大，培训利益越大。培训机构争夺市场也即争夺生源，争夺学员，生源、学员对南湖校区投资回报有着巨大影响，也是原告获取、整理、开发学员信息清单投资、投智需要的巨大依赖。原告诉称的南湖校区的740名学员名单是南湖校区耗费巨大财力、物力、智力投入获得的，是南湖校区稳定的教育培训对象，南湖校区对其有较大的利益期待。故这些学员信息对南湖校区具有重大的实用性。

3. 南湖校区采取了特别的保密措施对涉案学员信息实施保密，对教职员工公开宣称学员信息是其保密制度所适用的范畴，需谨守保密责任，履行保密义务；对教职员工使用的办公系统，根据教职员工的职务、职位试行分级管理，限定学员信息的知悉范围、知悉程度，严格执行硬件保密措施；对员工使用的办公自动化（OA）系统，设定用户名、登录密码及密码找回程序，避免无关人员知悉这些学员的涉密信息。这些措施相对完备、具体，可操作性强，若非故意，涉密信息泄密的可能性极小。因此，依法应认定南湖校区对涉密学员客户信息采取了合理的保密措施。

4. 2019年修改的《反不正当竞争法》第9条第4款规定，“本法所称的商业秘密，是指不为公众所知悉、具有商业价值并经权利人采取相应保密措施的技术信息、经营信息等商业信息”。一审判决援引《商业秘密民事司法解释》第1条第2款“与经营活动有关的创意、管理、销售、财务、计划、样本、招投标材料、客户信息、数据等信息，人民法院可以认定构成反不正当竞争法第九条第四款所称的经营信息”的规定。很显然涉案南湖校区的740名学员名单属于经营信息，然而该案却没有引用该条司法解释第3款，即“前款所称的客户信息，包括客户的名称、地址、联系方式以及交易习惯、意向、内容等信息”，是否可以由此判断一审法院并未将其认定为上述司法解释明确规定的“客户信息”呢？这一点不得而知。结合该案的证据看，南湖校区740名学员名单与上述条款所规定的“客户信息”确有不同，有其特殊所在。为此一审法院在查明涉案学员名单形成过程所付出的精力成本等必要事实的基础上，还就原告对学员名单已产生的和期待性的实用价值做了分析和阐述，并援引《商业秘密民事司法解释》第7条第1款“权利人请求保护的信息因不为公众所知悉而具有现实的或者潜在的商业价值的，人民法院经审查可以认定为反不正当竞争法第九条第四款所称的具有商业价值”的规定，认定武昌创美诉称的客户清单构成商业秘密，在事实认定和法律适用上是严谨的，值得肯定和参考学习。

二、针对英语学前培训客户名单等经营信息的侵权行为恶意明显，适用惩罚性赔偿

被告非法获取、非法披露和非法使用涉案740名学员名单的行为，侵犯了原告的商业秘密，依法被判令适用惩罚性赔偿。

1. 该案证据显示，被告赵某、周某、翟某和马某等四被告为原告南湖校区从事教学培训、教育管理的教职员工，2020年2～4月离职后作为发起股东共同筹资筹办洪山益佳。该公司发起、初创期间，被告劝导原告南湖校区行管人员陈某入股被拒绝。之后，四被告以洪山益佳之名，招募南湖校区前员工陈某、马某、许某和李某等人入职，注册组建并使用“新诺培训学校”公众号、微信群聊圈或以与家长点对点等方式发布南湖校区资金链出现问题的不实信息，并将两培训机构设施、课程做贬损性对比，劝导南湖校区在册学员退学退费并通过原带班老师将20名学员带入新诺英语。

2. 证据显示自2020年1月开始部分学员申请退学、退费，2020年2～5月大幅增加，截至2020年5月底总计退费学员达118人，退费金额达2 308 126.95元。2020年5月份退费特别集中。一审法院认为被告赵某、马某、瞿某和周某身为南湖校区前教职员工，注册成立洪山益佳从事教育咨询服务，通过不正当竞争方法直接从南湖校区在册学员中截获生源；在招生过程中洪山益佳通过原教职员工掌控的南湖校区的客户信息，虚构事实贬损南

湖校区教学培训，劝退、拉拢在册学员退学、退费，并通过这些原南湖校区离职员工将部分学员带入新诺英语。被诉行为与南湖校区生源大面积流失存在必然因果关系。洪山益佳直接违法操控新诺英语，是其法律责任主体，应承担法律责任；由于部分退费退学行为发生在洪山益佳 2020 年 4 月完成注册成立之前，不能当然归责于被诉行为，该案经济损失范围应自 2020 年 5 月开始计算，其中 11 笔退费损失 178 332.5 元应扣除。故此该案实际应计退费损失 107 笔（位学员），共计 2 129 794.45 元；

3. 一审法院认为，该案被告赵某、周某等人及洪山益佳非法持有、非法披露、非法利用原告南湖校区客户信息的行为构成侵权，应承担停止侵权的法律责任，即清除包含南湖校区 740 名学员的客户信息及其各种复本载体，并不得再行披露、再行利用；洪山益佳实际接收原告原南湖校区退费学员 20 人，占应计退费学员份额 18.7%。依此计算应承担退费损失 398 271.56 元。由于双方为同业竞争业务，两校所处位置相近，生源市场交叉，洪山益佳雇佣教职员工多来自原告南湖校区，属直接竞争对手，且其主要发起股东本身原为原告南湖校区教职员工，均直接接触涉案客户信息，被告对此十分明知，且被告故意劝诱、拉拢原告任教职员工，利用涉案客户信息，具有直接的主观故意，行为上则属故意而为，主观恶意明显，应适用惩罚性赔偿对其进行处罚。遂按照洪山益佳实际受益数额的 2 倍对其判罚。

4. 被告蒋某在任职南湖校区分校校长期间，筹办同业竞争机构，发表新任职单位任职感言似有不妥，但并不直接涉及原告南湖校区在校学员的客户信息，无证据证明被告蒋某离职后非法持有、非法披露、非法利用在原任单位南湖校区掌控的商业秘密的行为。原告亦未提交证据证明被告吴某、梅某、陈某和颜某 4 位离职员工实施上述行为。一审认定蒋某、吴某等 5 名被告不构成侵权。

5. 被告赵某、周某等 10 名被告，均系原南湖校区教职员工，担任教学培训、教学管理之职。在离职后，上述被告利用所获原在任单位在册学员客户信息，挖走原任单位在册学员，主观上十分明知，客观上积极劝导、劝诱，其行为属于非法持有、非法披露原告南湖校区商业秘密，并故意授权第三方非法使用，主观过错明显。但是，鉴于这些被告毕业时间不长、责任承担能力有限、给予部分赔偿即可与其被诉侵权行为后果相当等因素，酌情决定上述各被告赔偿数额各按2万元计算，由上述被告赔偿给原告。

6. 该案在侵犯经营信息的商业秘密案件中适用惩罚性赔偿，着实难得，无论是在被诉侵权行为与退学退费损害后果之间因果关系事实理由阐述上，还是在被告侵权受益数额的认定上，以及区分各自然人被告的不同责任等方面，均有理有据，值得充分肯定并对律师实务有直接的参考意义。一审判决指出，鉴于赵某和周某等10名自然人被告毕业时间不长、责任承担能力有限、给予部分赔偿即可与其被诉侵权行为后果相当等因素，酌情决定上述各被告赔偿数额各按2万元计算赔偿给原告。如细思量，被告赵某、周某、翟某和马某等4被告是发起股东，共同筹资筹办洪山益佳，从离职后即实施侵权行为，与后来加入的陈某、马某、许某和李某等人实施的侵权行为相比，发起股东的行为性质要严重得多。2021年度包括最高人民法院判决法定代表人、实际控制人与公司共同实施侵权行为而承担连带责任的案例有不少，这对于有效地打击侵犯商业秘密的行为起到了良好的效果。在技术秘密刑事案件中亦是如此。该案中洪山益佳恶意实施侵权行为而被施以惩罚性赔偿，不论从主观上还是客观上分析，与赵某、周某、翟某和马某等4被告（股东）都有着密切的关系。为此笔者并不赞同不加区分地判决被告承担相同的责任，即便如判决书所言对“毕业时间不长、责任承担能力有限”等考虑可以理解，但最起码也应体现出对作为股东的这四名被告更强的惩罚性，以发挥司法判决应有的积极导向作用。除此以外，对该案的法律适用有些不同的看法。

（1）判决书引用《商业秘密民事司法解释》第20条有误。该条第1款规定，“权利人请求参照商业秘密许可使用费确定因被侵权所受到的实际损失的，人民法院可以根据许可的性质、内容、实际履行情况以及侵权行为的性质、情节、后果等因素确定”，很显然该案中不存在以商业秘密许可使用费确定实际损失的情况；该条第2款规定，“人民法院依照反不正当竞争法第十七条第四款确定赔偿数额的，可以考虑商业秘密的性质、商业价值、研究开发成本、创新程度、能带来的竞争优势以及侵权人的主观过错、侵权行为的性质、情节、后果等因素”。而《反不正当竞争法》第17条第4款规定的是“法定赔偿”，即“经营者违反本法第六条、第九条规定，权利人因被侵权所受到的实际损失、侵权人因侵权所获得的利益难以确定的，由人民法院根据侵权行为的情节判决给予权利人五百万元以下的赔偿”，这也与该案的事实不符。

（2）该案判决引用《民事诉讼法》第 142 条“当事人在法庭上可以提出新的证据。当事人经法庭许可，可以向证人、鉴定人、勘验人发问。当事人要求重新进行调查、鉴定或者勘验的，是否准许，由人民法院决定”的规定，这与该案不具有关联性；

（3）该案判决依据《民法典》第 1185 条“故意侵害他人知识产权，情节严重的，被侵权人有权请求相应的惩罚性赔偿”的规定也不妥。该案于 2020 年 7 月 6 日提起诉讼，被诉侵权行为明显发生在 2021 年 1 月 1 日《民法典》生效之前。即便按照《最高人民法院关于适用〈中华人民共和国民法典〉时间效力的若干规定》第 2 条“民法典施行前的法律事实引起的民事纠纷案件，当时的法律、司法解释有规定，适用当时的法律、司法解释的规定，但是适用民法典的规定更有利于保护民事主体合法权益，更有利于维护社会和经济秩序，更有利于弘扬社会主义核心价值观的除外”的规定，也不合适。因为《反不正当竞争法》第 17 条第 3 款已经有“惩罚性赔偿”的明确规定：“因不正当竞争行为受到损害的经营者的赔偿数额，按照其因被侵权所受到的实际损失确定；实际损失难以计算的，按照侵权人因侵权所获得的利益确定。经营者恶意实施侵犯商业秘密行为，情节严重的，可以在按照上述方法确定数额的一倍以上五倍以下确定赔偿数额。赔偿数额还应当包括经营者为制止侵权行为所支付的合理开支。”

第二十四章　商业秘密普通被许可人独立起诉的必要性

第一节　商业秘密刑事案件中被认定无罪不影响民事侵权成立

无锡市大山机械有限公司（以下简称大山公司）成立于2001年8月，主要生产冷芯机和热芯机等设备。2004年5月28日大山公司与日本浪速公司签订《技术合作合同书》，支付技术许可费、特许权使用费从日本浪速公司获取冷芯机、混砂机、气体发生器、尾气处理器和造型机等相关设备制造技术的使用权，合同约定许可期及期满10年内大山公司应对合作技术无条件保密。被告武某军2003年进入大山公司担任技术岗位，负责设计图纸。2005年3月29日，大山公司与武某军签订了《商业秘密保护协议》，按月支付保密费用，约定其不得向任何人、任何单位或组织泄漏大山公司技术秘密。后武某军利用职务之便将冷芯机、造型机等相关图纸拷贝到自己电脑中。

蒋某辉是大山公司冷芯树脂等生产原料供应商，经人介绍认识武某军并了解到其掌握大山公司生产冷芯机技术。蒋某辉利诱武某军2010年4月21日合作成立了常州双益铸工机械科技有限公司（以下简称双益公司）。武某军持股28%为实际控制人和法定代表人并负责公司经营管理。2010年4月26日武某军向大山公司提出辞职，将大山公司技术资料带至双益公司。双益公司在不足两年时间内生产12台各种型号冷芯机并销售给大山公司的多个客户，销售金额共计742.3万元。

2012年3月，大山公司以侵犯商业秘密罪向无锡市公安局提起刑事控告，称其技术工程师武某军窃取公司技术图纸等核心商业秘密，用于武某军与蒋某辉成立的双益公司。无锡市公安局经侦支队 2012 年 5 月 10 日立案侦查，10 月 18 日抓获武某军与蒋某辉并刑事拘留，同日在双益公司查获带有“大山公司”及“浪速”字样的图纸并扣押相关财物。无锡市公安局直属分局委托上海市知识产权服务中心对大山公司的“冷芯盒射芯机中采用转动背带动模具工作台实现直线往复运动的机构”（秘点 1）、“冷芯盒射芯机中三乙胺尾气处理部件”（秘点 2）是否构成不为公众所知悉的技术信息予以鉴定。2013 年 11 月 26 日，无锡市锡山区人民检察院对武某军和蒋某辉提起公诉。无锡高新技术产业开发区人民法院于 2014 年 12 月作出了（2014）新知刑初字第 0002 号刑事判决（以下简称第 0002 号刑事判决），认为蒋某辉和武某军以不正当手段获取技术信息，再以该信息可以通过反向工程获得进行辩解与法律规定不符，对其辩解不予采纳，判决武某军和蒋某辉构成侵犯商业秘密罪。武某军和蒋某辉不服第 0002 号刑事判决，上诉至无锡市中级人民法院（以下简称无锡中院）。2015 年 7 月 23 日无锡中院裁定撤销该判决，发回重审。2016 年 12 月 29 日，无锡高新技术产业开发区人民法院作出了（2015）新知刑初字第 0006 号刑事判决书，判决武某军和蒋某辉构成侵犯商业秘密罪。武某军和蒋某辉不服该判决，再次上诉至无锡中院。2017 年 7 月 20 日，无锡中院作出（2017）苏 02 刑终 38 号刑事判决书（以下简称 38 号刑事判决），认定武某军和蒋某辉存在以不正当手段获取、使用大山公司技术信息并通过双益公司获利的情节，但因涉案技术信息不构成商业秘密判决武某军和蒋某辉无罪。

2019 年 4 月 17 日，大山公司向江苏省苏州市中级人民法院（以下简称苏州中院）起诉武某军、蒋某辉和双益公司三被告侵害其技术秘密，要求三被告立即停止侵权，禁止披露或允许他人使用原告的商业秘密，销毁库存侵权产品。在 2019 年 6 月 24 日的民事诉讼庭前会议中，大山公司明确该案主张的技术信息秘密点为产品图纸上反映的零件结构、尺寸工差、加工工艺参数等技术信息的组合，具体产品图纸参见无锡中院作出的 38 号刑事判决中所提到的图纸，同时明确在该案中不主张刑事案件中的摆臂机构和尾气处理部件两项技术信息。根据大山公司申请，苏州中院自无锡市公安局直属分局调取了刑事侦查相关证据。经证据开示，大山公司主张武某军个人电脑以及双益公司电脑中存储的35张图纸，部分直接标注有“日本浪速”或“大山公司”名称，另有部分图纸去除原名称或改为“双益公司”，系三被告非法披露、获取和使用的原告保密技术信息资料。苏州中院审理后作出一审判决，认定大山公司主张的涉案技术信息构成技术秘密，认定武某军、蒋某辉和双益公司构成共同侵权，应共同承担侵权责任，判决三被告立即停止侵害大山公司技术信息商业秘密的行为，不得使用或披露涉案技术信息，赔偿大山公司损失35万元以及合理支出维权费用5万元。[①] 该判决目前已生效。[②]

第二节 技术秘密刑事案件证据在民事诉讼中的应用

该案系员工窃取公司引进的技术秘密离职成立新公司并使用引发的技术秘密刑事控告及民事侵权案。公司发现侵权行为后先选择刑事控告，在刑事控告不成功的情况下提起民事诉讼。无锡中院认定两被告人不构成侵犯商业秘密罪，苏州中院认定三被告构成技术秘密民事侵权。该案有以下几个方面值得关注。

一、刑事判决结论不影响民事诉讼规则对同一证据进行独立判断

双益公司在民事诉讼中的抗辩逻辑为，民事诉讼应采信刑事判决中作出的因不能排除涉案两项技术信息已经被使用公开的合理怀疑，原审判决认定涉案技术信息属于商业秘密继而认定蒋某辉、武某军构成侵犯商业秘密罪有误的认定结论。

原告在民事诉讼中明确所主张的技术信息秘密点为35张产品图纸上反映的零件结构、尺寸工差、加工工艺参数等技术信息的组合，同时明确不主张在刑事案件中已主张过的摆臂机构和尾气处理部件两项技术信息。苏州中院

① 参见江苏省苏州市中级人民法院民事判决书，（2019）苏05执初372号。

② 参见江苏省苏州市中级人民法院结案通知书，（2021）苏05执1435号。

在民事判决书中认为，刑事判决系依刑事诉讼的证据采信及定罪量刑规则作出，并非适用民事诉讼裁判规则作出的认定，不直接产生对民事诉讼中的证据采信与否的效力。而且在先刑事案件所针对的两项技术信息并非该案中所诉争的技术信息，被告据此否定该案诉争技术信息的非公知性，不能成立。

在民事诉讼中，大山公司主张以第 0002 号刑事判决中对双益公司生产的冷芯机数量与利润的审计结果作为民事诉讼赔偿计算的依据，即“根据公安机关委托的无锡某会计所出具的审计报告，大山公司在 2010 年 4 月至 2012 年 10 月共销售冷芯机 5 台，每台的平均净利润为 10 万余元，而双益公司共生产冷芯机 12 台，故双益公司的侵权行为对大山公司造成损失 120 余万元”的认定。苏州中院认为，前述审计所涉双益公司生产冷芯机有多种型号，而该案所涉技术信息并不覆盖全部型号，且技术信息内容仅为部分部件的部分图纸，故该审计结果在证据关联性及证明力上存在不足。苏州中院综合考虑原告技术信息来源成本、实施该项保密技术信息的竞争利益、在相关产品已公开销售情况下被告掌握相关技术信息省略的劳动及资金付出、被告实际产量和收益等主要因素，酌定赔偿金为 35 万元。

在商业秘密民刑交叉的案件中，刑事诉讼和民事诉讼采取的是不同的证据采信规则，刑事诉讼证据的证明标准要高于民事诉讼，但刑事判决中对证据的采信效力并不必然及于民事案件，即使已经有在先的商业秘密刑事案件判决，民事案件证据的采信仍要依据民事诉讼裁判的规则来判定，并不直接采用刑事判决的证据结论。

二、复杂机械产品的公开销售不等同于制造该类设备技术图纸的公开

双益公司在民事诉讼中提出，大山公司已公开销售相关产品，相关技术信息已经公开，其中结构、尺寸、公差和表面粗糙度等均是机械行业常规的技术信息，这些信息的组合也不构成商业秘密，故申请对上述技术信息是否构成不为公众所知悉的信息进行司法鉴定。

第 0002 号刑事判决中认为：该技术信息系以不正当手段获得，被告人蒋某辉、武某军再以该信息可以通过反向工程获得进行辩解，与法律规定不符，

不予采纳。38号刑事判决对“涉案秘点是否已经使用公开”进行了不同的论证，认为：“蒋某辉、武某军及辩护人提交的数份鉴定意见提出秘点所涉的机械活动、设备构造等可观察，符合秘点为结构类技术特征而缺乏保密性的特点，系合理质疑”“秘点1、2所涉技术信息因使用而公开系合理怀疑，鉴定意见⑤等证据尚不能达到排除合理怀疑的证明标准。”故无锡中院认为虽然武某军通过不正当手段从大山公司获取了相关技术信息，蒋某辉明知前述情况仍与其一起将该技术信息用于双益公司生产冷芯机，但由于不能排除涉案两项技术信息已经被使用公开的合理怀疑，第0002号刑事判决认定涉案技术信息属于商业秘密继而认定蒋某辉、武某军构成侵犯商业秘密罪有误，应予纠正。

而苏州中院在民事判决书中指出，复杂机械产品公开销售不等同于制造该类设备技术图纸的公开。即便是对公开销售的产品进行反向测绘，亦需付出相关投入和努力，且不完全等同于权利人的技术信息。该案中，被告方并不存在该种努力和付出。

笔者曾专题撰文《市场流通产品载负技术秘密是否容易获得》对涉案技术秘密是否被市场流通产品公开，或者通过权利人公开销售的产品是否容易获得的证明方法与证明标准进行了论述，从多个角度对市场流通产品载负的技术秘密是否容易获得进行了评析，对类似该案产品是否公开披露涉案技术秘密提供有益参考。①

三、大山公司作为普通的被许可人应有权独立提起技术秘密侵权之诉

双益公司在民事诉讼中提出，被诉侵权图纸来源于日本浪速公司，大山公司仅拥有涉案技术的使用权，无权提起商业秘密民事诉讼。大山公司在民事诉讼中补充提交了日本浪速公司出具的声明，声明记载：根据双方签订《技术合作合同书》，大山公司发现在中国境内有任何第三方存在侵犯知识产

① 参见李德成、白露：《科创板技术秘密审查与技术秘密刑事保护》，法律出版社2022年版，第212～215页。

权（包括但不限于著作权、商业秘密、商标权、专利权等）的行为，有权以自己的名义在中国境内对第三方采取法律维权行为。该声明经日本公证，但尚未办理使领馆认证手续。苏州中院认为大山公司依据技术合作合同合法取得涉案技术，有权排除他人违反保密义务非法获取、披露或使用该技术信息的不正当竞争，被告方的抗辩曲解法律，不足采信。

对此笔者赞同苏州中院的上述观点，理由如下。

首先，大山公司在该案中补充提交了日本浪速公司出具的同意由大山公司以自己的名义在中国境内对第三方采取商业秘密维权行动的声明。也就是说，大山公司即便只是普通使用许可合同的被许可人，其经权利人书面授权，单独提起诉讼，符合相关司法解释的规定，人民法院应当受理。

其次，即便大山公司没有补充提交权利人书面声明，也认为商业秘密普通被许可人有权单独提起商业秘密民事诉讼，按照《民事诉讼法》及司法解释的立案登记规定进行立案审查，不应有特殊的限制要求或区别性对待。要求商业秘密许可合同的普通被许可人取得权利人书面授权方能单独提起诉讼的司法解释条款，已不适应目前司法保护技术秘密的需求，需要尽快修改，理由详见本书第二十七章。

第二十五章　伪造函件挖走客户被判5倍惩罚性赔偿

第一节　员工在职期间成立新公司后非法使用经营秘密

西安思安科技信息股份有限公司（以下简称思安公司）成立于2000年9月8日，经营范围为计算机及计算机软件、信息、网络通讯、机电一体化、电力系统自动化、机电设备安装和货物与技术的进出口经营等，是“思安科技电能量远程终端系统V1.0”“思安电能量计量计费系统V1.0”“生产实时数据分析展示系统V1.0”“库房管理业务系统V1.0”“设备管理系统V1.0”“思安电能量计量计费系统V3.0”等的软件著作权人。

2014年11月25日，原告思安公司的员工高某和李某在职期间以股东[①]身份共同注册成立了被告西安聚远电力自动化有限公司（以下简称聚远公司），经营范围为电力自动化设备、电气产品、自动控制设备、仪器仪表、计算机软硬件、网络通讯设备的销售、技术开发和技术服务等。被告高某于2013年3月29日与思安公司签订无固定期限劳动合同并担任销售部门经理（电力业务）。2020年8月13日，思安公司以高某存在严重违反规章制度、严重失职，营私舞弊和涉嫌违法犯罪为由，通知高某解除劳动合同关系，高某办理交接手续后离职。李某于2011年5月23日与思安公司签订无固定期限劳动合同并担任技术工程师，于2018年8月31日办理了离职手续。公司与两员工就保密义务和竞业限制均做了约定。

---

① 聚远公司成立时工商登记的股东为李某、高某，各持股50%。2019年2月20日，聚远公司召开股东会决议，同意股东李某将其持有的聚远公司50%股权转让给李某1，同意股东高某将其持有的聚远公司50%股权转让给樊某艳。同日，高某、李某分别与樊某艳、李某1签订股权转让协议。

高某和李某在思安公司任职期间，参与了思安公司与客户之间多份合同的协商和签订工作，高某在其内部电子邮件中发送的 2017 年、2018 年、2019 年和 2020 年电力部工作总结中提及了“电力部跟踪客户数据分析”或“业务跟踪”等内容并对客户信息进行汇集和长期追踪；在高某无纸化办公系统的个人账户中，可以使用该账户查询包含客户名称、助记码、客户价值、行业类型、行业地位和关系等级等在内的特殊客户信息，查询信息包含合同产品编号、规格型号、品类、数量和销售价格等合同信息。高某和李某作为聚远公司股东，共谋将思安公司的客户信息披露给聚远公司并使用，迅速与客户名单上的客户签订了诸多业务合同，其中签订的 57 份合同中有 49 份合同与思安公司的客户重合，近 86% 的合同相对方系思安公司的客户。从合同签订的内容看，多数合同与思安公司曾经签订的合同的合同标的一致，多是针对电厂内电量计量系统、计费系统、电能量远方终端、调度数据网、网络安全检测等的安装、升级与技术服务等内容。聚远公司还向第三方项目单位出具仿冒的思安公司的授权函①，使客户误认为聚远公司与思安公司存在特定联系，以此承揽项目获利，其中李某为项目联系人和负责人，高某为伪造授权函的制作人。

原告思安公司向陕西省西安市中级人民法院②（以下简称西安中院或一审法院）提起诉讼，请求其判令高某、李某和聚远公司立即停止侵害思安公司商业秘密和虚构思安公司授权的虚假宣传及不正当竞争行为，连带赔偿经济损失 1000 万元和合理费用 50 万元，消除影响并赔礼道歉。原告主张的技术秘密为思安公司经过长期经营和对特定客户的追踪、积累所得的客户信息。一审审理中，聚远公司认可其仅在与灞桥热电厂商业往来中使用过授权函，思安公司则认为聚远公司在涉及陕西省计量计费系统商业活动中均使用过授权函。在聚远公司未能提交充分证据证明其与客户之间的往来是通过其他合

---

① 原告思安公司一审期间提交了被告高某、李某任职期间伪造的 2019 年授权函，授权函内容为：由于我公司业务划归需要，自 2019 年 1 月 1 日起，就陕西省的计量计费系统售后、改造合同的工作内容，委托聚远公司负责提供对电厂用户的合同签订和技术服务工作。落款处加盖有思安公司字样印章。

② 一审案号：陕西省西安市中级人民法院民事判决书，(2020) 陕 01 知民初 1935 号。

法途径获取的客户信息的情况下，西安中院认定聚远公司存在以不当手段获取思安公司客户名单侵害商业秘密的行为，但聚远公司因侵权所获非法利益无法准确界定，酌定聚远公司赔偿思安公司经济损失 100 万元（含思安公司为维权支出的合理费用）并应在华商报中缝以外版面刊登声明，说明其混淆行为内容并向思安公司赔礼道歉。

原告思安公司不服一审判决，向陕西省高级人民法院[①]（以下简称陕西高院或二审法院）提起上诉，聚远公司提交了其与 24 个客户签订的合同共 57 份，其中与 15 个客户签订的 49 份合同和思安公司的客户相同，合同内容与思安公司的 38 份合同基本一致，均涉及电力发电厂内电量计量系统、计费系统、电能量远方终端、调度数据网、网络安全检测等的安装、升级与技术服务等内容，上述 49 份合同标的金额共计 698.99 万元。二审中，经双方当事人确认，法院认定赔偿数额的侵权截止日期确定为一审判决作出前。陕西高院适用 5 倍惩罚性赔偿，改判聚远公司、高某和李某赔偿思安公司各项经济损失 500 万元及合理开支 7.3 万元。

第二节 二审改判惩罚性赔偿的事实认定与法律适用

一、二审法院改判适用 5 倍顶格惩罚性赔偿具有积极意义

一审法院认为，由于思安公司未能举证证明聚远公司侵害商业秘密和混淆行为给其造成的具体损失数额，虽然查明了聚远公司签订的部分合同，但合同相对方与思安公司特定客户并非完全相同，且合同盈利率双方亦未举证证明，聚远公司因侵权所获非法利益无法准确界定，综合合同性质、侵权行为情节、损害后果和思安公司维权支出等因素，酌定聚远公司赔偿思安公司经济损失 100 万元（含思安公司为维权支出的合理费用）。

根据二审查明的事实，截至 2020 年 12 月 21 日，聚远公司提供的与思安

① 二审案号：陕西省高级人民法院民事判决书，(2022) 陕知民终 10 号。

公司涉案客户名单重合的合同标的金额共计 698.99 万元。又根据思安公司提供的证据计算出涉案合同在 2015 ~ 2019 年的平均利润率为 14%，二审法院计算出聚远公司的侵权获利的赔偿基数为 698.99 万元 ×14% ×100% ≈97.86 万元。根据《最高人民法院关于审理侵害知识产权民事案件适用惩罚性赔偿的解释》第 6 条第 1 款规定，“人民法院依法确定惩罚性赔偿的倍数时，应当综合考虑被告主观过错程度、侵权行为的情节严重程度等因素”。二审法院综合考量以下因素后确定该案惩罚性赔偿倍数为 5 倍：其一，思安公司的损失较大。高某和李某二人在思安公司电力部门具有重要地位，其二人披露并允许聚远公司使用涉案商业秘密的行为，实质上使思安公司该部门的多个业务被聚远公司替代，思安公司损失较大。其二，三被告的主观恶意明显，且违反社会主义核心价值观，应予惩戒。高某和李某作为思安公司的老员工身居管理职位，非但没有遵守公司相关规章制度敬业工作，反而为一己私利故意侵害公司的商业秘密。聚远公司在明知二人系故意的情况下，仍使用涉案商业秘密获利，上述行为不仅违反相关法律规定，也与社会主义核心价值观中的敬业、诚信等价值准则严重背离，通过顶格 5 倍的惩罚方能够达到惩戒并警示的目的。其三，聚远公司以侵权为业。聚远公司的成立及发展以侵害思安公司涉案商业秘密为基础，且其侵权时间较长。综上判定聚远公司应向思安公司赔偿的损失为 97.86 万元 ×5 倍 =489.3 万元。

结合所经办的包括技术秘密信息、经营信息与其他商业信息等在内的具体案件，就主张惩罚性赔偿倍数的组织证据问题提出如下几个方面的建议供参考。

（1）侵权人的主观恶意程度，其中侵权人明知该行为违法而实施的最为典型，特别是类似该案中被告高某和李某在职期间即成立被告公司，或者是通过亲友代持股份的，在违反竞业限制义务的同时于离职前非法持续使用商业秘密的。

（2）多项侵犯商业秘密行为类型并存，如非法获取商业秘密、披露给新的单位又在新单位负责实施商业秘密的，或者为非法使用商业秘密获取更大的非法利益同时又实施其他违法行为的，如该案中高某、李某伪造授权函行为，有非公受贿行为，有破坏技术措施行为。

（3）侵权人（单位）以侵权为业，侵权人主要依靠涉案商业秘密经营或获利，这是判断以侵权为业的重要标准，可以从营业收入、主要客户类型、侵权行为持续的时间长短等方面组织证据，或者多次起诉被认定为侵权的，或者一审判决认定侵权在二审期间侵权行为继续的，或者违反行为保全禁令的，等等。

（4）侵权行为导致涉案商业秘密部分或者全部为公众所知悉，比如将涉案技术秘密方案直接或者修改后申请专利而公开披露，比如合作单位的员工将本公司交付的软件源代码存储在国际开源社区被公开披露的，在这里要特别注意行为人动机等方面的证据。

二、使用客户名单对涉案合同利润产生必要作用且具有直接因果关系

该案中二审法院认定涉案客户名单在侵权获利中的贡献率为100%，对于贡献率的认定确无必要。

二审法院认为，因涉案客户名单中所涉合同多是为电力发电厂提供电量计量系统、计费系统、网络安全检测等的安装、升级与技术服务等业务，思安公司的上述大多数业务由高某和李某二人独立完成，聚远公司实质上是通过使用涉案客户名单将思安公司电力部门的大多数业务拉拢到其公司名下，再考虑到聚远公司经营场地面积较小，涉案合同多涉及技术服务等劳务成本，高某和李某二人即可独立完成相关业务等事实，涉案客户名单在涉案合同利润中占据了绝对比例，认定涉案客户名单在侵权获利中的贡献率为100%。

笔者曾撰文《技术秘密案件中的贡献率》①，反思在技术秘密案件中技术贡献率的问题。所谓的“贡献率”本质上要解决的是非法使用涉案商业秘密与非法获利的直接关联性问题，以“贡献率”来判断是走上了一条错误的不归路，真正需要关注的是涉案商业信息或技术信息在侵权行为中是否发挥了必要性作用。该案中认定涉案客户名单在侵权获利中贡献率为100%，显然

① 参见李德成、白露：《科创板技术秘密审查与技术秘密刑事保护》，法律出版社2022年版，第196、197页。

还是将使用涉案经营秘密与涉案合同利润的直接因果关系以“贡献率”来量化，该审判思路依然值得反思。

基于上述分析，希望如下表述能够引起必要的关注和讨论。

使用涉案客户名单对涉案合同利润产生了必要的作用，具有直接的因果关系，认定涉案合同利润为非法使用涉案客户名单的侵权获利。

三、侵犯经营秘密同时实施混淆行为的事实认定与法律适用

认定侵犯经营秘密的同时又实施混淆行为的，两种不正当竞争行为分别计算判赔数额，合并相加后确定了全案的赔偿金额。

该案中，高某和李某使用思安公司经营信息并出具授权函误导合同相对方混淆合同签订主体的行为，同时构成侵犯商业秘密的行为和《反不正当竞争法》第 6 条第 4 项规定的“混淆行为”，“侵犯商业秘密的行为”和“混淆行为”竞合。

陕西高院认为，根据一审法院查明的事实，聚远公司认可其在经营活动中使用了伪造的思安公司的授权函，该函明确记载了思安公司委托聚远公司负责陕西省计量计费系统售后、改造的合同签订和技术服务工作。聚远公司通过伪造授权的方式试图攀附思安公司在行业中的特殊经营关系，相关客户误认为两公司存在委托授权的特定关系，导致本属于思安公司的交易机会通过假借授权的方式给予聚远公司，该行为属于《反不正当竞争法》第 6 条第 4 项“经营者不得实施下列混淆行为，引人误认为是他人商品或者与他人存在特定联系：（四）其他足以引人误认为是他人商品或者与他人存在特定联系的混淆行为”规定的情形。

以混淆主体的不正当方式获取、使用他人客户信息等经营秘密的行为，很容易与《反不正当竞争法》第 6 条第 4 项规定的“混淆行为”竞合，笔者撰写的《公司项目负责人擅自将合作主体更换为竞争对手侵犯经营秘密》一文中提及的案例存在类似的情况。该种情况笔者认同将两种“侵犯商业秘密的行为”和“混淆行为”分开讨论。该案中二审法院对侵犯商业秘密的行为和混淆行为分别计算了判赔金额，判赔额分别为 489. 3 万元和 15 万元，并在加和后确定了全案的赔偿金额。

第二十六章　使用商业秘密更换合作主体签订合同

第一节　公司项目负责人擅自将合作主体更换为竞争方

北京心果科技有限公司（以下简称心果公司或原告）是互诚信息技术（上海）有限公司（以下简称互诚公司）的信息技术支持服务商。心果公司的项目对接人为解某雄。解某雄在任职期间利用对接人的身份和协议续约机会擅自将服务主体由心果公司换成万源汇康公司，并在万源汇康公司名称后冠以心果公司的“心果”字号提交合同审批并促成互诚公司与万源汇康公司签订合同。“大众点评”平台内部，将万源汇康公司作为心果公司的关联主体纳入合作范围。该合作持续到解某雄从心果公司离职。万源汇康公司就“大众点评”信息服务项目获得收益637万元。该案涉及的商业秘密是心果公司与“大众点评”平台信息服务项目的合同内容和客户信息。

心果公司向北京市西城区人民法院（以下简称一审法院）起诉解某雄和万源汇康公司（以下简称两被告），请求两被告连带赔偿心果公司经济损失637万元及合理支出5万元。一审法院认为解某雄与万源汇康公司共同侵犯了心果公司的商业秘密且构成混淆的不正当竞争行为，酌定解某雄、万源汇康公司共同赔偿心果公司经济损失350万元和合理开支律师费5万元。后解某雄不服一审判决向北京知识产权法院提起上诉。二审法院驳回上诉，维持原判。

该案中，解某雄在对接合同业务时，实施了故意混淆心果公司和万源汇康公司是两个不同主体的行为。解某雄使用心果公司与“大众点评”平台信息服务项目的合同内容和客户信息等商业秘密更换合作主体签订合同，法院认为同时构成《反不正当竞争法》第 6 条第 4 项规定的“其他足以引人误认为是他人商品或者与他人存在特定联系的混淆行为”和《反不正当竞争法》第 9 条第 3 款规定的侵犯商业秘密的行为。本文仅针对侵犯商业秘密部分进行讨论，对于混淆的不正当竞争行为不做评述。

第二节 拒不提供侵权获利证据应以销售利润计算判赔金额

该案中，万源汇康公司与互诚公司签订的合同约定结算方式为实际合作完成后进行结算，由万源汇康公司向互诚公司发送服务费结算单，心果公司主张按照万源汇康公司就“大众点评”信息服务项目所获得的收益 637 万元或者心果公司此前与互诚公司、汉诚公司（与三块技术合并后改名互诚公司）3235. 895638 万元的交易流水计算经济损失。

一审法院认为，依据万源汇康公司收益和此前心果公司的交易流水作为赔偿依据均不合理。万源汇康公司仅取得交易机会，收益多少取决于服务的质量和效果，其所获得的收益并不完全依赖交易机会的取得，因此依据收益赔偿损失不合理；在案证据不能证明万源汇康公司与互诚公司的合作造成互诚公司与心果公司合作终止，心果公司此前的交易流水也是通过提供技术服务而取得，故其与互诚公司、汉诚公司之间的交易流水并不等同于其所遭受的损失。在案证据不能证明原告因涉案侵权行为所遭受的经济损失，也不能证明两被告侵权行为的获利。因此，一审法院没有以万源汇康公司就该项目的收益或心果公司此前该项目的项目流水作为损失赔偿的依据，仅将其作为考量因素，酌定两被告共同赔偿心果公司经济损失 350 万元。

根据《反不正当竞争法》第 17 条第 3 款的规定①，“实际损失难以计算

① 《反不正当竞争法》第 17 条第 3 款规定，“因不正当竞争行为受到损害的经营者的赔偿数额，按照其因被侵权所受到的实际损失确定；实际损失难以计算的，按照侵权人因侵权所获得的利益确定。经营者恶意实施侵犯商业秘密行为，情节严重的，可以在按照上述方法确定数额的一倍以上五倍以下确定赔偿数额。赔偿数额还应当包括经营者为制止侵权行为所支付的合理开支”。

的，按照侵权人因侵权所获得的利益确定”，该案万源汇康公司因该信息服务合同所获利益可以作为赔偿数额的依据。解某雄在任职期间恶意披露并非法使用心果公司的经营秘密，万源汇康公司明知解某雄为违反保密义务向其披露心果公司的经营秘密，仍然非法使用并窃取了心果公司的续约机会，心果公司因前述主体侵犯商业秘密的行为产生了实际损失，该损失与侵权行为存在必然因果关系。根据《最高人民法院关于民事诉讼证据的若干规定》第95条①，万源汇康公司经一审法院释明后，未在法定期间提交其财务账簿等财务凭证，致使具体获利数额不能查实。其应当依法承担不提供相关证据的不利后果。另司法实践对恶意侵权或以侵权为业的主体，一般可按照销售利润②认定赔偿数额，该案被告无合理理由不提供销售成本财务凭证，且明显存在恶意，故以其所得收益637万元减去相应税金认定赔偿数额是合理的，而仅判赔350万元显然过低。该案中两被告主观恶意明显，且有拒不提供侵权获利证据妨碍诉讼的行为，此种判赔方法与赔偿数额很显然起不到打击侵权行为的示范作用，因为侵权行为人还存有数额可观的非法所得，反而有助长侵权之嫌，值得斟酌！

---

① 《最高人民法院关于民事诉讼证据的若干规定》第95条规定，“一方当事人控制证据无正当理由拒不提交，对待证事实负有举证责任的当事人主张该证据的内容不利于控制人的，人民法院可以认定该主张成立”。

② 销售利润＝销售收入－销售成本－税金及附加费用。

第二十七章　迫切需要修改司法解释确定普通被许可人有权独立提起技术秘密侵权诉讼

第一节　前员工组建新公司并非法使用原任职公司技术秘密

原告盎亿泰地质微生物技术（北京）有限公司（以下简称盎亿泰公司）成立于2007年1月12日，经营范围包括石油天然气勘探、开采和生物技术的技术开发、技术服务、技术转让、技术推广和技术咨询等。涉案技术是盎亿泰公司在Geo-Microbial Technologies Inc.（以下简称GMT公司）和AE & E Technology, LLC.（以下简称AE & E公司）技术许可的基础上自行研发的。盎亿泰公司主张的技术秘密是"一种微生物化学勘探采集检测技术"，载体为《微生物地球化学勘探采集技术规程》《8.1b生产管理之海上取样施工规范》《QAYTJ0703海洋沉积物烃氧化菌微生物值的测定5》《白云凹陷西南断阶带油气微生物勘探中期成果汇报》等。上述4个秘密点载体文件属性信息的最后修改时间分别为2012年10月19日、2009年1月4日、2014年11月5日和2015年7月28日。盎亿泰公司共主张19个技术秘密点，一审中放弃对秘密点4、6、11、17、18的主张，并对秘密点19的内容进行了修改。一审法院认定秘密点1、2、9、13、14、16等6个秘密点具备秘密性，其余8个秘密点不具备秘密性。

被告英索油能源科技（北京）有限责任公司（以下简称英索油公司）成立于2016年9月23日，经营范围与原告相同。盎亿泰公司的前技术人员罗某平、李某、胡某宇、张某梦（以下简称四自然人被告）先后入职英索油公司。罗某平自盎亿泰公司成立即入职该公司，先后担任业务经理、项目经理、总裁助理、工程部总监等职务。2016 年 7 月 11 日，罗某平与盎亿泰公司协商解除劳动关系，现为英索油公司法定代表人。李某为盎亿泰公司研发部研究员，于 2016 年 11 月 8 日离职。2017 年 1 月 20 日，盎亿泰公司因李某在职期间为罗某平成立的英索油公司组建实验室，窃取公司绝密文件，作出开除李某的决定。李某否认现为英索油公司员工，提供了其为环能新科公司股东和在其他第三方公司缴纳社保的证明。胡某宇为盎亿泰公司工程部测绘工程师，2016 年 8 月 31 日离职，其否认现为英索油公司员工，称其先后在中交隧道工程局有限公司盾构工程公司工作。张某梦为盎亿泰公司勘探部、综合研究部项目工程师，于 2016 年 11 月 11 日离职，其否认现为英索油公司员工，提交了其在中国石油大学和中国政法大学缴纳社会保险的证据。四自然人被告与盎亿泰公司签署过《保密协议》，均从事与技术相关的工作，有接触盎亿泰公司技术秘密的便利条件和可能。

2017 年 5 月 23 日，英索油公司中标洛克项目，合同总金额 735 万元；2017 年 11 月 21 日，项目完成验收，英索油公司认可收到全部合同款项。其中李某电脑中有 3 个文件为洛克项目文件，执行的检测标准即为保全的李某电脑中文件显示的标准，故盎亿泰公司主张英索油公司在洛克项目中使用了涉案技术秘密。根据盎亿泰公司的申请，一审法院对李某、胡某宇在英索油公司办公场所使用的笔记本电脑内数据及纸质文件进行了保全。经勘验，证据保全的李某电脑中的部分文件与李某在盎亿泰公司使用的办公电脑中存储的文件内容相同，该文件包含秘密点 1、2、3、5、7、8、9、12、13 ~ 16；保全的胡某宇电脑中的文件内容与秘密点 7、8 的载体内容完全一致。因保全的李某电脑中的对比文件记载罗某平为起草人之一，故盎亿泰公司认为罗某平应承担共同侵权责任。保全的李某电脑中还搜索到洛克项目讨论过程文件显示“思梦负责用软件画图”，孙某涛是洛克项目的主要参与人之一，因孙某涛与张某梦为夫妻关系，盎亿泰公司据此主张张某梦积极参与了洛克项目。

原告盎亿泰公司向北京知识产权法院（以下简称一审法院）起诉英索油公司及罗某平、李某、胡某宇、张某梦，请求法院判令英索油公司及四自然人被告停止侵害技术秘密并主张英索油公司及四自然人被告共同赔偿其经济损失 588 万元及合理开支 50.7 万元（代理费 50 万元、公证费 0.7 万元），共计 638.7 万元，张某梦在 638.7 万元的 10% 范围内承担连带责任。为证明五被诉侵权人具有恶意，盎亿泰公司向一审法院提交其法定代表人梅某与李某谈话的录音，以及盎亿泰公司发送给洛克公司的沟通邮件、律师声明函、邮单及签收证明。在谈话录音中，梅某明确告知李某其行为涉及侵权。为证明英索油公司所获利润，盎亿泰公司提交了其对白云深水区微生物地化样品室内研究分析服务、辽西南洼旅大 8/9 构造带微生物油气勘探服务两个项目所作的专项审计报告，前者利润率为 53.19%，后者利润率为 34.51%。一审法院于 2017 年 8 月 1 日立案受理，于 2020 年 7 月 31 日判决英索油公司、李某和罗某平于判决生效之日起立即停止侵害盎亿泰公司涉案技术秘密的行为，英索油公司和李某共同赔偿盎亿泰公司经济损失 50 万元和合理费用 25 万元，共计 75 万元。

盎亿泰公司和英索油公司、罗某平、李某不服一审判决，上诉至最高人民法院。盎亿泰公司请求改判原审判决，判令英索油公司及四自然人被告停止侵权并共同赔偿 200 万元及合理开支 50.7 万元，其中张某梦在 10% 范围内承担连带责任。英索油公司、罗某平、李某共同上诉请求依法撤销原审判决，改判驳回盎亿泰公司的诉讼请求或发回重审。盎亿泰公司二审庭后提交了 3 份新证据：南海珠江口盆地 03/33 和 16/07 勘探区块海底地质微生物调查商务投标文件（价格标）、盎亿泰公司工作人员与洛克公司工作人员的往来邮件截图以及所附的附件及其中文译文，拟共同证明盎亿泰公司在洛克项目中由于英索油公司恶性竞争失去中标机会，进而造成损失；北京中新天华会计师事务所有限公司出具的情况说明，拟证明盎亿泰公司在一审提交的中新天华审字［2020］604、605 号专项审计报告中的利润相当于项目的营业利润。

最高人民法院 2021 年 7 月 13 日立案，10 月 11 日不公开开庭审理了该案，于 2022 年 10 月 26 日作出终审判决：一审判决关于罗某平虽构成侵权但无须承担赔偿责任的认定，胡某宇因不构成侵权而无须承担赔偿责任的认定有误，应予以纠正；根据盎亿泰公司提交的审计报告和洛克项目审计报告中（预算支出 − 实际支出）÷ 预算支出的计算方法分别得出 43.85% 和 27.91% 的利润率，按照 43.85% 和 27.91% 利润率分别计算，英索油公司在洛克项目中的营业利润均大于原告主张的200万元。该案系因前员工组建新公司并侵害原任职公司技术秘密引发的案件，英索油公司在实际经营中使用盎亿泰公司的技术秘密，具有明显的主观恶意，可推定英索油公司不当攫取了原本属于盎亿泰公司的交易机会，英索油公司是否存在恶意低价竞标行为、是否在洛克项目中还使用了其他自有技术，以及所使用技术秘密的技术贡献率大小，均不影响赔偿金额的计算。最高人民法院改判英索油公司及罗某平、李某、胡某宇于判决生效之日起立即停止侵害盎亿泰公司涉案部分技术秘密的行为并连带赔偿盎亿泰公司经济损失200万元及合理费用50.7万元。

第二节 反思《商业秘密民事司法解释》第26条的规定

排他实施许可的被许可人，在权利人不起诉的情况下自行提起技术秘密侵权诉讼是适格主体的相关规定，已不适应当前司法保护技术秘密需求，强烈建议做必要的修改。

该案被告认为盎亿泰公司并非适格原告，若认定盎亿泰公司技术源于GMT公司，则其应为涉案技术秘密的使用权人，而非原审认定的“利害关系人”。

一审法院认为，盎亿泰公司称其主张的技术秘密是在受让技术的基础上进行的自主研发，就技术秘密主张权利的当事人可以是技术的所有人也可以是利害关系人。盎亿泰公司向一审法院明确了其主张的技术秘密内容，并提交了载体文件，其技术秘密具体为一种微生物石油勘探技术。盎亿泰公司提交的技术秘密载体文件的形成时间均在罗某平、李某、胡某宇、张某梦离职时间之前。据此一审法院认定盎亿泰公司为涉案技术秘密的利害关系人，有权就涉案技术秘密提起诉讼。盎亿泰公司是否是其主张的涉案技术秘密的所有权人，不影响其在该案中主张权利。

最高人民法院认为，《商业秘密民事司法解释》第26条第2款规定，排他使用许可合同的被许可人和权利人共同提起诉讼，或者在权利人不起诉的情况下自行提起诉讼的，人民法院应当依法受理。该案中盎亿泰公司提交了GMT 公司向 AE & E 公司转让陆域和海域微生物石油调查技术（MOST）和吸附气技术（SSG）的《技术转让协议》，及盎亿泰公司获得 AE & E 公司对陆域和海域微生物石油调查技术和吸附气技术的《技术排他实施许可协议》，授权许可链条清晰，可证明盎亿泰公司确已获得陆域和海域微生物石油调查技术和吸附气技术的排他实施许可。盎亿泰公司作为相关技术的排他实施许可人，有权在权利人不起诉的情况自行提起该案诉讼，故盎亿泰公司为该案适格原告。

二审法院就此问题在法律适用上是正确的，相比较而言一审法院重在审查认定盎亿泰公司是涉案技术秘密的利害关系人，是否为技术秘密所有权人不影响其在该案中主张权利的思路，更值得肯定。

同时也需要反思《商业秘密民事司法解释》第 26 条规定的合理性。该条第 1 款和第 3 款还分别规定：对于侵犯商业秘密行为，商业秘密独占使用许可合同的被许可人提起诉讼的，人民法院应当依法受理。普通使用许可合同的被许可人和权利人共同提起诉讼，或者经权利人书面授权单独提起诉讼的，人民法院应当依法受理。上述内容与《不正当竞争民事案件司法解释》（2007）第 15 条的规定完全相同。

类似该案中因前员工组建新公司侵犯原任职公司技术秘密引发的案件比比皆是，利用不正当手段获取、复制带走，在实际经营中使用原单位的技术秘密，其主观恶意明显、损害后果严重，并因此而承担刑事责任的案件大有所在。原单位作为被许可人不论是独占、排他还是普通的任何一种，都是此类侵权行为的直接利害关系人，依法均有权提起民事诉讼寻求法律救济。

1991 年 4 月 9 日颁布生效的《民事诉讼法》第 108 条规定的起诉和立案的法定条件从未发生过变化。与现行《民事诉讼法》第 122 条的规定完全相同，即起诉必须符合下列条件：（1）原告是与本案有直接利害关系的公民、法人和其他组织；（2）有明确的被告；（3）有具体的诉讼请求和事实、理由；（4）属于人民法院受理民事诉讼的范围和受诉人民法院管辖。《民事诉讼法司法解释》第 208 条规定，人民法院接到当事人提交的民事起诉状时，对符合《民事诉讼法》第 122 条的规定，且不属于第 127 条规定情形的，应当登记立案；对当场不能判定是否符合起诉条件的，应当接收起诉材料，并出具注明收到日期的书面凭证。需要补充必要相关材料的，人民法院应当及时告知当事人。在补齐相关材料后，应当在7日内决定是否立案。立案后发现不符合起诉条件或者属于《民事诉讼法》第127条规定情形的，裁定驳回起诉。

然而《不正当竞争民事案件司法解释》（2007）第15条的规定很显然是对商业秘密许可合同的独占、排他和普通使用被许可人在起诉与立案受理的条件上做了特殊的要求或者是区别性对待，且无论在当时情况下如此规定是否合理，在客观上都产生了对此类主体依法行使诉权、及时制止侵权行为并获得司法救济限制的结果。

历经十五载的发展变化，上述特殊的要求确实还有继续存在的必要吗?

类似该案中，对权利人不起诉事实审查的标准是如何把握的呢？是只要权利人没有起诉即认定符合要求，还是在立案时或受理后问询权利人得到肯定不起诉的回复，或者是在立案时就要求原告提交权利人不起诉的书面文件等。

大量事实证明，商业秘密许可合同的普通使用被许可人取得权利人书面授权单独提起诉讼的难度非常大，特别是因为跨境区域、历时久远、主体变更和经办人离职等客观情形导致无法实现，更不要说权利人共同提起诉讼的情况。

从其他层面思考，权利人基于多种原因可能对被侵权的技术秘密并不关心，或者在当今司法保护技术秘密效果并不理想的情况下，还不值得做如此多的付出，而普通的被许可人，针对其在职或者离职员工实施侵犯商业秘密的行为，如果不能及时地通过诉讼制止侵权行为，可能导致极为严重的后果。这甚至是关乎企业生死存亡的问题，任由这类情况的发生和扩大是不负责的表现。

就技术秘密保护范围的具体情况而言，在被许可的技术秘密基础上研发产生的改进或新技术方案的情况也比较多，原技术秘密权利人对新研发的技术秘密也可能并不享有权利。按现有规定，普通的被许可人只能就其后续研发且原许可人并不享有权利的这一部分技术秘密独立提起诉讼。事实上，查明新旧技术秘密保护范围的具体区别是困难的，成本也是巨大的。毕竟不是判断是否非法使用涉案技术秘密事实所必要，亦非审理改进技术秘密成果归属之所需，在这里是否允许将被许可技术秘密及改进的技术秘密成果作为权利基础独立提起诉讼确实没有必要。

其他的国家和地区，也有上述这样的特殊性规定吗？

为此法院应当将此问题回归原告是否属于被诉侵权行为的直接利害关系人这个根本问题上，笔者强烈建议对《商业秘密民事司法解释》第 26 条规定做必要的修改，以适应当前对技术秘密司法保护的迫切需求。

第二十八章　技术秘密侵权与赔偿数额的关联性审查

第一节　油气微生物勘探案两审法院对涉案技术秘密点的认定

上一章讨论了排他实施许可的被许可人在权利人不起诉的情况下自行提起技术秘密侵权诉讼主体是否适格相关规定的法律适用问题，并提出对该规定进行反思并尽快予以修改的建议。本章结合该案事实，就技术秘密侵权与赔偿数额关联性的审查问题提出观点。原告盎亿泰公司共主张 19 个技术秘密点，一审中放弃秘密点 4、6、11、17、18，并对秘密点 19 的内容进行了修改。一审法院认定秘密点 1、2、9、13、14、16 等 6 个秘密点具备秘密性，其余 8 个秘密点不具备秘密性。最高人民法院在秘密点的认定上与一审法院相同。

第二节　对技术秘密侵权与赔偿数额关联性审查的再思考

该案中原告所主张的部分秘密点被认定为不构成技术秘密，最高人民法院在计算赔偿金额时没有计算涉案技术秘密在项目技术中的贡献率，也没有考虑项目是否还使用了其他自有技术，这对技术秘密司法审判是有积极意义的，值得充分肯定。

一、离职员工使用原单位技术秘密为新单位制定技术规程是非法使用行为

离职员工将原单位技术秘密用于为新单位制定技术规程也是非法使用行为，与新单位构成非法使用的共同侵权行为，需承担连带赔偿责任，单就这一侵权行为可考虑用应支出而未支出的成本费用作为确定赔偿数额的方法。

该案原告主张各被告的侵权行为包括：（1）李某非法获取、披露和允许英索油公司在洛克项目中使用涉案技术秘密；（2）胡某宇披露和允许英索油公司在洛克项目中使用涉案技术秘密；（3）英索油公司明知李某、胡某宇的上述违法行为，仍获取并在洛克项目中使用涉案技术秘密；（4）罗某平使用涉案技术秘密参与起草英索油公司的企业标准；（5）张某梦积极参与洛克项目等。

一审法院认为，罗某平作为原告盎亿泰公司的员工，应当知晓相关技术为原单位技术秘密，其违反保密义务使用涉案技术秘密用于英索油公司企业标准的制定，其行为视为侵犯技术秘密，但无证据表明罗某平起草的“微生物油气勘探采集技术规程”用于洛克项目或给盎亿泰公司造成其他损害，故罗某平对此不应承担赔偿责任。根据盎亿泰公司提交的比对表，原审法院保全的胡某宇电脑中仅有“工程部工作手册（管理流程）”与秘密点 7、8 的载体内容相同，在秘密点 7、8 不构成技术秘密的前提下，胡某宇的行为不构成对盎亿泰公司技术秘密的侵害。

最高人民法院查明，李某电脑中的文件“微生物油气勘探采集技术规程”显示罗某平、胡某宇为该技术规程的起草者，该技术规程包含盎亿泰公司的秘密点 1、2 和 9。英索油公司在洛克项目中使用了涉案技术秘密，且将部分涉案技术秘密制定为企业标准进行使用，属于“明知或者应知前款所列违法行为，获取、使用或者披露他人的商业秘密”的行为，构成侵权。罗某平、胡某宇作为盎亿泰公司原员工，明知相关技术为盎亿泰公司的技术秘密，但其违反保密义务，将涉案技术秘密用于为英索油公司制定企业标准，其行为属于“违反约定或者违反权利人有关保守商业秘密的要求，披露、使用或者允许他人使用其所掌握的商业秘密”，构成侵权。罗某平、李某、胡某宇

均系盎亿泰公司的前员工，其明知盎亿泰公司享有涉案技术秘密，违反保密协议约定，披露、使用、允许他人使用涉案技术信息，共同经营或参与经营与盎亿泰公司同业竞争的英索油公司，具有共同侵权故意，应当与英索油公司承担连带赔偿责任。

该案中，已查明英索油公司在洛克项目中使用了涉案技术秘密，且将部分涉案技术秘密制定为企业标准进行使用。英索油使用涉案技术秘密承接洛克项目并实际收款的行为给盎亿泰公司造成了实际损失。罗某平、胡某宇作为盎亿泰公司原员工，明知相关技术为盎亿泰公司的技术秘密，仍违反保密义务，将涉案技术秘密用于为英索油公司制定企业标准。虽未查明“微生物油气勘探采集技术规程”是否在洛克项目中使用，但该企业标准对英索油公司参与市场经营和竞争起到了重要作用，有以下几点需要注意：（1）仅以公司内部管理文件未直接使用于公司业务并带来收入就认定未给权利人造成损害的结果是片面的；（2）此种类型的技术秘密非法使用仍然应当承担赔偿责任；（3）赔偿损失的计算的方法可以考虑以所降低成本的适当倍数或比例计算。

二、判定赔偿额审查的核心是非法使用涉案技术秘密与侵权所得利润的关联性

判定赔偿额要审查的是非法使用涉案技术秘密的关联性，不是技术秘密点对侵权产品的贡献，也不是对侵权所得利润的贡献率，在侵权行为主观恶意明显的非充分市场竞争领域更应该如此。

该案中，原告主张 14 个秘密点认定 8 个，英索油公司在洛克项目仅使用了秘密点 9、13、14 和 16 等 4 个秘密点，且英索油公司主张除洛克项目中期成果其他均使用自主研发技术。

一审法院认为，认定赔偿数额时应考虑技术秘密的贡献度和价值。英索油公司在洛克项目中使用的秘密点 9 为样品采集技术，秘密点 13、14 和 16 为实验分析技术。通常微生物石油勘探技术包括方案设计、样品采集、实验分析和综合评价 4 个环节，其中实验分析最为重要、价值更高，因此英索油公司在洛克项目中使用的秘密点 13、14 和 16 具有更高价值。

最高人民法院认为，英索油公司的“洛克项目还使用了自有技术”的主张不能否定其在洛克项目中未经许可使用盎亿泰公司所享有的技术秘密的事实，也不能据以改变英索油公司构成技术秘密侵权的判定结论。

该案系因前员工组建新公司并侵害原任职公司技术秘密引发的案件，英索油公司在实际经营中使用盎亿泰公司的技术秘密，具有明显的主观恶意，且考虑涉案技术信息应用的领域为油气微生物勘探领域，并非市场竞争充分的普通商业领域，可推定英索油公司不当攫取了原本属于盎亿泰公司的交易机会。在此情况下，英索油公司是否存在恶意低价竞标行为、是否在洛克项目中还使用了其他自有技术，以及所使用技术秘密的技术贡献率大小，均不影响赔偿金额的计算。

该案中已查明被指控的洛克项目中涉案技术秘密点被使用产生了实质性的作用，再区分微生物石油勘探技术各环节是重要还是次要，价值更高还是更低是没有意义的，因为被使用的技术秘密点在该案的侵权过程中是必要的、不可或缺的环节。易言之，在该案中没有使用涉案技术秘密点就没有侵权结果，损害后果也就不会发生，侵权行为人也就不可能获得侵权利润，所以不需要做上述区分。要特别强调的是，这里所讲的“必要的不可或缺的环节”是就该案客观事实而言的，不是在另一个主体或方案实施相同项目的情况下涉案技术秘密点依然是必要的、不可或缺的。这是必须要明确的，是完全不同的两个问题。

一方面不需要如一审法院做上述区分，从另一方面讲如果做了不必要的区分，又以此为基础讨论对侵权项目或者生产侵权产品的贡献，必然要寻求被使用的技术秘密点贡献的大小和多少，于是就陷入了按权利人所主张的和被使用的技术秘密点的数量做加减乘除求得贡献率的泥潭而不能自拔。

从这个角度和高度去思考，该案中最高人民法院不考虑技术贡献率大小，对赔偿数额计算不产生影响，就容易理解和接受，其意义是积极和重要的。

三、根据非法使用涉案技术秘密项目审计利润率推算营业利润确定赔偿金额

英索油公司经释明后未提交审计机构利润率说明，最高人民法院根据非

法使用涉案技术秘密项目审计利润率推算出营业利润确定赔偿金额，对当事人积极履行举证义务和说明责任将发挥积极的作用，值得参考。

原告主张以其因侵权遭受的实际损失为依据计算赔偿金额，要求英索油公司及四自然人被告共同赔偿其经济损失 200 万元。主张根据洛克项目的合同金额、原告已经实施完毕的两个项目的平均利润率计算其损失数额。为此，原告向一审法院提交了其对白云深水区微生物地化样品室内研究分析服务、辽西南洼旅大 8/9 构造带微生物油气勘探服务两个项目所作的专项审计报告，两个项目均与洛克项目同属于海域项目，前者利润率为 53. 19%，后者利润率为 34. 51%。作出上述审计报告的北京中新天华会计师事务所有限公司出具了情况说明，称报告根据项目报价明细为项目预算，项目所涉及的相关费用支出为项目的实际支出，其中包含了与该项目的销售、管理人员及财务等辅助成本及项目期间相关的费用，因专项审计与报表审计的口径不同，专项审计中的余额相当于报表指标中的该项目的营业利润。同时，盎亿泰公司在二审期间补充提交了其参与投标洛克项目的相关证据情况，反映盎亿泰公司与洛克公司进行了多轮磋商，最终向洛克公司报价 775 万余元。

一审法院认为，盎亿泰公司仅提交了两项目的审计报告，且其计算的利润为销售利润，一审法院难以据此认定盎亿泰公司主张的利润为其项目的合理利润，故具体赔偿数额考虑以下因素酌情确定为 50 万元：（1）侵权情节。洛克项目的合同总金额为 735 万元，其中包含船舶费 285 万元，英索油公司在洛克项目仅使用了盎亿泰公司的秘密点 9、13、14、16。（2）涉案技术秘密的贡献度。英索油公司在洛克项目中使用的秘密点 9 为样品采集技术，秘密点 13、14、16 为实验分析技术。（3）涉案技术秘密的价值。通常微生物石油勘探技术包括方案设计、样品采集、实验分析和综合评价 4 个环节，其中实验分析最为重要、价值更高，因此英索油公司在洛克项目中使用的秘密点 13、14、16 具有更高价值。（4）被诉侵权行为并未导致涉案技术秘密公开等。

最高人民法院认为，根据盎亿泰公司所提交的海域项目审计报告所反映的盈利情况，两个项目的平均营业利润率约为 43. 85%，以盎亿泰公司在洛克项目中的最终报价 775 万元计算，营业利润约为 339 万余元，远超出盎亿泰公司的诉请金额 200 万元。即便依据英索油公司在洛克项目中的获利情况计算，英索油公司因洛克项目实际收到项目款项 735 万元，根据英索油公司“南海珠江口盆地 03/33 和 16/07 合同区海底地质微生物调查总包服务”项目资金专项审计报告（洛克项目专项审计报告）的审计结论，洛克项目的实际支出占预算支出比例为 72.09%，即利润率为 27.91%。英索油公司经最高人民法院释明，未提交审计机构关于利润率的说明，自称依据该审计报告得出的利润率 27.91% 为销售利润率。但经比较，洛克项目专项审计报告中的审计口径与盎亿泰公司所提交的两个海域项目的专项审计报告的审计口径一致，故最高人民法院根据洛克项目的专项审计报告认定洛克项目的营业利润率为 27.91%。据此，英索油公司在洛克项目中的营业利润为 205 万余元（735 万元 ×27.91%），亦超出盎亿泰公司在该案中诉请赔偿的金额。考虑该案的具体侵权情节，最高人民法院对盎亿泰公司诉请金额予以全额支持。

最高人民法院从多角度分别采用多种方法计算利润综合确定判赔金额的方法值得肯定，特别是在向英索油公司释明后未证明亦未做合理说明其审计报告的 27.91% 就是销售利润率时，结合审计口径的具体情况认定该利润率是营业利润率，值得参考和学习。不知出于什么考虑，原告在上诉时将损失赔偿金额由 588 万元降至 200 万元，假如不降低赔偿金额，那么赔偿金应该会更高些，这着实有些遗憾。另外，根据该案事实，原告方还应该充分论证以销售利润来主张损失赔偿的可行性。

第二十九章 种业商业秘密和植物新品种权的并行保护

第一节 河北华穗种业诉武威搏盛种业侵害技术秘密纠纷案

河北华穗种业有限公司（以下简称华穗种业公司）于2020年9月向甘肃省兰州市中级人民法院（以下简称兰州中院或一审法院）起诉武威市搏盛种业有限责任公司（以下简称搏盛种业公司），请求判令搏盛种业公司立即停止侵害华穗种业公司“W68”玉米自交系亲本种子技术秘密，将库存的“W68”交还华穗种业公司；判令搏盛种业公司赔偿经济损失150万元并承担该案的保全费、差旅费、律师费、鉴定费及诉讼费等。[①]

“万糯2000”玉米品种先后于2014年、2015年经上海市农作物品种审定委员会、河北省农作物品种审定委员会、广东省农作物品种审定委员会、原农业部国家农作物品种审定委员会审定为市、省、国家级农作物品种，被原农业部授予植物新品种权。审定证书记载：“万糯2000”品种来源为“W67”×“W68”；品种权申请日为2012年6月11日；育种者为郭某臣、郭某；品种权号为CNA20120515.0；品种权人为河北省万全县华穗特用玉米种业有限责任公司（华穗种业公司曾用名）。华穗种业公司制定了一系列保密制度，规定公司的育种技术资料、育种样品、育种亲本、繁殖材料等属于公司秘密，不得泄露，并与育种者等员工签订了保密协议，约定其在任职期间及离职后

① 一审案号：甘肃省兰州市中级人民法院民事判决书，（2020）甘01知民初61号；二审案号：最高人民法院民事判决书，（2022）最高法知民终147号。

的一定期间对种子育种方法、育种亲本、用于繁育种子技术材料、繁殖材料等商业秘密进行保密，离职时应将所持有的所有商业秘密资料等物品移交指定人员并办妥相关手续，否则承担违约责任。华穗种业公司在与案外人甘肃金源种业股份有限公司（以下简称金源种业公司）签订的《委托繁育合同》中约定，金源种业公司按计划生产的合格种子全部交给华穗种业公司，不得截留和自行销售，否则承担违约责任，金源种业公司对华穗种业公司提供的自交系亲本种子要负责保密，不得向外扩散。一审法院委托鉴定机构将兰州市凉州区法院从博盛种业公司证据保全调取的玉米样品和从农业农村部申请提取的“万糯 2000”的父本“W68”标准样品进行品种真实性鉴定。北京玉米种子检测中心作出了检验结论为极近似或相同的检验报告。搏盛种业公司在一审中陈述证据保全的玉米种子系“白糯 913”，为其申请了植物新品种权的“盛甜糯 9 号”的亲本，但未申请将两者进行品种真实性鉴定。一审法院认为，当杂交种被授予植物新品种权后，杂交种的繁殖材料即受品种权保护，而杂交种的亲本，因其包含杂交种的遗传信息，属于技术信息，在符合秘密性等法定条件下属于商业秘密，应当受到保护。该案所涉植物新品种“万糯 2000”系玉米杂交种，其父本“W68”及母本“W67”作为“万糯 2000”的亲本，属于《反不正当竞争法》规定的技术信息。该案没有证据显示“W68”系普通玉米品种，已在行业内被公开，为玉米育种领域的相关人员所普遍知悉，且华穗种业公司提交证据证明其通过与玉米新品种“万糯 2000”的育种人、公司高管、委托制种企业签订保密协议，制定公司保密制度等方式对“W68”技术信息采取了保密措施。故一审法院认定“W68”玉米品种属于未公开的技术秘密，判决搏盛种业公司立即停止使用玉米植物新品种“万糯 2000”的父本“W68”技术秘密的行为，将库存的“W68”玉米种子交还华穗种业公司，赔偿经济损失及维权合理开支 150.5 万元。

搏盛种业公司不服一审判决上诉至最高人民法院，并在二审期间提交了两组新证据，用以证明存在不同的主体同时选育相同亲本繁殖材料，并以不同名称命名、组培、生产杂交种的事实，“万糯 2000”的亲本组合未对外公开亦未允许第三方使用的所谓秘密事实并不存在。华穗种业公司在二审期间提交了 4 份证据，分别为：2019 年金源种业公司与某村民委员会签订的《甘肃省农作物种子生产合同》；2020 年金源种业公司与甘肃省某村民委员会签订的《甘州区玉米种子生产合同书》；《甘肃省农作物种子生产基地管理办法》和“万糯 2000”的品种选育报告等。这些用以证明华穗种业公司已经对“W68”采取了合理的保密措施，“万糯 2000”品种来源为“W67”×“W68”，“W68”是用万 6 选系与万 2 选系杂交后，经自交 6 代选育而成。最高人民法院经审理认为一审判决认定事实清楚，适用法律正确，于 2022 年 11 月 2 日判决驳回上诉，维持原判。

第二节 植物新品种技术秘密案实务要点

最高人民法院审理的该起育种材料商业秘密案，对于综合运用植物新品种权和商业秘密等知识产权方式对育种过程和成果有效实施保护具有示范作用。该案有几个方面值得关注。

一、合法持有涉案技术秘密的主体应当被认定为涉案技术秘密的开发者或权利人

二审中搏盛种业公司认为华穗种业公司主张“万糯 2000”自 2010 年开始生产至今，但仅提交了 2016 年、2018 年、2020 年、2021 年的《委托繁种合同》，不能证明其为该案“W68”亲本的权利人，无权提起本案侵权之诉。对此，最高人民法院认为该抗辩不能成立，并在判决中作出以下分析。

玉米育种主要包括自交系育种和杂交种育种，在杂交种的选育中，通常以利用杂种优势为主，从选育自交系开始。选育出优良的自交系是选育出优良杂交种的基础。对于玉米自交系的选育而言，一般从玉米单株开始，经过连续多代自交结合选择出具有一致性状以及遗传上相对稳定的自交后代系统，通常需要经过连续 5 ~ 7 代的自交和选择，并通过产量测试从而保证其产量和品质的优势。选育自交系的基本材料可以来自地方品种、各种类型的杂交种综合品种以及经过改良的群体，也可以选择杂交种后代选育出的自交系，采用哪一种基本材料与育种单位所拥有的种质资源基础、育种目标、育种者的

经验和技术水平有关。该案中，“万糯 2000”品种审定公告记载，“W68”和“W67”组配的“万糯 2000”品种的选育人为华穗种业公司，搏盛种业公司亦认可“W68”是在万 6 选系和万 2 选系杂交基础上经过自交 6 代形成的自交系。从华穗种业公司以“W68”作为亲本进行组配选育“万糯 2000”，并合法持有“W68”和“W67”组配的“万糯 2000”品种，以及“W68”是在万 6 选系和万 2 选系杂交基础上经过了长达 6 代进行自交选择的事实可以推定，选育“W68”的基本材料源于育种单位华穗种业公司所持有的种质资源，在无相反证据的情况下，结合玉米杂交育种领域常规做法，可以初步证明华穗种业公司为“万糯 2000”父本自交系“W68”的育种开发者或权利人。因此，在无相反证据的情况下，华穗种业公司有权针对“万糯 2000”的亲本“W68”提起侵权之诉。

二、单方委托的检验报告检材来源不详且与所主张的待证事项缺乏关联性

二审中搏盛种业公司提交了其自行委托的检验报告和公证书，拟证明“万糯 2000”与案外品种“农科糯 336”使用的是同一个亲本，由此主张“万糯 2000”的亲本是他人选育，而非华穗种业公司，华穗种业公司作为该案原告的主体不适格，同时认为“W68”属于公共资源。

最高人民法院认为，当事人自行委托机构出具的检验报告，应当对检测程序的合法性、检测方法的科学性以及对照样品的真实性等进行审查。该案中，搏盛种业公司提交的检验报告所涉育种亲本样品来源不详，通过杂交种检测育种亲本来源的检验事项与该检验所依据的品种真实性和纯度的检验事项不同。该检验报告缺乏来源可靠的检材，且与搏盛种业公司所主张的待证事项之间缺乏关联性，不能够证明“万糯 2000”的亲本“W68”是“农科糯 336”的亲本，法院认定该检验报告不具有证明力，不予采纳。

三、植物新品种和商业秘密两种制度在权利产生方式、保护条件和保护范围等方面存在差异

搏盛种业公司主张，只有与亲本相关的育种技术信息才属于商业秘密，

"W68"作为亲本不属于商业秘密的保护客体。最高人民法院认为，作物育种过程中形成的育种中间材料、自交系亲本等，不同于自然界发现的植物材料，是育种者付出创造性劳动的智力成果，承载有育种者对自然界的植物材料选择驯化或对已有品种的性状进行选择而形成的特定遗传基因，该育种材料具有技术信息和载体实物兼而有之的特点，且二者不可分离。通过育种创新活动获得的具有商业价值的育种材料，在具备不为公众所知悉并采取相应保密措施等条件下，可以作为商业秘密依法获得法律保护。

该案判决书进一步指出：植物新品种和商业秘密两种制度在权利产生方式、保护条件、保护范围等方面都存在差异，权利人可以根据实际情况选择不同保护方式。在作物育种过程中，符合植物品种权保护条件的育种创新成果，可以受到植物新品种权制度的保护。同时，杂交种的亲本等育种材料符合商业秘密保护要件的，可以受到《反不正当竞争法》的兜底保护。将未获得植物新品种保护的育种创新成果在符合商业秘密的条件下给予制止不正当竞争的保护，是鼓励育种创新的必然要求，也是加强知识产权保护的应有之意。

笔者拙文《涉植物新品种与商业秘密被侵权纠纷问询要点》与该案判决观点一致，再次建议上市审核机构在审查种业公司时，除了关注植物新品种权，还要关注该类企业对商业秘密的合规管理。①

四、主张涉案杂交种亲本已作为商品进行公开销售以及公示亲本代号的行为致使丧失秘密性

搏盛种业公司上诉称，华穗种业公司及其利害关系人已经将"W68"作为产品销售，华穗种业公司委托种子繁育公司的制种行为导致"W68"成为商品被农民公开销售，"万糯2000"审定公告对"W68"及其来源的披露，致使"W68"已经为公众所知悉，因此"W68"不属于商业秘密。对此，最高人民法院认为，亲本是育种者最为核心的育种材料，通常不会进行公开买

---

① 参见李德成、白露：《科创板技术秘密审查与技术秘密刑事保护》，法律出版社2022年版，第69~73页。

卖销售。育种者通常会委托种子繁育公司扩繁亲本进行制种，但委托制种的行为并非销售亲本的行为。《民事诉讼法》第 67 条第 1 款规定，当事人对自己提出的主张，有责任提供证据。搏盛种业公司主张华穗种业公司将“W68”作为商品进行公开销售，对此有提供证据予以证明的责任，但搏盛种业公司未提交任何证据加以证明。在二审庭审中，搏盛种业公司称可以在市场上随时购买到“W68”种子，但明确拒绝向法院提供销售“W68”种子的主体信息，既难以证明其所称的可以通过市场购买得到的种子即为“W68”种子，又难以证明该购买渠道合法。搏盛种业公司对于其主张“W68”属于公开销售的品种或者“W68”已被推广应用的事实并未举证证明，因此不足以证明“W68”已经脱离了华穗种业公司的控制，处于公众容易获得的状态。“W68”作为商业秘密保护的客体是否为公众所知悉，应当以其是否为所属领域的相关人员普遍知悉和容易获得为标准，同时是否为公众所知悉的对象应当是指具体的技术信息内容，而非只是技术信息的名称或代号。权利人对育种材料的实际控制是利用其遗传信息进行育种的关键，尚未脱离权利人实际控制、依法采取保密措施的育种材料难以满足为所属领域的相关人员普遍知悉和容易获得的构成要件，即具有秘密性。

五、在被诉侵权行为发生以前采取了合理保密措施应当认定采取“相应的保密措施”

在认定保密措施时，应当考虑保密措施与商业秘密的对应程度。该案中，对内华穗种业公司有保密制度，规定了公司育种技术资料、育种样品以及育种亲本等繁殖材料属于公司秘密，不得泄露，规定了公司相关人员在任职期间以及离职后的一定期间对种子育种方法、育种亲本以及用于繁育种子的技术资料、繁殖材料等商业秘密进行保密，离职时应当将自己持有的所有商业秘密资料等物品移交指定人员并办妥相关手续，否则承担违约责任；对外华穗种业公司与委托制种的案外人金源种业公司签订《委托繁种合同》约定，繁育品种名称予以代号，金源种业公司按计划生产的合格种子全部交给华穗种业公司，不得截留和自行销售，并对华穗种业公司提供的自交系负责保密，不得向外扩散。在金源种业公司委托前述村民委员会制种的繁育合同中，约定亲本种子不外流、不自留。法院认为，上述避免亲本被他人非法盗取、获得及不正当使用的保密措施，符合商业秘密法定构成要件的“相应的保密措施”。

六、被控行为人主张涉案杂交亲本是其合法获得或自主繁育取得的证明义务

该案中，华穗种业公司提供了证据保全获得的被诉侵权玉米果穗并提交了鉴定，鉴定结论证明被诉侵权种子与“W68”分子检测位点一致，其已完成证明其权利被侵害的初步举证责任。该案依据《反不正当竞争法》第32条第1款的规定，搏盛种业公司应证明其不侵权。搏盛种业公司上诉称被诉侵权种子是其合法取得，用于科研活动的繁殖材料。最高人民法院认为，首先，搏盛种业公司对被诉侵权种子是其合法获得或者通过自主繁育取得的主张有责任提供证据证明，但其未提供；其次，搏盛种业公司也没有提交与被诉侵权种子相关的任何育种计划、育种记录或者委托育种合同证明其是用于科研活动；最后，搏盛种业公司有意隐瞒被诉侵权种子的真实信息。故综合作物选择育种的基本情况，足以认定被诉侵权种子是搏盛种业公司采取不正当手段获取“W68”后扩繁生产而来，该行为属于《反不正当竞争法》第9条第1款第1项、第2项规定的侵犯商业秘密行为。

七、涉案杂交亲本是侵权产品同时也是被侵犯商业秘密技术信息的载体

该案中最高人民法院认为搏盛种业公司的行为已经构成对华穗种业公司商业秘密的侵害，依法应当承担停止侵害、赔偿损失等民事责任。搏盛种业公司生产的库存“W68”玉米种子，作为《反不正当竞争法》保护的商业秘密，具有技术信息和载体实物兼而有之的特点。依据《商业秘密民事司法解释》第18条的规定，权利人请求判决侵权人返还或者销毁商业秘密载体，清除其控制的商业秘密信息的，人民法院一般应予支持。最高人民法院维持了一审判令搏盛种业公司将其库存“W68”玉米种子全部交还给华穗种业公司的判决结果。

第三十章　员工在 GitHub 上非法披露软件源代码案评析

2022 年 11 月，笔者代理深圳花儿绽放公司起诉浙江某股份公司及其唯一股东公司非法披露软件源代码侵犯技术秘密纠纷案，最高人民法院维持深圳市中级人民法院 2021 年 6 月的一审判决，判定侵权成立并判令连带赔偿 500 万元。[①] 本书第三十一章至第三十五章是针对此案件系列实务成果的讨论。

案件的典型意义体现在 3 个方面。

第一节　网络侵权结果地管辖条款的扩大适用与根据优势证据规则认定侵权

因该案侵害技术秘密行为的实施地和结果地均发生在互联网络上，一审、二审法院均认为应当属于《民事诉讼法司法解释》第 25 条规定的信息网络侵权行为，侵权结果发生地即被侵权人住所地法院有管辖权；该案指导意义体现在将利用互联网发布直接侵害他人合法权益的信息的行为，除针对信息网络传播权、名誉权以外，还扩大适用于侵害技术秘密的行为。

因非法披露涉案软件源代码的行为发生在境外的 GitHub 共享平台上，无直接证据证明用户“luxin212121”是被告公司员工，公司没有实施披露行为的动机也无利益可图，因此该案证据组织工作特别重要。除证明披露软件源代码包含大量被告公司域名、官网链接、办公地址、客服电话等外部人员可

① 二审案号：最高人民法院民事判决书，（2021）最高人民法院知民终 2298 号。

获知的信息外，还成功地证明包含诸多仅由被告公司自身掌控的参数信息，为此被告公司应做而未能作出合理解释。

第二节　作为被诉公司唯一股东某有限责任公司被判承担连带责任

最高人民法院认为作为唯一股东通过其子公司有实际接触涉案软件源代码的可能，结合该案证据确认系由两公司的员工实际披露了涉案软件源代码，即便涉案软件源代码系公司员工违背公司意愿而对外披露，因公司未采取相应足够的保密措施，亦应对披露涉案技术秘密的行为造成的侵权结果承担责任。又依据《公司法》第63条规定，一人有限责任公司的股东不能证明公司财产独立于股东自己的财产的，应当对公司债务承担连带责任，故维持原判。

除此以外，该案在如下几个方面很值得深入探讨：

（1）区分软件源代码披露行为与披露源代码的持续行为有何不同，可能产生的实质影响；

（2）非法披露行为导致源代码为公众所知悉的损失认定方法；

（3）评估软件源代码技术秘密商业价值的判断依据和参考因素；

（4）公司对员工披露源代码侵权行为承担法律责任的依据；

（5）披露软件源代码的侵权行为与违反保密条款违约责任之间的关系问题；

（6）适用惩罚性赔偿的必要性与重要意义以及此类案件对我国信息安全产生的影响等。

第三十一章　GitHub 网站代码分享机制功能和使用步骤

第一节　研究 GitHub 网站分享机制的重要性和必要性

由于涉案软件源代码在境外互联网平台 GitHub 上被披露已丧失“秘密性”，担心再次泄密的顾虑较小，且有可能大有助益法律实务工作者。

这份文件重要作用不言而喻，GitHub 的代码分享机制具有特殊性，非软件领域技术人员且是网站用户的人士根本不清楚。法庭不清楚地了解分享机制，是无法判断用户上传软件源代码后其他用户在无实质性障碍的情况下可以通过该网站获得、下载和分享的。易言之，这是认定是否导致涉案软件源代码不再属于“不为公众所知悉”的前提和基础。

这是说明责任，也是做好技术秘密诉讼案件代理工作的基本要求。本章分享在二审诉讼中提交的文件 GitHub 网站代码分享机制说明，在此强调两点以尽对证据内容的说明之责：（1）以证据的证明目的为目标，尽可能用截图的方式体现为宜好，可视性强说明效果好；（2）务必要结合证据做说明，不应仅是案发后一份当事人陈述文件。

第二节　GitHub 网站代码分享机制说明与网站部分功能介绍

一、GitHub 网站介绍及其影响力

GitHub 是一个面向开源及私有软件项目的托管平台，因为只支持 Git 作

为唯一的版本库格式进行托管，故名 GitHub。GitHub 是世界上最大、最先进的开发平台，目前有超过 7300 万开发人员，超过 400 万个组织，超过 2 亿个存储库。GitHub 年度捐款超过 10 亿元，并且 84% 的财富 100 强公司在使用 GitHub Enterprise 进行工作。

2021 年 11 月，GitHub 发布了 2021 年度报告，该报告结合了 400 万个以上存储库的统计数据，以及来自 12 000 多名开发者的调查结果，报告显示：截至 2021 年 11 月，GitHub 在全球已有超过 7300 万开发者用户，在全球总开发者数量中，中国开发者位列第二名；2021 年分布在中国的用户数量为 7 555 311 人，而 2020 年分布在中国的用户数量为 6 521 914 人。

2021 年共有 1600 万新开发者加入了 GitHub 社区，新增存储库超过 6100 万；相较于 2020 年，2021 年增加了 213 319 名首次开源项目贡献者；活跃用户在亚洲的分布为 31.2%，比 2020 年增长 0.3%。截至 2021 年 10 月，GitHub 上有超过 2.54 亿个存储库；而截至 2020 年 10 月，GitHub 上有超过 1.9 亿个存储库。相较 2020 年，2021 年存储库数量大幅增加。①

GitHub 早在 2018 年 11 月就突破了 1 亿仓库的里程碑。在（2021）最高法知民终 2298 号案件中，侵权行为期间是 2018 年 12 月 31 日 ~2019 年 7 月。GitHub2019 年度报告显示，截至 2019 年 11 月，GitHub 在全球已有超过 4000 万开发者用户，GitHub 已经影响全球，甚至是南极洲。80% 的免费私人存储库在美国以外创建，亚洲地区创造了 36%，其中大部分是由印度、中国和日本的开发者所创建。2019 年，有 1000 万新开发者加入了 GitHub 社区，为全球 4400 万个开源项目做出了贡献。2019 年，创建第一个项目的用户比 2018 年增加了 44%，有 130 万开发者对开源做出了第一个贡献。②

GitHub 基本功能，包括存储库、复刻（Fork）、下载（Download）和拉取请求等。GitHub 的独特卖点在于从另外一个项目进行分支的简易性。为一

---

① 数据来源：《GitHub2021 年度报告》，载 https：//octoverse. github. com/#future。

② 数据来源：《GitHub 重磅年度报告出炉，最受欢迎的编程语言揭晓丨一周 AI 大事件》，载微信公众号“浪潮 AIHPC”2019 年 11 月 11 日，https：//mp. weixin. qq. com/s/KoyiJEFxZls45ps10W5OWQ；《GitHub 2019 年度报告想表达什么？深度分析看这里》，载微信公众号“南京源图工作室”2019 年 12 月 7 日，https：//mp. weixin. qq. com/s/kQIiEhEyFVCoxOyqkbHJCQ。

个项目贡献代码非常简单：首先点击项目站点的“Fork”的按钮，然后将代码检出并将修改加入刚才分出的代码库，最后通过内建的“Pull Request”机制向项目负责人申请代码合并。

二、GitHub 网站的仓库、复刻与克隆等功能

（一）关于仓库

GitHub 仓库中可以存储各种项目并存储每个文件的修订记录，用户可以使用仓库与他人协作并跟踪工作进度。

用户可以通过选择仓库的可见性来限制谁有权访问仓库：公共、内部或私有。互联网上的所有人都可以访问公共仓库。私有仓库仅可供您、您明确与其共享访问权限的人访问，而对于组织仓库，只有某些组织成员可以访问。企业成员可以访问内部仓库。①

（二）复刻

复刻是其他用户仓库在账户上的个人副本。复刻允许用户自由更改项目而不影响原始上游仓库，将其他人的项目用作自己创意的起点。

在用户项目界面上，可以看到复刻的用户数量以及用户 ID。

（三）下载

用户可以在他人项目界面下载仓库到本地，但是无法看到下载的用户数量和用户 ID。

（四）克隆

用户可以使用计算机上的 git 软件下载源代码及其整个版本历史，但无法看到下载用户数量以及用户 ID。

---

① 用户可以使用内部仓库充分利用企业中的“内部资源”。企业的成员可使用开源方法进行协作，而无须公开共享专有信息。内部仓库是企业账户所拥有的组织中的所有新仓库的默认设置。如果用户从企业拥有的所有组织中删除，该用户的内部仓库复刻也会自动删除。

第三十二章　电子数据固定与采取措施及时制止侵权

该案在很大程度上是涉嫌商业秘密犯罪的，为此要有刑事的思维：一是发现侵权行为的证据或者证据线索；二是针对侵权行为的态度和及时采取的措施；三是对侵权证据特别是电子数据的固定等。该案在一审、二审诉讼中合议庭对此均给予了关注并做出调查，与侵权和损失认定均具有关联性。

第一节　发现侵权行为证据与及时采取制止侵权的措施

该案中，原告将涉案技术秘密许可给被告一浙江某股份公司使用（2018年10月18日签订合同），被告一浙江某股份公司由此获得了涉案源代码（2018年10月24日交付），被告二浙江某有限公司作为被告一的唯一股东也具备了接触涉案源代码的途径。2019年4月19日，原告通过客户投诉并核实后得知，涉案源代码已于2018年12月31日被用户“luxin212121”在全球开源社区网站GitHub上公开披露。原告随后展开了一系列的调查和投诉活动，但直至2019年7月10日，相关链接才被GitHub网站禁用。

一审中，原告提供了原告客户与原告员工的微信聊天截屏打印件（详见图32.1），该份证据证实原告客户（涉案源代码小程序另一被许可方）向原告投诉称，发现有客多软件源代码被披露在GitHub共享平台上，并提供了披露链接地址，要求原告给予合理解释，删除侵权链接，并停止支付二期授权款。

接到原告客户投诉后，原告积极研究GitHub平台的投诉规则以及针对不同事由的投诉途径，2019年6月20以邮件方式与平台沟通涉案源代码被非法上传的事实和请求下架事宜，并明确要求平台提供侵权用户的实名信息。直至 2019 年 7 月 10 日，平台才以侵犯著作权事由同意删除侵权用户的相关链接，但因原告未提供美国当地的司法文件，其不同意提供用户实名注册信息。

第二节　非法披露涉案源代码侵权行为的证据固定与说明

2019 年 5 月 9 ~21 日，原告将 GitHub 共享平台披露涉案源代码的侵权用户“luxin212121”在平台上的注册信息、披露的涉案源代码和该用户发布的其他项目内容，以录视频或截屏的形式证据固化。以录视频的光盘文件为对象，将侵权用户发布的项目信息中能体现被告一和被告二公司信息的内容做了截屏，注明录频时间位置，并对全部信息进行了分组，以证明两被告公司或其员工具有非法披露涉案源代码的重大嫌疑。

经比对，披露代码包里完全包含了原告主张的 965 个源代码技术秘密文件，即原告主张的技术秘密全部被公开披露。通过比对披露代码包与交付代码包，发现披露代码包作了多处修改及新增，这些修改及新增的信息均为被告二的公司信息。例如，披露代码包将交付代码中的平台注释和系统平台名称由“有客多小程序”修改为“被告二公司微店”，将交付代码包中的“默认签名”修改为“被告二公司简称”，将交付代码中的“微俱聚 logo”修改为“被告二公司简称微店 logo”，将交付代码中的客服电话 400 －7888 －925 修改为被告二公司官网客服电话，增加了权利人为被告二的版权信息等。

进一步浏览用户“luxin212121”在 GitHub 上发布的其他公开存储库，发现其他存储库中含有被告二公司内部研发管理系统链接，被告二公司若干域名，被告二公司微店介绍，被告二公司版权信息，被告二公司官网介绍链接，被告二公司官网帮助支持链接，被告二公司官网联系信息链接，被告二公司办公地址，被告二公司网盟链接，被告二公司大学链接，被告二公司支付宝收款账户信息。基于上述事实，原告有充分的理由怀疑被告一、被告二及其员工非法披露了原告的技术秘密，应承担连带侵权责任。故在完成证据组织后，原告决定于 2019 年 10 月以被告一和被告二为共同被告提起技术秘密侵权之诉。

第三十三章　软件源代码技术秘密点说明文件与载体文件的对应

在确定侵权证据后，接下来要准备权利内容和保护范围方面的证据：一是结合已固定的被披露的软件源代码，确定作为权利证据的软件源代码版本，并撰写技术秘密点说明文件；二是针对技术秘密点说明文件中已明确不为公众所知悉的代码，对应软件源代码载体文件中的具体位置并做标注；三是当技术秘密说明文件所对应的软件源代码载体文件的版本与被披露源代码版本不同时，要充分证明主张软件源代码与被披露源代码之间的关系。

第一节　软件源代码技术秘密点说明文件与证据组织

一、结合电子数据的形式和内容，妥善处理好软件源代码版本存在的问题

侵权发生后及时地固定了被披露的软件源代码（以下简称披露源代码），最理想的状态是以原告所保存的与被披露代码最接近的且交付给被告的软件源代码版本作为权利证据。

可通常情况却不理想，比如：（1）有可能最接近的源代码并未保存或者不符合电子数据的证据要求；（2）或者向被告交付源代码时原告未保存副本只能找到相同或相近交付时间的版本；（3）或者交付源代码后应被告的要求原告做了修改又形成了不同的版本；（4）或者甚至还有原告版本服务器发生过事故，导致源代码版本混乱的情况等。笔者曾撰写《因软件源代码技术秘

密案诉讼请求的版本有误被驳回》，希望能够引起必要的重视。[①]

首先，要以被披露源代码为对象组织证据，然后以交付时间为线索确定原告保存的最为接近的版本；请注意在这里强调了交付时间，即包含了被告的接触事实。其次，实务中交付行为不规范导致证据不完善，需要结合原告所保存的最为接近版本的电子数据属性信息，比如修改时间和创建时间以及存储环境信息等证据共同实现证明目的。最后，在出现原告方所保存的一个版本的源代码无法单独实现证明目的，需要两个或者更多版本源代码作为证据共同证明的情况下，既要对所提交几个不同版本的原因以及相互之关系做说明，还要分别说明几个不同版本与被披露源代码的对应关系。

二、针对已确定的原告保存且交付的源代码，撰写技术秘密点说明文件

撰写并提交技术秘密点说明文件并非法律强制性要求，但具有非常重要的作用，建议遵照"明确"、"具体"且"真实"的原则，组织相应的载体和说明文件："明确，是指技术秘密保护的范围要明确；具体，是指保护范围的技术特征要具体；真实，是指秘密点要有载体能够证明是真实的。"[②] 现结合该案中软件源代码具体情况做实操性说明。

1. 总体描述软件名称、研发情况；所使用的开发语言、平台和架构；软件运行环境和部署；软件功能模块和各模块功能介绍；软件的应用形式；软件研发过程以及所采取的保密措施等。

2. 所主张的技术秘密点要能覆盖软件全部功能且包含被披露源代码，要剔除开源代码和公知代码等不属于不为公众所知悉的源代码文件；以此为原则将涉案 8389 个源代码文件归类为 20 个技术功能点，确定拟主张的 979 个源代码文件。

3. 为了让鉴定专家更好、更快地了解涉案软件源代码整体与所主张的

---

① 参见李德成、白露：《科创版技术秘密审查与技术秘密刑事保护》，法律出版社 2022 年版，第 225、226 页。

② 李德成、白露：《科创版技术秘密审查与技术秘密刑事保护》，法律出版社 2022 年版，第 153 页。

979 个源代码文件技术秘密点之间的关系，需要分别对主张的技术秘密点的功能作用与软件整体技术功能做详细说明。

4. 为了明确主张的源代码文件真实存在于整体源代码包中，将 979 个源代码文件按照技术点分类并以表格形式列明；最终完成有客多软件技术点说明文件移交给鉴定机构并在一审、二审法庭调查中有效地发挥作用。

三、从不同的角度证明涉案源代码被披露，且是被告特别授权员工实施的

在有客多软件技术点说明文件中确认了 979 个源代码文件为技术秘密点，主张不为公众所知悉并委托鉴定机构检索、分析出具鉴定意见，这是证明涉案源代码属于不为公众所知悉的一种方法。这里有 3 个数字：一是涉案源代码的技术功能点 20 个；二是原告主张不为公众所知悉的源代码 979 个；三是涉案被非法披露的源代码 8389 个。商业秘密保护的对象不是 20 个技术功能点，而是原告主张的不为公众所知悉的 979 个源代码文件。这不难理解，但是不能据此认为只给予这 979 个源代码文件商业秘密保护，还应当包括实现 20 个技术功能点的涉案 8389 个源代码文件。因此，在证明被告的员工实施非法披露涉案源代码侵权行为时，不能仅限于委托鉴定不为公众所知悉的 979 个源代码文件。

在比对主张源代码文件与被披露源代码文件时发现除主张的 979 个源代码文件完全相同外，被披露的源代码中有若干文件与主张的源代码文件不同。进一步研究不同的源代码文件，结合涉案软件应用场景和使用流程进行分析，确信被披露的源代码为被告一和被告二公司在收到的交付代码包基础上修改后的文件，修改原因为被告需要在使用前嵌入实际运营主体的名称、logo、客服电话、收款账号等信息，方能管理运行微信小程序。组织好证据证明这一事实并充分地做好说明责任，是有效证明是被告员工且能够接触核心代码文件的特别授权员工，实施非法披露行为的重要工作内容。

该案中做了如下证据组织工作：

1. 提交了主张的技术秘密点源代码文件与披露代码包的比对报告光盘、比对步骤说明。

2. 将技术秘密点对应的整个源代码包与被披露的源代码包进行比对并从以下方面准备证据说明：

（1）通过具体分析未主张为技术秘密的源代码文件类型，剔除开源文件、版本文件、资源文件夹、重复文件夹、数据可初始化文件夹和前端页面等不属于技术秘密的文件；

（2）对剔除后的文件进一步分析，得出被披露代码包与所主张的技术秘密点源代码文件进行比对，修改了164个文件，删除了9个文件，新增了374个文件；

（3）列明前述源代码文件的路径，并对具体修改的内容、增加的内容进行了详细说明。

第二节　非公知性诉辩思路和法院对事实认定的启示

一、一审原告以单方委托的鉴定意见书作为主要证据主张非公知性

本章第一节分享了涉案软件源代码不为公众所知悉的证据准备与证据说明工作方法与基本流程，鉴定机构接受委托后就原告所主张的979个源代码文件是否属于不为公众所知悉进行鉴定，其中20个技术点对应的965个源代码文件在2018年12月31日之前不为公众所知悉。

与此证明事实有关的主要证据为第30号鉴定意见书，其中记载信息如下。①

（1）委托人为花儿绽放公司，委托事项为花儿绽放公司的有客多软件部分源代码在2018年12月31日前是否为公众所知悉，受理日期为2019年6月27日。

（2）鉴定材料包括：①源代码光盘，一式一份，内含源代码压缩包

① 参见最高人民法院民事判决书，(2021）最高法知民终2298号，一审法院认定事实部分。

“gongzhi. zip” 和 “shal. txt”，经查验 “gongzhi. zip” 的 SHAI 校验值与 “shal. txt” 中记载的一致；②有客多软件技术点说明，一式一份，共 28 页。依据有客多软件技术点说明可知，有客多软件是一款微信小程序开发工具，提供小程序行业解决方案让用户快速拥有自己的微信行业小程序。软件采用 java 语言，基于 “SpringMVC + Mybatis” 架构开发，软件是通过打包编译生成 war 包部署在阿里云平台提供服务。整个软件从业务架构上分为三层，包括业务前台、服务中台和底层架构。其中业务前台包含建站业务、电商业务、餐饮业务、名片业务、多门店业务、分销业务、互动业务、知识付费业务、社区服务等模块；服务中台包含商品 SKU 服务、订单服务、会员及优惠券服务、积分服务、奖品服务、活动服务、微信接口服务、短信服务、多媒体服务、资讯论坛服务、资源调度服务等模块；底层架构包含分布式部署架构、缓存架构、数据存储架构、日志整体架构、消息队列架构等模块。花儿绽放公司主张的 20 个技术点对应的 979 个源代码文件，涵盖了实现上述业务前台和服务中台的全部功能模块的部分源代码。

（3）检索结果：2019 年 6 月 28 日 ~7 月 22 日，鉴定组依据有客多软件技术点说明，针对有客多软件中的 20 个技术点对应的 979 个源代码文件，在谷歌、百度 2 个知名搜索网站，GitHub、searchcode2 个软件源代码共享网站进行了搜索，检索到与上述有客多软件中 14 个源代码文件内容相近似的内容，未检索到与其他源代码文件内容相近似的内容。

（4）鉴定意见：有客多软件中 20 个技术点对应的 965 个源代码文件在 2018 年 12 月 31 日之前不为公众所知悉。

二、被告以二审单方委托鉴定意见为证据抗辩非公知性，被部分采纳

一审中，两被告对鉴定机构未在 GitHub 网站上检索到被披露的有客多源代码提出了质疑。为此鉴定机构作出了合理的解释被法庭采纳：检索时间为 2019 年 6 月 28 日 ~7 月 22 日，而 GitHub 网站在 7 月 9 日前已删除了被披露的有客多源代码。鉴定机构实施检索时并非必然以 GitHub 网站为首选，后期在 GitHub 网站上未检索到已被删除的源代码亦符合实际情况。

一审中，两被告公司辩称 GitHub 网站上关于小程序的开源项目众多，但并无相反证据推翻该鉴定意见；二审中，被告提出第 30 号鉴定意见书检索范围、检索方法有重大瑕疵，单方委托的第 040 号鉴定意见书的鉴定结论显示其中 3 个源代码文件属于行业惯例、在公开的代码文件中可以检索到 4 个与花儿绽放公司主张的涉案源代码部分相同的代码，且在 2018 年 10 月 18 日前，已经在开源领域存在多种与有客多软件功能相同的软件，因此第 30 号鉴定意见书的鉴定结论不应采信，并申请法院组织对涉案源代码是否“不为公众所知悉”进行重新鉴定。

三、最高人民法院实质审查双方单独委托的鉴定意见，分别评述是否采纳的理由

二审中，最高人民法院认为，首先，《最高人民法院关于民事诉讼证据的若干规定》（2019 年修正）第 40 条第 1 款规定，当事人申请重新鉴定，存在下列情形之一的，人民法院应当准许：（1）鉴定人不具备相应资格的；（2）鉴定程序严重违法的；（3）鉴定意见明显依据不足的；（4）鉴定意见不能作为证据使用的其他情形。第 30 号鉴定意见书从涉案源代码文件中提取了类名、方法名、变量名、表达式等作为关键词在百度、谷歌两个知名搜索网站及 GitHub、searchcode 两个软件源代码共享网站进行检索，其检索范围为知名、主流的搜索引擎及软件源代码共享网站，是所属软件领域的相关公众最常使用、访问的网站，故第 30 号鉴定意见书的检索方法、检索范围并无明显不当，且被告在二审期间，已经单方委托了鉴定机构对涉案技术信息是否具有非公知性进行了鉴定，故对其所提由法院组织重新鉴定的申请不予支持。

其次，根据第 040 号鉴定意见书的如下鉴定结论：

“GoodsBuyDetail. java”“Area. java”“CusmallStatisticsInfo. java”3 个文件中的代码由且仅由成员变量定义及成员变量对应的 geter、seter 等方法组成，其中成员变量属于常见命名，该种定义成员变量并生成 ge×××、set××× 等方法的形式是 java 编程语言推荐的标准写法，属于所述领域的行业惯例。花儿绽放公司针对第 040 号鉴定意见书的上述结论，未合理说明该些变量命名方式及对应生成方法的独特性，故采信第 040 号鉴定意见书的上述意见，

认定“GoodsBuyDetail. java”“Area. java”“CusmallStatisticsInfo. java”3 个文件中的代码“为公众所知悉”。

第 040 号鉴定意见书还认为：“AppletWxPayController. java”“AppletKoulingRedpackMobileController. java”“EmailServiceImpl. java”“HttpUtils. java”4 个文件中的部分代码在 2018 年 10 月 18 日之前已被开源软件库公开，但均仅涉及该些文件中的部分代码片段，无法证明该些文件中的源代码整体已被公开，且代码中涉及程序的组织结构、调用关系、执行逻辑等，应将一个源代码文件作为一个整体对待，不应将一个完整代码进行部分切分而判断是否“为公众所知悉”。故对第 040 号鉴定意见书中关于 4 个文件中的部分代码已被公开的鉴定结论不予采信。

最后，软件源代码涉及特定的变量名、类名及方法的定义、程序的组织结构、调用关系、执行逻辑等，还包括在特定位置对方法、语句和变量的注释文字等，软件源代码也体现了软件开发人员的代码风格、特定字词的独特表达，故即使为开发相同功能的软件，不同开发者可以设计不同的源代码进行表达，被告有关软件功能相同推论出代码相同的主张没有事实依据也不予支持。

综合上述情况，鉴于第 040 号鉴定意见书亦认为涉案其他源代码“不为公众所知悉”，结合双方各自单独委托的第 30 号鉴定意见书和第 040 号鉴定意见书的意见，在被告未能再提出其他相反证据的情况下，最高人民法院认定，该案中花儿绽放公司主张的涉案 962 个源代码文件“不为公众所知悉”。

总结如下：

（1）原告方对非公知性事实的证明责任很重，一审、二审甚至再审审查中均是如此，笔者作为代理人对二审中对方超出举证期限提交鉴定意见书的做法提出了强烈的反对并书面表达了拒绝质证的意见，但是非常遗憾最高人民法院对此未做任何否定性的评价，在此期盼能够及时予以纠正。

（2）鉴定机构和鉴定专家的作用、能力和水平参差不齐，工作的质量与态度也有很大的不同，在与其合作的过程中一方面律师团队要对自己提出更高的要求并加强自律，相关证据组织与证据说明工作必须到位，另一方面要注意提升沟通的能力，务必做到让鉴定专家清楚地了解涉案技术与鉴定的目的，为确定正确的鉴定方法和流程提供有力的保障。

（3）要注意多角度思考并组织证据以有效提升证据的证明力，在多数情况下有很多的证据都存在这样或者那样的问题，特别是电子数据更是如此，较多的待证事实往往是通过多份证据组合在一起才能产生证明力，而一份证据又可能与多个待证事实相关联。

（4）庭审的压力很大因为大量的证据需要说明，要求主审法官庭审花费大量时间消化技术问题是不现实的，这就要求出庭律师对证据要非常的熟悉，法官问什么要随时能够回答且是结合证据具体内容回复，律师团队的配合非常重要，建议对系列专题做好书面的备忘录，切忌临场发挥。

第三节　交付软件源代码包与披露软件源代码包的比对说明

一、披露代码包与交付代码包相同的文件有 8220 个

原告交付给被告—浙江某股份公司的有客多小程序源代码（以下简称交付代码）总共有 8393 个文件，其中主张的非公知代码共 965 个，未主张非公知文件共 7428 个。

披露代码包共有 8758 个文件，披露代码包与交付代码包相比：删除了 9 个文件，新增了 374 个文件，修改了 164 个文件；披露代码包与交付代码包相同的文件有 8220 个。

8220 个相同的文件包含了 965 个非公知代码和 7255 个与比对目的无关的代码，前述代码文件与交付代码文件路径及内容均相同。

二、未主张非公知/技术秘密部分的文件及截屏

1. 开源文件：gitignore、README. md（市场上的开源工具代码，不作为非公知比对）。

2. GitHub 上的版本文件夹：git 文件夹（Githup 代码版本文件，不属于

源码范畴）。

3. 代码中的资源文件夹：applet - cusmall - resource、applet - cusmall - wxpage（能够在网站上被下载，所以不作为非公知比对）。

4. 代码重复文件夹：applet - cusmall - yunfei/applet - cusmall - wxpage（代码重复放置在不同的文件夹位置，所以也不用比对）。

5. 数据库初始化文件夹：db - update - sql（数据库变更脚本，不做非公知）。

6. 前端页面：applet - cusmall - wxpage。

三、披露代码包与交付代码包不同部分的说明

（一）概述

披露代码修改了164个文件，删除9个文件，新增374个文件。

（二）披露代码包修改文件说明

我们使用代码比对工具进行比对：

1. 修改文件主要涉及配置文件修改、文字修改、注释修改、文件修改等文件夹；具体修改包括调用域名，电脑（PC）端登录域名，微信第三方平台配置参数，目标数据库的访问地址，平台注释，平台名称，客服电话，登录页 logo。

2. 节选了一些配置文件和代码的修改，说明如下。

（1）修改了自己的生产阿里大于短信配置和小程序端的业务接口调用域名：将交付代码包中的“默认签名”修改为“浙江盘兴”；将“adyun. com”修改为“panshi101. com”。

代码路径：applet - cusmall - common \ src \ main \ resources \ exconfig. prd. prAerties。

（2）修改了对应的文件上传域名、资源调用域名、PC 端登录域名：将“adyun. com”修改为“panshi101. com”。

代码路径：applet - cusmall - common \ src \ main \ resources \ platform. prd. prAerties。

（3）修改了第三方平台的配置参数，授权的回调域名等：将“adyun. com”修改为“panshi101. com”。

代码路径：applet – oauth – common \ src \ main \ resources \ platformOauth. prd. prAerties。

（4）修改了目标数据库的访问地址。

代码路径：applet – oauth – common \ src \ main \ resources \ data. db. prd. prAerties。

（5）修改了对应的平台注释：将“有客多小程序”修改为“盘石微店”。

代码路径：applet – cusmall – common \ src \ main \ java \ com \ applet \ cusmall \ common \ constant \ BusinessPlatform. java。

（6）修改了对应的系统平台名称：将“有客多小程序”修改为“盘石微店”。

代码路径：applet – cusmall – common \ src \ main \ java \ com \ applet \ cusmall \ common \ util \ PlatformInfo. java。

（7）修改了客服电话：将“400 – 7888 – 925”修改为“盘石官网客服电话 400 – 100 – 1110”。

代码路径：applet – cusmall – web \ src \ main \ webapp \ admin \ xiaochengxu \ index. jsp。

（8）修改了 title 及对应的登录页 logo：将“微俱聚”修改为“盘石微店”；将“微俱聚 logo”（图示：）修改为“盘石微店 logo”（图示：）。

代码路径：applet – cusmall – web \ src \ main \ webapp \ login_custom. jsp。

3. 披露代码包增加的文件主要涉及：自定义增加的功能（公众号管理）。

主要关于公众号的授权、图文素材、音频、菜单，同时部分新增代码文件中有“CAyright© 2018 盘石科技”版权声明，以下是部分代码路径。

代码路径：applet – cusmall – common \ src \ main \ java \ com \ applet \ cusmall \ common \ constant \ WxAuthorizerList. java。

代码路径：applet – cusmall – payknowledge \ src \ main \ java \ com \

applet \ cusmall \ payknowledge \ service \ AudioGroupService. java。

代码路径：applet - cusmall - web \ src \ main \ java \ com \ applet \ cusmall \ web \ controller \ admin \ PublicMaterialController. java。

代码路径：applet - oauth - rmi - interface \ src \ main \ java \ com \ applet \ oauth \ rmi \ service \ IpublicMeterialService. java。

第三十四章 非法披露软件源代码的损失认定与法律适用

第一节 原告在一审诉讼中主张适用惩罚性赔偿的事实和理由

一、两被告对侵权行为存在主观故意

原告认为源代码是一家软件开发公司重要的技术秘密，依法受我国《反不正当竞争法》和《刑法》保护。包括源代码接触者在内的行业人员均应遵守基本的商业道德，不得非法获取、非法披露和非法使用源代码。被告公司作为原告涉案源代码的被许可方，与原告签署了《花儿绽放源代码使用许可合同》，对原告涉案源代码负有保密义务，放任侵权用户将涉案源代码披露至 GitHub 公共存储库，主观上构成故意。被告二是被告一的唯一股东，披露代码有被告一的 logo 及版权信息，其他存储库中含有被告一内部研发管理系统链接和嵌有被告一多个域名源代码包等事实，证明两被告对非法披露源代码的侵权行为均存在主观故意。

二、两被告侵权行为情节严重

GitHub 网站在全球程序开发社区具有极强的影响力，涉案源代码自 2018 年 12 月 31 日被首次公开披露至 GitHub 禁用链接之日长达 7 个月，其间披露代码不断被 GitHub 共享平台多个注册会员复制，供平台注册会员随时下载至本地使用，严重威胁了原告软件和平台的数据安全，给原告造成了重大损失。

原告涉案源代码 2019 年的销售收入不足 2018 年的一半，2020 年 1 月～10 月的销售收入不足 2018 年的 1/10，两被告的侵权行为对权利人的商誉、市场份额造成了严重损害。

三、该案惩罚性赔偿数额的计算基数

根据《不正当竞争民事案件司法解释》（2020 修正）第 17 条第 2 款[①]，《商业秘密民事司法解释》第 19 条[②]的规定，该案涉案源代码因公开披露导致商业秘密为公众所知悉，人民法院依法可以以商业秘密的商业价值确定赔偿数额。连城资产评估有限公司出具的连资评鉴字（2021）01506 号价值评估鉴定说明显示，涉案源代码的商业价值为人民币 1012 万元。根据原告提交的相关证据，涉案源代码已收取的许可使用费为人民币 1830. 83 万元，原告因涉案源代码被公开披露后可得利益损失为 8066. 57 万元。原告据此认为计算基数应不低于 1012 万元。

四、该案惩罚性赔偿的倍数

该案中，被告作为原告的涉案技术秘密的被许可方，对原告涉案源代码负有保密义务，其放任侵权用户将涉案源代码披露至 GitHub 公共存储库，主观过错严重。涉案技术秘密以在境外网站公开披露的方式被侵权，侵权地域范围之广、侵权手段之恶劣、侵权规模之大、持续时间之长以及给被告造成的损失之巨大（该业务线几乎停业），都属于技术秘密侵权案件侵权行为情节极其严重的情形，故应适用 5 倍惩罚赔偿。

---

① 《不正当竞争民事案件司法解释》（2020 修正）第 17 条第 2 款规定，因侵权行为导致商业秘密已为公众所知悉的，应当根据该项商业秘密的商业价值确定损害赔偿额。商业秘密的商业价值，根据其研究开发成本、实施该项商业秘密的收益、可得利益、可保持竞争优势的时间等因素确定。

② 《商业秘密民事司法解释》第 19 条规定，因侵权行为导致商业秘密为公众所知悉的，人民法院依法确定赔偿数额时，可以考虑商业秘密的商业价值。人民法院认定前款所称的商业价值，应当考虑研究开发成本、实施该项商业秘密的收益、可得利益、可保持竞争优势的时间等因素。

第二节　一审法院适用法定赔偿酌情确定赔偿数额为 500 万元

一、不能证明两被告公司对涉案源代码的披露具有恶意，不适用惩罚性赔偿

一审法院认为根据《反不正当竞争法》第 17 条规定，经营者恶意实施侵犯商业秘密行为，情节严重的，可以在 1 倍以上 5 倍以下确定赔偿金额。现有证据不能证明两被告公司对涉案源代码的披露具有恶意，故不应适用惩罚性赔偿。

二、关于研发费用和反漏洞的损失

鉴于研发费用的审计报告是原告单方委托，且审理报告作出的依据仅系原告所作的 2018 年 1 月 1 日 ~10 月 31 日研究开发费用结构明细表、研究开发费用结构明细表附注，并未审查付款凭证、工资支付凭证等原始材料，故其客观性存疑。涉案源代码已被披露，原告采取反漏洞的补救工作具有必要性，但具体损失未有证据证明，在裁判时予以酌情考虑。

三、关于侵权行为的严重后果

原告列举了 2018 ~2020 年涉案软件销售收入下滑的情况，主张系侵权行为造成的损失。一审法院认为，首先，原告提交的 2019 年半年报显示有客多产品的注册用户及付费用户数实现稳定增长；其次，原告提交的销售单据系其单方统计，即便客观真实，考虑到互联网产品更新换代的频率及生命周期的情况，其他商家包括微信平台亦推出免费的小程序服务，原告涉案产品的市场份额必然会随着市场竞争环境的改变而变化。为此，原告主张的该项损失金额不予支持，但在裁判时予以酌情考虑。

四、关于维权费用的问题

原告主张的维权费用包括律师费、鉴定费、电子证据固化费、审计费、翻译费、差旅费等，前述事项已实际发生并有相关票据佐证，相关金额亦在合理范围之内，一审法院对前述费用予以支持。

五、适用法定赔偿的理由

根据该案在案证据，难以确定原告因被告侵权而遭受的实际经济损失数额，也难以确定被告因侵权所获经济利益数额，故应当适用法定赔偿原则，依法确定赔偿额。一审法院根据涉案产品的研发与销售情况，原告年度报告，侵权行为的性质、情节、主观过错，侵权持续的时间，反漏洞费用以及原告为制止侵权行为所支付的合理费用等因素，酌情确定被告公司承担的赔偿数额为500万元。

第三节　披露源代码行为的持续与持续披露源代码行为的区别

一、关于一审、二审法院对在GitHub上被披露状态的性质认定明显不同

一审法院认为，该案被诉侵权行为发生的时间为2018年12月31日，持续至2019年7月初，应适用2019年4月23日施行的《反不正当竞争法》。

最高人民法院认为涉案源代码于2018年12月31日在GitHub网站上被公开披露，披露行为一经实施，即造成源代码信息被公开的后果，故该案被诉侵权行为发生的时间为2018年12月31日，此后该源代码在GitHub网站上持续被披露，直至2019年7月9日才被删除，仅是在GitHub网站上被披露状态的持续，并不是侵权行为的持续，源代码在网站上被删除也不意味着已经被公开的源代码能回溯到不公开的保密状态。因此，原审法院以被诉侵

权行为持续至 2019 年 7 月初，认为该案应适用 2019 年修正的《反不正当竞争法》的法律适用有误，应当适用侵权行为发生时的法律，也即 2017 年修订的《反不正当竞争法》。

二、源代码被披露状态既是首次披露结果也是持续披露行为

笔者对最高人民法院的上述观点保留不同的看法，理由是：首先，虽然披露行为一经实施即造成源代码信息被公开，但并不必然导致“为公众所知悉”的损害后果，2018 年 12 月 31 日 ~2019 年 7 月 9 日在 GitHub 网站上持续被披露的事实，既是 2018 年 12 月 31 日首次披露的结果也是持续披露行为本身；其次，虽然源代码在网站上被删除不意味着已经被公开源代码能回溯到不公开的保密状态，但可以有效地阻止损害的扩大，避免被所属领域技术人员普遍知悉，或者后来被 GitHub 平台多个分支用户复制到其公共存储库的行为在很大程度上可能就不会发生。

三、二审中原告方补充阐述了适用惩罚性赔偿的事实与理由

公开披露源代码是源代码技术秘密侵权行为类型中最严重的，源代码一旦被公开披露，将给源代码开发方带来无法挽回的重大损失，作为源代码被许可方的员工，此种行为的主观恶意是显而易见的。该案为在境外网站公开披露涉案技术秘密，侵权地域范围之广，侵权手段之恶劣，侵权规模之大，持续时间之长，给上诉人造成的损失之巨大都属于技术秘密侵权行为情节极其严重的情形，应适用惩罚性赔偿。

被告二应该根据合同第 3 条第 4 款“甲乙双方同意，以适当方式告知并要求各自能接触到保密信息的员工遵守本条约定，若某员工违反本条约定，应承担连带责任”的约定承担责任。

将源代码披露至境外网站的行为如不严惩以示惩戒，涉及国家基础建设等国家秘密的源代码也可能被程序员披露至境外网站，这将严重影响到国家的信息安全等。

第四节 适用商业价值作为依据酌定赔偿但最高人民法院未予采纳评估结论

一、该案可以用商业价值依据酌定赔偿，但评估结论最高人民法院未予采纳

该案中因涉案技术秘密已在 GitHub 网站上被公开，故可以涉案技术秘密的商业价值作为原告损失赔偿的依据。基于以下理由最高人民法院对原告单方委托评估机构所作的评估结论不予认可。

第一，价值评估鉴定记载，2019～2024 年涉案技术秘密分成率均为 23.77%，并未有因涉案技术秘密价值衰减导致分成率逐步降低，理由是涉案有客多软件已为成熟产品，软件代码后续更新迭代仅是常规升级维护，并已在费用部分进行了相应调整。同时该价值评估鉴定中记载，有客多软件 V1.0 版本的开发期间为 2017 年 10 月 16 日～2018 年 1 月 31 日，在此基础上，有客多软件 V2.0 版本于 2018 年 8 月 27 日完成开发，涉案技术秘密 2019 年、2020 年研发费用均为 635.58 万元，2021 年研发费用为 476.68 万元。而根据原告原审提交的深圳永信瑞和会计师事务所出具的审计报告，涉案有客多软件 2018 年 1 月 1 日～10 月 31 日项目投入金额为 3 595 635.74 元（其中 V1.0 版本的研发投入为 737 657.68 元，V2.0 版本的研发投入为 2 857 978.06 元）。据前所述，花儿绽放公司主张涉案有客多软件在 2018 年技术业已成熟、2018 年以后仅是对技术的常规更新迭代，根据常理推知，基于对技术的常规更新迭代需要的研发费用一般不应高于软件完成开发所需的研发费用，但涉案价值评估鉴定中 2019～2021 年研发费用均远高于 2018 年的研发费用，明显不合常理。同时还需考虑到该案中花儿绽放公司主张构成技术秘密的仅为有客多软件中部分代码，故针对涉案技术秘密的研发费用显然应低于整个有客多软件的研发费用。

最高人民法院以主张构成技术秘密的仅为有客多软件中部分代码为由区

分研发费用理由并不充分，因为受商业秘密保护的对象是原告交付给被告的整套软件源代码，而不仅是在该案中所主张不为公众所知悉的有客多软件 20 个技术点对应的 965 个源代码文件，脱离整套源代码这 965 个源代码文件不具有独立存在的价值和意义，如此区分不仅不合理也与软件行业的基本常识不符。

第二，涉案有客多软件主要是为企业客户快速搭建微信小程序提供便捷工具，其价值随用户对微信小程序的开发需求而波动，但互联网新技术、新应用的需求均有其爆发期、衰减期，根据被告提交证据可见，在 2018 年前后均有多家公司从事微信小程序的研发业务，且微信平台于 2020 年提供官方的微信小程序开发渠道，必然会对第三方微信小程序开发业务产生巨大影响，涉案价值评估鉴定中 2020 年预估销售收入与 2019 年预估销售收入相同，有违市场规律。鉴定机构经评估作出的商业价值鉴定仅是确定知识产权商业价值的一种方式。在该案经审查不宜直接依据价值评估鉴定意见认定涉案技术秘密商业价值的情况下，依据该案现有证据情况，可以综合考虑涉案技术秘密的研究开发成本、实施该项技术秘密的收益、可得利益、可保持竞争优势的时间等因素酌情确定涉案技术秘密的商业价值，进而作为确定赔偿数额的依据之一。

该案中，原告开发涉案软件的研发费用至少包括 2017 ~ 2018 年的研发费用，依据审计报告，仅 2018 年 1 ~ 10 月末的研发费用为近 360 万元。花儿绽放公司以对外许可使用方式获取涉案软件的经营利润，涉案软件在 2017 年的销售收入为 51 万余元，2018 年的销售收入为 1140 余元，上述销售收入的增长状况与涉案软件于 2017 年开始研发、2018 年 1 月完成 V1.0 版本研发、2018 年 8 月完成 V2.0 版本研发的过程相契合。涉案软件部分源代码在 GitHub 网站上被披露后，2019 年涉案软件销售收入下滑为 530 余元，其中不排除有商业运营以及技术更迭、同类竞争等因素带来的影响，但软件源代码的公开披露客观上势必会导致该软件商业价值的贬损，给权利人造成较为严重的损失。同时，在市场上存在多个同类软件，尤其是 2020 年微信平台提供官方微信小程序开发渠道后，涉案软件保持竞争优势的时间以及可期待的许可收益难以避免会受到一定影响。

综上，最高人民法院认定涉案技术秘密的商业价值应高于2017年《反不正当竞争法》规定的法定赔偿额最高限300万元，原审判决适用法定赔偿方式酌定经济损失及合理费用共计500万元，适用法律虽确有错误，但判赔金额较为合理，可予维持。最高人民法院进一步分别酌定被告应承担的赔偿责任为赔偿经济损失450万元、合理开支50万元。

二、最高人民法院将合理维权费用单独列出的做法值得肯定

一审查明原告主张的维权费用包括：（1）律师费50万元，原告提交了《委托代理合同》《委托代理合同之补充协议》及律师费发票。根据《委托代理合同》第6条的约定，原告同意按照最终收到赔偿金的50%支付律师费。《委托代理合同之补充协议》将原合同第6条修改为：本协议签订之日起将已预付的50万元律师费转为基础律师费。（2）司法鉴定费25万元，原告提交了鉴定费发票。（3）电子证据固化费用共计15 760元，原告提交了电子证据固化服务费发票4张。（4）有客多程序研发审计费5000元，原告提交了审计合同及发票。（5）翻译费1500元及发票。（6）评估师及律师差旅费13 143元，原告提交了相关机票、住宿费发票等。

关于该案合理开支，二审经审查原告在原审庭审中变更诉讼请求，将合理开支由76万余元变更为95万元，其中律师费50万元，其他合理支出40万元，其增加的合理开支为评估鉴定费用15万，原审判决未列明花儿绽放公司修改后的诉讼请求，确有不当。最高人民法院综合考虑该案的具体情节、维权难度以及对其诉讼请求的支持比例等因素，酌情予以支持50万元。

虽然终审判决赔偿数额总体还是500万元，但是将维权的合理费用单独列明也是值得肯定的，如果能够进一步明确律师费用被支持的具体数额更具积极意义。客观地讲，即便将该案判决支持的50万元合理开支全部作为律师费用也依然不够律师团队的成本，因为技术秘密诉讼案件的工作量太大，赔偿额与所付出的成本远不成比例。这里所讲的成本，还不包括原告方技术专家为该案而付出的人力成本，如果将人力成本也计算进来对原告方来讲可谓得不偿失。如若不是有约定奖励律师费用为支撑，很显然对律师团队而言，这就是一笔亏本合作。

事实证明技术秘密案件的难度很大胜诉率却很低。业务能力强技术秘密案件经验丰富的律师团队，通常是不愿意接受较低基础费用加奖励的合作模式的，于是在客观上会致使技术秘密案件胜诉率呈更低走势。很显然这对技术秘密的司法保护是不利的。在此期盼这种情况能够尽快被改变。

该案中律师团队坚决地建议原告方选择委托评估机构对涉案技术秘密商业价值进行评估作为损失认定的依据，很遗憾评估结论没有被法院采纳，即便如此这也是值得的，因为在积累经验的基础上评估结论意见才有被作为定案依据的可能，为此的付出是有积极意义的。特别是该案针对技术秘密价值评估所做的一系列工作，包括证据与数据准备，财务与商务的配合，必要的审计与查证，对评估报告的举证质证，评估专家出庭接受问询的内容等，对于诉讼实务来讲都很有价值。

第三十五章　非法披露软件源代码案中的技术秘密价值评估

第一节　评估机构采取净利润法测算涉案商业秘密价值

二审中，被告方提出，评估报告采用净利润指标收益分成计算商业秘密价值逻辑不合理。用净利润计算方法与资本相关，企业负债越少评估值可能就会越高。评估说明中取价的依据，是原告单方给出的销售收入和销售成本数据，评估机构未做审查。

针对上述质疑，评估机构答复称：（1）评估人员已对相应商业秘密产品历史销售收入根据不同的收款渠道，包括银行账户、支付宝账户和微信账户进行核查确认无误，保留工作底稿可查；（2）所依据的财务报表数据，是经审计的财务报告中的报表数据，评估人员还对各期审计报告做审查、核对，有工作底稿可查。据此，该次评估采取净利润法测算，且剔除财务费用影响，不存在企业负债越少评估值超高的情况。

被告方质疑上述答复，认为剔除财务费用不是“净利润口径”，且息税折旧摊销对应的收益未见考虑，与涉案商业秘密无关的企业经营数据并未识别剥离。

评估专家二审出庭接受法庭询问，并就上述问题做了答复：（1）该次评估采取净利润法测算并剔除财务费用影响，充分体现涉案商业秘密价值——商业秘密本身创造的价值，也即剔除了资本结构对价值的影响；（2）该次测算中，运营成本部分已考虑办公设备折旧、办公场地租赁摊销；（3）该评估只依据商业秘密相关的商业秘密产品的经营数据进行测算，已做无关剥离。

二审法院对涉案商业秘密的价值评估采取净利润法测算同时剔除财务费

用影响的方法是否可行未做任何评述，并无不当，可以采用。

结合该案的争议事实，在实务中有如下问题需要进一步研究并做好必要的储备。

（1）关于取价依据，包括涉案被侵权产品的销售收入与销售成本数据的合理性与真实性。在该案涉案被侵权产品的销售中有交付源代码的模式，有不交付源代码的模式，根据不同的需求客户所需要获得的授权范围不同，各类客户的授权与销售模式存在明显的差异。因此，销售给不同客户的价格有很大差别，销售成本也有不同，在评估过程中要有充分的准备并向法庭解释说明取价的依据是合理的，数据是真实可信的。

（2）关于资本结构影响净利润问题。采取净利润测算法，企业的净利润高则被评估商业秘密的价值也高，为此要剔除资本结构对价值的影响，这个基本逻辑不难理解应予尊重。为此评估专家要进一步明确采取了哪些方法降低或消除该等影响，并解释为什么剔除这些影响就足够了。除此之外，还应充分说明在测算运营成本时，处理折旧与摊销数额的具体计算的合理性等。

第二节　评估源代码商业秘密价值应当充分考虑“生存率”和“衰减率”问题

经调研传统评估项目中，计算技术利润分成率时，如果已经考虑未来年度研发费用，可以不考虑技术分成衰减率。为司法诉讼目的的评估意见，有评估机构也按上述方法处理。该案采用利润分成率的方法在考虑未来年度研发费用后，也未考虑衰减率问题。

该案中被告方认为，评估商业秘密未考虑生存率和衰减不合理。软件不可能连续 6 年不更新迭代。更新迭代后，技术秘密肯定有所变化。评估机构答复称：该次评估鉴定中商业秘密对应的“有客多”软件是成熟产品，软件代码更新迭代是日常产品常规升级维护。因此，评估时在成本费用中考虑了软件代码更新迭代的支出，该项目分成率不考虑衰减是合理的。

二审中双方就此问题的辩论意见值得关注。

（1）被告方质证意见称，技术类资产会随着时间推移出现功能性和经济性贬值，商业秘密分成率会逐渐降低，后续研发或维护产生新的技术不应纳入评估的范畴。该案中评估的只应是商业秘密在评估基准日技术内涵所对应的价值。如果商业秘密分成率维持不变，那该项技术就成了可以永久收益技术，永不被淘汰，这不符合人们的认知。常规认知是一项技术会随着时间的推移而分成率逐渐下降直至被淘汰，这也符合评估界理论。

（2）评估机构为此作出的答复是，该例以模型说明该次测算在成本部分考虑研发费用（软件代码更新迭代的支出）与不考虑分成率衰减的一致性。简易模型：某商业秘密产品年度销售收入 30 元，年度运营中产生的不包括研发费用的成本费用20 元，研发费用1 元，企业所得税 15%。考虑研发费用计入总成本费用时，如上一年度的利润分成率为 30%，则商业秘密在本年度的价值为：(30 - 20 - 1) × (1 - 15%) ×30% = 2.295 元；不考虑研发费用计入总成本费用时，如上一年度的利润分成率为 30%，则商业秘密在本年度的价值为：(30 - 20) × (1 - 15%) × [30% × (1 - 10%)] = 2.295 元，此时上式中的 10% 即为衰减率。在采用利润法时两种计算结果充分一致。

就此问题最高人民法院查明如下事实：（1）鉴定记载，2019～2024 年分成率均为 23.77%，未因价值衰减导致分成率逐步降低，理由是涉案软件已为成熟产品，后续更新迭代仅是常规升级维护，并已在费用部分进行了相应调整；（2）鉴定记载，软件 V1.0 版本开发期间为 2017 年 10 月 16 日～2018 年 1 月 31 日，以此为基础 2018 年 8 月 27 日完成 V2.0 版本；（3）涉案技术秘密 2019 年、2020 年研发费用均为 635.58 万元，2021 年研发费用为 476.68 万元；（4）据原告方一审提交的审计报告，涉案软件 2018 年 1 月 1 日～10 月 31 日项目投入金额为 3 595 635.74 元（其中 V1.0 版本的研发投入为 737 657.68 元，V2.0 版本的研发投入为 2 857 978.06 元）。

二审判决书指出：（1）涉案软件 2018 年技术业已成熟，此后仅是常规更新迭代，常理推知更新迭代需要研发费用一般不应高于软件完成开发所需的研发费用，但涉案价值评估鉴定中 2019～2021 年研发费用均远高于 2018 年明显不合常理；（2）涉案软件主要是为企业客户快速搭建微信小程序提供便捷工具，其价值随用户对微信小程序的开发需求而波动，但互联网新技术、新应用的需求均有其爆发期、衰减期，根据被告方提交的证据可见，在 2018 年前后均有多家公司从事微信小程序的研发业务，且微信平台于 2020 年提供官方的微信小程序开发渠道，必然会对第三方微信小程序开发业务产生巨大影响，涉案价值评估鉴定中 2020 年预估销售收入与 2019 年预估销售收入相同，有违市场规律。

基于上述分析，在评估软件源代码商业秘密价值时，应当就其生存期间和产生利润的衰减问题做充分的考量，并就“生存率”和“衰减率”计算的合理性与数据真实可信度，做必要的解释和说明。

第三节　评估测算中的研发费用与判决所称项目研发投入不同

经调研并与评估专家沟通了解到如下信息，对实务工作大有助益，说明如下。

1. 关于期间费用与研发投资费用。期间费用，是指企业日常活动发生的不能计入特定核算对象的成本，应计入发生当期损益的费用。研发投资，是指企业以期获得新技术、新产品而投入一定的人力、财力，研发投资部分可能计入公司的营业成本，部分可能计入公司的研发费用；研发费用中有一部分通过分析能明确到某一产品，有一部分不能明确到某一产品。就如两个集合存在交集，但两个集合并不相同。

2. 该案评估测算中研发费用与涉案研发投资不是同一口径。评估测算中 2019～2021 年的研发费用是标准的财务用语，是指年度期间费用中的研发费用。二审判决所指“2018 年的研发费用”是“2018 年 1 月 1 日～10 月 31 日项目投入金额为 3 595 635.74 元（其中 V1.0 版本的研发投入为 737 657.68 元，V2.0 版本的研发投入为 2 857 978.06 元）”，其实际上是“有客多”软件研发投资的概念。两者不是一个口径。在评估测算中 2019～2021 年研发费用是在假定不被侵权的情况下，“有客多”软件会在原开发完成的架构下增加相关的使用行业或这些纯代码的工作量会增加研发费用，同时也是引入增量客户销售收入持续增加的基础。

3. 评估测算中研发费用估算合理性的说明责任。按 2018 年未被侵权前的经营数据，“有客多”软件创造 1140 万元的销售收入，匹配 356 万元研发费用，研发费用占销售收入比例为 35%；评估测算中 2019 ~ 2021 年收入预测分别为 3422.56 万元、3422.56 万元、2566.92 万元，分别匹配了 635.58 万元、635.58 万元、476.68 万元，研发费用占销售收入比例为 18.57%。从比例来看，软件开发完成后的运营年度（2019 ~ 2021 年度）研发费用占销售收入比例明显低于开发年度（2018 年度）的比例。因此，评估测算中研发费用估算是合理的。

除上述问题外，在该案二审期间原告方提交了关于价值评估报告使用期限延续的说明，拟证明涉案价值评估报告依据的各类数据无变化，报告结论的有效期延续 1 年。被告方质证意见为：对该份证据真实性、合法性、关联性、证明目的均不认可，根据《资产评估法》的规定，价值评估报告最多只能有 1 年的有效期，不可再延长，且该报告出具程序不合法。就评估报告有效期的问题，该案一审、二审均未予评判，从实务操作的角度看应当被采纳。为此建议应予重视，提前向评估机构提出申请，就是否可以延长有效期出具书面意见，特别是在技术秘密刑事案件中这一点更为重要。

第三十六章　提炼秘密点虽非必须但务必做，否则不利于维权

第一节　原告直接以提交的图纸作为秘密点所产生的问题

北京半导体专用设备研究所（中国电子科技集团公司第四十五研究所）（以下简称四十五所）创立于1958年，是国内专门从事集成电路关键装备研发及产业化的国家重点科研生产单位。化学机械抛光（CMP）设备是集成电路制造领域的七大关键设备之一。四十五所作为项目责任单位，参与了国家科技重大专项“极大规模集成电路制造装备及成套工艺”的子项目“28－14nm抛光设备及工艺、配套材料产业化”。四十五所投入了大量的人力、物力及财力，经过多年自主研发取得CMP基础技术、核心零部件、整机等多项技术成果即涉案技术信息，形成完整的CMP技术体系与相应的知识产权保护体系，是国内极少能自主研发并制造CMP设备的专业供应商。

被告顾某洋、古某曾在四十五所工作，分别担任CMP事业部总经理和质量管理经理。2018年1月、4月，顾某洋和古某从四十五所离职，后进入杭州众硅电子科技有限公司（以下简称众硅公司）工作。众硅公司于2018年5月23日在杭州成立，顾某洋系该公司实际控制人。CMP设备技术门槛较高，国内仅有数家企业有能力独立制造CMP设备。根据顾某洋在接受媒体采访时所述与众硅公司相关宣传材料可知，一般的CMP设备从研发期到产业化需要3年时间。众硅公司在成立后7个月内便完成了首台8寸TENMS®200CMP设备的组装。在成立后9个月就拿到了订单并中标4台设备。

四十五所认为，众硅公司设立的主要目的是利用顾某洋等人从原单位带走的涉案技术信息完成CMP设备的研制和产业化获利。众硅公司委托上海古

贺精工有限公司（以下简称古贺公司）等零部件加工商使用涉案技术秘密生产关键零部件后完成 CMP 设备最终组装。2019 年年初，四十五所收到合作供应商古贺公司提供的若干零部件（用于 CMP 设备）及内附的 RCRinse 图纸。经过对比分析，图纸中所涉及的技术信息与四十五所此前提供给古贺公司的零部件图纸中的技术信息基本一致。

四十五所向杭州市中级人民法院（以下简称杭州中院或一审法院）提起诉讼，请求判令众硅公司、顾某洋和古某停止侵权并连带赔偿 1000 万元。杭州中院于 2020 年 8 月 18 日立案受理，2021 年 6 月 10 日组织第一次庭前会议，四十五所提交了秘密点。顾某洋、古某和众硅公司认为四十五所提交的秘密点，技术信息内容不明确，没有秘密点的具体指向，软件部分的技术信息内容不明，导致其无法进行相应的抗辩。2021 年 9 月 26 日，杭州中院组织第二次庭前会议，并在庭前会议前次通知四十五所在庭前会议中提交针对其诉讼主张的明确的技术信息内容，明确告知四十五所该次庭前会议的事项之一是对其主张的技术信息内容和范围，即技术秘密点进行明确和固定。庭前会议前，四十五所向杭州中院寄送了对于相关秘密点说明（PPT 打印件）和软件秘点说明（PPT 打印件）。庭前会议中，四十五所当庭明确其在该案中主张的技术信息包括 3 个部分。杭州中院当庭释明，四十五所所称第三部分是众硅公司的图纸及软件资料，仅涉及侵权比对使用，并不属于四十五所的技术信息，再次要求四十五所对第三部分的技术信息内容进行明确。四十五所表示庭后补充提交第三部分的技术信息。2021 年 9 月 30 日，四十五所向杭州中院提交新的图纸，表示这些图纸为其技术秘密。杭州中院释明，图纸仅是技术秘密的载体，要求四十五所对其主张的技术秘密进行阐述。四十五所认为图纸的比对比较直观，并不必然需要概括图纸上的技术信息。杭州中院再次释明要求四十五所明确技术秘密的具体内容。2021 年 10 月 5 日，四十五所又提交了部分图纸，但并没有提交这些图纸所涉及的技术秘密内容。2021 年 10 月 12 日、13 日，杭州中院组织第三次庭前会议，四十五所没有提交部分图纸所涉及的技术秘密内容。被告众硅公司、顾某洋和古某认为四十五所未明确其主张的技术秘密，并且提交的图纸上没有保密标识或保密要求，因此图纸上记载的内容不具有保密性，主张的图纸中所有信息均是技术秘密不成立，其中的公知信息并非技术秘密。

杭州中院认为四十五所未明确其所主张权利的客观内容，其起诉不符合法定条件，裁定驳回四十五所的起诉。[①] 四十五所不服杭州中院的裁定，向最高人民法院提起上诉。最高人民法院于 2021 年 12 月 20 日立案后，依法组成合议庭，于 2022 年 9 月 2 日开庭进行了审理。四十五所上诉请求撤销一审裁定，并强调一审法院并没有询问其是否同意对已经明确的部分先行审理。四十五所明确其在该案中主张的技术秘密内容为 23 张与 CMP 设备制造相关的图纸所记载的技术信息及 Recipe. dll、Motionserver. exe、Polish. dll 等 3 个软件文档和软件特定版本存在的特定缺陷（BUG）。

最高人民法院认为[②]，一审法院以四十五所主张的技术秘密内容无法确定，进而无法确定诉求的保护范围，无法就主张的技术信息是否构成技术秘密进行审理为由，裁定驳回起诉，系适用法律错误，应予以纠正。一审法院应在四十五所主张基础上，继续审理该案。

第二节　谨防误读最高人民法院“不得以技术秘密内容不明确裁定驳回起诉”

一、可判决驳回其诉讼请求，但裁定驳回起诉属于适用法律错误

该案中，原告四十五所坚持其所主张的技术秘密信息的内容和范围为其提交的多份图纸的全部内容。

杭州中院认为，四十五所要求保护其技术秘密，应当先明确其主张的技术秘密的具体内容和范围，应明确图纸的哪些内容、技术环节、步骤、数据等构成技术秘密，并将其与公众所知悉的信息予以区分和说明。图纸仅是固

---

① 参见浙江省杭州市中级人民法院民事裁定书，（2020）浙 01 知民初 532 号。

② 二审案号：最高人民法院民事裁定书，（2021）最高法知民终 2526 号。

定技术信息的载体，仅凭图纸并不能确定技术秘密具体内容和范围。

最高人民法院认为，根据《商业秘密民事司法解释》第 27 条的规定，权利人应当在一审法庭辩论结束前明确所主张的商业秘密具体内容。四十五所主张其技术秘密，除与软件相关的以外以图纸为载体，根据图纸可进行 CMP 设备的生产，图纸是技术秘密的载体，依据图纸可以确定其主张的技术秘密的内容和范围，因此四十五所主张保护的技术秘密内容是明确的，其起诉有具体的诉讼请求，杭州中院应当审查其主张的技术信息是否具备秘密性、价值性、保密性，并进一步审查对方当事人是否采取不正当手段予以获取、披露和使用等。

笔者认为，一审法院要求原告明确其主张的技术秘密具体内容和范围是完全正确的。这是查明案件事实所必需的，是原告的权利也是其义务，原告未履行必要的义务或者放弃其诉讼权利应当承担对其不利的后果。在一审法庭辩论结束时原告未能明确所主张的商业秘密具体内容和范围的，属于未履行必要的诉讼义务，法院可以据此判决驳回其诉讼请求。

在此类案件中，原告提供图纸作为其主张的技术秘密的载体，并明确了具体的诉讼请求和事实、理由，符合《民事诉讼法》（2021 修正）第 122 条的起诉条件①，不属于《民事诉讼法司法解释》（2022 修正）第 208 条第 3 款②的情况，本文认为最高人民法院关于一审法院不应裁定驳回起诉的观点理由充分。

通过调研了解到，目前还有不少地区的法院在进行技术秘密民事立案审查时，要求权利人必须提供不为公众所知悉的鉴定意见，否则不予立案。这是不符合立案审查相关规定的，还援引《反不正当竞争法》第 32 条③作为该

---

① 《民事诉讼法》（2021 修正）第 122 条规定：起诉必须符合下列条件：（一）原告是与本案有直接利害关系的公民、法人和其他组织；（二）有明确的被告；（三）有具体的诉讼请求和事实、理由；（四）属于人民法院受理民事诉讼的范围和受诉人民法院管辖。

② 《民事诉讼法司法解释》（2022 修正）第 208 条第 3 款规定：立案后发现不符合起诉条件或者属于民事诉讼法第一百二十七条规定情形的，裁定驳回起诉。

③ 《反不正当竞争法》第 32 条规定：在侵犯商业秘密的民事审判程序中，商业秘密权利人提供初步证据，证明其已经对所主张的商业秘密采取保密措施，且合理表明商业秘密被侵犯，涉嫌侵权人应当证明权利人所主张的商业秘密不属于本法规定的商业秘密。商业秘密权利人提供初步证据合理表明商业秘密被侵犯，且提供以下证据之一的，涉嫌侵权人应当证明其不存在侵犯商业秘密的行为：（一）有证据表明涉嫌侵权人有渠道或者机会获取商业秘密，且其使用的信息与该商业秘密实质上相同；（二）有证据表明商业秘密已经被涉嫌侵权人披露、使用或者有被披露、使用的风险；（三）有其他证据表明商业秘密被涉嫌侵权人侵犯。

不当要求的依据，这明显有违立法本意。

该案中最高人民法院提出权利人已提供初步证据证明所主张的技术秘密是不为公众所知悉的，案件审理过程中由被告负责提供涉案技术秘密不符合不为公众所知悉的要件的证据，不将此类举证责任过重地施加给技术秘密权利人，这对技术秘密保护具有积极的重要意义。

二、在诉辩对抗中完成涉案技术秘密信息事实认定

该案中，权利人四十五所主张图纸中所有信息均是技术秘密。被告古某认为，四十五所主张图纸中含有公知信息，均为技术秘密的主张是不能成立的。

最高人民法院认为：（1）“不为公众所知悉”即秘密性，一般是指特定信息未在本行业内众所周知，而不是指绝对无人知悉。在证明责任上，“不为公众所知悉”虽是权利人即案件原告需要证明的内容，但不宜对权利人施以过重的证明负担。即便技术秘密中的部分信息已经存在于公共领域，但只要该技术信息组合整体上符合法律要求，仍可以按照技术秘密予以保护。（2）现实生活中，几乎所有信息均有来源，不能要求作为技术秘密载体的图纸所体现的全部技术信息均为信息持有人独创。即便图纸的部分技术信息已经存在于公共领域，如果信息持有人对公开信息进行了整理、改进、加工以及组合、汇编而产生新信息，他人不经一定努力无法容易获得，该新信息经采取保密措施同样可以成为技术秘密而受到法律保护。（3）权利人主张图纸记载的技术信息构成技术秘密的，其既可以主张图纸记载的全部技术信息的集合属于技术秘密，也可以主张图纸记载的某个或某些技术信息属于技术秘密。根据《反不正当竞争法》第 32 条第 1 款的规定，商业秘密权利人在完成该特定初步举证责任后，有关技术秘密的秘密性、侵权行为等事实的举证责任转由被诉侵权人承担。不宜要求商业秘密权利人对其所主张的技术秘密与公知信息的区别作过于严苛的证明。（4）权利人提供了证明技术信息秘密性的初步证据，或对其主张的技术秘密之“不为公众所知悉”作出合理的解释或说明，即可初步认定秘密性成立。权利人初步举证后，即由被诉侵权人承担所涉技术秘密属于公知信息的举证责任，其亦可主张将公知信息从权利

人主张范围中剔除，从而在当事人的诉辩对抗中完成对涉案技术秘密信息的事实认定。

一审、二审法院聚焦在仅凭图纸能否确定四十五所主张技术秘密的具体内容和范围上，有此完全不同的观点，其主要原因在于一审、二审法院对于审查涉案技术秘密是否属于“不为公众所知悉”的审判思路存在重大区别。笔者认为二审法院的审理思路更可取，更积极有效，也与企业保护和管理技术秘密的正常业态相符，更为重要的是在该案中原告主张可以根据所提供的图纸直接生产侵权产品。

三、不提炼秘密点严重不利于技术秘密权利人维权

技术秘密权利人以提炼秘密点撰写秘密点说明文件的形式，达到明确所主张的商业秘密具体内容和范围的目的，在司法实践中被广泛认可，在律师实务中也被给予了应有的重视，笔者也多次在不同境况下表达和分享过该项工作重要性和实务经验，确实也产生了积极的效果。

该案二审裁决引发了技术秘密案件是否还需要提炼撰写秘密点文件的讨论。

前文已经表述明确，所主张的商业秘密具体内容和范围不是案件受理的必要条件，不得以此为由驳回起诉，提炼撰写秘密点文件很显然也不应成为技术秘密民事诉讼案件“诉”之构成要件，因此本章的标题称提炼秘密点虽非必须但务必要做。

针对该案最高人民法院裁判观点不少评论文章有误读嫌疑。

技术秘密案件进入审理阶段，权利人需要对其提交的图纸所载负的技术信息属于不为公众所知悉进行举证。这是原告的证明责任，从实务操作效果来看，不是被动地接受而是要积极主动地实施。在证明交换时，先固定涉案技术秘密的载体，实践证明这是高效率组织质证行之有效的方法，但是原告如果不先确定所要主张的技术秘密的内容与范围，虽然可以如该案二审法院所言在当事人诉辩过程中确定，但是这是有巨大的时间成本的。原告方律师必须要清楚，己方是有一系列的举证责任和大量的必要性工作任务要完成的，可以提前做好的事情就必须做在前边，没有必要在非重要的问题上浪费时间和精力。

实践中，原告就所要主张的技术秘密向法庭提交了几十、几百张图纸，甚至还有用几十公斤或上百公斤图纸来表述的，声称这就是所主张的技术秘密保护内容和范围。从逻辑和理论上讲，图纸上所载负的所有技术信息都可能成为要保护的技术秘密的对象，但是对于本领域的技术人员而言实践情况显然不是这样。大量的事实证明，把时间和精力用在非必要的问题，这不利于维权的效果。在这种情况下，不听法庭指挥双方较劲，费时费力还可能得不偿失，对原告方更是如此。

稍微理性地模拟一下不难发现，按法庭的要求原告方先明确技术秘密的保护内容和范围，被告针对性地提出了有效的公知性抗辩，原告以图纸载负技术特征的真实性为前提基础做相应的调整。这是应当被允许的，对查明事实、准确判断最终所确定的内容和范围是否属于不为公众所知悉是高效的。法庭正确而高效的审理方式，最终对权利人维权更为有利。

如果不先确定所主张的技术秘密内容和范围，而是先让被告对涉案技术信息的秘密性进行举证，在经过一番质证程序后，原告需要将图纸载体中的公知信息剔除，再将与该案无关的技术信息剔除，确实在经过多轮的举证质证之后，完成了在一审法庭辩论终结前确定所要主张的技术秘密内容和范围的要求，但是对于技术秘密法律服务经验丰富的团队而言，是不会这样做的。对于原告维权诉讼的整个进度而言，这才只是完成了最基础性的工作，而在非法使用特别是“修改性使用”的案件中，还有大量的远远超出不为公众所知悉事实查证的工作内容要做。如此纠缠下来，比对工作不知道何时才能完成，要知道越延迟对技术秘密权利人维权越是不利。在原告没有基于图纸载体提炼技术秘密点说明文件所明确的技术方案即涉案技术秘密要保护的内容和范围的情况下，除非侵权方生产使用的图纸和原告提交的图纸完全相同或基本一致，否则在证明非法使用做技术比对时操作起来非常困难，会给法庭和鉴定机构增添难以想象的工作量和复杂问题。

如果不去积累经验，提升解决问题的能力，不努力做好配合法庭的正确要求和充分的证据梳理与组织工作，帮助提高法庭审理效率，当审判人员的精力和动力被耗尽的时候，原告和原告律师离胜诉判决将越来越远。作为技术秘密原告方的法律团队要积极主动，认真务实，对委托人才可能更有利。

第三十七章　化工领域技术秘密刑民风险加剧迫切，需要加强应对

第一节　最高人民法院蜜胺技术秘密案对化工领域技术秘密风险防控的影响

原告四川金象赛瑞化工股份有限公司（以下简称金象赛瑞公司）是全球最大的三聚氰胺生产企业，拥有尿素、三聚氰胺等整个循环经济产业链各环节的核心技术。公司自主研发的加压气相淬冷法三聚氰胺生产工艺和设备技术，稳定运行周期长、生产效率高且经济效益优良。原告针对该技术采取了严格和完备的保密措施。涉案技术秘密系加压气相淬冷法年产 5 万吨三聚氰胺生产反应系统，该系统同时涉及多项专利和技术秘密，是对已有的三聚氰胺生产技术的改进，通过对设备、工艺流程、设备及管道布置和操作方法等全方位的优化，实现了三聚氰胺单一生产线产量的大幅提升，在提高生产效率的同时降低了设备造价、生产能耗和维护成本。涉案技术秘密的载体为设备图、设备布置图、管道布置图和管道仪表流程图（PID 图、工艺操作指南和机泵工艺数据表）等。北京烨晶科技有限公司（以下简称北京烨晶公司）、四川玉象蜜胺科技有限公司（以下简称四川玉象公司）和新疆玉象胡杨化工有限公司（以下简称新疆玉象公司）均是金象赛瑞公司的关联公司。北京烨晶公司是金象赛瑞公司控股的子公司[①]，与金象赛瑞公司合作研发涉案技术秘密。2010 年 7 月 5 日，北京烨晶公司与金象赛瑞公司签订了《技术秘密转让合同》，将涉案技术“加压气相淬冷工艺生产三聚氰胺”无偿转让给金象

① 金象赛瑞公司于 2011 年 5 月 24 日持股 72.75%。

赛瑞公司，金象赛瑞公司是涉案技术秘密的权利人。四川玉象公司由金象赛瑞公司的控股股东四川金象化工产业集团股份有限公司和北京烨晶公司于 2006 年 5 月合资成立，于 2010 年 11 月 5 日被金象赛瑞公司吸收合并后注销登记。金象赛瑞公司是新疆玉象公司的股东。[①] 2007 年 12 月 28 日，眉山市经济委员会对四川玉象公司年产 10 万吨（5 万吨/套 ×2）三聚氰胺技改项目（以下简称四川玉象项目）同意备案。该项目的主要改造内容为在已建成的年产 1.5 万吨三聚氰胺装置基础上，建设年产 10 万吨三聚氰胺项目。2011 年 1 月 30 日，四川省环境保护厅对四川玉象项目同意通过验收。2009 年 12 月 14 日，新疆维吾尔自治区环境保护厅对新疆玉象公司新建 11 万吨/年三聚氰胺项目（以下简称新疆玉象胡杨项目）同意备案。2013 年 12 月 11 日，新疆维吾尔自治区环境保护厅组织相关单位对新疆玉象胡杨项目进行了竣工环境保护验收现场检查。原告主体关系如图 37.1 所示。

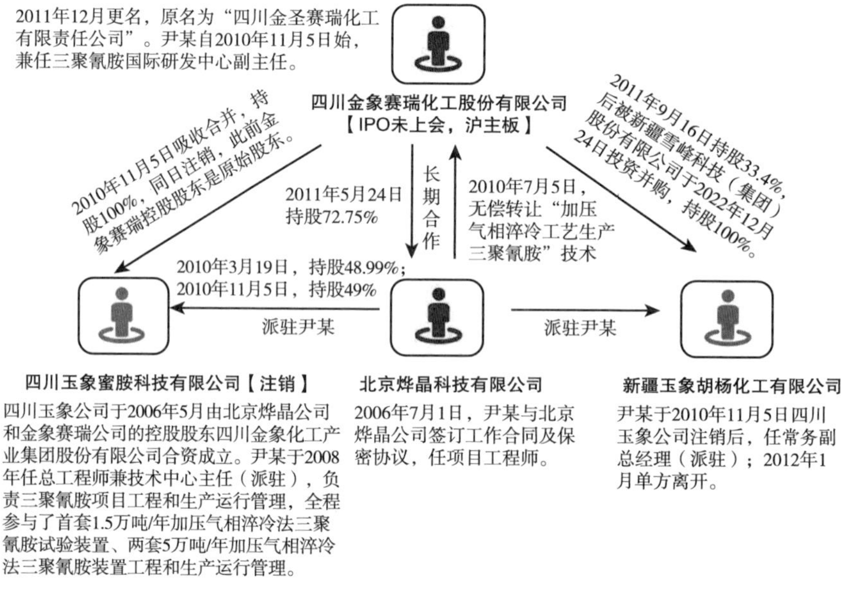

图 37.1　原告主体关系

① 金象赛瑞公司于 2011 年 9 月 16 日持股 33.4%，后新疆玉象公司被新疆雪峰科技（集团）股份有限公司于 2022 年 12 月 24 日投资并购，持股 100%。

被告山东华鲁恒升化工股份有限公司（以下简称华鲁恒升公司）是一家综合性化工上市公司（股票代码：600426），被告宁波厚承管理咨询有限公司（原宁波远东化工集团有限公司，以下简称宁波厚承公司）和宁波安泰环境化工工程设计有限公司（原宁波市化工研究设计院有限公司，以下简称宁波设计院公司）是专门从事化工设计、化工研发和工程咨询等业务的化工工程公司。宁波厚承公司于2015年3月23日出资宁波设计院公司，于2017年3月6日退股。2011年10月16日，华鲁恒升公司与宁波设计院公司和宁波远东化工集团有限公司（更名后为宁波厚承公司）签订《大型三聚氰胺项目技术转让、服务建设工程设计合同》（以下简称工程设计合同），合同确定委托方为华鲁恒升公司，承接方为宁波设计院公司，技术授权方为宁波远东化工集团有限公司；合同约定设计费966万元，专有技术费1600万元；宁波设计院公司、宁波远东化工集团有限公司保证其为所提供的一切专有技术及相关技术资料的合法持有者；如果发生第三方指控华鲁恒升公司侵权，由宁波设计院公司、宁波远东化工集团有限公司负责与第三方交涉，宁波设计院公司、宁波远东化工集团有限公司对此承担连带责任，华鲁恒升公司对此不承担任何责任。2011年8月~2015年3月，项某裕和项某桥在宁波厚承公司和宁波设计院公司共同担任董事长、总经理和董事等高级管理人员职务。2016年4月26日，眉山市中级人民法院（以下简称眉山中院）工作人员来到宁波设计院公司和宁波厚承公司办公场所进行证据保全，发现两公司存在办公区域混同和墙面标识部分混同的情况。

被告尹某为北京烨晶公司的员工，劳动合同签署起止时间为2006年7月~2012年6月，合同约定2009年7月1日~2012年6月30日每月工资由北京烨晶公司和控股公司四川玉象公司发放。尹某对公司的技术和商务机密负有保密义务，双方在签订的《保密协议》中明确约定该保密协议项下的信息包括：北京烨晶公司拥有的三聚氰胺生产技术即“气相蜜胺生产技术”的工艺技术、相关设备的技术诀窍和商务信息。2006年尹某在北京烨晶公司担任项目经理；2008年8月25日尹某被派驻至四川玉象公司任总工程师兼技术中心主任和四川玉象项目的技术负责人，负责首套1.5万吨/年和两套5万吨/年加压气相淬冷法三聚氰胺项目工程和生产运行管理；2010年7月尹某被派驻至新疆玉象公司任常务副总经理，负责当时新建的 11 万吨/年三聚氰胺项目的图纸设计和监督施工进度；2010 年 11 月 5 日，尹某兼任金象赛瑞公司三聚氰胺国际研发中心副主任。尹某是金象赛瑞公司和北京烨晶公司享有的“节能节资型气相淬冷法蜜胺生产系统及其工艺”发明专利的发明人之一，其参与了两公司的气相淬冷法技术的研发。2012 年 1 月，尹某在没有办理离职手续的情况下单方面离开新疆玉象公司，将工作期间掌握的三聚氰胺全部技术资料存放在其黑色联想 T420i 笔记本电脑中。同年，尹某旧识项某裕[①]找其提供金象赛瑞公司三聚氰胺加压生产的技术，明确告知用于为华鲁恒升公司设计 5 万吨三聚氰胺装置，许诺事后付 200 万元作为酬劳。后尹某与宁波设计院公司的副总经理项某桥（项某裕之弟）多次接触，于 2012 年 7 月在广州市将其掌握的金象赛瑞公司的三聚氰胺技术信息资料擅自拷贝给了项某桥。2012～2013 年，宁波设计院公司完成华鲁恒升图纸设计后，多次将图纸拷贝给尹某供其检查是否有问题，尹某将该部分文件在其电脑新建了一个命名为“华鲁”的文件夹；华鲁恒升公司的三聚氰胺装置快要建设完工之前，通过宁波设计院公司请尹某到现场进行过指导和给技术负责人做培训。2014 年 9 月前后，华鲁恒升公司发生催化剂带出的故障，又通过宁波设计院公司找尹某去解决问题。交流过程中，尹某发现华鲁恒升公司知道自己曾经是金象赛瑞公司的总工程师，也知道尹某和宁波设计院公司提供的三聚氰胺加压装置技术来源于金象赛瑞公司。当时拥有国内成熟的三聚氰胺加压装置专利技术的公司就只有金象赛瑞公司一家，业内同行都知道。尹某被扣押的笔记本电脑中发现存有《山东华鲁恒升 5 万吨/年三聚氰胺项目核心设备制造技术协议》、三聚氰胺项目测试项目、三聚氰胺装置工艺操作指南和山东华鲁恒升三聚氰胺项目推荐供货厂商联系方式，以及山东华鲁恒升三聚氰胺特殊采购部分清单等文件。经比对，“华鲁”文件夹中的部分电子图纸与涉案技术秘密相同或实质相同；从宁波设计院公司员工电脑上保全的电子图纸与涉案技

---

① 2011 年 8 月 5 日项某桥为宁波设计院公司董事长兼总经理，2013 年 4 月 25 日项某裕为宁波设计院公司董事长、项某桥为其董事兼总经理，2014 年 6 月 9 日项某裕卸任董事长、项某桥卸任董事，2013 年 11 月 7 日项某裕为宁波厚承公司董事长、项某桥为宁波厚承公司董事，2015 年 3 月 9 日项某裕卸任董事长、项某桥卸任董事。

术秘密 PID 图纸记载的技术信息实质相同；眉山中院调取的华鲁恒升公司作为建设单位提交备案的设计文档中的设备一览表、三聚氰胺主要装置暨设备布置图记载的技术信息与涉案核心设备参数、机泵参数和设备布置实质相同。被告主体关系如图 37.2 所示。

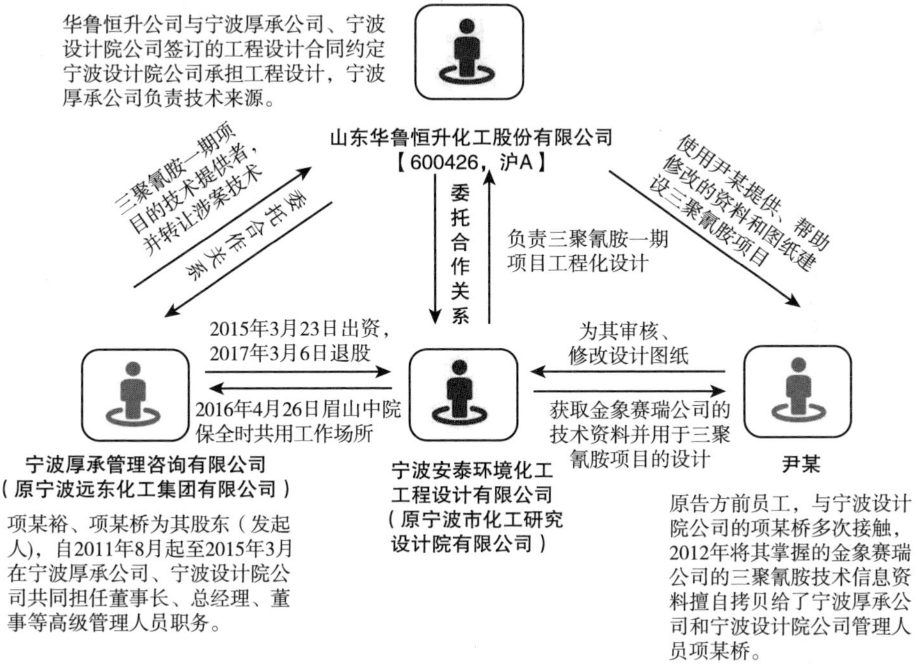

图 37.2 被告主体关系

金象赛瑞公司向四川省成都市中级人民法院（以下简称成都中院或一审法院）提起诉讼，成都中院于2017 年8 月28 日立案受理。① 金象赛瑞公司请求一审法院判令华鲁恒升公司、宁波厚承公司、宁波设计院公司和尹某（以下简称四被告）立即停止披露、使用或允许他人使用金象赛瑞公司商业秘密

---

① 一审案号：四川省成都市中级人民法院民事裁定书，（2017）川 01 民初 2948 号。华鲁恒升公司、宁波厚承公司、宁波设计院公司和尹某均于一审诉讼的答辩期内提出管辖权异议，一审法院于2017 年 11 月 8 日作出（2017）川 01 民初 2948 号民事裁定，驳回华鲁恒升公司、宁波厚承公司、宁波设计院公司和尹某对该案管辖权提出的异议。华鲁恒升公司、宁波厚承公司和尹某不服该管辖异议裁定，向四川省高级人民法院提起上诉，该院于 2018 年 3 月 16 日作出（2018）川民辖终 52 号民事裁定，驳回上诉，维持原裁定。

的行为，并销毁商业秘密载体及生产设备，四被告连带赔偿 9800 万元。[①] 一审法院依金象赛瑞公司申请，分别向眉山中院、四川省眉山市公安局调取（2016）川 14 民初 8 号案全部卷宗材料和尹某涉嫌侵犯商业秘密罪侦查阶段部分卷宗材料，金象赛瑞公司将上述材料作为证据提交。一审法院于 2017 年 11 月 8 日作出（2017）川 01 民初 2948 号民事裁定，判令四被告立即停止披露、使用和允许他人使用金象赛瑞公司的商业秘密，停止侵害的时间持续到涉案技术图纸、资料记载的技术信息已为公众知悉之日止；尹某、宁波设计院公司和宁波厚承公司立即销毁记载有金象赛瑞公司商业秘密的载体资料；华鲁恒升公司赔偿金象赛瑞公司经济损失及合理开支共计 5000 万元，尹某对其中的 120 万元、宁波厚承公司和宁波设计院公司对其中的 500 万元承担连带赔偿责任。

原被告均不服成都中院一审判决，分别向最高人民法院提起上诉。二审期间，金象赛瑞公司为证明其主张，向最高人民法院提交了（2022）川眉山证字第 405 号公证书，用以证明华鲁恒升公司未履行一审法院作出的行为保全裁定，仍在继续实施侵害技术秘密行为，侵权获利成倍增加且主观恶意大。最高人民法院撤销了一审民事判决，判令四被告立即停止披露、使用、允许他人使用金象赛瑞公司的涉案技术秘密，停止侵害的时间持续至涉案技术秘密信息已为公众知悉之日止，其中上述华鲁恒升公司的停止使用包括立即停止销售使用金象赛瑞公司的涉案技术秘密所生产的三聚氰胺产品；改判四被告以金象赛瑞公司确认或者负责该案执行的人民法院可以验证的方式，销毁记载金象赛瑞公司涉案技术秘密的载体[②]，包括 10 万吨/年三聚氰胺一期项

---

① 一审庭审中，金象赛瑞公司放弃起诉状载明的请求华鲁恒升公司销毁实验设备的主张，明确该案损害赔偿的计算期间为 2012 年～2018 年 12 月 30 日（后续赔偿保留另案追究的权利），并主张按照华鲁恒升公司使用商业秘密生产三聚氰胺产品的获利确定损害赔偿金额，其中涉案技术秘密贡献度超过 50%。

② 华鲁恒升公司、宁波厚承公司、宁波设计院公司、尹某以金象赛瑞公司确认或者负责该案执行的人民法院可以验证的方式，销毁记载金象赛瑞公司涉案技术秘密的载体，包括：（1）自该判决生效之日起 10 日内，宁波厚承公司、宁波设计院公司、尹某销毁各自所持有的记载金象赛瑞公司涉案技术秘密的技术资料；（2）自该判决生效之日起 90 日内，华鲁恒升公司销毁其 10 万吨/年三聚氰胺项目（一期）中涉及涉案技术秘密的设备（销毁的方式包括但不限于拆除有关设备中包含金象赛瑞公司涉案技术秘密的部分），销毁其持有的记载金象赛瑞公司涉案技术秘密的技术资料。

目中涉及涉案技术秘密的设备（销毁的方式包括但不限于拆除有关设备中包含金象赛瑞公司涉案技术秘密的部分）；改判四被告连带赔偿金象赛瑞公司经济损失及合理开支9800万元。

该案被诉侵权的三聚氰胺一期项目还涉及其他四起诉讼，分别是一起技术秘密诉讼、两起专利侵权诉讼和一起刑事诉讼。技术秘密诉讼是眉山中院于2016年3月14日受理的（2016）川14民初8号金象赛瑞公司诉华鲁恒升公司、宁波厚承公司、宁波设计院公司和尹某侵害技术秘密纠纷案。除损害赔偿金额外，金象赛瑞公司在该案的诉讼请求、事实理由与本案基本一致。该案于2017年8月18日撤诉结案。专利侵权诉讼之一是“组合式换热器及其流化床反应器”发明专利权的侵权诉讼①，由于涉案专利被宣告无效，最高人民法院撤销一审判决并驳回起诉；专利侵权诉讼之二是“节能节资型气相淬冷法蜜胺生产系统及其工艺”发明专利权的侵权诉讼②，该案各被告与本案相同，最高人民法院撤销一审判决，判决四被告停止侵害专利号为20111010××××.9、名称为“节能节资型气相淬冷法蜜胺生产系统及其工艺”的发明专利权，判令华鲁恒升公司、宁波厚承公司和宁波设计院公司连带赔偿原告金象赛瑞公司和北京烨晶公司经济损失及合理费用1.2亿元。刑事诉讼是眉山中院于2021年11月19日作出的（2021）川14刑初7号刑事判决③，认定尹某掌握金象赛瑞公司“加压气相淬冷法三聚氰胺生产”技术后擅自离职，披露、允许他人使用其所掌握的“加压气相淬冷法三聚氰胺生产”技术，判决尹某构成侵犯商业秘密罪，判处有期徒刑5年6个月，并处罚金280万元，对尹某的违法所得95万元予以追缴，由扣押机关将扣押在案的两台笔记本电脑予以没收，其余扣押物品由扣押机关依法处置。尹某不服该刑事判决，已向四川省高级人民法院提出上诉，该案尚在审理中。

---

① 一审案号：广州知识产权法院民事判决书，（2016）粤73民初2553号；二审案号：最高人民法院民事裁定书，（2022）最高法知民终63号。

② 一审案号：广东省高级人民法院民事判决书，（2017）粤民初97号；二审案号：最高人民法院民事判决书，（2020）最高法知民终1559号。

③ 尹某于2015年2月6日因涉嫌非国家工作人员受贿罪被刑事拘留，同年3月3日被取保候审；因涉嫌侵犯商业秘密罪，于2020年8月5日被逮捕。

第二节　化工领域技术秘密刑民风险升高迫切需要从多层面加强防控

化工领域技术秘密刑民风险升高，务必严格审查募投项目技术来源的合法性，对已投项目立即核查、分析研究并做好必要的应对预案。IPO 公司和已上市公司应高度重视募投项目涉技术秘密侵权风险，否则可能面临已采购的生产设备/已建成的生产线被强制销毁、已生产的产品被禁止销售的重大不利风险。

一、非法使用技术秘密所建设的生产线，要强制拆除或销毁

该案中，华鲁恒升公司作为上市公司，在其 2011 年 9 月 6 日的公告中披露拟新建 10 万吨/年三聚氰胺项目，估算总投资约 2.78 亿元，一期生产线于 2014 年 4 月进入试生产阶段，二期项目于 2018 年 12 月（一审审判期间）进入试生产阶段。最高人民法院在确认一审法院关于华鲁恒升公司停止使用涉案技术秘密判项的基础上，进一步判决华鲁恒升公司应当立即停止销售使用涉案技术秘密生产出的三聚氰胺产品，并销毁侵权生产设备及设备图纸、技术资料。该案最高人民法院的判决导向应引起 IPO 公司和已上市公司的高度重视，一旦募投项目被判令技术秘密侵权，即便产线已经建成，产品已经生产，仍然可能面临产线被销毁、产品无法对外销售的情况，甚至存在股价下跌导致投资者集体诉讼的重大风险。IPO 公司和已上市公司在规划募投项目时务必做好技术秘密侵权风险识别，切勿抱有侥幸心理。

二、非法使用涉案技术秘密所生产的产品，要停止销售

该案一审法院认为，停止披露、使用、允许他人使用涉案技术秘密足以防止损害后果的扩大，不应判决停止销售利用涉案技术秘密生产的产品。最高人民法院认为，被告华鲁恒升公司使用涉案技术秘密建设被诉侵权生产系统，后使用该侵权生产系统和涉案技术秘密中的生产工艺制造三聚氰胺产品

并进行销售，涉案技术秘密是制造被诉侵权生产系统和三聚氰胺产品不可或缺的重要条件，三聚氰胺产品为使用涉案技术秘密直接获得的产品。因此责令华鲁恒升公司停止销售使用涉案技术秘密生产的三聚氰胺产品实质上已涵盖在要求其停止使用涉案技术秘密的范畴内，是作为制造者的华鲁恒升公司停止使用涉案技术秘密的应有之义。

三、销毁侵犯技术秘密的生产设备、设备图纸和技术资料

最高人民法院认为一审判决虽以促成技术许可和避免资源浪费为初衷不支持销毁侵权生产设备及设备图纸和技术资料，但该处理方式不当限制了权利人对其知识产权的行使并可能形成裁判执行僵局引发新的争议与诉讼，不但不能有效保护权利人的知识产权，而且在一定程度上增加了纠纷解决成本，故改判销毁侵权的生产设备及设备图纸、技术资料。

该项诉讼请求一审未被支持，其观点和理由在此前相当长的时间内颇具代表性。一审法院认为，根据华鲁恒升公司上市公告的记载，三聚氰胺一期项目总投资约 2.7 亿元，二期项目也已建成，如若销毁，则会造成社会资源的极大浪费；同时项目图纸、技术资料关系到项目运行维护和维修，如若销毁，可能导致严重的安全隐患。考虑该案的特殊情形，通过判令停止使用但不销毁生产设备的方式，鼓励华鲁恒升公司与金象赛瑞公司达成技术许可。此种处理方式下，华鲁恒升公司有 3 种选择：第一，与金象赛瑞公司达成技术许可，以支付技术许可费的方式合法使用涉案技术秘密；第二，为规避已固化于被诉侵权项目的涉案技术秘密，大量替换、改造设备、修改工艺流程和操作工艺，以支付高昂的技术改造成本为代价，规避涉案技术秘密或者直接放弃经营被诉侵权项目；第三，明知故犯继续使用侵权设备，华鲁恒升公司将在未来面临惩罚性赔偿的极大风险。金象赛瑞公司有两种选择：第一，与华鲁恒升公司达成技术许可，通过华鲁恒升公司支付的技术许可费分享市场利益；第二，付出诉讼的时间和金钱成本，不断维权。金象赛瑞公司与华鲁恒升公司均是成熟的市场主体，可以参考已决案件的裁判结果和诉讼维权的各种成本，理性决定自己的经营行为。

最高人民法院认为，被诉侵权生产系统即华鲁恒升公司涉案三聚氰胺一

期项目的建成和实际使用均依赖于涉案技术秘密，特别是其中的设备选择、设备尺寸和工艺参数等，故对华鲁恒升公司而言，其持有的记载或包含涉案技术秘密的载体主要为被诉侵权生产系统和向相关行政管理部门备案的图纸和技术资料，即华鲁恒升公司化工股份有限公司 10 万吨/年三聚氰胺项目（一期）安全设施设计专篇（以下简称设计专篇），为确保生产设备的正常运行、维护和维修，此类大型生产设备的实际使用者理应持有相应技术资料，故可以推定华鲁恒升公司持有的记载或包含涉案技术秘密的载体还包括被诉侵权生产系统的相应技术资料。被诉侵权生产系统既是承载涉案技术秘密的重要载体，也是华鲁恒升公司可能继续实施侵权行为的重要工具。销毁承载涉案技术秘密的被诉侵权生产系统是停止侵害的应有之义，可有效预防华鲁恒升公司继续使用其上所承载的技术秘密以及在该生产系统上使用涉案技术秘密中的生产工艺。同时，被诉侵权生产系统中其他未承载涉案技术秘密的设备涉及华鲁恒升公司的财产权利，因此销毁有关设备的方式包括但不限于以拆除的方式实现。华鲁恒升公司所持有的设计专篇等其他记载或包含涉案技术秘密的相应技术资料也应与被诉侵权生产系统同时销毁。

四、以先侵权占领竞争市场为手段寻求技术秘密许可，此路不通

该案被告华鲁恒升公司使用涉案技术秘密的侵权行为有 3 种方式：第一，利用涉案技术秘密建设侵权生产系统；第二，利用侵权生产系统和涉案技术秘密中的生产工艺制造三聚氰胺产品；第三，销售利用涉案技术秘密直接获得的三聚氰胺产品。在商业秘密民事侵权案件中，一般采用停止侵害和赔偿损失两种方式进行救济，“停止侵害”通常体现为“立即停止披露、使用、允许他人使用涉案商业秘密，停止侵害的时间持续到涉案技术信息已为公众知悉之日止”。

该案最高人民法院责令侵权方停止侵害技术秘密判决内容与处理方式，在如下两个方面应引起化工领域的高度重视。

（1）不要再存留保存生产实力保留技术秘密资料图东山再起的妄想。

当侵权方利用涉案技术秘密建设生产设备或产线时，销毁该生产设备或

产线及其配套使用的生产工艺资料是技术秘密案件停止侵害的应有之义。侵权方利用涉案技术秘密建设的生产设备或产线载负了涉案技术秘密，若不及时销毁，侵权行为不可能停止，权利人的技术秘密将持续被侵权方所控制。根据《商业秘密民事司法解释》第 18 条的规定①，生产设备或产线作为涉案商业秘密载体，无法返还的理应销毁，需要注意的是，配合该生产设备或产线的工艺生产资料等，同样属于涉案技术秘密，理应一同返还或销毁。一审法院所谓“因社会资源的浪费，希望双方达成技术许可”的建议本质上限制了技术秘密权利人的许可自由，无异于逼迫权利人通过与侵权方达成技术许可并共享市场的方式减少损失。该一审判决可能会引导竞争对手通过侵权的方式逼迫权利人达成技术许可，侵权方在此过程中非但没有损失反而获益，显然不利于技术秘密的保护，还有助长侵权之嫌。最高人民法院改判及时予以纠正。

（2）上市公司输官司赔钱但依然获利不菲的模式现已结束。

当侵权方既是利用涉案技术秘密建设生产线或设备的建设方，又是利用涉案技术秘密制造并销售产品的生产方和销售方时，允许侵权方继续销售侵权产品必将导致权利人的市场份额受损和侵权损害后果的继续发生或扩大，责令侵权方停止销售并销毁该产品是必要也是必须的。当设备或产线建设方和产品生产方不自行销售给最终用户，由第三方销售给最终用户时，该第三方的销售行为不属于《反不正当竞争法》所列明的侵害技术秘密的行为，但是如果该第三方或后续销售方与产品制造者构成共同侵权或帮助侵权，同样属于侵害技术秘密的行为，应受《反不正当竞争法》规制。因此，上市公司维持输官司赔钱但继续生产经营获取巨额利润的模式已经结束，如果不立即做出调整很快将为此付出沉痛的代价，甚至包括高管人员的牢狱之灾。

---

① 《商业秘密民事司法解释》第 18 条规定，权利人请求判决侵权人返还或者销毁商业秘密载体，清除其控制的商业秘密信息的，人民法院一般应予支持。

第三十八章　化工领域建设方、设计方和委托方共同侵犯技术秘密

第一节　各合作主体共同侵犯技术秘密的事实认定与承担连带责任的依据

化工领域已经进入建设方、设计方和委托方等各合作主体共同侵犯技术秘密，承担连带赔偿责任并引发刑事风险的时期。通过在实务中接触多家化工行业的“重量级”企业，包括建设方和设计方等，他们在面对技术秘密侵权纠纷甚至是刑事控告时，常用的抗辩观点与该案的各被告十分相似，可谓简单而落后，不可能被采纳。

现结合第三十七章讨论的蜜胺技术秘密案梳理如下几点，希望能引以为戒。

一、非法获取、非法使用技术秘密，以善意受让合法来源抗辩不成立

该案中华鲁恒升公司是一家综合性化工企业，宁波厚承公司、宁波设计院公司是专门从事化工设计、化工研发和工程咨询等业务的化工工程公司。华鲁恒升公司、宁波厚承公司和宁波设计院公司在获取了尹某掌握的商业秘密后，经华鲁恒升公司委托，由宁波厚承公司、宁波设计院公司基于加压气相淬冷法三聚氰胺生产工艺和设备制造技术，设计了有关三聚氰胺的工艺及其设备图纸、技术资料，并应用于华鲁恒升公司的三聚氰胺一期项目。华鲁恒升公司认为其是通过合法交易善意受让宁波厚承公司和宁波设计院公司提供的三聚氰胺技术，不存在任何主观过错，也无共同侵权的意思联络。华鲁

恒升公司实际并未使用宁波厚承公司和宁波设计院公司提供的技术。华鲁恒升公司 10 万吨/年三聚氰胺项目使用的均是其自己的技术。华鲁恒升公司为证明上述观点提交了证据山东华鲁恒升化工股份有限公司关于涉及诉讼的补充公告、山东华鲁恒升化工股份有限公司收购资产公告，主张其通过收购德丰化工公司合法取得了德丰化工公司及其关联公司成熟的三聚氰胺生产线及技术秘密，且通过自身的多年研发，实现了单一产线年产量增长至 5 万吨的技术改进。

最高人民法院认同一审法院查明的如下事实与分析判断。

首先，华鲁恒升公司在其备案的设计专篇中已经明确提到“2006 年，北京大学烨晶科技有限公司第三代气相淬冷法技术问世，对我国三聚氰胺产业的发展具有里程碑意义……已有 2 万吨/年和 5 万吨/年装置在四川玉象成功运行”，表明华鲁恒升公司作为同业经营者显然知晓加压气相淬冷法三聚氰胺生产技术源自北京烨晶公司，且最初仅有金象赛瑞公司成功运行。

其次，尹某在2015 年2 月28 日的讯问笔录中陈述，去过华鲁恒升公司3次，还在和华鲁恒升公司交流过程中发现华鲁恒升公司知道其曾经是金象赛瑞公司的总工程师，也知晓他们使用的图纸是根据金象赛瑞公司的图纸设计的。

再次，华鲁恒升公司在 2011 年之前并无制备三聚氰胺的生产技术及设备，其收购的德丰化工公司也只有一套年产 1 万吨三聚氰胺装置，且没有证据显示德丰化工公司有能力自行完成单一产线年产量增长至 5 万吨的技术改进。同时，也没有证据显示宁波厚承公司和宁波设计院公司在被诉侵权项目前有年产 5 万吨三聚氰胺生产技术的研发历史或掌握有年产 5 万吨三聚氰胺生产技术。因此，华鲁恒升公司对于宁波厚承公司和宁波设计院公司提供的三聚氰胺生产技术来源于金象赛瑞公司是明确知晓的，其相反辩称不能成立。

最后，华鲁恒升公司备案的设计专篇明确记载被诉侵权项目的技术来源于原宁波远东化工集团有限公司即宁波厚承公司，华鲁恒升公司于 2017 年 3 月 28 日发布的山东华鲁恒升化工股份有限公司关于涉及诉讼的补充公告以及宁波设计院公司的在案陈述互相印证，足以证明被诉侵权项目的技术图纸、资料来源于宁波设计院公司和宁波厚承公司。华鲁恒升公司既辩称其具备自主研发被诉侵权项目的能力，又辩称被诉侵权项目的技术善意受让自宁波厚承公司和宁波设计院公司，其辩称既相互矛盾，又与查明事实不符，不能成立。

二、员工实施职务行为并体现公司意志，应由公司对外承担民事责任

宁波厚承公司和宁波设计院公司上诉主张项某裕、项某桥的行为系该二人的个人行为，不能因该二人实施的个人行为而认定公司实施了相应行为的观点未被支持。最高人民法院认为，宁波厚承公司和宁波设计院公司对该二人的行为是明知的，该二人的行为系公司职务行为且体现了两公司的意志，该二公司应对该二人的行为对外承担民事责任。

该二人从尹某处非法获取涉案技术秘密时为宁波厚承公司和宁波设计院公司的高级管理人员，2005 年 12 月 16 日 ~2019 年 12 月 10 日亦为宁波厚承公司的股东。在 2016 年 4 月 26 日眉山中院进行证据保全时，宁波厚承公司和宁波设计院公司共用办公场所，且也正是由项某桥代表宁波厚承公司参与了保全过程。从尹某在讯问笔录中的供述亦可知，该二人在 2012 年接触尹某就是宁波厚承公司、宁波设计院公司与华鲁恒升公司签订了工程设计合同后，为履行该合同方从尹某处获取金象赛瑞公司的技术资料并用于华鲁恒升公司三聚氰胺项目的设计和建设。在案证据也已能够证明尹某被扣押笔记本电脑中“华鲁”文件夹内的电子数据是宁波厚承公司和宁波设计院公司为华鲁恒升公司设计被诉侵权项目期间，该二公司与尹某之间的往来技术资料。宁波厚承公司作为工程设计合同中的名义技术提供方，显然知晓其自身要提供给华鲁恒升公司的技术来源以及具体内容，但其一方面否认作为其高级管理人员的项某裕、项某桥与尹某接触联络、非法获取技术资料等行为与公司有关，另一方面又始终未提交证据证明其提供给华鲁恒升公司的与涉案技术秘密构成实质相同的技术资料的正当来源，其抗辩不仅自相矛盾而且明显有违常理。

同样，在华鲁恒升公司涉案三聚氰胺一期项目建设期间，项某桥和项某裕也是宁波设计院公司的高级管理人员，而且宁波厚承公司和宁波设计院公司在履行与华鲁恒升公司的工程设计合同过程中存在紧密联系。该案在案证

据显示，尹某的笔记本电脑中存有华鲁恒升公司三聚氰胺项目的相关图纸，结合尹某在刑事案件中关于项某桥让其修改图纸的供述，足以认定宁波设计院公司在为华鲁恒升公司进行所谓的工程化设计的过程中曾让尹某就相关图纸进行了检查与修改，宁波设计院公司作为其主张的工程化设计方理应知晓其提供给华鲁恒升公司的相应图纸的设计情况。因此，基于在案证据亦足以认定宁波设计院公司对相应的技术来源是明知的。

项某裕、项某桥与尹某多次接触联络并从尹某处非法获取金象赛瑞公司涉案技术秘密，又以宁波厚承公司、宁波设计院公司的名义提供给华鲁恒升公司，该二人的行为显然系代表公司的行为，该二公司应当对此承担相应责任。宁波厚承公司、宁波设计院公司关于其并不知晓项某裕、项某桥的相关行为的抗辩显然与在案证据不符，不足以采信。

三、利诱原单位员工非法获取、使用技术秘密构成共同侵权

华鲁恒升公司认为其与尹某、宁波厚承公司和宁波设计院公司之间无任何技术交流，不构成共同侵权，不应承担侵权责任；宁波设计院公司主张其仅提供工程设计，不提供专有技术，且其不认识也从未接触过尹某，不构成共同侵权的观点未被支持。

1. 在查证非法获取技术秘密的案件中要充分发挥电子数据的证明效果

一审法院认为，虽然项某裕接触尹某获取金象赛瑞公司技术图纸的事实仅有尹某的陈述，但在案证据显示，眉山中院在宁波设计院公司工作人员电脑上保全的“185t 三胺 PID. dwg”创建时间、尹某被扣押电脑中“168t 三胺 PID 图 . dwg”创建时间与涉案技术秘密 PID 图“168T 三胺 PID 图 - 20100807. dwg”的创建时间完全相同，且三份 PID 图纸中的技术信息大量相同，绘图风格和绘图细节也完全一致，甚至其中热气除尘工段管道仪表流程图反吹气贮罐编号错误（× × ×01 误写为 × × ×01）也以完全相同的方式出现在“168t 三胺 PID 图 . dwg”“185t 三胺 PID. dwg”之中，而宁波厚承公司、宁波设计院公司和尹某均无法对此作出合理解释。

因此，在案证据与尹某的陈述相互印证，足以证明眉山中院在宁波设计院公司员工电脑上保全的“185t 三胺 PID. dwg”正是来源于尹某，均源自金

象赛瑞公司。

2. 在案证据文件夹电子数据属性信息显示主体是涉案被告

项某裕、项某桥自2011年8月至2015年3月在宁波厚承公司和宁波设计院公司共同担任董事长、总经理、董事等高级管理人员职务。2016年4月26日眉山中院进行保全时，宁波厚承公司、宁波设计院公司共用办公场所，且正是由项某桥代表宁波厚承公司参与保全过程。虽然华鲁恒升公司与宁波厚承公司、宁波设计院公司签订的工程设计合同约定宁波设计院公司承担工程设计，宁波厚承公司负责技术来源，但尹某在讯问笔录中陈述2012～2014年与其直接联系的就是两公司高级管理人员，并且在尹某被扣押电脑“华鲁”文件夹中金象赛瑞公司举示并用于比对的部分电子图纸标注了项目名称为“山东华鲁恒升化工股份有限公司三聚氰胺项目”“5万吨三胺设备布置图初步设计版.dwg”，还同时有宁波设计院公司署名，“华鲁日产168t三胺操作指南”文件夹中的若干word文档也有宁波设计院公司署名，因此宁波设计院公司关于其仅提供工程设计，不知晓技术来源的辩称，不能成立。在案证据初步证明尹某被扣押笔记本电脑中“华鲁”文件夹内的电子数据是宁波厚承公司、宁波设计院公司为华鲁恒升公司设计被诉侵权项目期间，两公司与尹某之间的往来技术资料；宁波厚承公司、宁波设计院公司的辩称与查明事实不符，不能成立。

一审法院认为，在明知华鲁恒升公司拟建设10万吨/年三聚氰胺项目的情况下，宁波厚承公司和宁波设计院公司引诱尹某违反保密义务披露其掌握的金象赛瑞公司技术秘密，又利用获取的技术秘密完成被诉侵权项目的设计工作，并且还在三聚氰胺一期项目建设过程中，帮助尹某与华鲁恒升公司建立联系进行设备检查、调试和开展技术培训。因此尹某披露涉案技术秘密，华鲁恒升公司、宁波厚承公司、宁波设计院公司共同获取、共同使用涉案技术秘密，共同侵害了金象赛瑞公司的商业秘密。

四、技术秘密共同故意侵权行为，主观上彼此明知，行为上分工协作

最高人民法院认为，华鲁恒升公司等被诉侵权人构成共同故意实施侵权

行为，即主观上彼此明知，行为上分工协作。

1. 共同实施侵权行为中的关键人物和基础环节

尹某曾为北京烨晶公司员工，亦是四川玉象公司的总工程师兼技术中心主任，是四川玉象项目的技术负责人，负责技术研发，且根据刑事案件中尹某的讯问笔录可知，其于2010年7月起兼任新疆玉象公司常务副总经理，主要负责项目图纸设计和监督施工进度，而当时新疆玉象公司正在新建11万吨/年三聚氰胺项目。尹某也是金象赛瑞公司、北京烨晶公司享有的“节能节资型气相淬冷法蜜胺生产系统及其工艺”发明专利的发明人之一，亦可佐证尹某直接参与了金象赛瑞公司、北京烨晶公司的气相淬冷法技术的研发。在案证据足以证明尹某系涉案技术秘密的主要研发人员之一，能够直接接触到涉案技术秘密。从一审查明事实以及尹某在相关刑事案件的多份讯问笔录中的供述可知，其与项某裕、项某桥早在2002年就已相识；在2012年2～7月，项某裕、项某桥分别联系尹某，要求尹某提供金象赛瑞公司的三聚氰胺生产技术用于给华鲁恒升公司设计年产5万吨三聚氰胺制备装置并许以相应高额报酬，后项某桥用U盘从尹某的笔记本电脑上拷贝了金象赛瑞公司的相关技术资料；项某桥又于2013年将宁波设计院公司设计完成的华鲁恒升公司三聚氰胺项目的设计图纸拷贝给尹某，让尹某帮助检查，并在2013年、2014年安排尹某多次前往华鲁恒升公司进行现场检查指导、操作培训、故障排除等。尹某在2012年1月未办理离职手续，亦未告知其留存有三聚氰胺生产图纸、资料的情况下，就停止在金象赛瑞公司工作，其在与项某裕、项某桥接触时尚在约定的保密期内，亦明知宁波厚承公司、宁波设计院公司与华鲁恒升公司的合作情况，且其作为涉案技术秘密的主要研发人员之一，明知涉案技术信息属于金象赛瑞公司的技术秘密，仍然将涉案技术秘密披露给华鲁恒升公司、宁波厚承公司和宁波设计院公司使用，收取相应报酬，并使用涉案技术秘密提供后续技术指导。尹某是涉案技术秘密的提供者，亦是华鲁恒升公司、宁波厚承公司和宁波设计院公司实际使用涉案技术秘密过程中的技术指导者。以上事实足以证明尹某实施了违反保密义务披露涉案技术秘密给华鲁恒升公司、宁波厚承公司和宁波设计院公司并允许该三者使用涉案技术秘密的行为，其还违反保密义务自己使用涉案技术秘密并为他人使用涉案技术秘密提供技术指导。尹某主观上明知其披露、允许使用和自己使用的行为是在促成华鲁恒升公司、宁波厚承公司和宁波设计院公司后续实施相关侵权行为，系该案共同实施侵权行为中的关键人物和基础环节。

2. 共同侵权的始作俑者和中间渠道及名义上的技术提供者

宁波厚承公司、宁波设计院公司与华鲁恒升公司签订工程设计合同后，在明知尹某曾是北京烨晶公司员工及涉案技术秘密主要研发人员之一的情况下，仍以高额利诱的非法手段从尹某处获取涉案技术秘密，然后由宁波厚承公司作为名义上的技术提供者向华鲁恒升公司转让涉案技术并由宁波设计院公司进行所谓的工程化设计，用于建设华鲁恒升公司三聚氰胺一期项目并从中获取经济利益，该二者构成非法收买并转卖涉案技术秘密，实施了以不正当手段获取金象赛瑞公司的涉案技术秘密并披露、使用、允许他人使用金象赛瑞公司涉案技术秘密的行为，属于该案共同实施被诉侵权行为的始作俑者和中间渠道及名义上的技术提供者。

3. 涉案技术秘密的最终使用者和最大获益者

华鲁恒升公司系涉案三聚氰胺一期项目的最终使用者、最大获益者，结合其经备案的设计专篇中的记载，以及其于 2017 年 3 月 28 日发布的山东华鲁恒升化工股份有限公司关于涉及诉讼的补充公告和宁波设计院公司的在案陈述，足以证明华鲁恒升公司的涉案三聚氰胺一期项目的技术图纸和资料来源于宁波厚承公司和宁波设计院公司。一审法院据此认定，华鲁恒升公司获取并使用了涉案技术秘密，具有事实和法律依据。华鲁恒升公司在一审中一方面主张其相应技术系善意受让自宁波厚承公司和宁波设计院公司，另一方面又主张其具有自主研发被诉侵权生产系统的能力，华鲁恒升公司的上述抗辩本身自相矛盾，亦与该案查明事实明显不符。同时，在案证据亦足以证明华鲁恒升公司对其使用的技术实际来源于金象赛瑞公司是明知的。理由如下。

第一，华鲁恒升公司向相关行政管理部门提交备案的设计专篇中明确记载行业内三聚氰胺生产技术现状以及北京烨晶公司拥有的相关技术情况，故华鲁恒升公司作为同业竞争者，在被诉侵权生产系统设计、建造过程中，明确了解行业内三聚氰胺生产技术的情况，明知北京烨晶公司享有加压气相淬冷法三聚氰胺生产技术且已有 5 万吨/年装置成功运行。

第二，华鲁恒升公司并未提交证据证明其自身在被诉侵权行为发生前已掌握单一生产线年产5万吨三聚氰胺的相应技术。根据一审法院已查明的事实，华鲁恒升公司在2011年之前并无制备三聚氰胺的生产技术及设备，其收购的德丰化工公司也只有一套年产1万吨三聚氰胺的装置，亦无证据显示其有能力自行完成单一生产线年产量增长至5万吨的技术改进。

第三，华鲁恒升公司作为大型化工企业并计划建设涉及巨额投资的涉案三聚氰胺大型化工工程项目，其在与宁波厚承公司、宁波设计院公司签订工程设计合同前，理应对行业内三聚氰胺生产技术现状进行相应调查、对项目进行可行性研究，理应知晓其拟签订合同的相对方是否拥有合同所涉及的技术、是否具有相应的设计能力，而非按华鲁恒升公司所主张的其只是与宁波厚承公司、宁波设计院公司签订合作协议，由宁波厚承公司提供技术、宁波设计院公司负责工程设计，对其他事项一概不问不知。该案各被诉侵权人均未提供证据证明宁波厚承公司、宁波设计院公司在与华鲁恒升公司签订合同之前拥有单一生产线年产5万吨三聚氰胺技术的研发或项目设计历史或者已经实际合法掌握了单一生产线年产5万吨三聚氰胺生产技术。据此，可以推定华鲁恒升公司在与宁波厚承公司、宁波设计院公司签订工程设计合同时，对该二公司自身并不掌握相应技术是应知的。

第四，由尹某在相关刑事案件中的供述亦可印证华鲁恒升公司对于宁波厚承公司、宁波设计院公司用于涉案三聚氰胺一期项目的实际技术来源是明知的。根据相关讯问笔录的记载，尹某多次供述其曾多次前往华鲁恒升公司为技术人员提供培训并解决相关技术问题，在与华鲁恒升公司交流过程中尹某发现华鲁恒升公司知晓其曾经是金象赛瑞公司的总工程师。基于该案现有证据，即便华鲁恒升公司在与宁波厚承公司、宁波设计院公司签署工程设计合同时并不知晓该二者并不掌握单一生产线年产5万吨三聚氰胺的相应技术或者不知道相应技术的来源，但之后华鲁恒升公司在实际已知悉技术来源于金象赛瑞公司的情况下，仍予接受且并未停止使用，即已构成明知，并不影响对其主观过错和侵权构成及责任承担的认定。总之，华鲁恒升公司主观上亦明知其使用的技术方案的实际来源，其虽处于该案共同实施侵权行为的末端环节，但如前所述，其也是涉案技术秘密的最终使用者和最大获益者。

五、构成共同故意侵权行为不以事前共谋、事后协同行动为限

华鲁恒升公司、宁波厚承公司、宁波设计院公司和尹某之间具有侵害涉案技术秘密的共同意思联络，主观上彼此明知，彼此先后实施相应的侵权行为，形成了完整的侵害涉案技术秘密的侵权行为链，客观上已形成分工协作，属于共同故意实施被诉侵权行为。需特别指出的是，构成共同故意实施被诉侵权行为并不以各参与者事前共谋、事后协同行动为限，各参与者彼此之间心知肚明、心照不宣，先后参与、相互协作，亦可构成共同实施被诉侵权行为。

该案中，华鲁恒升公司等被诉侵权人实施共同侵权行为的过程即属于后一种情形，其各自实施的行为均属于实施共同侵权行为的关键环节且为不可或缺的组成部分。

该案即便不认定华鲁恒升公司主观上明知其使用的技术方案实际来源于金象赛瑞公司，至少也可以认定其明显应知有关技术方案实际来源于金象赛瑞公司。如前所论，故意行为与过失行为结合实施的行为也可以构成共同侵权行为，也就是说，宁波厚承公司、宁波设计院公司和尹某的故意行为与华鲁恒升公司的过失行为结合起来，仍然构成共同侵权行为，对于华鲁恒升公司而言，其作为涉案技术秘密的最终使用者和最大获益者，这并不影响其对外应当承担的共同侵权责任的认定，至于是否会影响共同侵权人内部责任的划分，则应另当别论。就华鲁恒升公司等被诉侵权人而言，该四者共同实施侵权行为的获利主要体现为华鲁恒升公司销售三聚氰胺产品所获得的利益。在判断华鲁恒升公司等被诉侵权人因共同实施被诉侵权行为的获利时，应当从该四者共同实施行为的整体出发予以考量，而不能孤立地从各被诉侵权人在各环节各自实施的侵权行为单独考量进而割裂地判断获利情况，其中宁波厚承公司、宁波设计院公司、尹某在各自实施涉案侵权行为中分别获得的利益可以被华鲁恒升公司销售三聚氰胺产品所获得的利益所涵盖。

六、销售侵权产品获利是共同侵权期望结果且实施之初已完全被预见

华鲁恒升公司销售三聚氰胺产品的获利增长系该四者共同实施被诉侵权

行为时所共同期望达到的结果且在实施之初就已完全被预见得到。

首先，该四者共同故意实施侵权行为的初衷及目的在于使华鲁恒升公司生产三聚氰胺的产量大幅增长进而使其销售获利也因此增长，该四者共同实施侵权行为后实际上也达到了上述目的。因此，虽然该四者在各自实施侵权行为的环节中有着不同的行为方式、不同的获利形式及不同的实际获利份额，但从共同实施侵权行为的整体来看，该四者共同实施被诉侵权行为的获利最终主要体现在销售三聚氰胺产品的获利上，而且实现此获利亦是该四者共同追求的结果。相应地，金象赛瑞公司潜在或预期可得的市场份额就会丧失，其相关获利必然受到影响，故其经济损失系因华鲁恒升公司等被诉侵权人使用涉案技术秘密制造涉案三聚氰胺一期项目的生产系统、使用该生产系统及涉案技术秘密中的工艺方法生产和销售三聚氰胺产品而产生。

其次，华鲁恒升公司等被诉侵权人在实施共同侵权行为之初均已完全预见到共同故意实施被诉侵权行为的损害后果，以及华鲁恒升公司销售获利大幅增长的结果。就宁波厚承公司、宁波设计院公司和尹某而言，该三者均明知涉案三聚氰胺一期项目的生产规模即单一生产线年产 5 万吨三聚氰胺。尹某在披露涉案技术秘密之初就明知该技术秘密将被用于华鲁恒升公司涉案三聚氰胺一期项目，宁波厚承公司、宁波设计院公司亦是为了建设该被诉侵权项目而从尹某处获取涉案技术秘密，该三者均明知该项目的建设目的是提高华鲁恒升公司的三聚氰胺年产量且该项目的建成势必会有效提高三聚氰胺产品的年产量，该三者均明知华鲁恒升公司将通过销售涉案三聚氰胺产品盈利，更明知华鲁恒升公司与金象赛瑞公司具有竞争关系，涉案技术秘密的披露、使用或者允许他人使用必然会损害金象赛瑞公司原本在该行业内享有的竞争优势。尹某作为涉案技术秘密的主要研发人员之一，明知涉案技术秘密系金象赛瑞公司的重要技术秘密，理应充分了解涉案技术秘密给金象赛瑞公司所带来的竞争优势。宁波厚承公司、宁波设计院公司亦明确知晓涉案技术秘密在行业内的价值。因此，该三者在实施侵权行为之初已完全预见到侵权行为可能造成的损害后果以及华鲁恒升公司销售涉案三聚氰胺产品的获利。就华鲁恒升公司而言，其为提升自身三聚氰胺的年产量，在明知来源非法的情况下，仍然非法获取、使用涉案技术秘密并用于其三聚氰胺一期项目，涉案技术秘密的使用所带来的三聚氰胺产量的大幅提升、销售三聚氰胺获利的大幅增长不仅是华鲁恒升公司已完全预见的结果，更是其积极追求的目标。综上可见，该案侵权损害后果主要体现在华鲁恒升公司销售涉案三聚氰胺产品的获利，且该损害后果具有不可分割性。

七、侵权行为与损害后果之间具有直接的因果关系

该案中，尹某违反保密约定，披露涉案技术秘密并允许他人使用涉案技术秘密，系共同侵权行为得以实施的基础环节，同时其使用涉案技术秘密为其他被诉侵权人提供技术指导，亦是共同实施侵权行为中的关键人物；宁波厚承公司、宁波设计院公司以高额利诱的非法手段获取并披露、使用、允许他人使用涉案技术秘密，系共同实施侵权行为的始作俑者和中间渠道及名义上的技术提供者；华鲁恒升公司非法获取、使用涉案技术秘密，并通过使用涉案技术秘密生产三聚氰胺产品后进行销售，其为共同实施侵权行为的最终环节和最大获益者。该四者实施的侵权行为环环相扣、缺一不可，与损害后果之间均具有直接的因果关系。

综上，尹某违反与金象赛瑞公司有关保守涉案技术秘密的约定，在宁波厚承公司和宁波设计院公司的高额利诱下，将涉案技术秘密非法披露给宁波厚承公司、宁波设计院公司和华鲁恒升公司并允许该三公司使用，且自己使用涉案技术秘密为华鲁恒升公司涉案三聚氰胺一期项目的建设、使用提供技术指导；宁波厚承公司、宁波设计院公司在明知相应的技术信息系金象赛瑞公司的技术秘密且明知尹某为金象赛瑞公司前员工的情况下以不正当手段从尹某处非法获取涉案技术秘密并用于华鲁恒升公司涉案三聚氰胺一期项目的设计、建造和使用；华鲁恒升公司在明知技术来源非法的情况下获取并使用涉案技术秘密。该四者主观上存在意思联络，客观上形成分工协作，共同实施了侵害涉案技术秘密的行为，造成了不可分割的损害后果，且损害后果与该四者实施的侵权行为之间均具有直接的因果关系，构成共同侵权。

八、以其仅为设计方，赔偿应以收取的设计费为限额的观点不被支持

宁波设计院公司认为金象赛瑞公司主张的赔偿数额过高，且即便侵权成立，宁波设计院公司仅一次性收取了设计费 966 万元，不应以华鲁恒升公司销售三聚氰胺产品的获利计算损失，也不应与华鲁恒升公司、宁波厚承公司和尹某承担连带赔偿责任。该案华鲁恒升公司等被诉侵权人虽共同实施了侵权行为，但华鲁恒升公司等被诉侵权人因侵权行为的实际获利显然不同，故应考虑各被诉侵权人实际获利及各自行为对损害后果的影响，确定连带责任的比例。宁波设计院公司辩称，其收取的设计费仅 966 万元，故即便承担赔偿责任，赔偿数额应以此为限。一审法院认为，尹某、宁波设计院公司和宁波厚承公司在披露、使用、允许他人使用涉案技术秘密时对损害后果的发生是明知的，并且尹某、宁波设计院公司和宁波厚承公司正是为了确保华鲁恒升公司 10 万吨/年三聚氰胺项目顺利建成投产才披露、使用涉案技术秘密，故三者的责任承担不应以其实际获利为限。

最高人民法院认为，华鲁恒升公司等被诉侵权人构成共同侵权，根据原《侵权责任法》第 8 条的规定，华鲁恒升公司等被诉侵权人应当承担连带责任。该案中，华鲁恒升公司等被诉侵权人各自实施的侵权行为均是共同侵权中不可或缺的一环，该四者的行为缺一不可且均造成了同一损害后果，该损害后果与该四者的行为之间均具有直接的因果关系，故各被诉侵权人理应就共同侵权行为所造成的损失全额承担连带赔偿责任。无论是尹某从宁波厚承公司、宁波设计院公司处实际已获取的 95 万元非法获利，还是宁波厚承公司、宁波设计院公司因工程设计合同所获价款均不足以反映该三者与华鲁恒升公司共同实施的侵权行为所造成的最终损害后果，故该三者实际所得获利或所获合同对价并不能作为该三者应承担的连带赔偿限额的依据。一审法院在考虑华鲁恒升公司等被诉侵权人各自的实际获利及各自行为对损害后果影响的基础上，进而确定连带责任比例的认定有所不妥，应予纠正。

第二节　化工领域收购技术型标的应高度重视技术秘密及研发人员的管理

涉案技术秘密原为北京烨晶公司与金象赛瑞公司长期共同研发而成，后北京烨晶公司与金象赛瑞公司签订《技术秘密转让合同》，金象赛瑞公司成为涉案技术秘密的唯一权利人。

金象赛瑞公司后成为北京烨晶公司的控股股东，该案涉及的四川玉象公司和新疆玉象公司均是金象赛瑞公司的关联公司，被告尹某为涉案技术秘密的主要研发人员，曾先后在上述各关联公司任职。被告华鲁恒升公司、宁波厚承公司均辩称，尹某是在金象赛瑞公司控股北京烨晶公司之前与后者签署的劳动合同，尹某对金象赛瑞公司不负有保密义务，涉案技术秘密的保密措施不符合具体、明确、可识别的标准。

一审法院查明如下事实。

第一，尹某签订的《工作合同》中明确约定其工资由北京烨晶公司和四川玉象公司共同发放，四川玉象公司在2008年即任命尹某为其总工程师兼技术中心主任，又因四川玉象公司被金象赛瑞公司吸收合并，故尹某就是金象赛瑞公司的员工，尹某也在讯问笔录中多次确认该事实。

第二，尹某签订的《工作合同》《保密协议》中均明确约定对在工作中得到和使用的“三聚氰胺（蜜胺）生产技术”负有保密义务，还指明了信息的具体形式。尹某在2015年2月13日的讯问笔录中也陈述金象赛瑞公司制定了相关的保密制度，对公司的技术采取了保密措施，同时公司能够接触到技术的员工都要签订保密协议；其明确知晓签订的保密协议要求其对所有的技术资料保密，不能提供给他人使用，公司每个月还会向其支付一定的保密费。

第三，在尹某离职时，金象赛瑞公司已明确要求尹某返还存储有涉案技术秘密载体资料的笔记本电脑，《保密协议》也明确约定离职后有3年的保密期。因此，尹某既明确知晓其保密义务的具体内容、期限，也明确知晓金象赛瑞公司对其的保密要求，故尹某对金象赛瑞公司负有保密义务，且保密义务在其离职后依然有效。此外，金象赛瑞公司提交的部分技术图纸及工艺操作指南已明确标注未经许可，不得复制，不得向第三方披露、转让，即信息载体已有明确的保密标识。四川玉象公司、新疆玉象公司也分别与设备制造商约定有保密义务，明确其保密要求。综上，涉案技术秘密已经通过签订保密协议、标记商业秘密载体、要求离职员工登记返还商业秘密载体等方式，采取了合理保密措施。

最高人民法院另查明，尹某当时是涉案技术信息的主要研发人员之一，虽然尹某签署《工作合同》《保密协议》的直接相对人为北京烨晶公司，并非金象赛瑞公司，但北京烨晶公司亦已将涉案技术信息的相关权利转让给四川玉象公司，且四川玉象公司后续被金象赛瑞公司吸收合并，四川玉象公司原先的权利义务已由金象赛瑞公司继受，故尹某虽未与金象赛瑞公司再行签订保密协议，但并不影响尹某对涉案技术秘密应承担的约定及法定的保密义务，亦不影响金象赛瑞公司已对涉案技术信息采取保密措施的认定。

综上，在技术型标的的收购特别是化工领域的收购过程中，在收购前应高度重视技术秘密的梳理和风险识别，收购过程中和收购后应做好核心研发人员的保密管理和任职管理。笔者曾撰文《业务重组涉核心技术与核心技术人员的问询要点》，针对技术资产收购的尽职调查与 IPO，从另一个角度提出了相应的回应，建议彼此配合发挥作用。①

① 参见李德成、白露：《科创板技术秘密审查与技术秘密刑事保护》，法律出版社 2022 年版，第 55 ~ 57 页。

第三十九章 化工领域技术秘密共同侵权单位涉嫌犯罪

第一节 提供技术秘密自然人涉嫌共同侵权其他单位主体涉案犯罪

第三十七章讨论的蜜胺技术秘密案中尹某于2015年2月6日因涉嫌非国家工作人员受贿罪被刑事拘留，同年3月3日被取保候审；后于2020年8月5日因涉嫌侵犯商业秘密罪被逮捕。有关该案件的时间轴见图39.1。该案一审法庭辩论终结后，金象赛瑞公司向一审法院提交了该案一审刑事判决；尹某不服该判决，已提出上诉，目前二审还在审理中。该案中，金象赛瑞公司将一审法院调取的尹某涉嫌侵犯商业秘密罪侦查阶段部分卷宗材料作为证据提交。华鲁恒升公司上诉主张尹某在刑事程序中的讯问笔录、唐印报案所作询问笔录不能作为该案证据采信。最高人民法院认为，虽然该证据材料形成于刑事案件中，但该证据材料与该案事实的查明具有较大关联，在符合民事诉讼证据规则的情况下，可以予以采纳。

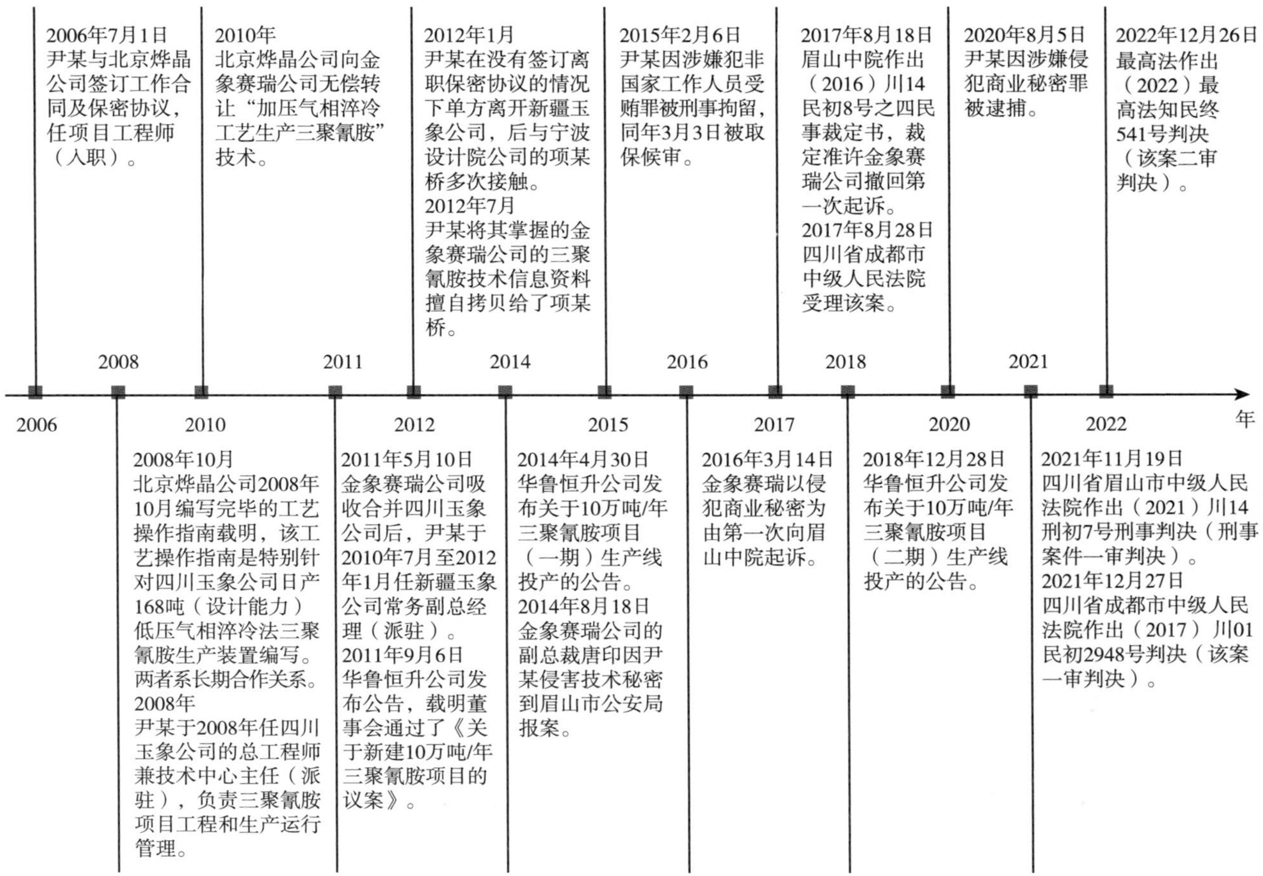

图39.1 蜜胺技术秘密案时间轴

从图 39.1 可知，华鲁恒升公司在尹某被采取强制措施后并未予以重视，继续在一期生产线上生产产品，并于刑事一审判决作出前，民事一审受理后建设了二期产线并投产，即便是在一审法院作出了行为保全裁定后，仍在继续实施侵害技术秘密的行为并获利，因而在民事案件中被认定为侵权且主观恶意明显。

在此友情提示同类型各被告单位，以不正当手段获取权利人技术秘密已被认定为共同侵权又已经生产出产品销售产生了巨额利润，在此前提下，要谨防陷入侵犯商业秘密罪的单位犯罪中，并做好必要的准备工作。刑事案件的证据可用于民事案件，民事案件的部分证据也可能被用于刑事案件。笔者在拙著《科创板技术秘密审查与技术秘密刑事保护》[①] 第二十六章曾表达过，除《民事诉讼法》（2021 修正）第 153 条[②]规定的应该中止诉讼的情况以外，民事案件和刑事案件互不影响，可并行推进。

第二节　当前刑民风险加剧，必须保证技术秘密法律团队的专业性

一、拒绝或放弃查阅该案保密证据，属于对诉讼权利的放弃

该案一审中，在法院组织当事人进行举证和质证时，华鲁恒升公司以避免接触金象赛瑞公司商业秘密为由，出具书面材料要求其委托诉讼代理人不得签署保密协议或保密承诺书，也不得接触该案保密证据材料；宁波厚承公司以该案部分证据材料已遭受污染为由，出具书面材料要求其委托诉讼代理

① 参见李德成、白露：《科创板技术秘密审查与技术秘密刑事保护》，法律出版社 2022 年版，第 186 ~ 190 页。

② 《民事诉讼法》（2021 修正）第 153 条规定：“有下列情形之一的，中止诉讼：（一）一方当事人死亡，需要等待继承人表明是否参加诉讼的；（二）一方当事人丧失诉讼行为能力，尚未确定法定代理人的；（三）作为一方当事人的法人或者其他组织终止，尚未确定权利义务承受人的；（四）一方当事人因不可抗拒的事由，不能参加诉讼的；（五）本案必须以另一案的审理结果为依据，而另一案尚未审结的；（六）其他应当中止诉讼的情形。中止诉讼的原因消除后，恢复诉讼。”

人不参与庭前会议及庭审。

一审判决记载，华鲁恒升公司、宁波厚承公司以此为由，在2019年2月20日（同日，尹某、宁波设计院公司也无正当理由退出庭前会议）、2019年3月22日（同日，尹某也无正当理由退出庭前会议）、2020年1月14～15日（仅华鲁恒升公司退庭）、2020年7月28～29日、2021年3月2～4日、2021年5月27～28日、2021年9月22～24日、2021年10月20～21日庭前会议、庭审中，无正当理由退出庭前会议、退庭。一审法院于2021年6月3日、6月4日、8月5日、8月17日、9月1日询问华鲁恒升公司、宁波厚承公司是否查阅该案保密证据时，华鲁恒升公司、宁波厚承公司均明确拒绝查阅该案保密证据材料。一审法院于2021年6月7日、8月5日、9月1日询问尹某是否查阅该案保密证据时，尹某以已经看过为由，答复不再查看。一审法院认定，华鲁恒升公司、宁波厚承公司、宁波设计院公司、尹某无正当理由退出庭前会议、退庭、拒绝或放弃查阅该案保密证据，属于对自己诉讼权利的放弃。

二审中，华鲁恒升公司、宁波厚承公司主张其二者按时参加了一审法院通知的每一次庭审，但根据公司指示，只要案件庭审中涉及金象赛瑞公司主张的技术秘密，其代理人就退出庭审。

二、既要保障当事人诉讼中的相关权利，也要避免鉴定申请被滥用

二审期间，华鲁恒升公司向法院提出如下申请：（1）对金象赛瑞公司主张的涉案技术秘密是否构成不为公众所知悉的技术信息进行司法鉴定，包括但不限于宁波设计院公司一审证据1所记载的技术信息是否包含或披露了金象赛瑞公司主张的涉案技术信息；（2）对金象赛瑞公司诉请保护的技术信息是否具有经济性和实用性进行司法鉴定；（3）对金象赛瑞公司的一审证据30以及存储该证据电子版文件的电脑进行司法鉴定，包括对该证据的油墨形成时间进行鉴定，对电脑的人为操作痕迹进行电子数据鉴定；（4）对尹某被扣押的笔记本电脑进行操作痕迹鉴定；（5）对眉山中院在宁波设计院公司保全的电子数据载体、眉山市公安局在宁波设计院公司调取的电子数据载体进行

痕迹鉴定，对电子数据载体上的指纹进行指印鉴定，对电子数据载体内文件的读取和复制记录、文件写入和修改记录进行分析。宁波厚承公司在二审期间提出与其在一审中提出的申请相同的鉴定申请。

最高人民法院认为，根据 2021 年修正的《民事诉讼法》第 67 条第 1 款的规定，当事人对自己提出的主张，有责任提供证据。司法鉴定是指在诉讼活动中鉴定人运用科学技术或者专门知识对诉讼涉及的专门性问题进行鉴别和判断并提供鉴定意见的活动。而鉴定结论属于民事诉讼证据的一种，需经各方当事人质证后，再由人民法院决定是否予以采纳。当事人申请鉴定并不必然启动鉴定程序，人民法院仍需根据对相关事实的认定需要作出是否启动鉴定程序的决定。鉴定程序启动的关键在于法官在审理案件过程中对相关专门性问题缺乏判断认定能力，而需要委托相关鉴定机构通过科学的方法和手段来查明该专门性问题的相关事实。

对于当事人提出的鉴定申请，既要避免当事人滥用申请鉴定的权利，也要避免不当剥夺其相关的诉讼权利，一般应着重从以下四方面予以审查：一是关联性，申请鉴定的事项与案件有待查明的事实是否具有关联；二是必要性，即是否必须通过特殊技术手段或者专门方法才能确定相应的专门性问题，是否已经通过其他的举证、质证手段仍然对专门性问题无法查明；三是可行性，对于待鉴定的专门性问题，是否有较为权威的鉴定方法和有相应资质的鉴定机构，是否有明确充分的鉴定材料；四是正当性，鉴定申请的提出是否遵循了相应的民事诉讼规则，在启动鉴定之前是否已充分听取各方当事人的意见，以确保程序上的正当性。

三、鉴定申请既无准许之必要，也因过于迟延提出而缺少程序的正当性

1. 申请鉴定的事项与待证事实的关联性审查

关于华鲁恒升公司提出的技术秘密鉴定申请，2020 年、2022 年修正的《民事诉讼法司法解释》第 121 条第 1 款均规定：“当事人申请鉴定，可以在举证期限届满前提出。申请鉴定的事项与待证事实无关联，或者对证明待证事实无意义的，人民法院不予准许。”

该案于2017年8月28日由一审法院立案，金象赛瑞公司提交了其主张作为技术秘密保护的技术信息证据，至一审判决作出时止，在4年的审理过程中，一审法院分别于2019年2月18～20日、2019年3月20～22日、2020年1月14～15日、2020年7月28～29日、2021年3月2～4日、2021年5月27～28日、2021年9月22～24日组织了7次庭前会议，组织各方当事人在签署保密协议的前提下进行举证、质证，并于2021年10月20日、21日开庭审理该案，在此期间一审法院亦多次询问华鲁恒升公司、宁波厚承公司是否查阅该案保密证据，但华鲁恒升公司均明确拒绝查阅金象赛瑞公司提交的保密证据并无故中途退出7次庭前会议及两次庭审。

2. 鉴定申请超过举证期限且拒绝查阅证据或发表质证意见

直至2021年9月28日，华鲁恒升公司向一审法院提出书面司法鉴定申请书，载明："鉴定事项：（1）原告主张作为商业秘密保护的技术信息是否不为公众所知悉；（2）原告主张作为商业秘密保护的技术信息是否具有经济性、实用性。"其提出该鉴定申请已明显超过举证期限。

二审期间，在一审法院已经对涉案技术信息的秘密性、价值性作出认定的情况下，华鲁恒升公司虽然坚持提出鉴定申请，但是仍拒绝查阅金象赛瑞公司提交的载有其技术信息的保密证据或发表质证意见，也未就一审判决的有关认定提出有针对性的反驳意见。

换言之，华鲁恒升公司出于其自身原因，实质上已放弃了对金象赛瑞公司提交的载有金象赛瑞公司主张的技术信息的保密证据进行质证的诉讼权利，其在一审所提鉴定申请既无准许之必要，也因过于迟延提出而缺少鉴定申请提出的程序正当性。同法，最高人民法院对其二审提出的鉴定申请亦不予准许。

第三节 在关联案件中保全的证据对该案起到关键性的证明作用

2016年3月14日，眉山中院受理了（2016）川14民初8号金象赛瑞公司诉华鲁恒升公司、宁波远东化工集团有限公司即宁波厚承公司、宁波设计院公司和尹某侵害技术秘密纠纷一案，后于 2017 年 8 月 18 日撤诉。2016 年 4 月 26 日，眉山中院工作人员来到华鲁恒升公司经营场所，告知华鲁恒升公司法务员工姜某证据保全裁定的内容并送达相应诉讼文书，同时还告知妨碍保全的法律后果。姜某答复，有资料公司清理后邮寄给法院，总控室不同意安排现场调取证据，现场询问过领导不同意保全人员过去，并拒签笔录。

2016 年 4 月 26 日上午 9 时 30 分左右，眉山中院工作人员来到宁波设计院公司和宁波远东化工集团有限公司（更名前的宁波厚承公司）办公场所进行证据保全，发现宁波设计院公司与宁波远东化工集团有限公司的办公区域混同，墙面标识也有混同的情况。保全工作人员向宁波设计院公司法定代表人张某告知了案件相关情况并送达了相应诉讼文书，并告知保全工作有金象赛瑞公司人员郭某随行，原因是该案所涉技术性很强，需要对拟保全材料是否属于保全范围进行过滤，但该工作人员所接触材料的范围仅限于证据名称，不涉及证据内容，张某对此未提异议。随后宁波设计院公司员工刘某将其办公电脑上的相关文件向保全工作人员进行展示，但需要解密后才可以复制，解密期间因技术故障导致解密中断。随后，刘某带领保全工作人员前往档案室对所涉相关 19 张技术图纸进行了复制（晒蓝图）。上午 11 时 30 分左右，宁波远东化工集团有限公司的项某桥到达公司，保全工作人员向其告知了案件相关情况并送达了相应诉讼文书。随后，文件解密的技术故障消除，项某桥提出法院调取资料也涉及技术秘密，希望保密，保全工作人员介绍了案件审理程序。下午 4 时 20 分左右，解密完成，保全工作人员提供了一个 32G 的新 U 盘，进行杀毒和格式化后确认了 U 盘的清洁性，之后复制了以下文件：（1）文件夹名称“5 万吨三胺工艺包”，大小 460KB；（2）文件夹名称“PID、布置及定型设备”，大小 172MB；（3）文件夹名称“SA”，大小 16.8MB。其中关于宁波设计院公司、宁波远东化工集团有限公司和华鲁恒升公司之间就保全裁定所涉及的技术协议、设计合同、操作规程（指南），宁波设计院公司和宁波远东化工集团有限公司表示二者实际持有，但基于其与华鲁恒升公司之间的保密约定，不便在现阶段向法院提供，但会在庭前证据交换和开庭审理时提交。另外，对于保全工作人员已经晒蓝图的 19 张图纸，宁波远东化工集团有限公司的项某桥提出其中4张与保全范围无关，不能提供，另外15张（三聚氰胺主装置管道平面布置图15张，图号24－01－0101－PD－006－01～24－01－0101－PD－006－15）也不便于现阶段向法院提供，但会在庭前证据交换和开庭审理时提交。证据保全过程中还制作了证据保全笔录、询问笔录3份和复制清单。复制清单中还特别说明：随着打开U盘的电脑不同，各文件夹的容量大小显示会有不同。因文件数量极多，故此清单只记录了文件夹名称，以及所复制文件的总容量。同日，郭某出具情况说明："我应法院要求于2016年4月26日协助眉山市中级人民法院前往宁波市化工设计院协助进行三聚氰胺技术秘密案证据保全。我在保全过程中只看到了文件目录，没有看见文件具体内容。我将对我所看见的文件目录保密。"

2016年5月5日，眉山中院作出（2016）川14民初8号罚款决定：华鲁恒升公司拒不履行该院生效的证据保全裁定，采取派人围堵、封路、跟踪等方式阻碍该院司法工作人员依法执行公务，其行为已构成对民事诉讼的严重妨害，决定对华鲁恒升公司罚款80万元。华鲁恒升公司不服，向四川省高级人民法院申请复议，四川省高级人民法院驳回申请，维持原决定。

虽然该关联案件以权利人撤诉告终，但该案件保全的相关证据均在该案起到了关键作用，不配合进行证据保全的被告公司也被法院在该案判决中给予了否定性评价，为此应该引起重视。

第四节 法院适用修改性使用条款认定关联产品也是使用涉案技术秘密生产

一审判决记载，虽然涉案技术秘密仅涉及三聚氰胺的生产，被诉侵权项目还利用三聚氰胺尾气联产碳酸氢铵，但根据《商业秘密民事司法解释》第9条的规定，被诉侵权人在生产经营活动中直接使用商业秘密，或者对商业秘密进行修改、改进后使用，或者根据商业秘密调整、优化、改进有关生产经营活动的，人民法院应当认定属于《反不正当竞争法》第9条所称的使用商业秘密。

因此，在案证据已经初步证明华鲁恒升公司10万吨/年三聚氰胺项目是对涉案技术秘密进行修改后使用，根据2019年修正的《反不正当竞争法》第32条的规定，应由涉嫌侵权人证明其不存在侵犯商业秘密的行为。该案中，华鲁恒升公司实际建成并投产的三聚氰胺一期项目的相应技术图纸、资料处于其控制之下，华鲁恒升公司并未举示。宁波厚承公司、宁波设计院公司在2016年4月26日证据保全过程中，认可其实际掌握的被诉侵权项目的部分技术图纸、资料也未提交。华鲁恒升公司、宁波厚承公司和宁波设计院公司不仅未证明被诉侵权项目未使用涉案技术秘密；相反，宁波设计院公司和宁波厚承公司在眉山中院2016年4月26日证据保全过程中认可其持有保全裁定所涉及的技术协议、设计合同、操作规程（指南），但拒不提供；已经晒完蓝图的15张三聚氰胺主要装置管道平面布置图也拒绝法院保全；华鲁恒升公司更是组织企业保安和其他工作人员采取派人围堵、派车封路等方式阻碍法院工作人员进入保全现场执行公务，致使法院诉讼保全裁定未能执行。根据《最高人民法院关于知识产权民事诉讼证据的若干规定》第13条的规定，当事人无正当理由拒不配合或者妨害证据保全，致使无法保全证据的，人民法院可以确定由其承担不利后果。据此，一审法院认定，金象赛瑞公司主张的关于华鲁恒升公司、宁波厚承公司和宁波设计院公司在获取了尹某披露的涉案技术秘密载体资料后，由宁波厚承公司、宁波设计院公司利用涉案技术秘密完成被诉侵权项目图纸、技术资料的设计、编制，被诉侵权项目最终被华鲁恒升公司建成并投产运行的事实成立。

虽然该案对生产关联产品属于修改性使用涉案秘密仅是根据有效转移举证责任而得，没有形成新的证明方法，但笔者仍然觉得此方向的研究是有积极意义的，正如本书第二十一章“技术秘密刑事案件中修改性使用的证明方法与证据标准”中所期望的，达成共识，有效推动技术秘密刑事与民事的强有力保护。

后　记

2022 年 11 月，《科创板技术秘密审查与技术秘密刑事保护》出版发行，我们收到了很多关心和热爱商业秘密领域朋友们的建议，借此机会表示衷心的感谢！

讨论中我们深刻体会到在中国商业秘密保护的进程中，此类研究成果是众多技术型企业和法律共同体所急需的，也特别具有实操价值。为不断提出具有现实指导意义的问题和意见，本着一直走在商业秘密领域最前沿的愿景，我们决定再出新本，回馈喜爱我们团队的朋友们。

本书创作和整理始于 2022 年 7 月，到 2023 年 8 月脱稿。每章所选案例都经过了团队讨论和研究，从整理案件事实，到撰写分析意见初稿，再到提炼问题凝聚建议定稿，又经反复审核校对等，汇集研究成果之精华。在这个过程中始终要面对案例少、选题难的客观情况，通过团队的共同努力，我们最终完成了总共 39 章的内容撰写与汇编工作。终将付梓，倍感欣慰！

本书共分为 3 篇。上篇“科创板技术秘密审查”关注赴科创板上市企业已经或可能遇到的技术秘密问询问题，从实务的角度分析问询要点，给出具体建议；中篇“技术秘密刑事保护”和下篇“商业秘密民事案例评析”选择了具有典型意义的商业秘密刑事和民事案件进行解读和分析，分别从理论和实务的角度提出意见。

感谢本所的好平台，再次入选“金诚同达 30 周年文集”；感谢团队孟庆刚和回穆莎在选题、案例研究、初稿撰写、汇编校对等工作中做出的贡献；感谢法律出版社的各位编辑老师的指导和帮助；感谢各界的关注和支持，敬请不吝赐教。

期愿为商业秘密领域的理论研究和实务工作再尽微薄之力！

李德成　白露　敬

2023 年 8 月 10 日